RADIUS BÜCHER

Gerd Lüdemann

Die Auferstehung Jesu

Historie
Erfahrung
Theologie

Die Deutsche Bibliothek – CIP-Einheitsaufnahme

Lüdemann, Gerd:
Die Auferstehung Jesu: Historie, Erfahrung, Theologie / Gerd Lüdemann. – [Neuausg.]. – Stuttgart: Radius-Verl., 1994
ISBN 3-87173-016-5

ISBN 3-87173-016-5

Vom Autor durchgesehene Neuausgabe des zuerst bei Vandenhoeck & Ruprecht (Göttingen 1994) erschienenen Buches gleichen Titels
Umschlag: Dieter Kurzyna
Gesamtherstellung: Clausen & Bosse, Leck
Printed in Germany

Vorwort

Die Thesen des vorliegenden Buches haben schon vor seinem Erscheinen in der Öffentlichkeit ein lebhaftes Echo gefunden. Sie wurden leidenschaftlich abgelehnt in Kreisen, die die Bestreitung der körperlichen Auferstehung Jesu als Verrat am Evangelium ansehen und juristische Maßnahmen gegen den Verfasser als natürliche Konsequenz fordern. Anderen, die sich als moderne Christen auffassen, ging die Aussage zur Verwesung des Leichnams Jesu zu weit, und sie warfen dem Buch eine Überschätzung der Geschichtswissenschaft und eine Unterschätzung der Theologie vor. Aber trotz aller Einwände und Widerstände hat das Buch doch bereits etwas in Bewegung gesetzt und einen Prozeß der Gärung eingeleitet, der der Klärung dessen dient, was überhaupt unter »Auferstehung« zu verstehen ist. Es will belehren, um zu beleben, und einen menschlich-vernünftigen Zugang zur »Auferstehung« vermitteln. Das ist um so wichtiger, als die »Auferstehung« Jesu weithin zu einem unentbehrlichen Requisit der Theologie und dadurch zu einer Leerformel geworden ist. Viele Christenmenschen sind heute einer schizophrenen Bewußtseinsspaltung verfallen. Die geheiligten Sperrbezirke kirchlicher und theologischer Überlieferung stehen vielfach dem natürlichen menschlichen Wahrheitssinn unvermittelt gegenüber. Gelingt hier kein Brückenschlag, ist die Glaubwürdigkeit von Theologie und Kirche dahin, und beide erstarren in scheinhaftem Glanz zu Tode. Dabei schielt das vorliegende Buch ausdrücklich nicht nach dem kirchlichen Nutzen seiner Ergebnisse, sondern will zunächst die historische Wahrheit erforschen – rücksichtslos und ehrlich. Erst auf der Basis solcher quasi empirischen Arbeit ist eine theologische Reflexion möglich, die im vorliegenden Werk allerdings nicht das Schwergewicht hat.

Über die Anlage und die Notwendigkeit der vorliegenden Arbeit geben die ersten beiden Kapitel Auskunft. Leser und Leserinnen, die nicht so sehr an der Theologie, sondern vor allem an der Geschichte interessiert sind, können gleich bei Kapitel 3 einsetzen. Wer es eilig hat, mag erst Kap. 5 und 6 lesen und dann entscheiden, ob die Lektüre des restlichen Buches lohnt. Überhaupt wünsche ich mir als

Leserschaft nicht nur (angehende) Theologen, sondern vor allem auch nachdenkliche, irgendwie am Christentum interessierte Menschen, die der christlichen Sache an ihrem zentralen Punkt auf den Grund gehen wollen.

Im Vorwort sollen weiter die Menschen und Institutionen genannt werden, die mir bei der Abfassung dieser Schrift behilflich waren: Andreas Technow hat in bewährter Arbeitsgemeinschaft zur gedanklichen Präzisierung beigetragen. Christina Abel, Andrea Kilian, Ulf Schlimper, Karoline Läger in Göttingen und Birgit Rengel in Nashville haben mir Literatur besorgt bzw. mehrere Fassungen der Arbeit gelesen und kritisch kommentiert. Dr. Helga Botermann und Dr. Jürgen Wehnert haben mit Kritik und in freundschaftlicher Verbundenheit das Manuskript gelesen. Dr. Gebhard Löhr verdanke ich kritische Hinweise zu philosophischen Fragen. Meine Sekretärin Silke Röthke, Christina Abel sowie Andrea Kilian, Silke Battermann und Alf Özen erstellten die Druckvorlage. Dekan Joseph Hough von der Vanderbilt Divinity School hat mir den Status eines Visiting Scholar in Nashville 1992/94 gewährt. Die theologischen Fakultäten der Universitäten von Lausanne, Chicago und Kopenhagen haben mich zu Gastvorlesungen eingeladen, bei denen einige Thesen dieses Buches getestet wurden. D. Marguerat, H. D. Betz und N. Hyldahl sei stellvertretend für die Gastfreundschaft und Kritik gedankt. Was ich meiner Frau Elke und unseren Töchtern Amrei, Eyke, Marei und Reiga verdanke, ist nicht in Worten auszudrücken.

Die Abkürzungen richten sich, soweit sie sich nicht von selbst verstehen, nach dem Abkürzungsverzeichnis der Theologischen Realenzyklopädie.

Dr. John Bowden hat eine englische Übersetzung angefertigt, die noch in diesem Jahr bei der SCM Press (London) und bei Fortress Press (Minneapolis) erscheinen wird. Bei der Vorbereitung der Neuausgabe standen mir Christina Abel und Frank Schleritt tatkräftig zur Seite.

Göttingen, im Frühjahr 1994 — Gerd Lüdemann.

1. Hinführung

Mit dem vorliegenden Buch nehme ich Gedanken auf, die mich seit Beginn des Theologiestudiums bewegen. Als Anfänger fand ich es merkwürdig, daß die Exegese sich so wenig historisch um das christliche Zentraldatum der Auferstehung Jesu kümmerte und gleichzeitig mit wissenschaftlichem Anspruch eine theologische Auslegung des Neuen Testaments betrieb. Dabei führten die Theologen dauernd den Begriff »objektiv« im Mund, womit jedoch ausdrücklich der subjektive Glaube gemeint war.[1] Die Beachtung der Subjektivität war anerkennenswert, aber der Verzicht auf die historische Rückfrage bzw. die Gleichgültigkeit ihr gegenüber betrüblich. Man vgl. z. B. die Feststellung von Rudolf Bultmann: »Wie der Osterglaube bei den einzelnen ›Jüngern‹ entstand, ist in der Überlieferung durch die Legende verdunkelt worden und ist sachlich von keiner Bedeutung«[2]. Ferner sei hingewiesen auf das Votum von Willi Marxsen:

> »Für meinen Glauben an Jesus ist doch völlig unerheblich, *wie* Petrus nach Karfreitag zu seinem Glauben an Jesus kam. Das ist für mich ebenso unerheblich, wie es unerheblich ist, wie *der* zu seinem Glauben kam, der *mir* dann seinen Glauben vermittelte, so daß *ich* dann zu Glauben kam... Entscheidend ist doch, daß man jeweils in *denselben* Glauben gestellt wird... Unser Glaube ist nur dann christlicher Glaube, wenn er ein Mitglauben mit dem Glauben der ersten Zeugen, mit dem Glauben des Petrus ist«.[3]

Man wird bei dieser Feststellung förmlich zur Frage veranlaßt, wie jemand, der so über den Glauben redet, überhaupt noch weiß, was Glauben im 1. Jahrhundert war, mit dem er doch *mitglauben* will. Kommt es nicht auch darauf an, den eigenen Glauben am Glauben der ersten Zeugen zu messen bzw. von dort gegebenenfalls korrigieren zu lassen? Sonst droht doch eine Beliebigkeit.

Über der Einschärfung des Entscheidungscharakters des Glaubens sowie der Notwendigkeit seines Wagnisses entstand somit die Gefahr, bei der Rede vom Glauben die historischen Grundlagen aus den Augen zu verlieren. Eine solche Einstellung hatte z. B. eine überzogene Polemik gegen den historischen Ansatz des lk Doppelwerks zur Folge[4] sowie eine Entgegensetzung von Kerygma und Geschichte.[5] Alles läuft dabei auf die Unterwerfung unter das Kerygma hinaus, als ob dieses nicht in einem Zusammenhang mit Jesus selbst stände und als ob nicht von dorther, d.h. nach Betrachtung des Verhältnisses der Verkündigung des historischen Jesus zu dem Glauben der ersten Zeugen, die Frage unseres Glaubens und unseres Einverständnisses mit der Botschaft Jesu und der ersten Zeugen zu erörtern wäre.[6]

Die andere Schulrichtung, die mir in meinem Studium begegnete, versuchte, dem Problem der Geschichte letztlich durch die Anwendung altkirchlicher Bekenntnisformeln beizukommen und zu ihr z. B. in ein »anhypostatisches« Verhältnis zu treten[7], was aber auf ihre christologisch-dogmatische Einklammerung hinausläuft. Für sie gilt zudem allgemein die Bemerkung Emanuel Hirschs in einem posthum veröffentlichten Beitrag: Bei einem solchen Ansatz »wird, ausgesprochen oder unausgesprochen, eine Voraussetzung gemacht: die, daß eine methodisch zu erhebende autoritative Offenbarung dem christlichen Lehrvortrag einen objektiven Grund verleihe und richtig gebraucht einen Umkreis christlicher Wahrheiten und Lehren zu erheben gestatte.«[8]

Angesichts der Vernachlässigung der historischen Nachfrage in weiten Teilen der deutschen neutestamentlichen Wissenschaft und Theologie überhaupt war es dann nur konsequent, daß eine neuere systematische Richtung das Geschichtsdefizit beheben wollte und sich dabei sogar erkühnte, die Auferstehung Jesu als historisches Ereignis zu verstehen. So erklärt Wolfhart Pannenberg zur Auferweckung Jesu:

»Wenn die Entstehung des Urchristentums, die abgesehen von anderen Überlieferungen auch bei Paulus auf Erscheinungen des auferstandenen Jesus zurückgeführt wird, trotz aller kritischen Prüfung des Überlieferungsbestandes nur verständlich wird, wenn man es im Lichte der eschatologischen Hoffnung einer Auferstehung von den Toten betrachtet, dann ist das so Bezeichnete ein historisches Ereignis, auch wenn wir nichts Näheres darüber wissen. Als historisch geschehen ist dann ein Ereignis zu behaupten, das nur in der Sprache der eschatologischen Erwartung aussagbar ist.«[9]

Die Spitze der Ausführungen Pannenbergs wird in folgenden Sätzen deutlich:

»Es gibt keinen Rechtsgrund, die Auferweckung Jesu als ein wirklich geschehenes Ereignis zu behaupten, wenn sie nicht historisch als solches zu behaupten ist. Ob vor zweitausend Jahren ein bestimmtes Ereignis stattgefunden hat oder nicht, darüber verschafft nicht etwa der Glaube uns Gewißheit, sondern allein die historische Forschung, soweit überhaupt Gewißheit über derartige Fragen zu gewinnen ist.«[10]

Gegenüber späterer Kritik, daß damit der historischen Forschung eine enorme Beweislast aufgeladen werde, hat Pannenberg ausdrücklich an diesen Sätzen festgehalten. Es gehe ihm »primär um einen *logischen* Zusammenhang hinsichtlich der Behauptung der Tatsächlichkeit eines vergangenen Geschehens... und der Grad der Entscheidbarkeit des Anspruchs solcher Behauptungen (sc. sei) eine davon zu unterscheidende Frage... Der Anspruch einer Tatsachenbehauptung auf Historizität impliziert lediglich die Erwartung, daß der Inhalt dieser Behauptung historischer Prüfung standzuhalten vermag, unbeschadet unterschiedlicher und kontroverser Urteilsbildung.«[11] »Historisch« heiße nicht »historisch beweisbar«, sondern »tatsächlich stattgefunden«, denn weniges sei derart »beweisbar, daß es über allen Zweifel erhaben wäre« (ebd.). Dieser Satz verwundert insofern, als »tatsächlich stattgefunden« gegenüber »historisch beweisbar« für ihn selbst im Kontext des Kapitels doch eine weitaus stärkere Behauptung ist und offenbar ausschließlich eine theologische *Folgerung* darstellt. Was wäre zu tun, wenn Pannenbergs Erwartung einer historischen Prüfung nicht standzuhalten vermag? Wäre dann, wie Pannenberg offenbar meint, der christliche Glaube am Ende? (Wir kommen auf diese Frage zurück.)

Unabhängig davon, wie man Pannenbergs Ergebnisse beurteilt, ist in jedem Falle zu begrüßen, daß er an einer entscheidenden Stelle des christlichen Glaubens die historische Rückfrage begründet und damit christlicher Theologie die Verständigung mit anderen Wissenschaften wieder ermöglicht hat.[12] Pannenberg hat recht mit seiner Bemerkung, daß mit »dem wolkigen Gerede vom ›Osterglauben‹... sich... so mancher Autor schamhaft dem Interesse seiner Leser daran (sc. entzieht), was er denn nun von der Zuverlässigkeit der für den christlichen Glauben grundlegend gewordenen Osterüberlieferung hält.«[13]

Leider sind die historischen Anregungen aus Pannenbergs Thesen zur Frage der Auferstehung Jesu in der Folgezeit fast gar nicht aufgenommen worden.[14]

Demgegenüber führen in wachsendem Maße die Apologeten älteren und neueren Schlags die Feder. (Dies bedeutet einen Rückschritt hinter die kritische, aber m.E. die Geschichte nur unzureichend berücksichtigende Position Rudolf Bultmanns.) Sie wollen letztlich die Auferstehung Jesu der wissenschaftlichen Rückfrage überhaupt entziehen. So schreibt z. B. Hans Kessler[15]: »Es kann, wie wir aus unserer Erfahrung wissen, Wirkliches und wirklich Geschehenes geben, das nicht objektivierbar und historisch verifizierbar ist« (S. 271). Kessler betont aber anschließend sofort, daß solche Aussagen über die Auferstehung des gekreuzigten Jesus sich ausweisen müssen, um dem Verdacht subjektiver Weltbildabhängigkeit entgehen zu können. Er fährt fort:

»Wenn... sinnvoll von... der Auferweckung Jesu... gesprochen werden soll..., so muß... der Zusammenhang angegeben werden können, der die Rede von dieser Realität mit beschreibbaren und überprüfbaren Erfahrungen verbindet. In diesem Sinn kommt aber... der Behauptung der ›Erscheinungen‹ und der Auferstehung Jesu gerade im Kontext historisch-kritisch nachweisbarer geschichtlicher Gegebenheiten ein hohes Maß an Glaubwürdigkeit zu« (S. 271).

Doch sind das reine Schutzbehauptungen, die überdeutlich einer »Immunisierungsstrategie« entspringen. Denn nach welchen Kriterien arbeitet Kessler? M.E. sind seine Ausführungen zur Entstehung des Glaubens an die Auferstehung Jesu (S. 136–236) von vornherein so angelegt, daß sie eine Nachfrage nicht mehr zulassen. Der Vf. spricht zwar oft von Konkretion, weigert sich dann aber, nach der Art und Weise der Erscheinungen zu fragen (S. 233f), und hält z. B. die Übertragung der zu Paulus gewonnenen Ergebnisse auf die Jünger für unstatthaft, obwohl Paulus selbst die Gleichartigkeit der Erscheinungen feststellt (1Kor 15,1–11) (S. 171).[16]

Ähnlich wie Kessler hatte offenbar bereits Karl Barth die Frage der Auferstehung Jesu entschieden. Er schreibt:

»Es könnte Ereignisse geben, die viel sicherer wirklich in der Zeit geschehen sind als alles, was die ›Historiker‹ als solche feststellen können. Wir haben Gründe, anzunehmen, daß zu diesen Ereignissen vor allem die Geschichte von der Auferstehung Jesu gehört.«[17] Darauf antwortet Bultmann: Barth »gibt mir zu..., daß die Auferstehung Jesu kein historisches Faktum sei, das mit den Mitteln der historischen Wissenschaft festgestellt werden könne. Daraus

– meint er – folge nicht, daß sie nicht *geschehen* sei... Ich frage: Was versteht *Barth* hier unter ›geschehen‹ und ›Geschichte‹? Was für Ereignisse sind das, von denen gesagt werden kann, daß sie ›viel sicherer wirklich in der Zeit geschehen sind als alles, was die Historiker als solches feststellen können‹?«[18] Der eigentliche Unterschied zwischen Barth und Bultmann besteht nach Hans-Georg Geyer darin, »daß Bultmann in der historischen Perspektive von Ostern nur als der Entstehung des Glaubens an das Heilsereignis des Kreuzes Jesu Christi redet, während Barth die Auferstehung Jesu Christi als die vom Akt des Glaubens unterschiedene Begründung des Glaubens versteht und expliziert.«[19] Doch kann auch diese präzise Erfassung des Unterschieds zwischen Barth und Bultmann nichts daran ändern, daß Barth die Begründung des Glaubens der historischen Nachfrage entzieht (ebenso wie Bultmann die Rückfrage hinter das Kerygma unterläßt).

Eugen Drewermann, der in seinem bisherigen Werk eine scharfe Kritik der historisch-kritischen Methode vorgetragen hat[20], orientiert sich bei dem Verständnis der Auferstehung Jesu stark an der analytischen Psychologie C. G. Jungs, aber auch an Paul Tillich. Er schreibt: »Das Geheimnis der Auferstehung läßt sich nicht äußerlich ›feststellen‹, man kann es nur glauben, und es läßt sich nur mitteilen in Bildern und Symbolen... Die Wirklichkeit des *Ostermorgens* kann man nur mit den Augen des Herzens wahrnehmen, denn alles, was uns leben läßt, entstammt dem unsichtbaren Raum der Ewigkeit...«[21].

Wir werden später fragen, ob ein solcher Interpretationsansatz die Aporien historisch-kritischer Forschung überwinden hilft. Viel wird davon abhängen, wie die Frage der Geschichtlichkeit der Auferstehung Jesu zu entscheiden ist. Falls Bultmann in seiner Bestreitung ihrer Historizität recht behalten sollte, wäre in der Tat ein symbolisches Verständnis vielleicht eine Möglichkeit, auch heute noch Christ zu bleiben. Oder müßte man doch den zu großen Abstand eines solchen Glaubens zu dem der ersten Zeugen zugestehen und dem Christentum ehrlicherweise den Abschied geben?[22] Oder sollte sich ein zeitgemäßer Glaube nicht viel mehr als bisher an Jesus selbst orientieren? Alle diese Fragen harren einer Antwort.

Nach längerem Nachdenken über das Problem des Osterglaubens und der Auferstehung Jesu will ich im folgenden versuchen, allgemein verständlich in dieses Thema und in das damit bezeichnete Problem einzuführen. Dieses Unternehmen ist nun freilich keine *Antwort* im engeren Sinne, sondern ein Denk*versuch*, der anderen vielleicht helfen kann, ein Zwischenresultat zu erzielen, das jenseits von geschichtsloser Heilsgewißheit und historischem Besserwissen liegt. Dabei ist klar, wie Maurice Goguel bemerkte, daß bei den meisten, die sich mit der Auferstehung Jesu beschäftigt haben, unbewußt eine vorgefaßte Meinung bzw. ein Vorurteil zugrunde liegt, das sich oft nicht historisch ausweisen kann. Es geht also im folgenden auch immer wieder darum, sich dieser eigenen Voraussetzungen bewußt zu werden und sie kritisch zu hinterfragen.[23]

Auf den methodischen Fragen und der Forschungsgeschichte[24] liegt nicht das Hauptgewicht. Im Interesse der Knappheit wurde die überflutende Sekundärliteratur nur in Auswahl nachgewiesen, wohl aber grundlegende jüngere und ältere Arbeiten mit Absicht oftmals herangezogen. Dabei sollen die Dinge so erörtert werden, wie sie sich aus dem Studium der Quellen ergeben, und die Leser(innen) im Vollzug der Quellenanalyse zu eigenen Urteilen angeregt werden. Insofern bewegt sich die Arbeit auch nicht auf der letztlich doch kirchlich-apologetischen Linie von Karl Martin Fischer, der mit seinem Auferstehungsbuch Christen helfen will, »die nach der Einheit des Denkens und Glaubens in Verantwortung für unsere Welt suchen. Es will eine Denkmöglichkeit für Angefochtene und Fragende bieten, aber keine Verurteilung der Bekenntnistreuen«.[25] Mein Beitrag befindet sich nicht im selben Rahmen wie die sonst so sympathische Arbeit von Fischer, weil er selbst Versuch eines Aufbruchs, eine Neubesinnung ist. Denn woher weiß Fischer letztlich, was Christsein überhaupt noch heißt? Es ist doch in der Volkskirche und in der heutigen Welt – auch angesichts der »incredible diversity of Christian symbolism, doctrine, belief, and moral practice«[26] – selbst fraglich geworden.

Das Ganze versteht sich vielmehr ähnlich, wie Gerhard Marcel Martin seine Arbeit über das Thomasevangelium auffaßt. Er schreibt: »Ich meine, daß es Menschen, die sich der christlichen Tradition sehr eng verbunden fühlen, so daß sie fast in ihr gefangen sind (und nicht mehr wissen, was eigentlich der Sinn des Tradierten ist, Vf.), guttut, wenn sie einmal das Eigene wie ein Fremdes gezeigt bekommen.«[27] Ich würde noch hinzufügen, daß viele innerhalb von Kirche und Theologie gar nicht mehr wissen, was christliche Erfahrung als Erfahrung von »Auferstehung« war und ist, und deswegen dringend eines unverstellten Blickes auf das Elementar-Christliche bedürfen, und das heißt den Blick auf die Auferstehung, wenn denn die Annahme zutrifft, daß dieses Elementar-Christliche sich mit ihr verbindet.[28]

Eugen Drewermann schreibt zu der angesprochenen Frage:

»Jedenfalls mutet es absurd an, sich als Student (oder Dozent!) der Theologie jahrelang pflichtweise mit Berichten von Gotteserscheinungen, Berufungserlebnissen, himmlischen Visionen und prophetischen Reden beschäftigen zu müssen, ohne dabei die geringste Ahnung zu besitzen oder zu gewinnen, was denn nun eigentlich in der lebendigen Erfahrung mit derartigen religiösen Widerfahrnissen gemeint sein könnte!«[29]

Dabei liegt die Hinzuziehung psychologischer Methoden[30] in der Natur der Sache. Schon Maurice Goguel hat auf folgendes hingewiesen: Wenn man hier ausschließlich historisch und literarisch arbeitete, würde man am Rand des Problems bleiben und nicht zum Geheimnis des frühen Christentums vordringen. Gleichwohl werde die rein historisch-literarische Methode in diesen Fragen am ehesten mißbräuchlich verwandt. Doch genüge es nicht, die Berichte und die Tatsachen zu studieren, vielmehr müsse man auch die Gefühle, die Emotionen, die Ideen herausarbeiten, die den Glauben der ersten Christen an die diesbezüglichen Erzählungen über die Auferstehung begleitet hätten.[31]

Diese Forderungen Goguels, die sich z.T. auf die Bewußtseinspsychologie[32] beziehen, sind noch um einige Überlegungen zu ergänzen. Denn bei der historischen Beschäftigung mit der Auferstehung Jesu bzw. mit dem Glauben einzelner früher Christen, Jesus nach seinem Tod »gesehen zu haben«, empfiehlt sich die zusätzliche Anwendung tiefenpsychologischer Methoden.[33] Sie ist kein Rückfall in den Psychologismus, sondern eine konsequente Weiterführung der historisch-kritischen Methode.[34] »Die analytische Religionspsychologie ist nur die folgerichtige Fortsetzung und Vertiefung der als selbstverständlich betrachteten historischen Bemühungen der Glaubenslehre. Sie setzt die historische Untersuchung im Leben des Einzelnen fort und verfolgt sie bis ins Quellgebiet des Unbewußten.«[35]

Dabei ist an dieser Stelle eine Darlegung der Prinzipien der historisch-kritischen Methode und psychoanalytischer Theorien unnötig, da in den Einzeltexten die Entscheidungen fallen und auch die ggf. anzustellenden tiefenpsychologischen Überlegungen sich an den Texten ausweisen müssen.[36] (Sie werden dann auch jeweils im unmittelbaren Anschluß an die Exegese ohne großen Theorieapparat vorgetragen.)

Mit Albert Schweitzer gilt mir »die Erforschung der geschichtlichen Wahrheit als solcher... als ein Ideal, dem die wissenschaftliche Theologie nachzustreben hat. Noch immer bin ich überzeugt, daß die bleibende geistige Bedeutung, die das religiöse Denken der Vergangenheit für das unsrige hat, sich am stärksten auswirkt, wenn wir mit jener Frömmigkeit, so wie sie wirklich war, nicht wie wir sie uns zurechtlegen, in Berührung treten. Ein Christentum, das die historische Wahrheit nicht in den Dienst der geistigen zu stellen wagt, ist innerlich nicht gesund, auch wenn es sich stark vorkommt. Die Ehrfurcht vor der Wahrheit als solcher, die in unserem Glauben sein muß, wenn er nicht zum Kleinglauben werden soll, begreift auch die Achtung vor der historischen Wahrheit in sich.«[37]

In der Begegnung mit vielen Theologen in Universität und Kirche habe ich freilich eine ähnliche Erfahrung gemacht wie Karl Jaspers, wenn er schreibt:

»Zu den Schmerzen meines um Wahrheit bemühten Lebens gehört, daß in der Diskussion mit Theologen es an entscheidenden Punkten aufhört, sie verstummen, sprechen einen unverständlichen Satz, reden von etwas anderem, behaupten etwas bedingungslos, reden freundlich und gut zu, ohne wirklich vergegenwärtigt zu haben, was man vorher gesagt hat, – und haben wohl am Ende kein eigentliches Interesse. Denn einerseits fühlen sie sich in ihrer Wahrheit gewiß, erschreckend gewiß, andererseits scheint es sich für sie nicht zu lohnen um uns ihnen verstockt scheinende Menschen. Miteinander sprechen aber fordert Zuhören und wirkliche Antwort, verbietet das Schweigen oder das Ausweichen auf Fragen, fordert vor allem jede Glaubensaussage, die doch in menschlicher Sprache vollzogen, auf Gegenstände gerichtet, eine Erschließung in der Welt ist, auch noch wieder in Frage stellen und prüfen zu lassen, nicht nur äußerlich sondern auch innerlich. Wer im endgültigen Besitz der Wahrheit ist, kann nicht mehr mit dem andern richtig reden, – er bricht die echte Kommunikation ab zugunsten seines geglaubten Inhalts.«[38]

Es darf einfach nicht dabei bleiben, daß – überspitzt ausgedrückt – die Theologie besitzt, ohne zu suchen, und die Philosophie sucht, ohne zu finden. Denn es gilt »eine letzte Zusammengehörigkeit des Menschlichen und des Christlichen, so daß dem christlichen Glauben durch Hingabe ans menschliche Wahrheitsbewußtsein, dem menschlichen Wahrheitsbewußtsein durch Hingabe an den christlichen Glauben nichts abgebrochen wird.«[39] Von manchen Seiten ist freilich zu vernehmen, daß selbst in der wissenschaftlichen Theologie nicht mehr nach der Wahrheit *gesucht* und daß in der Kirche nicht die schwere Krise des gegenwärtigen Christentums *erkannt* wird.[40] Doch kann ich das nicht glauben, weil es das Ende unserer Religion wäre.

2. Die Notwendigkeit einer erneuten Arbeit über die Auferstehung Jesu

Die Notwendigkeit einer Arbeit über die Auferstehung Jesu ergibt sich für Hans Graß vor allem aus folgendem: »...weil dieses Geschehen in Form von historisierenden Berichten auf uns gekommen ist, darum *muß* diese der Geschichte zugewandte Seite der Offenbarungstat auf ihre Zuverlässigkeit und Glaubwürdigkeit geprüft werden«.[41] Die Frage »nach dem Grund und Recht dieses Zeugnisses (sc. bleibt) doch die entscheidende. Ohne diesen Grund ist jede Theologie der Auferstehung, auch die neutestamentliche, eine bodenlose Spekulation« (S. 14). An anderer Stelle bejaht Graß nachdrücklich die »historische Fragestellung gegenüber den Osterberichten wie den Osterereignissen, die heute vielfach zu rasch oder gar grundsätzlich beiseite geschoben wird. Letzteres gilt... von vielen Äußerungen der Kerygma-Theologie zum Auferstehungsproblem« (S. 4).[42] Da sich die Lage seit der Erstveröffentlichung des grundlegenden Buches von Graß im Jahre 1956 nicht geändert hat, besteht das Anliegen des Marburger Theologen zu Recht weiter[43], auch wenn allenthalben – aus verschiedenen Gründen und unter anderem Namen -das Ende der historischen Methode förmlich ausgerufen wird.[44]

Ferner ist als Grund für eine erneute Beschäftigung mit der Auferstehung Jesu darauf zu verweisen, daß sie historisch von ausschlaggebender Bedeutung für die Entstehung und die Fortentwicklung der christlichen Religion gewesen ist. Ohne den »Glorienschein« des auferstandenen Herrn hätte die im Neuen Testament überlieferte Predigt und Verkündigung Jesu von Nazareth nicht die Gewalt gehabt, welche sie in der Kirchengeschichte bis heute ausgeübt hat, denn die Evangelien wurden durchweg als Worte des Auferstandenen gelesen. David Friedrich Strauß nennt es demütigend für den menschlichen Stolz, daß alle Worte und Lehren Jesu, so wahr und gut, einseitig und schroff sie gewesen sein mögen, »wie einzelne Blätter vom Winde verweht und zerstreut worden sein (sc. würden), wären diese Blätter nicht von dem Wahnglauben an seine

Auferstehung als von einem derben handfesten Einbande zusammengefaßt und dadurch erhalten worden.«[45] Darauf antwortete der Rade-Schüler Samuel Eck: »Allerdings das hat dieser ›Wahnglaube‹ geleistet. Aber eben daß er es gethan hat, das fordert unser Nachdenken in viel energischerer Weise heraus, als es gemeinhin geschieht...«[46] Er fährt fort, der Glaube an Jesu Auferstehung habe »Allem, was die Erinnerung von ihm festzuhalten vermochte, unvergänglichen Wert verliehen. Aber derselbe Glaube, der sich so schirmend über diesem kostbaren Schatz der Vergangenheit, der irdischen Geschichte Jesu, breitet, er schafft einen neuen Himmel und eine neue Zukunft, wie ihn keine Frömmigkeit und keine Weisheit zuvor gekannt, den Himmel und die Zukunft, in denen Jesu persönliches Leben den Magnet bildet, nach dem sich die Hoffnung streckt.«[47]

Schließlich ist eine erneute Arbeit über die Auferstehung Jesu notwendig angesichts ihrer gegenwärtigen Bedeutung in Kirche und Theologie.[48] Tagtäglich trösten Pfarrer und Pfarrerinnen Trauernde mit der Botschaft von der Auferstehung der Toten, die Kirche leitet ihr Existenzrecht von der ihr verliehenen Vollmacht des Auferstandenen ab, und der wissenschaftlichen Theologie dient der Auferstandene nach wie vor als der Garant des Erkenntnisweges in der Theologie[49], wie die Zitate dreier bedeutender Theologen es belegen mögen:

»Die Frage nach der Auferstehung Jesu Christi stellt eine, vielleicht sogar *die* Schlüsselfrage des christlichen Glaubens dar. In dieser Frage fallen, auch wenn dies dem durchschnittlichen Christen kaum noch bewußt ist, Entscheidungen für fast alle anderen Fragen des Glaubens und der Theologie.«[50]

»Das Christentum steht und fällt mit der Wirklichkeit der Auferweckung Jesu von den Toten durch Gott.«[51]

»Das Christentum, insofern es Bekenntnis zu Jesus von Nazaret als dem lebendigen und wirkmächtigen Christus ist, beginnt mit Ostern. Ohne Ostern kein Evangelium... Ohne Ostern... kein Glaube, keine Verkündigung, keine Kirche, kein Gottesdienst, keine Mission!«[52]

Nun ist die Absicht einer historischen Arbeit über die Auferstehung Jesu im obigen Sinne nicht neu, auch sind die Argumente gegen eine solche Untersuchung allbekannt. Ich greife die wichtigsten, die sich z. T. überschneiden, heraus und erörtere sie im Anschluß daran:

1. Wir haben keine Augenzeugenberichte über die Auferstehung Jesu.

2. Die Auferstehungstraditionen seien unentwirrbar und die historischen Quellen unzulänglich.

3. Die Auferstehung Jesu sei ein Wunder, das sich jedem Zugriff entziehe – was soll da eine historische Arbeit noch leisten?

Ingo Broer schildert die Lage, in welche die römisch-katholische Theologie durch die historische Kritik geraten ist[53]:

> »Gibt man ihr bei den Wundern und evtl. auch bei der Jungfrauengeburt zumindest teilweise nach, so wird bei der Auferstehung der historischen Kritik kein Pardon gewährt... Allein bei der Auferstehung soll solche Betrachtung, die bis in weiteste Kreise Eingang gefunden hat, nicht gelten. Die Auferstehung soll, muß und kann – wenigstens nach Meinung vieler Theologen – leisten, was früher die Evangelien insgesamt, insbesondere aber Wunder, Auferstehung und Jungfrauengeburt zusammen leisteten: dem Glauben einen Grund zu geben. Je schwieriger das historische Verständnis der Wunder und der Jungfrauengeburt wurde, um so mehr konzentrierte man sich auf die Auferstehung, und hier wiederum insbesondere auf die Erscheinungen, und meinte, hier den Punkt der Punkte zu finden.«[54]

4. Außerhalb der Glaubenserfahrung und außerhalb des Zeugnisses könne zudem nicht sinnvoll von der Auferstehung Jesu gesprochen werden, »auch wenn Jesu persönlich-leibliche Auferstehung in logischer und ontologischer (nicht notwendig zeitlicher) Priorität jeder Glaubenserfahrung und jedem Zeugnis von ihr vorausgeht«[55].

5. Ereignis und Deutung seien immer verschränkt, so daß ein Zugang zum Ereignis der Auferstehung ohne die Deutung unmöglich sei. Viele Auferstehungstexte verhielten sich deswegen gegenüber den historischen Fragen spröde, z. B. die Emmausgeschichte (Lk 24, 13–35).

Einzelkritik der Einwände:

Zu 1: Immerhin haben wir das paulinische Eigenzeugnis und die Darstellungen der Apg, welche im Falle der Übereinstimmung mit Paulus eine gute Ergänzung der paulinischen Eigenberichte ergäben. Damit würde aber auch Licht auf die anderen Auferstehungszeugnisse geworfen, denn Paulus parallelisiert seine eigene »Begegnung« mit dem Auferstandenen mit der der anderen Zeugen (1Kor 15,8). Ist im übrigen nicht auch im Falle der Richtigkeit des obigen Einwandes die *Frage* nach der Art und Weise der Auferstehung so lange legitim, als christliche Theologie einen wissenschaftlichen Anspruch hat und sich der Aufklärung verpflichtet weiß? Etwas anderes ist es natürlich, ob dabei auch (bzw. *welche) Ergebnisse* erzielt werden können. Mir geht es vorläufig nur um die Herausstellung der Pflicht zur Frage nach dem »Wie« der »Auferstehung«.[56]

Zu 2: Hiergegen hat der Kirchenhistoriker Hans von Campenhausen zu Recht folgendes bemerkt, daß diese Auskunft zu einfach sei. Der Hinweis auf die Unentwirrbarkeit der Quellen diene dem vermeintlich besonders radikalen Glauben nur dazu, »ihn der eigentlichen Anfechtung durch die Geschichte und durch die geschichtliche Vernunft überhaupt zu entziehen«.[57] Anders gesagt: Die Behauptung der Unerklärbarkeit dessen, was zu Ostern wirklich passiert ist, scheint sich förmlich zu einem unentbehrlichen Requisit der Theologie zu verselbständigen!

Zu 3: Auf der einen Seite kann in der Tat der Wundercharakter bzw. Offenbarungscharakter Jesu kein Gegenstand wissenschaftlicher *historischer* Arbeit, sondern nur religionsphilosophischer und theologischer Überlegungen sein. Bereits David Hume hat gezeigt, daß ein Wunder so definiert wird, daß wir nicht erkennen können, wie ein Zeugnis es bestätigen könnte.[58] Solange aber andererseits Theologie mit historischem Denken förmlich »gepaart« ist[59], und dies ist sie *zum einen* aufgrund des Charakters und der Aussagen ihrer zentralen Quellen, *zum anderen* in Bezug auf das neuzeitliche Wahrheitsbewußtsein[60], muß sie selbst – will sie glaubwürdig bleiben und sich nicht einer Bewußtseinsspaltung anheim geben – an der Frage nach dem »Wie« der »Auferstehung« Jesu als Frage nach dem Kontext des Auferstehungs*zeugnisses* interessiert sein und von der Beantwortung dieser »Wunderfrage« einen Nutzen für die *theologische* Erkenntnis erwarten[61], auch wenn diese historischen Fragen bis in die neueste Zeit hinein immer wieder abgeblockt worden sind.[62] Ja, die Rekonstruktion des »Wie« der »Auferstehung« Jesu bzw. die Erklärung, wie es zur Behauptung der Auferstehung Jesu kam, ist für das Verständnis der damaligen Auferstehungsverkündigung und ihrer heutigen Weiterführung bzw. Neuformulierung unumgänglich.

Selbst Willi Marxsen weicht gegenüber der angeschnittenen Frage in die Gegenwart aus und schreibt: »Das Wunder geschieht heute. *Das Zum-Glauben-Kommen ist das Wunder*. Weil es sich aber um ein Wunder handelt, entzieht es sich meiner Beschreibung.« Die Auferstehung ist ein Wunder. »Denn ›Jesus ist auferstanden‹ heißt nichts anderes als: der gekreuzigte Jesus ruft heute in den Glauben.«[63]

Die neuere systematische Arbeit von Bernhard Bron[64] arbeitet umfassend die Diskussion um das Verständnis des Wunders im Horizont des neuzeitlichen Natur- und Geschichtsbegriffs auf. Doch zeigt sich alsbald ihre

Grenze darin, daß nicht an einem einzigen Wunder Jesu die Frage der Historizität erörtert wird und die historische Frage nach der Auferstehung Jesu überhaupt nicht in den Blick kommt – trotz des vielversprechend klingenden Abschnitts VI: Kreuz und Auferstehung Jesu Christi als Verstehenshorizont der Wunder (S. 240–242). Mit seiner These auf S. 243 (der theologische Wunderbegriff werde an der Kategorie der Schöpfung aus dem Nichts sein Maß und seine Norm finden)[65] kann alles und nichts bewiesen werden. Bron schreibt über die historische Forschung:

»Sie wird sich von allen weltanschaulichen Prämissen immer wieder befreien und sich der Grenzen ihrer Aussagemöglichkeiten bewußt bleiben müssen, und sie wird andererseits schon in dem Versuch, in singulär-wunderhaftem Geschehen göttliches Handeln nachweisen zu wollen, gerade das Wunder als Wunder Gottes und alle Kategorien immanenter Erkenntnismöglichkeiten überschreitendes Geschehen aus dem Auge verlieren. Nur wo diese doppelte Grenze, die unmögliche Leugnung und die unmögliche Erkennbarkeit des Wunders im Rahmen immanenter Kriterien der Forschung, nicht durchbrochen wird, läßt sich das Wunder als völlig unableitbares und analogieloses, exklusiv und absolut an die Offenbarung Gottes in Jesus Christus gebundenes und in seinem Horizont erkennbares Geschehen durchhalten« (S. 114).

»So wenig es jedoch der historischen Kritik möglich sein kann, ein Wunder zu beweisen, so sicher steht ihr nicht das Urteil der ›Unhistorizität‹ der meisten Wunder zu. Auch das gegenteilige Urteil der prinzipiellen Affirmation der Wunder als objektiver Tatsachen ist nicht möglich. Nur wo diese Spannung durchgehalten wird, dürfte man dem Zeugnis des Neues Testaments gerecht werden können« (S. 234).

M. E. kann wahrhaftige historische Forschung diese sicher gut gemeinten Beschneidungen nicht hinnehmen, solange nicht selbst geschichtstheoretische (also der autonomen historischen Vernunft zumindest als Beschreibung ihrer eigenen Grenze zugängliche) Argumente dafür ins Feld geführt werden. Weiter offenbaren die Aussagen Brons eine verbreitete Haltung, die den Eindruck theologischer Besserwisserei gegenüber einer vermeintlich nicht selbstkritischen historischen Wissenschaft macht und die Historie zur Hilfswissenschaft degradiert, deren Argumente gerade da übernommen werden, wo sie der theologischen Position zupaß kommen. Zudem wird hier einmal mehr der problematische Versuch unternommen, Glaube und Theologie wesentlich auf die Lücke der historischen Erkenntnis zu gründen.

Ähnlich wie Bron verfährt offenbar selbst Hoffmann: »Die Osterfrage verweist also im umfassenden Sinne auf die Gottesfrage und läßt sich nur von dort her theologisch-systematisch lösen.«[66] Gegenfrage: Ist die Osterfrage etwa nicht Gegenstand *auch* der historischen Forschung? Die frühen Christen haben sie doch in Auseinandersetzung mit jüdischen (Mt 28,15) und heidnischen Zeitgenossen (Celsus[67], Porphyrius[68]) als historische Tatsachenaussage verstanden.

Zu 4: Damit entzieht man sich der Welt, obwohl man ihre Privilegien annimmt (Vf. lehrt an einer staatlichen Fakultät) und alles läuft auf das *»ich glaube, um zu verstehen«* hinaus, ein Satz, der in der Neuzeit im Rahmen der Wissenschaft nicht stehen bleiben kann bzw. zumindest erklärungs- und begründungsbedürftig ist.[69] Diesem Einwand liegt eine »Immunisierungsstrategie« zugrunde.[70] Im übrigen verweise ich auf das zu 3. Gesagte und auf das Votum von Karl Jaspers oben S. 18. Solange nicht Absurdität zum Wahrheitskriterium theologischer Aussagen werden soll, wird wissenschaftliche Theologie (*und* kirchliche Verkündigung) um Verständlichkeit ihrer Aussagen bemüht sein. D.h., theologische Wissenschaft hat die Aufgabe, historische und gegenwärtige christliche Glaubenszeugnisse zu erheben und zu interpretieren, wobei sie deren Status und Gehalt kategorial und begrifflich bestimmt. Theologie und Verkündigung, die an dieser Verständigung – selbst in Bezug auf ihre Auferstehungsaussage – *gar* nicht teilhaben, wären doch auch nur als Privatreligion oder Sektenwesen vorstellbar.

Zu 5: Der Hinweis auf die Verschränkung von Ereignis und Deutung trifft auf alle Texte zu, mit denen die Geschichtswissenschaft umgeht, ist also keineswegs die Besonderheit religiöser oder christlicher Quellentexte. Diese normale Tatsache leitet dazu an, jede jeweils gegebene Quelle als menschliche Lebensäußerung wahrzunehmen und zu respektieren. Hermeneutisch gesehen, ist besagter Einwand also so wichtig, wie er banal ist. Das muß und kann also niemanden davon abhalten, die ntl. Texte unter Berücksichtigung ihrer Eigenart nach geschichtlich verwertbarem Material zu befragen, ebenso wie ein Althistoriker das machen würde. Es ist ja ein Jammer, daß durch die künstliche Einteilung in christliche und nichtchristliche Quellen kaum ein Althistoriker (oder auch klassischer Philologe) zur Frage der Auferstehung Jesu Stellung genommen hat, von Außenseitern abgesehen[71]. (Ist das womöglich falsch verstandener Anstand, weil man niemanden verletzen will?) Vielleicht kann man die von der Geschichtsforschung an dieser Stelle zu leistende Arbeit mit der Psychoanalyse vergleichen, wo ja ebenfalls im Rahmen einer »Hermeneutik des Verdachts« Mitteilungen des

Patienten gegen den Strich gelesen werden, d.h. entgegen seinen ausdrücklichen Deutungen. Keinem Analytiker ist solche Methode verboten worden, nur weil es in Spannung zu den vorhandenen Äußerungen/Texten steht. Die Erfahrung lehrt, daß sich gerade dann die Tradition neu erschließt, wenn man sich ihr mit allen verfügbaren wissenschaftlichen (und das heißt begründet und differenziert eingesetzten) Mitteln nähert. Gleichzeitig gilt das Votum F.C. Baurs: »Die Wissenschaft dekt entweder wirklich schwache Seiten des Glaubens auf, oder sie greift den Glauben ohne Grund an. Ist ersteres der Fall, so wird ja dadurch nur die Erkenntniß der Wahrheit eingeleitet...; ist das zweite, so kann der Angriff des Wissens auf den Glauben... zunächst nur Zweifel an dem bisher Geglaubten erregen, der Zweifel an sich aber ist nichts Bedauerliches und Verwerfliches, sondern für den denkenden Menschen das nothwendige Mittel, um zur Erkenntniß der Wahrheit zu gelangen.«[72]

Im folgenden sei also rein historisch-empirisch nach dem historischen Kontext der Auferstehungszeugnisse, oder kurz: nach dem »Wie« der »Auferstehung« Jesu gefragt – im Einverständnis mit Hans v. Campenhausen, der schreibt:

»Es scheint aber, daß über den mancherlei literaturgeschichtlichen, traditionsgeschichtlichen, motivgeschichtlichen und formgeschichtlichen Untersuchungen die Frage nach dem einfach Geschichtlichen über Gebühr zurückgetreten ist, d.h. die Frage nach dem geschichtlichen Kern dessen, was die Überlieferung historisch bezeugt. Das Interesse an den Ostergeschichten droht die Ostergeschichte zu verdecken. Aber die philologische Arbeit, die bei der Beurteilung der Quellen selbstverständlich das erste Wort hat und behalten muß, darf nicht dazu führen, daß die eigentlich historische Frage nach dem Gewesenen, nach dem wirklichen Ablauf und nach dem inneren Zusammenhang des Geschehen zweitrangig erscheint und womöglich gar als banausisch an den Rand geschoben wird. Berechtigte kritische Bedenken gegen einen naiven Psychologismus und Historismus haben uns in der direkten Ausbeutung und Ausdeutung der alten Texte zurückhaltend gemacht; aber sie dispensieren noch nicht von der Aufgabe, aufgrund einer besseren und vorsichtiger gehandhabten Methode, die alte, unausweichliche Frage des Historikers von neuem zu stellen und auch zu beantworten, d.h. auszumachen, wieweit und mit welchem Grade von Wahrscheinlichkeit die tatsächlichen Geschehnisse und ihr Ablauf noch zu ermitteln sind.«[73]

Ziel des Ganzen ist es, eine Hypothese zur »Auferstehung« Jesu vorzulegen, die die wenigsten Anstöße bietet und die meisten Schwierigkeiten löst – unter Berücksichtigung der Forderung von

David Friedrich Strauß, »mit Beiseitesetzung aller Rücksichten mich ohne Zweideutigkeit und Hinterhalt darüber auszusprechen«[74], denn nach wie vor gilt, daß weite Teile der sogenannten kritischen Theologie die Fertigkeit entwickelt haben, »mit vielen Worten nichts zu sagen« (ebd.). Emanuel Hirschs Vorrede zu seinem Auferstehungsbuch aus dem Jahre 1940 hätte in der Nachfolge von Strauß im Jahre 1993 geschrieben sein können:

»Es ist heut den Theologen durch allgemeines theologisches Begriffsspinnen vielfach verdunkelt, wie es mit unsrer geschichtlichen Erkenntnis des Ostergeschehens eigentlich steht, und wie weit die überwältigende Mehrzahl aller evangelischen Forscher sich von der neutestamentlichen Osterlegende schon entfernt hat. Unsre Nichttheologen aber wissen überhaupt nicht, was wir Theologen über den legendären Charakter der Ostergeschichten wissen und denken. Was uns hier nottut, ist, daß rücksichtslos Klarheit erzwungen wird. Der Theolog ist es sich und seiner Gemeinde schuldig, hier sich und andern Rechenschaft zu geben, was er nun eigentlich für geschichtlich wirklich, und auch, was er für ungeschichtlich hält«[75].

Emanuel Hirsch hält sich an diesem Punkt an die Forderung David Friedrich Strauß', der heute vielfach als »überwunden« gilt, soweit er von Neutestamentlern überhaupt noch gelesen wird.[76]

Man vgl. auch Karl Barths »Würdigung« von David Friedrich Strauß, in: ders.: Die protestantische Theologie im 19. Jahrhundert. Ihre Vorgeschichte und Geschichte, 1947, S. 490–515: Barth zeichnet Strauß als wankelmütigen Opportunisten (S. 495) mittelmäßiger Bürgerlichkeit. Indem er ihm jede Glaubwürdigkeit und wissenschaftliche Standhaftigkeit abspricht, erspart er sich letztlich eine inhaltliche Auseinandersetzung mit dem Werk von Strauß. »Die rechte Theologie beginnt genau dort, wo die von Strauß und Feuerbach aufgedeckten Nöte gesehen und dann zum Gelächter geworden sind... Wo das aber nicht der Fall ist, da durfte und da darf David Friedrich Strauß auf keinen Fall pensioniert werden« (S. 515).

»Ist es nicht so, daß Ziel des historischen Weges im besten Falle auch nur ein historischer, d.h. aber als Offenbarer Gottes nur relativer Christus sein kann: ein Christus als Nothelfer, der doch als solcher noch allerhand Genossen und Ergänzer verlangt, der sich zu einer wirklichen ewigen Offenbarung an die Menschen im besten Falle verhalten könnte wie ein höchstes und vielleicht endgültiges Symbol zur Sache selbst, der auf keinen Fall das Fleisch gewordene, Gottes Entscheidung über uns Vollziehende und uns selbst zur Entscheidung aufrufende Wort wäre? Das ist's, was die Theologie durch D. F. Strauß gefragt ist, wie sie durch Feuerbach gefragt ist, ob etwa die Gottheit, die man im menschlichen Bewußtsein gesucht hatte und gefunden zu haben meinte, etwas anderes sei als der Schatten des Menschen in seiner Projektion auf die Ebene der Idee des Unendlichen. Strauß war kein großer Theologe... man muß sagen, daß seine Theologie schließlich nur darin bestand, daß er eine schlechte Lösung ihres Problems als solche durchschaute, auf weitere bessere Versuche verzichtete, ihr Thema fallen ließ und sich abseits begab« (S. 513).

Zur Kritik: Meint Barth etwa, er könne über das Symbol hinaus zur »Sache selbst« kommen? – Aber seine »rechte Theologie« lacht ja schon über die Frage an sich.

Es ist fast überflüssig zu erklären, daß sich die nachfolgenden Darlegungen im Bereich des Wahrscheinlichen bewegen und hypothetisch argumentiert wird, womit die Grenzen dieser Untersuchung von vornherein gesetzt sind. Die als mögliche Widerlegung denkbaren Prädikate »rein hypothetisch«, »Hypothesengewinde« o.ä. beruhen auf einem Mißverständnis historischer Arbeit. Historische Rekonstruktion kommt – wie *jede* Form der Interpretation – ohne Hypothesen und Wahrscheinlichkeitsurteile nicht aus. Ja, die eigentliche Aufgabe historischer Arbeit ist es, die sachgemäßeste Hypothese zu erarbeiten und dabei Wahrscheinlichkeiten klar abzuwägen. Der Wert einer Rekonstruktion entscheidet sich daran, ob die *besten* Hypothesen zugrunde liegen, d.h. solche, die die meisten (und die wichtigsten) offenen Fragen beantworten bzw. vorhandene Probleme lösen und die wenigsten (oder nur schwache) Gegenargumente provozieren.[77] Frei nach Immanuel Kant *ist* Wahrscheinlichkeit Wahrheit, deren Erkenntnis zwar noch mit Mängeln behaftet, aber deswegen nicht trüglich ist.

Eine so gezeichnete Untersuchung mit ihren Zielen und möglichen Antworten ist jedoch für die theologische Frage von Bedeutung, solange die Theologie ihre seit der Aufklärung eingegangene Bezogenheit auf die Geschichte und ihre kritische Erforschung beibehält. Daß Geschichtlichkeit eine nicht zu überspringende Grundkategorie der menschlichen Verfaßtheit darstellt, ist eine der entscheidenden Einsichten der Neuzeit. Auch Theologen, die gegenüber einem historischen Ansatz in der Theologie skeptisch sind, können gar nicht anders, als selbst historische Aussagen bzw. Aussagen mit notwendig historischen Implikationen zu machen. Eine der *radikal* historisch-kritischen Fragestellung ausweichende Theologie ist seit David Friedrich Strauß »für immer mit dem Brandmal der Unwissenschaftlichkeit gekennzeichnet worden«[78], obwohl es naturgemäß nicht an Versuchen fehlt, die Stoßkraft historischer Ergebnisse durch apologetische Schachzüge aufzufangen.[79] Die Dogmatiker können nicht mehr wie im Reformationszeitalter sog. Heilstatsachen in Bezug auf den glaubenden Menschen, als Gehalte religiösen Bewußtseins, neu formulieren[80]. Alle Aussagen, auch solche mit dem Anspruch auf Objektivität oder Offenbarung, sind Aussagen menschlicher Subjekte. Dieser Verzicht auf einen naiven Objektivitätsbegriff bedeutet keinesfalls das Ende des Wahrheits- und Allgemeinheitskriteriums durch das Abgleiten in einen Subjektivismus. Denn Objektivität ist richtig zu fassen als intersubjektive Gültigkeit eines Vorgestellten. Und der Begriff Subjektivität meint nicht empirisch individuelle Subjekte je für sich, sondern bezeichnet eine menschliche Grundstruktur in einem wesentlichen Sinne.

Die These, daß historisches Wissen Sinnestäuschung sei (Kierkegaard)[81] und also die Frage nach der Historizität der Auferstehung belanglos bzw. nicht entscheidbar sei, wird man daher nur als Mißverständnis oder als Beschwichtigung auffassen müssen, die beide meinen, den Schwierigkeiten der aus den genannten Einsichten erwachsenden Reformulierungsaufgabe sich entziehen zu können.

Angenommen, die Auferstehung Jesu sei kein historisches Faktum (Jesus sei also nicht auferstanden und im Grabe geblieben – im Widerspruch zu den klassischen kirchlichen Bekenntnissen und doch auch wohl zu Paulus[82]), sondern in der Vision des Petrus und des Paulus begründet, so wäre neu zu klären, ob Ostern dann noch als ein Widerfahrnis von außen (»extra nos«) aufgefaßt werden kann oder sich nicht vielmehr als Wunsch des menschlichen Geistes erweist, wie es ja antike (Celsus) und moderne Kritiker des Christentums behauptet[83] haben.[84] Hans v. Campenhausen sprach in diesem Zusammenhang von dem peinlichen »Ausweg, in dem Bekenntnis zum Auferstandenen den alten Christen, in dem aber, was dies Bekenntnis hervorgerufen hat, vielmehr den Juden zu folgen«[85], sah aber in der Annahme der leiblichen Auferstehung offenbar nicht nur keine Schwierigkeiten, sondern geradezu eine theologische Natürlichkeit, da »es sich hierbei in der Tat um ein in jedem Sinne einzigartiges Ereignis handeln soll« (ebd.).

Nun ist im Anschluß an Maurice Goguel zunächst auf folgendes aufmerksam zu machen: Wenn man beweisen könnte, daß der Körper Jesu im Grabe geblieben ist, würden die religiösen Konsequenzen des Glaubens an die Auferstehung damals wohl *nicht* vernichtet und das Christentum nicht zum Erliegen gebracht worden sein.[86] Hätte man den im Grabe verwesenden Leichnam Jesu präsentieren können, so hätte der Glaube einen Ausweg gewußt, z. B. auf der

Grundlage der Auferstehungsvorstellung von Jub 23,31 (»Und ihre Gebeine werden in der Erde ruhen, und ihr Geist wird viel Freude haben«), die sich an dem physischen Leib desinteressiert zeigt.[87] Wenn man im Gegenteil beweisen könnte, daß am Morgen des dritten Tages das Grab leer gefunden wurde, würde das niemanden dazu zwingen, dessen Deutung durch die ersten Christen anzunehmen, daß Jesus auch auferstanden sei.[88] (Die Frauen hätten sich beispielsweise im Grabe irren oder Joseph von Arimatäa den Leichnam vorher umbetten können.) Das hat nach Maurice Goguel und Hans Lietzmann in folgendem seinen Grund: »Alle Ereignisse der Geschichte vollziehen sich in der Erscheinungswelt und sind uns nur in den Anschauungsformen natürlicher Kausalität erfaßbar. Aber jeder Versuch, das tiefste Wesen und den Sinn der Geschichte im allgemeinen wie im Einzelfalle zu begreifen, führt in Regionen, die jenseits dieser Grenze liegen, in die Metaphysik des Philosophen oder des Theologen. Und nur in diesen Tiefen fließen die Quellen, aus denen alle Geschichtsbetrachtung Leben schöpft und Werte gewinnt.«[89]

Nun setzt Lietzmann es als selbstverständlich voraus, daß die Kritik der frühchristlichen Osterberichte nicht anders als auf dem Boden der natürlichen Erfahrung irdischer Gesetzmäßigkeit erfolge und zu mannigfach variierten Visionshypothesen führe. Er fährt fort: »Aber die Entscheidung über das wahre Wesen des als Jesu Auferstehung bezeichneten Ereignisses, dessen weltgeschichtliche Tragweite gar nicht auszumessen ist, fällt nicht im Bereich historischer Tatsachenforschung, sondern da, wo die Seele des Menschen sich mit dem Ewigen berührt«.[90]

Über welches »Ereignis« spricht hier Lietzmann? Über den historischen Jesus? Über die Visionen? Das schiedlich-friedliche Nebeneinander von historischer Tatsachenforschung und Metaphysik bei Lietzmann empfinde ich als harmonistisch. Und ebenso gelten Goguels oben wiedergegebene Bemerkungen nur für die frühen Christen, nicht aber für uns, denen die Frage nach der Geschichte zur Schicksalsfrage geworden ist.[91] Nur eine rücksichtslos ehrliche »Wahrheitsforschung«[92] hinsichtlich der Auferstehung Jesu kann hier weiterhelfen.

Zum Aufriß der Arbeit:

Kapitel 3 gibt einen Überblick über die frühchristlichen Quellen zur Auferstehung Jesu. Die Einzeltexte werden dabei nicht nur bezüglich ihres Inhalts verglichen, sondern auch schon nach *Form*merkmalen geordnet, um Anhaltspunkte für die Geschichte der Auferstehungstraditionen zu gewinnen. Das ist für die vorliegende

Arbeit umso wichtiger, als es ihr einerseits um die Frage der Auferstehung Jesu an sich geht und andererseits um die der Entstehung der Auferstehungstraditionen. Mit anderen Worten, sollte sich in diesem Abschnitt z. B. ein mangelnder geschichtlicher Wert bestimmter Auferstehungstexte für die früheste Zeit ergeben, so entfiele natürlich die Notwendigkeit ihrer ausführlichen historischen Prüfung.

Kapitel 4 untersucht die in Frage kommenden Auferstehungstexte in drei Schritten (Redaktion, Tradition, Historisches). Nun ist beinahe »allgemein anerkannt..., daß die Erscheinungsberichte der Evangelien sekundäre kerygmatisch-narrative Ausformungen des Auferstehungsglaubens relativ später Gemeinden sind. Die historische Untersuchung ist somit auf die älteren Bekenntnisformen angewiesen«.[93] Daher beginnt die Analyse mit den alten kerygmatischen Formulierungen und wendet sich erst hernach den Texten der Evangelien zu, ohne damit ein Ergebnis von vornherein festzulegen. Ziel von Kapitel 4 ist die Auslegung sämtlicher ntl. Auferstehungstexte und die Wiedergewinnung der ihnen zugrundeliegenden Traditionen, um damit gleichzeitig die historische Rekonstruktion der Ereignisse zwischen Kreuz und Auferstehung bzw. zwischen Kreuz und den Visionen des Auferstandenen vorzubereiten. Damit sind die Voraussetzungen für Kapitel 5 geschaffen, das die Geschichte und das Wesen des ältesten christlichen Auferstehungsglaubens zeichnen wird. Es schließt sich daran in Kapitel 6 die Frage nach dem Verhältnis des ältesten christlichen Auferstehungsglaubens zu uns an, d. h. danach, ob wir uns angesichts des erhobenen Befundes noch Christen nennen dürfen.

Das Buch trägt den Untertitel »Historie, Erfahrung, Theologie«. Das Stichwort »Historie« markiert jeweils die Aufgabe, nach den feststellbaren, einigermaßen gesicherten Fakten im Umkreis der Auferstehung Jesu zu fragen, also nach den Umständen seiner Grablegung, der Auferstehung selbst, seiner Erscheinung, dem Zeitpunkt und dem Ort der Erscheinung.

Das Stichwort »Erfahrung« bezieht sich auf die subjektive Seite der Jünger, auf ihre Erlebnisse, die von der Theologie zu unterscheiden sind. Diese Einteilung setzt insofern bereits ein Teilergebnis voraus, als angenommen wird (was m. E. nicht gut bestritten werden kann), daß am Anfang *nicht* der Satz »Gott hat Jesus von den Toten erweckt« steht, sondern eine bestimmte Erfahrung davon, die sich später in einem theologischen Lehrsatz wie dem genannten niederschlug.[94]

Die Trias »Historie, Erfahrung, Theologie« bezog sich nach dem bisher Gesagten ausschließlich auf die Auferstehung Jesu bzw. auf seine Erscheinung. Doch genauso sind auch relativ junge Texte zu befragen, deren Autoren keine Augenzeugen des Lebens Jesu gewesen sind, jedoch in erfahrungsbezogener Weise Auferstehungstexte überliefern und interpretieren. Denn der Grund hierzu dürfte auch in einer bestimmten Erfahrung liegen, die sie veranlaßte, diese und gerade diese Texte zu tradieren. Freilich fällt bei den genannten Texten das erste Glied der Trias, die Historie, aus, da die betreffenden Erzähler keine Primärzeugen sind.

3. Die Auferstehungstexte im frühen Christentum – Übersicht und Klassifikation

Joachim Jeremias hat die Osterberichte[95] seinerzeit so präzise beschrieben, daß sein Referat als Einstimmung in dieses Kapitel zitiert werden soll. Er schreibt:

»Das auffälligste literarische Problem, dem man sich bei der Beschäftigung mit den Osterberichten konfrontiert sieht, ist der große strukturelle Unterschied zwischen Passions- und Ostererzählungen. In der Passionsgeschichte haben alle Evangelien, unbeschadet von Abweichungen im einzelnen, ein festes Gerüst gemeinsamer Überlieferungen: Einzug – letztes Mahl – Gethsemane – Verhaftung – Verhör vor dem Hohenrat – Verleugnung Petri – Barrabasgeschichte – Verurteilung durch Pilatus – Kreuzigung – Grablegung – leeres Grab. Ganz anders liegt es bei den Ostergeschichten. Von einem gemeinsamen Gerüst kann höchstens in der Reihenfolge: leeres Grab – Erscheinungen die Rede sein. Im übrigen ist das Bild ganz bunt«.[96]

Jeremias setzt seine Überlegungen fort:

»Das gilt zunächst von dem *Personenkreis*. Der Auferstandene erscheint bald einem einzelnen, bald einem Jüngerpaar, bald einem geschlossenen Kreis, bald einer riesigen Menge. Die Zeugen sind meist Männer, aber auch Frauen; es sind Angehörige des engsten Jüngerkreises, sonstige Anhänger wie Josef und Matthias (sc. Apg 1,22f), aber auch Skeptiker wie der Älteste des Familienverbandes Jakobus (sc. 1Kor 15,7); mindestens in einem Fall ist es ein fanatischer Gegner«, nämlich Paulus (1Kor 15,8) (S. 285).

Sodann weist Jeremias auf die verschiedenen *Schauplätze* hin: im Haus, im Freien, vor den Toren Jerusalems, in einem judäischen Dorf, am Ufer des Sees Genezareth, im galiläischen Bergland, einmal außerhalb Palästinas vor Damaskus.

Er fragt anschließend, wie sich dieser strukturelle Unterschied zwischen Passionsbericht und Ostererzählungen erklären läßt, und meint, er sei in den Ereignissen selbst begründet:

»Während die Passion ein überschaubares, sich in Jerusalem abspielendes Geschehen weniger Tage war, handelt es sich bei den Christophanien um eine Fülle verschiedenartigster Vorgänge, die sich über einen langen Zeitraum, wahrscheinlich über Jahre, hinzogen; erst relativ spät hat die Überlieferung den Zeitraum der Christophanien auf 40 Tage beschränkt (Apg 1,3)« (S. 286). »Schon die Ausbreitung der Christengemeinde bis nach Damaskus macht es wahrscheinlich, daß zwischen Jesu Kreuzigung und der Erscheinung vor Paulus (1Kor 15,8) ein nicht unbeträchtlicher zeitlicher Zwischenraum liegt« (S. 286 Anm. 6).

Im Anschluß an diese Zusammenfassung schält Jeremias dann drei sekundäre Motive heraus, die den Ostergeschichten zugewachsen seien: Es handele sich *erstens* darum, daß man die Berichte über die Christophanien durch Worte des Auferstandenen und durch Gespräche mit ihm ausgestaltet hat[97], *zweitens* habe die Apologetik, mit der die Gemeinde auf den Zweifel und Spott Außenstehender reagierte, die Osterberichte beeinflußt (vgl. die Grabwächterlegende [Mt 27,62–66; 28,11–15] und die Betonung der Fleischlichkeit des Auferstandenen [Lk 24,39; Joh 20,20; Lk 24,41–43]), und *drittens* habe die innerkirchliche Entwicklung die Ostererzählungen gestaltet; man vgl. kirchliches Formelgut (Mt 28,19), den kirchlichen Kalender (Joh 20,26; Apg 2,1 ff) und vor allem die missionarische Verpflichtung der Kirche (Mt 28,16–20; Lk 24,44–49; Apg 1,4–8).

Die älteste Überlieferungsschicht ist nach Jeremias demgegenüber

»dadurch gekennzeichnet, daß sie noch die Erinnerung an das Überwältigende, Rätselhafte und Geheimnisvolle der Vorgänge bewahrt: geöffnete Augen beim Brotbrechen, das Aufstrahlen himmlischen Lichtglanzes, eine Gestalt am Ufer im Morgengrauen, das unvermutete Erscheinen im geschlossenen Raum, das Ausbrechen des glossolalen Gotteslobes, das plötzliche Entschwinden – das sind Züge, in denen die älteste Überlieferung zu Wort kommt. Das gleiche geheimnisvolle Hell-Dunkel liegt über den ältesten Schilderungen der Reaktion der Zeugen: Bald erkennen sie den Auferstandenen nicht, bald blendet sie der himmlische Glanz, bald glauben sie ein Gespenst zu sehen. Schrecken und Angst, Unsicherheit und Zweifel stehen im Widerstreit mit Freude und Anbetung« (vgl. Joh 21,12; Mt 28,17; Lk 24,41 [S. 288]).

Schon hier kann bei aller Anerkennung der präzisen Beschreibung der Ostertexte durch Jeremias einschränkend bemerkt werden, daß seine (wohl historisch gemeinten) Urteile zur ältesten Überlieferungsschicht zu optimistisch sein dürften. Denn »die geöffneten

Augen beim Brotbrechen« (Lk 24,30), Jesu »plötzliches Entschwinden« (Lk 24,31), die »Gestalt am Ufer im Morgengrauen« (Joh 21,4) – alle diese Züge stammen aus späterer Zeit (zur Begründung s. die Einzelexegese). In diesem Zusammenhang verdient die Stellungnahme von Lyder Brun Gehör:

»Ueberhaupt mischen sich nicht ganz selten geschichtliche Urteile etwas verfrüht in die traditionsgeschichtliche Betrachtung ein, während es doch zuerst darauf ankommen dürfte, die vorhandenen Überlieferungen von traditionsgeschichtlichen Gesichtspunkten aus genau durchzuarbeiten, wobei die Frage nach den geschichtlichen Ergebnissen vorläufig zurückgestellt sein mag«.[98]

Das gleiche wäre zu neueren Arbeiten zu bemerken, wie z. B. der von François Bovon, der aus dem pluralen Charakter des Urchristentums schließt, daß offenbar gleichzeitige (?) Erscheinungen stattfanden.[99]

Dennoch behält die summarische Einführung von Jeremias ihren Wert, ohne daß ihre historischen Urteile in gleicher Weise immer zutreffen. An diesem Punkt sei vorab auf die These Goguels hingewiesen, nach der aus dem verschiedenen Charakter der Auferstehungstexte gegenüber der Passionsgeschichte[100] hervorgehe, daß es sich hier nicht um geschichtliche Aufzeichnungen handele, sondern um Glaubenserzählungen (ohne historischen Charakter?).[101] Dieser Vorschlag zeigt, daß eine ganz andere Bewertung der Auferstehungstexte im Verhältnis zur Passionstradition möglich ist. Doch ihm gegenüber sei betont: Selbst Glaubenserzählungen enthalten historische Elemente, und auch um ihre Rekonstruktion geht es im vorliegenden Buch.

Nach ihrer jeweiligen Form können die Auferstehungsaussagen in sechs Gruppen eingeteilt werden. Sie kommen vor:

I. als partizipiale Wendung »Gott, der Jesus von den Toten auferweckt hat«;
II. als katechetische Sätze über die Auferstehung Jesu sowie über seine Erscheinung (»er [Jesus] erschien XY«), die bereits zu Reihen fortgebildet wurden;
III. in ausgeführten Erscheinungserzählungen und
IV. (vielleicht) in Grabesgeschichten;
V. in Auferstehungserzählungen, die in das Leben Jesu vordatiert wurden und
VI. in Verschiedenem.

Zu I: Die partizipiale Wendung »Gott, der Jesus von den Toten auferweckt hat«

Der älteste Beleg dieses Typs erscheint 1Thess 1,10[102]; vgl. ferner 2Kor 4,14; Gal 1,1; Röm 4,24b; 8,11a (Eph 1,20; Kol 2,12; 1Petr 1,21). Diese Formulierungen sind durchweg formelhaft, also älter als das jeweilige Schreiben, und reichen damit z. T. noch in die Zeit vor dem ältesten Paulusbrief (1Thess) zurück. Sie stammen also – je nach Datierung dieses Briefes – zumindest aus den vierziger oder gar dreißiger Jahren des 1. Jahrhunderts, so daß zuweilen gemeint wurde, es handele sich bei ihnen um die frühesten Auferstehungsaussagen im Neuen Testament überhaupt.[103]

Jürgen Becker hat die Diskussion um diese Aussagen sehr gefördert, sie aber auch gleichzeitig in eine Richtung gelenkt, die der Überprüfung bedarf. Er schreibt: »Auferweckung Jesu hieß in diesem Zusammenhang...: Der in Jesu Auferweckung erfahrene Gott sagt zu Jesu Gottesbild ja und läßt die Jünger sich verstehen als solche, die diesen Gott weitertragen sollen« (S. 224). Nach Ausweis des ältesten Bekenntnisses bedurfte es »eines solchen neuen Aktes der Gotteserfahrung für die frühe Urgemeinde zur Restitution der Gültigkeit von Jesu Gottesbild« (ebd.). *Historisch* rechnet Becker »mit visionären Erlebnissen..., die durch den Glauben, der gekreuzigte Jesus ist von Gott auferweckt worden, interpretiert wurden« (S. 204). Jesu Gottesbild gelte »als seine eigentliche, allem Einzelnen zutiefst inhärente Todesursache« (S. 206). »So sicher Jesus Jude war, so sicher ist ebenfalls, daß das offizielle damalige Judentum ihn mundtot machte und alsbald auch das frühe Christentum erhebliche Probleme mit seiner Stellung im Verband des Judentums bekam. Dies spricht dafür, nach einem Gegensatz zwischen Jesus und dem damaligen Judentum insgesamt Ausschau zu halten« (S. 206 Anm. 4).

Kritik: 1. Beckers Ausführungen systematisieren viel zu sehr: So stellt er eine Person (Jesus) und ein Abstraktum (das Judentum) gegenüber. 2. Der Aussagegehalt jener Formel kann schwerlich auf die Bejahung von Jesu Gottesbild eingeschränkt werden, »da sie in allen ihren Variationen göttliches Handeln an einer Person, nicht aber die Beglaubigung von deren geistigem Vermächtnis bekundet.«[104] 3. Die partizipiale Wendung »Gott, der Jesus von den Toten erweckt hat« ist möglicherweise bereits eine sekundäre Abwandlung der Glaubensformel von Röm 10,9b[105] und kann dann nicht einlinig auf die Bejahung von Jesu Gottesbild bezogen werden.[106] 4. Becker spricht von *Gottes*erfahrung, ohne klarzustellen, was er historisch mit dem *Erfahrungs*aspekt überhaupt meint. 5. Die visionären Erlebnisse der ersten Christen, mit denen auch Becker rechnet, waren doch in erster Linie »*Christus*erlebnisse« und bestanden in einem Sehen Jesu (s. oben im Text).

An dieser Stelle mag – der Einzelauslegung vorgreifend – bereits auf die enge Parallele dieser Formulierungen zu anderen vorpaulinischen formelhaften Passagen hingewiesen werden: 2Kor 1,9: »Gott, der die Toten auferweckt«; Röm 4,17: »Gott..., der die Toten lebendig macht und das, was nicht ist, ins Dasein ruft«. Diese beiden Aussagen haben eine Entsprechung in der zweiten Benediktion des jüdischen Achtzehngebets. Sie weicht in den verschiedenen Rezensionen nur leicht voneinander ab und geht in das erste vorchristliche Jahrhundert zurück[107]:

»Du bist mächtig in Ewigkeit, Herr. Du belebst die Toten, du bist reich an Hilfe. Du erhältst alles Lebende in Liebe, belebst die Toten mit großer Barmherzigkeit. Du stützt die Fallenden, heilst die Kranken und befreist die Gefesselten. Du bewährst deine Treue denen, die im Staube schlummern. Wer ist wie du, der Allmacht Herr? Wer ist dir gleich, ein König, der tötet und belebt und das Heil erblühen läßt? Getreu bist du, die Toten wieder zu beleben. Gelobt seist du, Herr, der die Toten belebt.«[108]

Zu II: Die katechetischen Aussagen

Sie lassen sich a) in Sätze über die Auferstehung Jesu und b) in solche über seine Erscheinung aufteilen:

a) 1Thess 4,14; 1Kor 15,3–4; Röm 4,25 und Röm 14,9 sind mit dem unter I dargestellten Typ verwandt und setzen ihn voraus. Doch ist in ihnen z.T. Jesus handelndes Subjekt und vielfach wird die Aussage über seine Auferstehung mit einer über sein Sterben verbunden. Daher seien sie hier unter den katechetischen Aussagen eingeordnet.

b) 1Kor 15,5–8; Lk 24,34; Mk 16,9–20

1. 1Kor 15,5–8 führt folgendes über die Erscheinungen des Auferstandenen aus:

Er erschien (*ophthe*) Kephas, dann den Zwölfen (V. 5),
er erschien mehr als 500 Brüdern auf einmal (V. 6),
er erschien Jakobus, dann allen Aposteln (V. 7),
er erschien Paulus (V. 8).

Die aufgeführten Christophanieaussagen (V. 5–7) haben zweifellos ein hohes Alter, denn sie gehen allesamt in die Zeit *vor* der Christuserscheinung vor Paulus zurück. Dabei ist allerdings erläuterungsbedürftig, wie viele der genannten Erscheinungen Paulus den Korinthern bereits bei der Gründungspredigt mitgeteilt hat. Liest man 1Kor 15,1–11 in einem Zug, wird nicht klar, welche Verse lediglich das während der Gründungspredigt Mitgeteilte wiederholen und welche Information Paulus ad hoc ergänzt. (Zu diesen Fragen sei auf S. 48 verwiesen. Dort wird begründet, daß das bei der Gründungspredigt Mitgeteilte bis V. 5 Ende reicht.) An dieser Stelle sei lediglich als Voraussetzung eingeführt, daß die Aussage über die Erscheinung vor Kephas den Korinthern bereits während der Erstmission der Gemeinde mitgeteilt wurde. In diesem Falle erzählte Paulus nur kurze Zeit nach der Gründung der thessalonischen Gemeinde in Korinth von der Erscheinung vor Kephas. Das würde dann aber auch bedeuten: Da die Christophanie vor Kephas dem Paulus (nach seiner eigenen Aussage bereits als Tradition) überliefert wurde (1Kor 15,1 f), bevor er nach Europa kam, ist sie chronologisch mindestens genauso alt wie die Angaben unter I (oben S. 35–37), die ja auch vor die Zeit der Abfassung des 1Thess zurückreichen. So wird man schon hier die Vermutung äußern dürfen, daß beide Aussagengruppen I und II (hier mindestens die Erscheinung vor Kephas) nicht nur chronologisch, sondern auch genetisch eng zusammengehören. Man berücksichtige auch, daß im 1Thess sowohl eine vorpaulinische partizipiale Wendung (1Thess 1,10 = Aussagengruppe I) als auch eine Auferstehungsformel (1Thess 4,14 = Aussagengruppe IIa) gebraucht wird. Im übrigen ist eine 1Kor 15,3–5 ungefähr entsprechende Überlieferung ja auch als Bestandteil der Erstpredigt des Paulus in Thessalonich vorauszusetzen, da die Annahme wahrscheinlich ist, daß Paulus bei der Mission in jeder der von ihm gegründeten Gemeinde eine in etwa ähnliche Überlieferung benutzt hat.[109] *Man wird also als Arbeitshypothese formulieren dürfen, daß aus der Erscheinung vor Kephas* (= Aussagengruppe IIb) *die Folgerung gezogen wurde: Gott hat Jesus von den Toten auferweckt* (= Aussagengruppe I). (Die umgekehrte Reihenfolge ist historisch unmöglich.)

2. In Lk 24,34 findet sich eine 1Kor 15,5 entsprechende Formel: »Der Herr ist wirklich auferweckt worden und dem Simon erschienen«[110], wobei die Nennung der Auferweckung Jesu an erster Stelle bereits auf theologische Reflexion zurückgeht.

3. Mk 16,9–20, der sekundäre lange Mk-Schluß, erinnert in seiner Aufzählung der Reihenfolge der Erscheinungen (V. 9: »zuerst der Maria Magdalena«; V. 12: »danach zweien von ihnen…«, V. 14: »zuletzt… den Elfen…«) an 1Kor 15,3–8. Das Stück wurde mit Sicherheit nicht als Abschluß des MkEv verfaßt, sondern existierte schon vorher[111], und zwar wohl als eine Art »Osterkatechismus im Gemeindeunterricht«[112], der – strenggenommen – eine Erzählung vom leeren Grab gar nicht voraussetzt. (Dafür spricht auch, daß die leibliche Auferstehung Jesu kein Thema ist.) Es handelt sich um eine Art Evangelienharmonie von Osterberichten[113], wobei allerdings

eine Kenntnis von Mk- und MtEv nicht nachgewiesen werden kann, wohl aber die des Lk- und des JohEv sowie der Apg.[114]

Im folgenden seien die Parallelstellen in Klammern hinter die entsprechenden Verse des Mk-Schlusses gesetzt: V. 9f (Lk 8,2; Joh 20,1.11–18); V. 11 (Lk 24,11); V. 12f (Lk 24,13–35); V. 14 (Lk 24,36–43; Apg 1,4); V. 15f (Lk 24,47); V. 17f (Apg 16,16–18; 2,1–11; 28,3–6; 3,1–10; 9,31–35; 14,8–10; 28,8f)[115]; V. 19 (Apg 1,9; Lk 24,51); V. 20 (Apg allgemein).

Der Text hat verschiedene Auffälligkeiten. Er setzt die Ersterscheinung vor Maria Magdalena voraus und verdrängt damit wohl die oben erschlossene Protophanie vor Kephas. Doch zugleich wird die Bedeutung der Ersterscheinung vor Maria Magdalena dadurch geschwächt, daß sie an der Spitze einer Zeugenkette erscheint[116] und alles Gewicht auf der Erscheinung vor den Elfen liegt, denen ja auch die ausführlich erzählten Weisungen Jesu gelten (V. 15–18).

Es ist schon oft beobachtet worden, daß das Motiv des Unglaubens den Abschnitt durchzieht (V. 11, 13 und 14) und zum (rechten) Glauben aufgerufen wird (V. 16 und 17). Arnold Meyer hat das so interpretiert:

»Die Zusammenstellung will also sagen: Hütet euch vor dem Unglauben an die Auferstehung. Auf dem Glauben an die Gottesmacht in der Auferstehung, die Welt und Tod überwindet, beruht alles Heil, er allein bewirkt im Bunde mit der geheimnisvoll wirkenden Kraft der Taufe die Befreiung von der Welt der Dämonen und von dem Verderben, daß dieser ganzen Welt bevorsteht. Der Unglaube ist schon von Jesus hart gescholten, und wird dereinst auch von Gott als entscheidendes Majestätsverbrechen angesehen werden. Daß aber wirklich Gott und der Glaube solche Macht hat, das könnt ihr ja an den Zeichen sehen, die in der apostolischen Kirche fort und fort geschahen und heute noch fortwirken. Also eine Verteidigung des Glaubens an die Auferstehung durch Hinweis auf die Wunder der Kirche!«[117]

Zu III: Die ausgeführten Erscheinungserzählungen

Die ausgeführten Erscheinungserzählungen können wir im Anschluß an C. H. Dodd in zwei Gruppen aufteilen.[118]

1. Die erste finde sich in Mt 28,9–10; 28,16–20 und Joh 20,19–21. Sie bestehe aus fünf Elementen:

a. Exposition: Die Anhänger Christi sind ihres Herrn beraubt;
b. Erscheinung des Herrn (Mt 28,9.17; Joh 20,19);
c. Gruß (Mt 28,9; Joh 20,19);

d. Erkennen (Mt 28,9.17; Joh 20,20);
e. Auftragswort (Mt 28,10.19; Joh 20,21 f).

Dodd rechnet damit, daß diese Gruppe »die ›geformte‹ Tradition verkörpert, die durch eine relativ lange Überlieferung in der Gemeinde stereotyp wurde« (S. 314).

2. Die zweite Gruppe von Erzählungen umfasse Lk 24,13–35 und Joh 21,1–14 (S. 302–305). Sie unterschieden sich von der ersten Gruppe von Auferstehungsgeschichten dadurch, daß der Auferstandene – obgleich sichtbar und hörbar – nicht sofort als der auferstandene Jesus erkannt wird. Damit verrieten sie eine höhere Reflexionsstufe, und ihr historischer Wert bezüglich des wirklich Geschehenen sinke entsprechend.[119]

Mischtypen von Auferstehungserzählungen seien Mk 16,14–15 (die Erscheinung vor den Elfen), Lk 24,36–49 (die Erscheinung vor den Elfen und vor denen, die dabei waren), Joh 20,26–29 (der zweifelnde Thomas) und Joh 20,11–17 (Maria Magdalena am Grab). Zu dieser Perikope führt Dodd aus:

> »Ich muß gestehen, daß ich mich auf die Dauer des Gefühls nicht erwehren kann (es kann mehr als ein Gefühl sein), daß diese Perikope auf undefinierbare Weise etwas wie aus erster Hand an sich hat. Sie steht jedenfalls für sich. In den Evangelien gibt es nichts Vergleichbares. Gibt es irgendetwas Vergleichbares in der gesamten antiken Literatur?« (S. 311).

Zu IV: Die Grabesgeschichten

Eine besondere Rolle nimmt die Grabesgeschichte Mk 16,1–8 ein. So enthält sie keinen eigentlichen Bericht einer Erscheinung des Auferstandenen selbst, wohl aber die *Verkündigung* der Auferstehung Jesu durch einen Jüngling (V. 6). Insofern handelt es sich vielleicht doch um eine Auferstehungsgeschichte, aber bereits in reflektierter Form (kerygmatische Abzweckung).

Eine andere Möglichkeit bestünde in der Hypothese, eine Engelserscheinung habe in Mk 16,5 eine Christophanie verdrängt, um damit die Ersterscheinung vor Kephas abzusichern. Dann würde die Grabesgeschichte auf eine ältere Tradition zurückgehen und gewänne für unsere Arbeit ein noch größeres Interesse, als sie ohnehin schon hat. Weiter würde sich die Frage aufdrängen, ob die Ersterscheinung vor Kephas nicht womöglich mit einer Ersterscheinung vor den Frauen konkurrierte. Eine noch andere Lage ergäbe sich, wenn Mk 16,1–8 auf einer älteren Epiphaniegeschichte beruhen sollte.[120]

Zur Frage des angemessenen Verständnisses von Mk 16,1–8 tritt die nach der Einordnung der anderen ntl. Grabesgeschichten, die ja (besonders Mt und Joh) erheblich anders akzentuieren. Zwar ist allgemein vorauszusetzen, daß Mk für Mt und Lk zugrunde liegt und Joh 20 literar- bzw. traditionsgeschichtlich jünger ist. Aber das »darf auf keinen Fall so verstanden werden, dass die Neuerungen aus Mt und Lk einfach durch literarische Bearbeitung des Mk, die Eigentümlichkeiten des Joh durch literarische Umgestaltung der synoptischen Texte bedingt sein soll. Hinter der durch die Texte bezeugten traditionsgeschichtlichen Bewegung steht eine mündlich-schriftliche Überlieferung...«[121].

Zu V: Die in das Leben Jesu zurückdatierten Auferstehungsgeschichten

Einen weiteren Komplex bezeichnen diejenigen in den Evangelien enthaltenen Geschichten aus dem Leben Jesu, welche vielleicht als in das Leben Jesu zurückdatierte Auferstehungsgeschichten bezeichnet werden können. Zwar ist es immer schwer, an diesem Punkt zu halbwegs gesicherten Aussagen zu gelangen, doch sollte man die Möglichkeit einer Rückdatierung von Ostergeschichten in das Leben Jesu nicht generell bestreiten. Auch die Worte des irdischen Jesus waren der Gemeinde ja nur insofern erzählenswert, als sie zugleich als Worte des (nun) Erhöhten gelesen und verstanden wurden. Folgende Perikopen sind in der Forschung als ursprüngliche Ostererzählungen verstanden worden: Mk 6,45–52 (Jesu Wandel auf dem See) nebst der mt Hinzufügung Mt 14,28–31 (Petrus geht zunächst dem auf dem See wandelnden Jesus entgegen, verliert dann aber den Mut)[122]; Mk 9,2–8 (Verklärung Jesu); Lk 5,1–11; Mt 16,17–19.[123] Doch sei hier bereits einschränkend gesagt, daß allein die beiden zuletzt genannte Perikopen in der nachfolgenden Analyse berücksichtigt werden.

Zu VI: Verschiedenes

Schließlich sei auf Geschichten aus den sogenannten apokryphen Evangelien hingewiesen, welche Jesu Auferstehung bzw. seine Erscheinung zum Inhalt haben. Das HebrEv beschreibt die Epiphanie Jesu vor Jakobus (zum Text s. u. S. 124f). Das PetrEv zeichnet den Vorgang der Auferstehung Jesu sowie im Anschluß daran wahrscheinlich die Erscheinung vor Petrus. Nikolaus Walter[124] und B. A. Johnson[125] führen die Erzählung des PetrEv auf eine »eschatologische Epiphanieerzählung« (zur Erläuterung s. u. S. 146) zurück (aus der auch Mt geschöpft habe). Doch ist hier zu fragen, ob es sich um eine traditionsgeschichtlich sekundäre Fortentwicklung auf der

Grundlage der kanonischen Evangelien handelt. Immerhin gibt sich die Schrift als Augenzeugenbericht des Herrenjüngers (»Ich aber, Simon Petrus, und mein Bruder Andreas nahmen unsere Netze und gingen ans Meer« [14,60]), was für einen sekundären Charakter spricht. Man vgl., wie im Ebionäerevangelium ähnlich die Augenzeugenschaft der zwölf Apostel hervorgehoben wird.[126] Doch ist damit nicht automatisch die *ganze* Schrift als jüngere erwiesen, sondern nur die genannte Stilform. Nur ein Einzelvergleich kann hier Klarheit schaffen. (Wir erörtern das PetrEv aus pragmatischen Gründen im Zusammenhang der Analyse von Mt 28, ohne damit ein allgemeines Urteil bzgl. seines Alters vorauszusetzen.)

Ferner sei auf die Dialoge des Auferstandenen mit seinen Jüngern in gnostischen Schriften hingewiesen, in denen Jesus seinen Jüngern Belehrungen erteilt[127]. Auch hier gilt entsprechend das soeben zur Stilform in der 1. Person (Behauptung der Augenzeugenschaft) Ausgeführte. Die Dialogform ist sekundär, womit freilich nichts über das Alter des jeweiligen Inhalts ausgesagt ist.

Aus dem vorangegangenen Abschnitt zur Klassifikation der Auferstehungstexte ergeben sich folgende Zwischenergebnisse und Konsequenzen:

1. Ein Großteil der vorliegenden Erzählungen stammt nicht von Augenzeugen, sondern ist durch die Hand der Gemeinde oder/und einer theologischen Persönlichkeit gegangen. Nur in den relativ zahlreichen Passagen der paulinischen Primärquelle handelt es sich um einen Augenzeugenbericht – freilich nicht des Auferstehungsvorgangs selbst, sondern der Erscheinungen des Auferstandenen. Da Paulus ausdrücklich seine eigene Erscheinung Jesu in Parallele zu der vor anderen Zeugen setzt (1Kor 15,8), ist vor allem von *hier* aus ein Zugang zur Art und Weise der Erscheinung des Auferstandenen auch bei den übrigen Augenzeugen zu erwarten.

David Friedrich Strauß hat dazu schon richtig beobachtet: »Wenn nämlich Paulus dort (sc. in 1Kor 15) die ihm zu theil gewordene Christophanie mit den Erscheinungen Jesu in den Tagen nach seiner Auferstehung in eine Reihe stellt, so berechtigt diess... zu dem Schlusse, dass, soviel der Apostel wusste, jene früheren Erscheinungen von derselben Art, wie die ihm gewordene, gewesen seien«.[128] Der Analyse der paulinischen Texte kommt daher eine Schlüsselstellung zu. Dabei versteht es sich in einer zunächst historisch verfahrenden Arbeit von selbst, daß diese Zeugnisse bzw. das »Ostern« des Paulus in einem weiteren Arbeitsschritt auch in ein Verhältnis zu der vorchristlichen Periode seines Lebens zu stellen sind.

Wer die hier gemachte Voraussetzung nicht teilt, wird dem folgenden nichts abgewinnen können. Natürlich ist auch mir klar, daß in 1Kor 15 *ophthe* Sammelbegriff für verschiedene Erscheinungen ist. Z.B. wird es für Einzel- aber auch für Gruppenerscheinungen gebraucht und ist durch LXX-Sprache geprägt (s. dazu ausführlich unten S. 62). Deswegen könnte man theoretisch annehmen, es ginge hier um verschiedene Dinge, so daß die im Text genannte Voraussetzung unwahrscheinlich wäre. Dagegen spricht aber, daß Paulus die Jerusalemer und Kephas persönlich kannte (Gal 1) und wissen mußte, wovon er sprach. Mit anderen Worten: Die obige Voraussetzung besteht zu Recht.[129] Nachdem die historischen Gründe gegen die hier eingeführte Voraussetzung zurückgewiesen werden konnten, sei gefragt: Welcher *Widerstand* ist bei einer evtl. Kritik an der hier von mir eingeführten Voraussetzung am Werk?

2. Der zweite persönliche Augenzeuge neben Paulus ist, den Texten zufolge, Petrus. Doch fehlt uns, wenn nicht alles täuscht, ein Eigenbericht. Gleichwohl bleibt die Tradition einer Erscheinung vor Petrus[130] höchst wertvoll, umso mehr, als andere *vor*österliche Petrusüberlieferungen herauszuschälen sind (vgl. die Verleugnung Jesu durch Petrus [Mk 14,54.66–72]) und wir diese versuchsweise in eine historische Beziehung zur Erscheinung vor Petrus setzen können. Deshalb kommt der Petrustradition ebenfalls eine wichtige Rolle zu, und hier wird ebenso wie bei Paulus zu prüfen sein, in welchem Verhältnis die Erscheinung vor Petrus zu seiner »vorösterlichen« Zeit steht.

3. Schon jetzt kann der historische Wert der einzelnen Erzählungen als unterschiedlich eingestuft werden. Wegen des Alters gebührt den Nachrichten des Paulus 1Kor 15,3ff und den mit ihnen übereinstimmenden Angaben in den Evangelien sowie der Apg eine herausragende Bedeutung. Innerhalb der Erzählungen der Evangelien ist für diejenigen Berichte, welche die Fleischlichkeit des Auferstandenen betonen, ein relativ spätes Stadium anzusetzen[131], obwohl nicht auszuschließen ist, daß Elemente in ihnen älter sein können. Denn die Hervorhebung der sinnlichen Wirklichkeit des Auferstehungsleibes Jesu zeigt Züge späteren apologetischen Bemühens um die Realität der Auferstehung angesichts ihrer doketischen Bestreitung, nach der Jesus nur zum Schein auferstanden sei.

4. Die Grabesgeschichten stellen ein Problem für sich dar (man vgl. dazu bereits o. S. 40f). Eng damit verknüpft harrt die Frage einer Beantwortung, ob die Tradition der Erscheinung vor den Frauen bzw. vor Maria Magdalena historisch wertvoll ist. Falls z.B. der

»Jüngling« (Mk 16,5) den Auferstandenen verdrängt hat, wäre die Erscheinung vor Frauen immerhin vormarkinisch. Mk 16,1–8 und Joh 20 sind daher ausführlich zu bearbeiten. Weiter ist zu fragen, ob nicht die Tradition einer Erscheinung vor Frauen sich in nicht-kanonischen Texten erhalten haben könnte. Und schließlich wäre eine Ersterscheinung vor Frauen nicht unbedingt mit dem Bericht des Paulus 1Kor 15 unvereinbar, da der Apostel eine Protophanie vor Frauen mit Absicht ausgelassen haben könnte, zumal Frauen nach jüdischem Recht keine rechtmäßigen Zeuginnen waren (s. u. S. 176.).

5. Bezüglich des Ortes der Auferstehungserscheinungen stehen bekanntlich zwei Lokalitäten zur »Wahl«: Galiläa und Jerusalem (nebst Umgebung). Da jedoch bei der Annahme der Priorität der jerusalemischen Erscheinungen die in Galiläa kaum erklärt werden können (das wäre genauso, als hätte die Reformation zunächst in Rom und erst dann in Wittenberg Fuß gefaßt), mag schon jetzt erwogen werden, ob die ersten Erscheinungen in Galiläa stattfanden und die in Jerusalem erst zu einem späteren Zeitpunkt.[132] In diesem Falle wäre freilich die neuerdings oft betonte Ersterscheinung vor Maria Magdalena zu bestreiten, da diese (auch wegen ihrer mutmaßlichen Nähe zur Grabestradition) wohl nur in Jerusalem denkbar ist. Zur Priorität der Galiläatradition würde die Jüngerflucht nach Jesu Tod bzw. vor seiner Kreuzigung (Mk 14,50) passen, da Galiläa als ihre Heimat und als Wirkungsort Jesu auch als Fluchtziel plausibel wäre. Doch sollte mit der These einer Flucht aller Jünger nur mit äußerster Vorsicht operiert werden. Immerhin dürfte Petrus nicht *sofort* geflohen sein, falls die Umstände seiner Verleugnung Jesu im Mk-Bericht nur einigermaßen korrekt wiedergegeben sind. Wahrscheinlich war die innere Lage im Jüngerkreis vor und nach der Kreuzigung ihres Meisters ohnehin so diffus, daß unbekannte Zwischenetappen vorauszusetzen sind. Z. B. rechnet v. Campenhausen damit, daß das zwar legendarische, aber letztlich geschichtliche Engelswort Mk 16,7 Petrus und die Jünger nach Galiläa habe gehen lassen, wo dann die ersten Erscheinungen stattgefunden hätten (doch sei schon hier gefragt, ob und wie Mk 16,7 ein »echtes« Engelswort ist).[133] *Fazit*: Die Frage nach dem Ort der Ersterscheinung ist nach der Exegese sämtlicher Texte noch einmal zu stellen.

6. Der Zeitpunkt der Auferstehung bzw. der Erscheinung des Auferstandenen ist auch danach zu bestimmen, wie die Galiläa-Jerusalem-Kontroverse zu beantworten ist. Soviel kann wenigstens schon hier gesagt werden: Eine Erscheinung am dritten Tage läßt sich *nicht* mit der Priorität der Galiläatradition vereinbaren. Die

Jünger hätten nämlich schwerlich von Freitag bis Sonntag den Weg von Jerusalem nach Galiläa zurücklegen können. Dazwischen lag überdies der Sabbat, an dem sie kaum gereist wären. Doch ist gleichzeitig zu beachten, daß im ältesten Kerygma 1Kor 15,4 die Auferstehung Jesu und *nicht* die Erscheinung auf den dritten Tag datiert wird. Insofern ist die Frage der Galiläa- oder Jerusalempriorität auch wieder offen.

4. Einzelanalysen

1Kor 15,1–11

Redaktion

Die Stellung von 1Kor 15 am Schluß des Briefes erklärt sich aus traditionsgeschichtlichen Gründen: Die Belehrung über die Endzeit steht jeweils am Schluß (vgl. 1Thess 4,13–5,11; Mk 13; Did 16; Barn 21,1[134]). 1Kor 15 ist eine in sich abgerundete Einheit über die Auferstehung der Toten. Allerdings wird das nicht sofort deutlich, sondern erst von V. 12–34 (»Das Das der Auferstehung«) und von V. 35–58 (»Das Wie der Auferstehung«) her.

In V. 1–11 schließt Paulus an das von ihm beim Gründungsbesuch mitgeteilte Glaubensbekenntnis, das von Tod und Auferstehung wie von Christi Erscheinung vor Kephas und den Zwölfen sprach (1Kor 15,3b–5), die ihm bekannt gewordenen Erscheinungen Christi an. Das hatte *zum einen* wohl den Zweck der »historischen« Absicherung seiner Auferstehung[135] (vgl. V. 6b: man kann ja nachfragen; zudem soll wohl »auf einmal« [V. 6a] auf der redaktionellen Ebene die »Objektivität... verstärken..., weil 500 Zeugen auf einmal nicht gut der Selbsttäuschung verfallen sein können«[136]). *Zum anderen* lag Paulus offenbar daran, die den Korinthern beim Gründungsbesuch überbrachte Überlieferung, zu der bereits Jesu Erscheinung vor Kephas gehörte (zur Begründung s. sofort), bis zu sich hin fortzuführen. Dann aber war es notwendig, Erscheinungen derselben Art, die zeitlich der seinigen vorangingen, anzufügen[137], damit klar würde: Paulus hat lt. V. 8 die gleiche Schau empfangen wie alle anderen in dieser Reihe aufgeführten Personen. Dabei verlieren die Aussagen V. 5 und V. 7 die Aufgabe, die sie vielleicht auf der Stufe der Tradition gehabt haben. Sie werden jetzt von Paulus benutzt, um die Tatsache von Erscheinungen Christi an sich zu bezeugen (man vgl. hierzu besonders den sicher redaktionellen Vers 6b), während sie ursprünglich und hauptsächlich wohl die Erstvision und damit Legitimität des Kephas und des Jakobus hervorgehoben hatten.

Warum wollte Paulus die Erscheinungen Christi bis zu sich hin fortführen? Warum betont er die Identität seiner Schau mit der aller zuvor genannten Personen? Man wird nicht um die Annahme herumkommen, daß dies zur Verteidigung seiner apostolischen Autorität geschieht. V. 8–10 tragen deutlich einen apologetischen Zug. Wie anders ist der Hinweis auf sein eigenes Werk zu verstehen (V. 10b), wie anders die überraschende Ausführlichkeit seiner Rede über sich selbst, wie anders seine Selbstbezeichnung in V. 8 als »der Fehlgeburt« (im Verhältnis zu den vorher Genannten)? Daß seine apostolische Autorität von einigen in Korinth bezweifelt wurde, geht unzweideutig aus 1Kor 9,1b–18 hervor.[138] Wenigstens stand die Kritik daran in der von ihm gegründeten korinthischen Gemeinde im Raum. Er wollte sich im voraus mit 1Kor 15,8–10 für die folgende Lehreinheit legitimieren, umso mehr, als er sich selbst (ebenso wie in 1Thess 4,14) als autorisierter Ausleger des christlichen Glaubensbekenntnisses versteht, das er V. 12a (»wenn[139] verkündigt wird, daß Christus auferweckt wurde«) noch einmal zusammenfaßt und aus dem er anders als einige[140] Korinther eine zukünftige Auferstehung (der Christen) folgert.[141] Das eine ist ohne das andere nicht denkbar. Daher gilt: »Wenn die Toten nicht erweckt werden, ist Christus auch nicht erweckt worden« (V. 16).

Im folgenden gibt Paulus u.a. einen kurzen Abriß der zu erwartenden letzten Dinge (1Kor 15,20–28). Dabei zeigt sich ein Gesamtverständnis der Auferstehung Jesu, das diese nur im Rahmen der jüdischen Apokalyptik sehen kann und nicht in einem hellenistischen Epiphaniedenken, nach dem der erhöhte Herr Jesus im Geist gegenwärtig ist, ohne daß die Horizontale in Sicht käme. Entsprechend vermag der Apostel die Frage nach der Körperlichkeit der Auferstehung (»in welchem Leibe werden die Toten auferstehen?« [1Kor 15,35]) auch nur von seinem jüdisch-apokalyptischen Hintergrund her zu beantworten (Unterscheidung von fleischlichem und geistlichem Leibe in V. 35–49), welcher hellenistischem Denken fremd war. Bei der Kontroverse in Korinth prallen also auch jüdisches und hellenistisches Denken aufeinander.[142]

Nach Karl Heinrich Rengstorf hat Paulus in den Erläuterungen über die Auferstehungsleiblichkeit (V. 35ff) das in 1Kor 15,3–5 weitergegebene palästinische Osterzeugnis explizieren wollen[143], so daß in seinen Darlegungen letztlich das Zeugnis der Urgemeinde vorliege. Diese These ist möglich, wohl aber nicht beweisbar, da in V. 35ff zunächst *Paulus* redet bzw. schreibt.[144] Eine traditionsgeschichtliche Abhängigkeit dieser Aussagen von der ältesten Gemeinde ist daher nicht aufzeigbar, obwohl feststeht: Paulus und die Urgemeinde stehen beide in einer jüdisch-apokalyptischen Tradition, die durchweg von der Vorstellung der Leiblichkeit der Auferstehung geprägt ist.[145]

Traditionen

Zunächst ist zu klären, wie weit die Formel gereicht hat, die Paulus beim Gründungsbesuch seiner Gemeinde in Korinth mitgeteilt hat.

Für den Vorschlag[146], daß die den Korinthern beim Gründungsbesuch mitgeteilte Überlieferung bis *»dann den Zwölfen«* (V. 5 Ende) reicht, sprechen hauptsächlich zwei Gründe: a) Nach »dann den Zwölfen« setzt eine andere Satzkonstruktion ein. b) Da die Worte »von denen die meisten noch leben, einige aber sind entschlafen« (V. 6b) sicher nicht zu der beim Gründungsbesuch weitergegebenen Überlieferung gehören, dürfte überhaupt wahrscheinlich sein, daß Paulus nicht mehr an bereits Bekanntes erinnert, sondern unter Verwendung anderer Traditionen selbst erzählt.

Nun ist freilich klar, daß die beim Gründungsbesuch überlieferte Tradition von V. 3–5 noch in sich ungleichartig ist. So stehen z. B. die Aussage von Jesu Auferstehung bzw. Auferweckung und die von Jesu Tod »für unsere Sünden« ursprünglich nicht nebeneinander[147] und sind erst auf der Stufe der vorpaulinischen Tradition zusammengestellt worden (vgl. die ähnliche Kombination von Todes- und Auferweckungsaussage in Röm 4,25; 14,9; 2Kor 5,15; 1Thess 4,14). Das viermal erscheinende und vielleicht auf Paulus selbst zurückgehende *»daß«* (*hoti*-recitativum; vgl. 1Kor 8,4) gibt dabei auch äußerlich zu erkennen, daß verschiedene Formeln aneinandergereiht worden sind.[148]

Zusätzlich läßt sich an V. 3–5 beobachten, daß es hier um einen je doppelten Beweis geht, a) aus den Schriften und b) aus einer bestätigenden Tatsache. So ist »er wurde begraben« dem Sterben und nicht der Auferstehung Jesu zugeordnet.[149] V. 3–5 bestehen also aus zwei Zeilen und sind wie folgt zu lesen:

a) Christus starb (*apethanen*) für unsere Sünden nach den Schriften[150], und er wurde begraben (*etaphe*);

b) er ist erweckt worden (*egegerthai*)[151] am dritten Tage nach den Schriften, und er erschien (*ophthe*) Kephas, dann den Zwölfen.

Über die *Herkunft* des Traditionsstückes 1Kor 15,3b-5 bestehen verschiedene Ansichten. Eine Forschungsrichtung leitet es aus den griechischsprachigen Gemeinden im Umkreis von Antiochien und Damaskus her[152], eine andere, zu der Joachim Jeremias[153] gehört, aus der Urgemeinde Jerusalems, wobei eine Übersetzung aus dem Aramäischen vorausgesetzt werden muß. Im ganzen scheint dabei die Alternative »Jerusalem oder Antiochien« überspitzt zu sein. »Denn selbst wenn die Tradition auf dem Wege über die Gemeinde in Antiochia auf Paulus gekommen sein sollte, so hätte auch diese nur weitergegeben, was auch sie empfangen hat – und zwar aus Jerusalem.«[154] Zudem spricht für Jerusalem als Ursprung der Tradition ein inhaltliches Argument, die Schlußbemerkung 1Kor 15,11, »daß das Kerygma des Paulus mit dem der Urapostel übereinstimme.«[155]

Wir kommen jetzt zu der Frage der Tradition der Ersterscheinung Jesu vor Kephas (V. 5) und ihrem Verhältnis zu der Christophanie vor Jakobus (V. 7):

Aus der von Paulus beim Gründungsbesuch überlieferten Tradition läßt sich der Satz in V. 5 »er erschien Kephas, dann[156] den Zwölfen« als ein selbständiges Traditionsstück herauslösen.[157] Dafür spricht *erstens* die Entsprechung zu Lk 24,34 (»Jesus ist wirklich erweckt worden und dem Simon erschienen«) und Mk 16,7 (»die Jünger und Petrus«), *zweitens* die parallele Formulierung im nachfolgenden V.7.

Die Christophanie vor Jakobus (und allen Aposteln) 1Kor 15,7 enthält zwei Aussagen, *einmal*: Jakobus hat eine Erscheinung empfangen, *sodann*: Jakobus besitzt eine Sonderstellung im Apostelkreis.

Eine genauere, traditionsgeschichtliche Näherbestimmung von V. 7 ergibt sich aus der Beobachtung, daß V. 7 und V. 5 in derselben Weise konstruiert sind, wobei, abgesehen von Kephas/Jakobus und die Zwölf/alle Apostel, dieselben Worte gebraucht werden; vgl.: »Er erschien Kephas, dann den Zwölfen« mit »er erschien Jakobus, dann allen Aposteln«.

Die Parallelität von V. 5 und V. 7 könnte auf zweierlei Weise erklärt werden: a) Paulus selbst gestaltet sprachlich V. 7 in Anlehnung an V. 5, wobei ihm eine Überlieferung über eine Erscheinung vor Jakobus und allen Aposteln vorgegeben war; b) Paulus gibt in beiden Fällen eine selbständige Tradition wieder. Dann ist entweder vorpaulinisch die eine Formel auf der Grundlage der anderen sekundär gebildet, oder beide Formeln haben einen gemeinsamen Ursprung. In jedem Fall bleibt klar, daß sowohl in V. 5 als auch in V. 7 Tradition vorliegt[158], die jeweils als »Formel«[159] bezeichnet sei.

Zur historischen Einordnung von 1Kor 15,5–7

Die 1Kor 15,5.7 wiedergegebenen Traditionen enthalten die knappe Mitteilung, einer bestimmten Gruppe von Christen (den Zwölfen und Petrus bzw. den Aposteln und Jakobus) sei eine Erscheinung des Auferstandenen widerfahren. Die mögliche Funktion einer solchen »Formel« wird bei einem Blick auf das paulinische Schrifttum klar: Paulus verweist im Kampf gegen Widersacher an mehreren Stellen auf seine Schau des Auferstandenen (1Kor 9,1; vgl. Gal 1,15f; Phil 3,8), um seine Autorität zu legitimieren. Eine ähnliche Funktion haben wohl die 1Kor 15,5.7 vorliegenden Traditionen, die deswegen am besten als »Legitimationsformeln« zu bezeichnen sind (U. Wilckens).

Freilich sollte man nicht behaupten, die Legitimationsformeln ließen überhaupt keinen Rückschluß auf den Vorgang der Legitimation zu, wie Rudolf Pesch noch 1973 mit der Begründung meinte, die Wendung, »›er erschien‹ + Dativ« sei nur noch ein literarisches Ausdrucksmittel der Autorität des Legitimierten.[160] Das ist deswegen unwahrscheinlich, weil *ophthe* ein Verb des Sehens ist und Paulus bei den Korinthern doch mit einem historischen Verständnis dieser Wendung gerechnet haben muß.

Das *Konkurrenzverhältnis* der beiden Formeln V. 5 und V. 7 zueinander läßt sich begründen, wenn man sie der Entwicklung der Jerusalemer Urgemeinde in ihren ersten beiden Jahrzehnten zuordnet. Petrus hatte demnach die Ersterscheinung. Denn die Petrus und die Zwölf betreffende Legitimationsformel ist älter als die von 1Kor 15,7. Sie stammt aus der Zeit der Existenz des Zwölferkreises und wurde auf einer vorpaulinischen Traditionsstufe mit dem christologischen Glaubensbekenntnis verknüpft.

Der Text 1Kor 15,7 entstand dadurch, daß Anhänger des Jakobus (oder er selbst) die Erstzeugenschaft des Petrus für Jakobus (oder für sich selbst) beanspruchten. Sie paßten zu diesem Zwecke die Nachricht von der Erscheinung Jesu vor Jakobus der Formel von 1Kor 15,5 an, wobei die historische Vision des Jakobus sicherlich bereits zu einer Zeit empfangen wurde, da Petrus Leiter der Gemeinde war.[161]

Zusammenfassung der Traditionsanalyse

1Kor 15,3–8 enthält folgende Einzeltraditionen[162] bezüglich des Todes und der Auferstehung Jesu:

a) 1Kor 15,3b: Eine (vielleicht katechetische) Formel über den Tod Christi »für unsere Sünden«[163] mit allgemeinem Hinweis auf die Schriften;

b) 1Kor 15,4a: Hinweis auf das Begräbnis Jesu[164];
c) 1Kor 15,4b: Eine (vielleicht katechetische) Aussage der Auferstehung am dritten Tag mit Hinweis auf die Schriften.
d) Schließlich vier einzelne Zeugenaussagen:
   1) 1Kor 15,5: Er erschien Kephas, dann/und den Zwölfen.
   2) 1Kor 15,6a: Er erschien mehr als 500 Brüdern auf einmal.
   3) 1Kor 15,7: Er erschien Jakobus, dann/und allen Aposteln.
   4) 1Kor 15,8–10: Er erschien Paulus.

Man wird annehmen können, daß sämtliche Traditionselemente in die ersten beiden Jahre nach der Kreuzigung Jesu zu datieren sind. Für 1Kor 15,3b–5 ist die These ohnehin wahrscheinlich.[165] Doch ergibt sie sich auch für 1Kor 15,6a.7 *zwingend* daraus, daß die Bekehrung des Paulus am chronologischen Ende der aufgeführten Erscheinungen liegt und wohl nicht später als drei Jahre nach dem Tode Jesu zu denken ist.[166]

Nun sagten wir oben S. 48, daß Paulus den Korinthern bei der Gründungspredigt andere Christuserscheinungen (wie z. B. die vor mehr als 500 Brüdern oder die vor Jakobus und allen Aposteln) nicht übermittelt hat, sondern lediglich die oben genannte Credoformel plus Erscheinung vor Kephas und den Zwölfen. Darauf begründeten wir, warum der Apostel im 1Kor diese Erscheinungen anreiht (zwecks historischer Absicherung der Auferstehung Jesu und zur Absicherung seiner eigenen apostolischen Autorität). Daraus folgt für den 1Kor *zum einen*, daß Paulus *alle* ihm bekannten Erscheinungen aufgeführt hat, *zum anderen* aber auch die hohe Zuverlässigkeit und Vollständigkeit der Angaben.[167]

An dieser Stelle erhebt sich die Frage, warum Paulus die anderen Erscheinungen nicht bereits bei der Gründungspredigt mitgeteilt hat. Antwort: Sie waren (noch) nicht wie das Credo von Tod und Auferstehung Jesu Heilsgrund, während die Erscheinung(en) vor Kephas und den Zwölfen in der allerersten Zeit eine besondere kirchengründende Bedeutung hatten und deswegen zum Evangelium dazugehörten. Man kann daraus *nicht* folgern, daß die anderen Erscheinungen historisch erst nach der Gründung der korinthischen Gemeinde stattgefunden hätten. Eine solche Annahme scheitert schon daran, daß z. B. die Erscheinung vor mehr als 500 Brüdern aus keinem anderen Grund erzählt wurde, als daß sie sich (ebenso wie die Erscheinung vor Jakobus) wirklich ereignete.[168] Welches Verhältnis dabei zwischen Faktum und sprachlicher Ausbildung der Tradition besteht, ist kaum noch zu sagen. Man wird wegen des außerordentlichen Vorgangs des jeweiligen Geschehens damit rechnen können, daß *unmittelbar* nach der Erscheinung Jesu auch davon erzählt wurde.[169] Wie sollte überhaupt denkbar sein, daß ein Ereignis stattfand und erst, sagen wir, zehn Jahre danach versprachlicht wurde?

Fazit: *Die Ausbildung der in 1Kor 15,3–8 genannten Erscheinungstraditionen fällt in die Zeit zwischen 30–33 n. Chr., weil nämlich die Erscheinung vor Paulus die letzte der Erscheinungen darstellt und nicht später als 33 n. Chr. zu datieren ist.*

Historisches

1Kor 15,3 (Jesu Tod):

Das Faktum des Todes Jesu als Folge der Kreuzigung ist unbestreitbar.[170]

1Kor 15,4a (Das Begräbnis Jesu; Mk 15,42–47 parr.; Joh 19,31–37):

Die Grablegung Jesu wird in den frühchristlichen Schriften auf zweierlei Weise berichtet:

a) Joseph von Arimatäa hat Jesus begraben (Mk 15,42–47 parr);
b) Juden haben Jesus beerdigt (Joh 19,31–37).

Zu a) = Mk 15,42–47

> Bultmann hält diesen Text für einen »Geschichtsbericht, der, abgesehen von den V. 47 wieder auftretenden Frauen als Zeugen und von den Versen 44.45, die Mt und Lk wohl noch nicht bei Mk gelesen haben, keinen legendarischen Eindruck macht. Daß er im Hinblick auf die Ostergeschichte entworfen ist, wird man schwerlich zeigen können; man könnte es noch am ersten für die Angabe V. 46, daß ein Stein vor den Grabeseingang gewälzt wurde, vermuten, doch kann das auch einfach ein schildernder Zug sein. – Wie alt die hier erhaltene Tradition ist, läßt sich freilich nicht feststellen«[171].

Bultmanns These wird zu prüfen sein. Dazu erörtern wir zunächst die Stellung der Perikope im Zusammenhang der Passionsgeschichte und kommen dann noch einmal auf die Scheidung von Redaktion und Tradition zurück.

Die Stellung von Mk 15,42–47 im Zusammenhang der Passionsgeschichte

Die vorliegende Perikope verknüpft die Erzählung von der Kreuzigung (15,20–41) mit der vom leeren Grab (16,1–8). Mit der Zeitbestimmung »am Abend« (V. 42) wird »die dritte Stunde« (15,25), zu der Jesus gekreuzigt wurde, und die »sechste... bis neunte Stunde« (15,33) aufgenommen, zu welcher Zeit eine Finsternis hereinbrach. D.h., Jesus starb um 3.00 Uhr am Nachmittag (=9. Stunde), bei der Grablegung ist es nun schon Abend geworden. Ein doppelter Bezug auf die Kreuzigungsszene liegt in V. 44 vor: Das Erstaunen des Pilatus über den schnellen Tod Jesu ist vor allem im Zusammenhang der mk Passionsgeschichte sinnvoll, denn ihr zufolge ist gegen die Regel die Leidenszeit Jesu ungewöhnlich kurz.[172] (*Deswegen* wundert sich Pilatus.) Durch die Nachfrage bei dem verantwortlichen Hauptmann (V. 44) wird die Szene mit dem Vorangehenden verbunden (vgl. V. 39: der Hauptmann unter dem Kreuz). Weitere Verknüpfungen mit dem Kontext bestehen darin, daß 15,46b und 16,3b fast wörtlich übereinstimmen und daß die Frauen sowohl unter dem Kreuz stehen als auch die Bestattung von ferne beobachten und zum leeren Grab gehen (15,40.47; 16,1).

Redaktion und Tradition in Mk 15,42–46

V. 42: Die Zeitangabe »als es Abend wurde« ist ebenso wie Mk 4,35; 6,47; 14,17 redaktionell. Wahrscheinlich liegt in der Nennung des Rüsttages Tradition zugrunde. Mk erläutert ihn für seine Leser(innen) als Tag vor dem Sabbat (vgl. die ähnliche Erklärung jüdischer Gebräuche in Mk 7,3f).

V. 43: Die Kennzeichnung Josephs als »angesehenen Ratsherrn« (*euschemon bouleutes*) kommt bei Mk nur hier vor. Allerdings kann man daraus nicht ohne weiteres eine traditionelle Herkunft der ganzen Wendung erschließen. Auch als Redaktion wäre die seltsame Notiz verständlich: Joseph wird so als Mitglied des Synhedriums bezeichnet, das Jesus zum Tode verurteilte (Mk 14,55; 15,1).[173] Doch scheint Mk Positives mit der Notiz zu verbinden: Daß »auch er das Reich Gottes erwartete«, zeigt, daß neben Joseph andere dasselbe taten. Dazu gehört neben den Jüngern (Mk 4,11) ja auch jener Schriftgelehrte, dem Jesus bescheinigt, nicht »fern vom Reich Gottes« zu sein (Mk 12,34).[174] D.h., Mk zeichnet Joseph zwar nicht als Christen, doch entnimmt er ihn durch die genannte Charakterisierung und angesichts der durchweg positiven Bedeutung, die »Reich Gottes« im MkEv hat (s. 1,15), der Gegnerschaft des Synhedriums gegen Jesus.[175] Gewiß hätte Mk es vorgezogen, von einem Begräbnis Jesu durch seine Anhänger zu erzählen (vgl. Mk 6,29: das Begräbnis Johannes des Täufers durch seine Jünger). Da er darüber aber keine Überlieferung besaß und andererseits eine Nachricht von der Beerdigung Jesu durch einen Ratshern Joseph von Arimatäa umlief, nahm er die genannten Aufbesserungen an dessen Charakter vor. Dann aber hat die Annahme manches für sich, daß die Zugehörigkeit Josephs zum Hohen Rat traditionell, seine Charakterisierung als »vornehm« jedoch redaktionell ist. Die Angabe, »er wagte zu Pilatus zu gehen«, wird von den Seitenreferenten übergangen. Wird mit ihr nicht Joseph, der viel riskiert, der Leserschaft sympathischer gemacht? Es galt ja, seine Zugehörigkeit zum Jesus feindlich gesonnenen Hohen Rat weiter abzumildern.

V. 44–45 sind sicher redaktionell und verklammern die Szene mit dem Kontext. Sie beglaubigen den Tod amtlich und heben in apologetischer Nebenabsicht die Realität des Sterbens Jesu hervor.[176]

V. 46: Die Aussage der Bestattung Jesu durch Joseph ist traditionell. Die Angabe über das Felsengrab mit einem Rollstein bereitet redaktionell Mk 16,3 vor. Da diese Spezifikation des Grabes Jesu in 16,1–8 *vorausgesetzt* ist (andernfalls ergäbe die Erzählung keinen Sinn), während sie in der vorliegenden Perikope allenfalls eine Erweiterung ist, stammt sie womöglich von dort.[177] Es fällt auf, daß Joseph Leinen *kauft*. Das schließt ein, daß dieses neu ist. Sagten wir, daß die Bestattung Jesu durch Joseph auf Tradition zurückgeht, so mögen die *neuen* Leinen auf Redaktion zurückgehen, die sich daran interessiert zeigt, vom Begräbnis Jesu Unehre fernzuhalten.[178] Das Umhüllen in (gebrauchten) Leinen mag dabei traditionell sein. Es ist bei allen Begräbnisformen im Judentum üblich (vgl. die jüdische Abscheu vor Nacktheit mit Apg 5,6). Doch andererseits finden sich Hinweise, die von den Umständen einer normalen Bestattung abweichen. So muß man sich vor Augen halten, daß Jesus keinesfalls in dem Grab seiner Familie in Nazareth bestattet wurde, was zu einem ehrenvollen Begräbnis unbedingt dazugehört hätte. Des weiteren hatte Mk von der Salbung Jesu *vor* seinem Tod in Kap. 14 berichtet und sie als Salbung zum Tode verstanden. Doch kommt es nicht zu einer Salbung des *Leichnams* Jesu, wie sie als Begräbnisritual aus MSabbath 23,5[179] bekannt ist. Liegt da der Verdacht nicht nahe, daß Mk die Tradition eines unehrenhaften Begräbnisses uminterpretieren wollte?

V. 47: Vgl. u. S. 127f.

Fazit: Die Untersuchung zu Redaktion und Tradition von Mk 15,42–47 bestätigen in etwa Bultmanns obiges Urteil, das aber wie folgt zu präzisieren ist: Die Tradition berichtet von einem Begräbnis Jesu durch das Mitglied des Hohen Rates Joseph aus Arimatäa. Über die Art des Begräbnisses sind (noch) keine näheren historischen Ausführungen zu machen. Doch ist der begründete Verdacht gegeben, daß Mk mit der Tradition eines irgendwie unehrenhaften Begräbnisses konfroniert war und sie uminterpretiert hat. Es wird darauf zu achten sein, ob sich auch bei den Seitenreferenten und den anderen Quellen zum Begräbnis Jesu ein ähnliches Wissen um diese Tradition eines unehrenhaften Begräbnisses Jesu zeigt.

Die Bearbeitung von Mk 15,42–47 durch die Seitenreferenten

Die Seitenreferenten Mt und Lk sowie Joh haben die Gestalt des Joseph verchristlicht bzw. noch positiver gezeichnet, als es Mk schon getan hat. Abweichend von der Mk-Vorlage war Joseph von Arimatäa lt. Mt ein reicher Mann und ein Jünger Jesu (Mt 27,57), Lk zeichnet ihn – redaktionell – als guten und gerechten Mann (Lk 23,50), der sich nicht am Richterspruch (des Hohen Rates) gegen Jesus beteiligt hatte (Lk 23,51), und nach PetrEv 6,23 hat Joseph »all das Gute geschaut, das er (sc. Jesus) getan« hat.

Auch bei Joh wird Joseph von Arimatäa als Jünger Jesu bezeichnet (Joh 19,38), der freilich sein Jüngertum aus Furcht vor den Juden verborgen hält (vgl. Joh 12,42; 9,22). Die Erzählung enthält die weitere Einzelheit, daß Nikodemus, »der vormals (sc. Joh 3,2) bei der Nacht zu Jesu gekommen war« (Joh 19,39a), hinzutritt und zusammen mit Joseph den Leichnam Jesu versorgt (19,39f).[180]

Die *Tendenz* in der frühchristlichen Erzähltradition von der Bestattung Jesu durch Joseph von Arimatäa dürfte hinreichend deutlich geworden sein. Aus dem Ratsherrn ist ein Jünger Jesu geworden – fast könnte man sagen: aus dem Feind ein Freund –, und schließlich beteiligt sich sogar ein weiterer Vertrauter Jesu, Nikodemus, am Begräbnis.[181]

Aber auch das Begräbnis wird zunehmend positiv ausgemalt. Sagte Mk lediglich, daß es ein Felsengrab war, so setzten die Seitenreferenten das nicht nur voraus, sondern wissen noch darum, daß es Josephs eigenes Grab war (Mt 27,60; PetrEv 6,24)[182], und Joh (20,15) ebenso wie PetrEv 6,24 lokalisieren es sogar im Garten, was eine Auszeichnung einschließt (vgl. 2Kön 21,18.26). Schließlich bezeichnen Mt (27,60), Lk (23,53) und Joh (19,41f) das Grab als neu, womit eine Ehrenbezeugung Jesu ausgedrückt und fernerhin ausgeschlossen wird, daß Jesus z. B. in einem Grab für Verbrecher beigesetzt wurde.[183]

Schon hier kann gesagt werden: Allein der Mk-Bericht bzw. die in ihm verarbeitete Überlieferung ist Quelle für die unten zu stellende Frage nach einem historischen Wert der Tradition.[184] Gleichzeitig sei der Hinweis angeschlossen: Wenn die nachmarkinische Tendenz dahin geht, Joseph zu verchristlichen, wird unsere obige These bestärkt, daß wohl schon der Mk-Bericht in seiner Zeichnung Josephs als eines Menschen, der das Reich Gottes erwartet, diese Deutung vornimmt. Es ist also zu fragen: Wenn die Erzählung vom Begräbnis zunehmend zu einer Ehrenbezeugung gegenüber Jesus gerät, soll damit nicht vielleicht eine unehrenhafte Bestattung verdrängt werden? Mit anderen Worten: Liegt in der Mk-Fassung nicht bereits eine fortentwickelte Tradition vor, die das schreckliche Faktum des Todes Jesu zu verarbeiten trachtet in dem Sinne, daß Jesus wenigstens durch einen vornehmen Ratsherren ein ordentliches Begräbnis erhalten hat?

Zu b) = Joh 19,31–37

Eine weitere Quelle zur Grablegung Jesu ist der eben schon angesprochene Text Joh 19,31(-37)[185]: Die Juden bitten Pilatus darum, daß Jesus (und den anderen beiden mit ihm Gekreuzigten) die Beine gebrochen und sie vom Kreuz abgenommen würden. Das wird an den beiden mit Jesus Gekreuzigten auch durchgeführt, an Jesus aber nicht, da er schon gestorben ist. Um zum Kern der Tradition vorzustoßen, ist es zunächst notwendig, die Schale abzutragen. Der Text ist redaktionell davon bestimmt, daß Ps 34,21 (Ex 12,46) und Sach 12,10 in Handlung umgesetzt werden (vgl. die ausdrückliche Wendung: »... damit die Schrift erfüllt werde [V. 36]...«). Doch ist damit nicht die ganze Erzählung als redaktionelle Bildung erwiesen, wie bereits Theodor Keim zeigen wollte.[186] Als Traditionskern bleibt vielmehr die Bitte der Juden an Pilatus übrig, daß Jesu Leichnam vom Kreuz abgenommen werden möge (V. 31), wobei gegen eine rein redaktionelle Bildung und für die Existenz einer Überlieferung auch spricht, daß ihrem Wunsch in dieser Erzählung gar nicht entsprochen wird. V. 38 setzt mit der Bitte Josephs ganz neu ein, und er selbst (nicht die Römer) nimmt den Leichnam vom Kreuz (*arhe* bezieht sich auf *arhthosin* [V. 31] zurück). Der V. 31 ff ursprünglich abschließende Teil der Erzählung über die »Bestattung« Jesu wurde offenbar weggebrochen und an seine Stelle trat später der (andere) Bericht einer Grablegung Jesu durch Joseph und Nikodemus (Joh 19,38–42).[187]

Der rekonstruierte Traditionskern hinter Joh 19,31–37 findet eine Entsprechung in Apg 13,29 (Juden »nahmen ihn [Jesus] vom

Holz und legten ihn in ein Grab«). Zwar wird vielfach behauptet, daß dieser Vers ausschließlich durch lk Sprache und Theologie bestimmt ist.[188] Doch ist das fraglich. Zwar lastet Lk in den Missionsreden der Apg den Juden den Tod Jesu an (Apg 2,23; 3,13–15, 4,27; 5,30; 7,53; 10,39; 13,28). An dieser Stelle aber sorgen Juden für die Abnahme des Leichnams und für die Beerdigung, was sich nicht dem Motiv der Schuldzuweisung zurechnen läßt. Hier liegt also eine eigenständige Überlieferung vor, die der hinter Joh 19,31–37 entspricht.[189]

Jedenfalls ist mit großer Wahrscheinlichkeit zu folgern: Die Tradition eines Begräbnisses Jesu liegt in zwei verschiedenen Erzählungen vor: a) Joseph von Arimatäa bittet Pilatus um den Leichnam Jesu und bestattet ihn; b) Juden bitten Pilatus um den Leichnam Jesu und bestatten ihn. Dabei ist klar, daß Tradition b) die ältere sein dürfte[190], weil a) mit den oben aufgezeigten Tendenzen wahrscheinlich bereits eine christliche Interpretation ist.[191]

Historisches

Wir kommen damit zur historischen Frage: Wie wurde Jesus von Nazareth wirklich bestattet?

Die römische Rechtspraxis sah normalerweise vor, am Kreuz Gestorbene dort verwesen bzw. von Geiern, Schakalen oder anderen Tieren verzehren zu lassen. – Dies als Mahnung für die Lebenden.[192] Diese Möglichkeit scheidet für Jesus aus, da die diesbezüglichen Traditionen übereinstimmend von einer Abnahme vom Kreuz berichten (auch 1Kor 15,4 setzt das voraus). Daher dürfte das »Begräbnis Jesu« zu jenen Fällen gehören, in denen die römische Behörde den Leichnam freigab.[193] Vermutlich haben Juden Jesus vom Kreuz abgenommen, weil ein verstorbener Gekreuzigter nicht über Nacht am Holz hängen sollte (Dtn 21,23) und weil ein Feiertag (= Passahfest) bevorstand. Außerdem war die Freigabe und Abnahme Jesu vom Kreuz auch im Sinne des Pilatus, weil so von vornherein einer Unruhe angesichts der großen Zahl von Festbesuchern vorgebeugt war.

Über den genauen Ort der Bestattung Jesu sind nur Vermutungen möglich. Die Annahme der Beerdigung Jesu in einem Gräberfeld für Hingerichtete[194], über dessen Ort zudem keine archäologischen Auskünfte mehr möglich sein dürften[195], ist nahezu unmöglich, da Jesus ja nicht von den jüdischen Behörden exekutiert wurde. Die Hypothese einer Bestattung Jesu im Familiengrab des Joseph von Arimatäa scheitert an der Tendenz der frühchristlichen Berichte, die ein Wissen um eine unehrenhafte Beerdigung Jesu verraten bzw. solche befürchten. Der vielfach gegebene Hinweis auf die im Nordosten des heutigen Jerusalems (Giv'at ha-Mivtar) in einem Felsengrab in einem Ossuar wieder (!) beigesetzten gesalbten Gebeine eines gekreuzigten Juden mit Namen Jejochanan aus dem ersten Jahrhundert n. Chr.[196] als Analogie zu der Mk 15,42–47 berichteten Beisetzung Jesu[197] trägt wenig aus, weil es sich dort um ein Ossuar handelt[198], hier um eine Beisetzung eines (fleischlichen) Leichnams. Da sich weder die Jünger noch die nächsten Familienangehörigen um Jesu Leichnam gekümmert[199] haben[200], ist kaum denkbar, daß sie über den Verbleib des Leichnams informiert sein konnten, um später wenigstens seine Knochen zu bestatten.[201] Es ist daher zu bezweifeln, daß die Anweisung über die Trauergebräuche im kleinen Talmudtraktat Semachot II 12[202] »sowohl die Grablegung Jesu wie die Rückkehr der Jünger und Verwandten Jesu nach Jerusalem (Apg 1,14)«[203] beleuchtet, und von einer Wiederbestattung sagen die Quellen gar nichts.

Die oben rekonstruierten beiden Traditionsstränge kennen vielleicht übereinstimmend Joseph von Arimatäa. Er wäre dann derjenige gewesen, der beauftragt wurde, sich um die Beisetzung Jesu zu kümmern. Daß er ein Jünger oder ein Freund Jesu war, läßt sich nicht wahrscheinlich machen. Der umgekehrte Schluß, er habe zu den Feinden Jesu gehört, wäre ebensowenig statthaft, da – historisch gesehen – die Verurteilung Jesu durch den Hohen Rat starken Zweifeln unterliegt.[204] Wohin er (oder uns unbekannte Juden) den Leichnam gelegt hat (haben), können wir nicht mehr sagen. »*Nobody knew what had happened to Jesus' body*«.[205] Das wußte offenbar auch die früheste Gemeinde nicht. Denn angesichts der Bedeutung der Heiligengräber z. Zt. Jesu[206] kann vorausgesetzt werden: Im Falle einer Kenntnis des Grabes Jesu hätten die frühen Christen dieses verehrt, und darüber wären Traditionen erhalten.[207] Wir sehen freilich, was die christliche Legende bei Mk aus diesem unrühmlichen Ende ihres Herrn gemacht hat.[208] (Die summarische Nachricht von der Bestattung im Kerygma 1Kor 15,4 läßt die Einzelheiten des »Begräbnisses« offen, ebenso wie ja auch die dortige Todesnotiz [1Kor 15,3] die Art des Sterbens [Kreuzigung] nicht spezifiziert.)

Paulus und das leere Grab

Kennt Paulus auch die Tradition vom leeren Grab? Vielfach wird daraus, daß Paulus das leere Grab nicht eigens nennt, gefolgert, es sei also dem Apostel unbekannt gewesen, umso mehr, als er es für seine Argumentation in 1Kor 15 gut hätte brauchen können, falls die Korinther an der jüdischen, Körperlichkeit einschließenden Auferstehungsvorstellung Anstoß genommen haben (s. o. S. 47). Dagegen wendet man häufig ein, Paulus bzw. die Tradition setze das leere Grab voraus. *Begründung*: Wenn Jesus auferstanden und vorher begraben worden sei, dann *müsse* das Grab leer gewesen sein. So schreibt – stellvertretend für viele – Paul Althaus:

»Die Vorstellung, daß das Grab leer war, hat zum Osterglauben von Anfang an notwendig hinzugehört. Daher hat man auch sofort des leeren Grabes sich vergewissern müssen ...«[209].

Dieser auf den ersten Blick einleuchtenden Überlegung stellt sich aber die Beobachtung entgegen, daß Paulus die »Auferstehung« von Fleisch und Blut ausdrücklich ablehnt (vgl. 1Kor 15,50: »Fleisch und Blut werden das Reich Gottes nicht ererben«). Ebenso, wird man hinzufügen, ist das Bild vom Samenkorn, das sterben muß (1Kor 15,36f), auch daran orientiert, daß – konkret gesprochen – der alte Leib verwest.[210] Schon deshalb ist ein Interesse des Apostels am leeren Grab fraglich. Man vgl. in diesem Zusammenhang das Votum von Willi Marxsen:

»Was ins Grab gelegt wird, ist nach Paulus gerade nicht der Leib (das Ich), der *werden* soll, sondern ist vergänglich, sterblich, verweslich (vgl. V. 42!). Der pneumatische Leib (das Auferstehungs-Ich) ist darum auch nicht so etwas wie ein ätherischer Körper... Mit der Bezeichnung ›pneumatischer Leib‹ wird also die Identität mit dem irdischen Ich behauptet; nur entzieht sich der pneumatische Leib *jeder* Vorstellung. Nur mit Bildern und Vergleichen kann Paulus ausdrücken, was er meint.«[211]

Doch ist das vielleicht wieder zu modern gedacht. Johannes Weiß vermutet mit gutem Grund, Paulus werde sich die Auferstehung Christi gedacht haben wie die der Christen: »Die Toten werden unvergänglich auferweckt werden« (1Kor 15,52), d.h., »Christus wird mit einem schon verklärten Leibe das Grab verlassen haben«.[212]

Nun wird gelegentlich – in verschmitzter Apologetik – darauf hingewiesen, daß Paulus sich das Grab Jesu auf Rückfrage als leer vorgestellt hätte. Doch führt das vom Problem weg. Denn es geht zunächst allein darum, ob Paulus Zeugnisse dafür kennt, daß das Grab von anderen wirklich leer gefunden worden ist. Davon kann keine Rede sein, zumal auch – wie oben gezeigt – die Aussage des Begräbnisses Jesu (1Kor 15,4) dem Tod und nicht der Auferstehung zugeordnet ist.

Fazit: Wir stehen vor einem Dilemma. Denn *einerseits* kennt Paulus keine Zeugnisse für das leere Grab[213], *andererseits* stellt er sich die Auferstehung Jesu körperlich vor, was das Hervorgehen des Leibes Jesu aus dem leeren Grab zu verlangen scheint. Dies gilt wohl auch, wenn Jesus das Grab mit verklärtem Leibe verlassen hat, denn das Schicksal des physischen Leibes Jesu dürfte trotz 1Kor 15,50 für Paulus nicht ohne Belang gewesen sein[214], soweit nicht fleischliche und verwandelte Leiblichkeit bei ihm nebeneinanderstehen und ihr Verhältnis zueinander kaum genau durchreflektiert ist. Z. B. sind in 1Thess 4,13–17 beide (in Bezug auf die Christen) ebenso parallel wie in syrBar 49–51. Analoges darf für die paulinische Sicht des erhöhten Jesus angenommen werden.[215] Eine Konsequenz wäre also gewesen, die Vorstellung vom leeren Grab mit der der körperlichen Auferstehung (in verwandelter und/oder physischer Form) zu verbinden. Sie hat Paulus aber – das sei betont – nicht ausdrücklich gezogen.

1Kor 15,4b (Jesu Erweckung am dritten Tag):

Die Frage nach dem dritten Tag als Zeitpunkt der Erweckung Jesu[216] kann eigentlich erst nach der Analyse sämtlicher Texte endgültig entschieden werden. Daher sind die folgenden Überlegungen nur vorläufig. Ein wichtiger Einwand gegen dieses Datum dürfte, wie oben S. 44f gezeigt wurde, die Galiläa-Tradition sein, falls sie ursprünglich ist. Denn wenn die erste Erscheinung in Galiäa erfolgte, kann sie nicht am dritten Tage in Jerusalem geschehen sein. Eine Möglichkeit, diese Folgerung abzuwenden, böte die Annahme, daß Erscheinungen gleichzeitig in Galiläa und Jerusalem erfolgten, unter ihnen die Ersterscheinung vor Maria Magdalena in Jerusalem am dritten Tag. Ein noch anderes Verständnis ergibt sich aus folgender Beobachtung. Am dritten Tag geschah, nimmt man 1Kor 15,4 genau, gar nicht die Erscheinung vor Kephas, sondern die Erwekkung Jesu, während die Christophanie undatiert bleibt (anders dann Lk 24,21). M. E. gibt dieser Befund zur Vermutung Anlaß, den Ursprung des Datums des dritten Tages nicht in geschichtlichen Erinnerungen (z. B. Mk 14,58?) zu suchen, sondern in schriftgelehrter Reflexion:

Als Bezugstelle der Wendung »nach den Schriften« (1Kor 15,4) kommt vor allem Hos 6,2 in Frage. Die Stelle lautet in der Übersetzung der LXX wie folgt: Jahwe »wird uns gesund machen nach zwei Tagen, am dritten Tag werden wir auferstehen und vor ihm leben.«

Im Judentum wurde offenbar diese Hoseastelle benutzt, um das Datum der eschatologischen Totenauferweckung zu erschließen.[217] Dann wäre die Auferstehung Jesu als Erfüllung einer atl. Weissagung verstanden worden. Gegen eine Herleitung des dritten Tages aus Hos 6,2 spricht scheinbar, daß diese Stelle im Neuen Testament nirgends zitiert wird[218] und daß sie in der rabbinischen Exegese erst relativ spät erscheint.[219] Doch muß der Zeitpunkt der Bezeugung nicht mit der Entstehung der betreffenden Exegese zusammenfallen. Vielmehr ist umgekehrt 1Kor 15,4 ein möglicher Beleg für eine jüdische eschatologische Deutung von Hos 6,2.[220]

1Kor 15,5 (Die Erscheinung [*ophthe*] Jesu):

Bezüglich des mit *ophthe* ausgedrückten Geschehens empfiehlt sich zunächst eine sprachliche Untersuchung des Verbums. Die Wichtigkeit dieses Arbeitsschrittes geht daraus hervor, daß *ophthe* mit Bezug auf alle in 1Kor 15,3f genannten Personen gebraucht wird.

Grammatikalisch kann *ophthe* (=3. Pers. Aorist Passiv von *horao* = sehen) in der Wendung *ophthe Kepha* auf dreierlei Weise übersetzt werden:[221]

1. Passivisch: Er wurde von Kephas gesehen.
2. Deponential: Er ließ sich dem Kephas sehen, er zeigte sich ihm.
3. Theologisches Passiv: Er wurde durch Gott dem Kephas sichtbar gemacht, Gott hat ihn den Kephas sehen lassen.

Möglichkeit 1 scheidet aus, weil nach griechischem Sprachgebrauch dann ein »von« (*hypo*) + Genitiv zu erwarten gewesen wäre.[222]

Zugunsten von Möglichkeit 3 wird gerne darauf verwiesen, daß in »er wurde erweckt« (V. 4) ein theologisches Passiv enthalten sei und von daher sich dasselbe auch für *ophthe* nahelege. Ferner wird geltend gemacht, im theologischen Passiv seien die Aussagenmomente von Möglichkeiten 1 und 2 mit enthalten: Indem nämlich Christus durch Gott dem Kephas sichtbar gemacht wurde, wurde Christus durch Kephas gesehen (Möglichkeit 1) und ließ sich Christus dem Kephas sehen (Möglichkeit 2).

Doch ist dieser Vorschlag unwahrscheinlich. Das Prädikat *ophthe* + Dativ erfordert ein handelndes Subjekt, was hier doch am ehesten der sich zeigende Christus ist (deponentiales Verständnis).[223]

Der Ausdruck *ophthe + Dativ* hat eine atl. Vorgeschichte:

Die Niphal-Bildung von *r'h*, die der ntl. Formulierung entspricht, wird im Alten Testament ca. 45mal gebraucht. Sie berichtet vom Erscheinen Jahwes bzw. seines Engels vor Abraham (Gen 12,7; 17,1; 8,1), Isaak (Gen 26,2.24), Jakob (Gen 31,13; Gen 35,1.9), Moses (Ex 3,2). Die LXX gibt die Wendung in der Regel mit *ophthe* + Dativ bzw. + Präposition (*pros*/*en*) wieder.[224]

Angesichts des dargestellten Befundes, daß in der LXX für die Erscheinung bevorzugt *ophthe* + Dativ gebraucht wird, hat man förmlich von einer »Gotteserscheinungsformel« gesprochen, die sich im Credo 1Kor 15 finde, und weitreichende Konsequenzen daraus gezogen. In diesem Falle wäre es nämlich fast unmöglich, angesichts ihres formelhaften Gebrauchs an das dahinterliegende Geschehen heranzukommen (vgl. bereits o. S. 42f). Es nimmt daher nicht wunder, daß manche Exegeten von einer Legitimationsformel ohne eigentlichen erfahrungsbezogenen Hintergrund sprechen konnten.

Demgegenüber ist jedoch darauf zu verweisen, daß in der LXX *ophthe* auch andere Subjekte als Gott haben kann: 2Kön 14,11 (Joasch und Amazja), 1Makk 4,6 (Judas), 1Makk 4,19 (Judas' Feinde), 1Makk 9,27 (ein Prophet), 2Makk 3,25 (ein Pferd). Man mag hier von einem abgeschliffenen oder unspezifischen Gebrauch von *ophthe* sprechen.[225]

Nun ist zu beobachten, daß Paulus recht verschiedenartige Phänome (Einzelbegegnungen, Massenmanifestationen) unter der einen Klammer des *ophthe* zusammenzieht. Weitere Unterschiede zwischen den Erscheinungen kommen hinzu: Für Kephas verbindet sich die Erfahrung des *ophthe* nicht mit einem vorausgegangenen Kommunikationsprozeß oder gar mit der Konsolidierung einer Gemeinde (wie bei den anderen Gliedern der Zeugenkette), sondern ist zunächst ein unmittelbares Geschehen, eine Primärerfahrung. Letzteres gilt auch für Paulus (s. sofort). Doch liegt der Unterschied zwischen Petrus und Paulus wiederum darin, daß Petrus Jesus *wieder*gesehen hat, während Paulus Jesus vorher gar nicht kannte. Mit anderen Worten, die Christophanie des Petrus (und der Zwölf) »basierte *zumindest auch* auf ihrem Umgang mit Jesus, die der späteren hingegen auf der Verkündigung Jesu als des auferstandenen Christus durch die früheren«.[226] Die Christuserscheinung vor Paulus muß aber noch von derjenigen der »späteren« unterschieden werden, weil sie den Verfolger der Gemeinde trifft. (Insofern ist sie eine Primärerfahrung.)

Da andererseits Paulus »er erschien« mit Bezug auf sich gebraucht (V. 8) und damit seine Begegnung mit Jesus mit den Erscheinungen

Jesu vor den anderen Zeugen parallelisiert und fernerhin an anderen Stellen verschiedene Verben verwendet, um dieselbe Sache auszudrücken, ist der Versuch legitim, probeweise von diesen Stellen her das 1Kor 15 genannte Phänomen zu erhellen. Wir behandeln daher aus methodischen Gründen zunächst die Erscheinung Jesu vor Paulus und erst danach die Tradition der Erscheinung Jesu vor Kephas.

1Kor 15,8 (Die Christusvision oder das Ostern des Paulus)

Die paulinischen Primärtexte: 1Kor 9,1; Gal 1,15f; Phil 3,8; 2Kor 4,6

Der folgende Abschnitt steht in kritischer Auseinandersetzung mit dem modernisierenden Verständnis Willi Marxsens[227], auch wenn dessen Voten nicht im einzelnen nachgewiesen werden. Zunächst einige seiner programmatischen Aussagen:

»Man darf... das Damaskus-Erlebnis nicht ›das Ostern des Paulus‹ nennen – es sei denn, man versteht hier unter Ostern das Zum-Glauben-an-Jesus-Kommen...« (S. 109f).

Wir kommen »an das, was bei Damaskus tatsächlich passiert ist, nicht heran... Was immer Paulus erlebt hat, er sagt hier: *Gott* hat an mir gehandelt« (S. 109).

»...eine subjektive Visionshypothese (sc. scheitert) insofern an den Texten, als diese keinen Raum dafür lassen. Sie (sc. die Texte) sind völlig eindeutig. Sie wollen (wenn man schon diese Alternative an sie heranträgt) auf jeden Fall von einer ›objektiven Vision‹ reden« (S. 119).

Kritik: Es geht an dieser Stelle gar nicht um das, was die Texte gegenüber den Korinthern »wollen«, es geht vielmehr darum, was damals in ihrem Vorfeld *wirklich* geschehen ist. Dabei muß es doch erlaubt sein, die Aussagen der Texte über Ostern nachzuprüfen und hinter sie zurückzufragen. Denn wie bei jeder Arbeit mit Quellen ist doch zu erwarten, daß die Rekonstruktion der historischen Situation, in die die Aussagen verweisen, bzw. der, in der sie gründen, zum angemessenen Verständnis dieser Aussagen etwas beizutragen vermag.

Wir gehen im folgenden die Stellen der Paulusbriefe der Reihe nach durch, an denen der Apostel auf das »Damaskusereignis« zu sprechen kommt. (Dabei ist vorausgesetzt, daß in diesen Rückblikken des Paulus nach über 20 Jahren und trotz gegenwartsbezogener

Probleme in den Gemeinden, die auch die retrospektiven Äußerungen über die Bekehrung beeinflußt haben dürften, einige Merkmale des Damaskusereignisses herausgearbeitet werden können.)[228]

1Kor 9,1

Paulus spricht hier davon, daß er Jesus gesehen habe (vgl. Joh 20,18.25). Dabei verwendet er die 1. Person Perfekt des Verbs *horao*, wohlgemerkt als eine Form des Aktivs (*heoraka*). Er drückt also denselben Sachverhalt wie 1Kor 15,8 als eigene aktive sinnliche Wahrnehmung aus, ohne auf mögliche Erscheinungs- bzw. Legitimationsformeln zurückzugreifen. Paulus behauptet somit eine visuelle Seite der 1Kor 15,8 ausgeführten Erscheinung. Die These, Paulus verwende *ophthe* + Dativ im Sinne einer literarischen Legitimationsformel, ist in dieser Ausschließlichkeit angesichts der Selbstaussage des Apostels nicht zu halten und um den für Paulus selbstverständlichen visuellen Aspekt zu ergänzen. 1Kor 9,1 ist dann die aktive Wahrnehmung Jesu, zu der die in 1Kor 15,8 ausgesagte Erscheinung die Voraussetzung ist. M. E. ist sicher, daß der Apostel hier an eine Schau Jesu in seiner pneumatisch-verwandelten Auferstehungsleiblichkeit denkt. Sonst wäre schwer verständlich, warum sich Paulus für die Gewißheit der leiblichen Auferstehung auf *ophthe* (1Kor 15,4 ff) berufen kann. Die Ausführungen über den zukünftigen Auferstehungsleib der Christen (1Kor 15,35–49) dürften auch für den Auferstehungsleib Christi in Anspruch genommen werden, um so mehr, als für Paulus gilt: wie Christus so die Christen (vgl. 1Kor 15,49; Phil 3,21)[229].

Nun wird gelegentlich sogar bestritten, daß Paulus in 1Kor 9,1 das Damaskusgeschehen überhaupt angemessen beschreibe. Nach der Meinung von Hans-Willi Winden[230] zeuge die »ausgefeilte Rhetorik dieses Verses … von der *Selbstlegitimation des Apostels* als dessen alleinigem Argumentationsziel« (S. 104) »Ich habe den Herrn gesehen« (1Kor 9,1) reflektiere »kein Offenbarungsgeschehen … und dürfte von Paulus gar erst aufgrund seiner Kenntnis seiner traditionellen ophthe-Aussagen aus 1Kor 15,5–7 formuliert worden sein« (ebd.). Demgegenüber ist darauf zu verweisen, daß die obigen Ausführungen zu *ophthe* den *visuellen* Aspekt des mit ihm verbundenen Geschehens bestätigt haben. Paulus gibt daher in 1Kor 9,1 den subjektiven Aspekt des Geschehens durchaus angemessen wieder.

Gal 1,15f
An anderer Stelle beschreibt der Apostel denselben Vorgang damit, daß Gott in/an ihm seinen Sohn geoffenbart habe (Gal 1,15f). Da der Vers im Rahmen einer Erzählung über seine vor- und frühchristliche Zeit steht, dürfte er sich auf ein *bestimmtes* Ereignis beziehen.[231] Dabei stellt V. 12 in Verbindung mit V. 16 klar, daß der Inhalt des Geschehens eine Offenbarung war, die Christus zum Gegenstand (Gen. obj.) oder zum Urheber (Gen. subj.) hatte. *en emoi* kann entweder mit »an mir« oder »in mir« übersetzt werden, wobei diese beiden Möglichkeiten vielleicht gar keinen Gegensatz darstellen. Jedenfalls paßt das Motiv der Offenbarung zum Sehen in 1Kor 9,1 und zu seiner Voraussetzung, der Erscheinung in 1Kor 15,8.

Anderer Auffassung ist freilich Hans Kessler, der meint, in Gal 1,12.15f sei »das Visionäre, das Sehen nicht *notwendig* eingeschlossen. Paulus wird der gekreuzigte Jesus als der auferstandene und erhöhte Christus offenbart, und in dieser Offenbarung empfängt Paulus das (in Worten jedenfalls zu explizierende und zu verkündigende) Evangelium«[232].

Gibt es überhaupt Denken ohne bildliche Vorstellung, und sei es die eines geschriebenen Wortes, einer Farbe, einer geschriebenen Zahl – erst recht in der Religion? Warum greift Paulus zu Begriffen aus dem Umkreis des Visionären, wenn ihm nicht »Sehen« seine Offenbarungserfahrung adäquat wiedergab? Daß ihm das durch seinen religionsgeschichtlichen Horizont vorgegeben sein mag, ist ja keine Widerlegung, sondern verstärkt die Vermutung, daß damals eben so – auch als Sehen – Offenbarung erfahren wurde.

Im Hinblick auf Gal 1,15f, wo Paulus das Verb »offenbaren« gebraucht statt der Formel »er erschien + Dativ«, fragt Paul Hoffmann, ob nicht die Rede von einer Offenbarung – im Unterschied zu 1Kor 15 – als die genuin paulinische Umschreibung seiner Ostererfahrung angesehen werden muß. Er folgert dann:

»Wenn Paulus gegenüber Gegnern, die gegen ihn die Jerusalemer Apostel ausspielen, so nachdrücklich auf die ihm zuteil gewordene Offenbarung des Sohnes Gottes verweist, zeigt dies, daß gerade sie das entscheidende Kriterium darstellte (vgl. Gal 1,12)... Es kann daher in dem Terminus sogar die genuine Bezeichnung der Ostererfahrung der ersten Zeugen noch enthalten sein... Von Gal 1,15f und seiner Vorgeschichte her ist die Aufnahme der LXX-Terminologie in 1Kor 15,5 als Präzisierung einer ursprünglich apokalyptischen Aussage zu verstehen«[233].

Willi Marxsen kommt zu einem ähnlichen Ergebnis:

»Man kann also mindestens vermuten, daß Paulus sein Erlebnis früher unreflektiert allgemein als Offenbarung bezeichnet hat. Die Präzisierung dieser Offenbarung als ein Sehen geschah dann erst in Angleichung an den (wahrscheinlich) üblichen Sprachgebrauch. *Daß* Paulus eine solche Angleichung vornehmen kann, darf man deswegen nicht ausschließen, weil er es 1Kor 15,8... bestimmt getan hat«.[234]

Kritik: 1. Beide Autoren setzen voraus, daß der Gal vor dem 1Kor geschrieben wurde. Doch ist die umgekehrte Reihenfolge eine mindestens ebenso gute historische Möglichkeit.[235] 2. Eine solch scharfe Trennung zwischen Offenbarung und Sehen, wie sie bei Hoffmann und Marxsen zugrunde liegt, ist unnötig. Hingewiesen sei aus dem Bereich des frühchristlichen Schrifttums auf Apk 1,1–2,[236] wo Offenbarung und Sehen unmittelbar nebeneinander stehen: »*Offenbarung* Jesu Christi, die ihm Gott gegeben hat, seinen Knechten zu zeigen, was in Bälde geschehen soll. Und er hat es durch Sendung seines Engels seinem Knecht Johannes kundgetan, der das *Wort* Gottes und das Zeugnis Jesu Christi bezeugt, alles, was er *gesehen* hat«.

Gewiß ist in Gal 1 der Offenbarungscharakter betont. Doch wie damit visionäre Anteile im »Damaskusgeschehen« bestritten werden sollen, bleibt unverständlich.[237] Die Begriffe »Offenbarung« und »Erscheinung« bzw. »sehen« sind ja nicht sich ausschließender Art. »Offenbarung« bezeichnet eine Erfahrung in *religiöser* Qualität als gottunmittelbar, »Erscheinung« beschreibt sie in ihrer *räumlichen* Qualität. Durch den Wechsel in der Terminologie betont Paulus verschiedene Aspekte derselben Sache.

Phil 3,8

Phil 3,8 kommt Paulus wiederum auf das »Damaskusgeschehen« zu sprechen: Der Apostel spricht hier von der Erkenntnis (*gnosis*) Christi, die ihn dazu geführt habe, sein bisheriges Leben für »Dreck« zu halten. Der Abschnitt (V. 2–11) ist stark polemisch geprägt. Paulus betont hier, veranlaßt durch judaistische Gegner[238], ähnlich wie schon in Gal 1,13f seinen untadeligen Wandel im Judentum (V. 4–6) und unterscheidet davon die ihm durch die Erkenntnis Christi eröffnete Gerechtigkeit aus dem Glauben (V. 9). In diesem Abschnitt liegt wiederum eine theologische Ausdeutung des Damaskusgeschehens vor und nur eine spärliche Beschreibung dessen, was damals *wirklich* geschah. Es geht also an der Sache historisch vorbei, wenn verschiedentlich gemeint wurde, das visionäre Element fehle in Phil 3.[239] Die im historischen Rahmen zu stellende Frage ist doch, ob das an anderen Stellen bezeugte visionäre Element der Offenbarungserfahrung hier *ausgeschlossen* wird. Davon kann gar keine Rede sein: 1Kor 9,1, die Aussage vom Sehen Jesu durch Paulus, liefert den Schlüssel, um die polemischen Aussagen von Phil 3,4ff historisch verstehen zu können.

2Kor 4,6

Schließlich ist 2Kor 4,6 möglicher Reflex des Damaskusgeschehens. Paulus schreibt hier: »Denn Gott, der sprach: Licht soll aus der Finsternis hervorleuchten, der hat einen hellen Schein in unsre Herzen gegeben, daß durch uns entstünde die Erleuchtung zur Erkenntnis der Herrlichkeit Gottes in dem Angesicht Jesu Christi.« Sollte sich die Stelle auf die Bekehrung beziehen[240], wäre wahrscheinlich gemacht, daß Paulus bei seiner Bekehrung Christus in einer Lichtgestalt gesehen hat, was zu den Ausführungen über den himmlischen Menschen (1Kor 15,49) paßt.[241] Aber nicht nur dies: Paulus würde seine Schau Christi mit der Lichtwerdung am Schöpfungsmorgen parallelisieren, um auszudrücken, was ihm vor Damaskus widerfuhr.[242]

Fazit: »Jesus erschien Paulus« heißt konkret: Paulus hat den auferstandenen Jesus in seiner Herrlichkeit gesehen, wobei eine innere Schau der äußeren Schau nicht zu widersprechen braucht. Diese Schau wurde als außerordentliches Geschehen und als Offenbarung empfunden. D.h., in ihr erhielt der Seher Einblicke in eine überweltliche Sphäre, die einen esoterischen Charakter hatten, mithin Geheimwissen darstellten. Das ganze Geschehen trug Lichtcharakter und geschah wie die Vision des Sehers Johannes (Apk 1,10) im Geist, d.h. in Verzückung/Ekstase.[243] In ihm schlossen sich »sehen« und »hören« wohl nicht aus. – Soweit unsere vorläufige Beschreibung des Damaskusereignisses, auf das die Merkmale einer Vision zutreffen.[244]

Auf die anderen Traditionen in 1Kor 15,3ff bezogen, heißt das: Auch die dort genannten Personen haben den auferstandenen Jesus gesehen. David Friedrich Strauss, Christian Hermann Weisse und Carl Holsten in der älteren und Hans Graß und Ingo Broer in der neueren Forschung haben das richtig gesehen und *ophthe* im Rahmen einer Visionshypothese erklärt.

In der heutigen Kontroverse um die Visionshypothese im Zusammenhang der »Osterereignisse« wird zu leicht übersehen, daß bereits im 19. Jahrhundert wichtige Argumente dafür und dagegen ausgetauscht worden sind. Bei der Lektüre der neuesten Arbeit über Ostern von Hans Kessler[245] entsteht zudem ein Eindruck, dem nicht nachdrücklich genug widersprochen werden kann. Der Vf. äußert sich wie folgt zur Visionshypothese:

»Ausscheiden muß ferner die seit D. F. Strauß zu findende und in neuerer Zeit populär werdende Auffassung, es handle sich um rein psychologisch erklärbare Visionen, also um bloße Produkte der Einbildungskraft bzw. des Unterbewußtseins der Jünger: Ihre emotiv-reflexive Auseinandersetzung mit dem Kreuzestod Jesu (er und seine Sache kann nicht tot sein!) ließ tief in ihnen das Bild eines Jesus, der wieder bei ihnen war, entstehen bzw. schlug um in die Gewißheit, daß er lebe und diese Gewißheit brach sich Bahn in psychogenen Visionen, in denen sie das Ersehnte und Erträumte dann auch (halluzinatorisch) sahen. Diese Auffassung hat... an den neutestamentlichen Quellen keinen Anhalt. In den frühen Erscheinungsaussagen und in den Erscheinungserzählungen der Evangelien ist von einem visionären Sehen, von enthusiastisch-produktiven Elementen im Sinne eines rein psychologischen Visionsbegriffes gerade nichts zu finden. Es gibt keinerlei Hinweise darauf, daß die frühe Christenheit den Osterglauben auf innere, seelische Vorgänge zurückgeführt hätte. Und der Ernst, der religiöse Anspruch der Texte wird bei einer rein psychologischen Erklärung ohnehin verfehlt« (S. 221).

Kritik: Dieser Satz führt in die Irre. Zunächst ist doch zu fragen, ob ein psychologischer Zugang den religiösen Ernst verstehen hilft, was nicht gut bestritten werden kann. Zudem ist es für eine wissenschaftliche Darstellung der »Osterereignisse« völlig unwesentlich, ob die frühe Christenheit den Osterglauben auf innere, seelische Vorgänge zurückgeführt hat. (Das wäre ohnehin nicht zu erwarten, da Visionäre es *immer* anders sehen.) Es geht vielmehr um die Vermittlung eines heute verstehbaren Zugangs zum »Ostergeschehen«.

Kessler fährt fort: »Das österliche ›Sehen‹ ist offenbar von ganz unvergleichlicher Art; die Texte bezeugen, daß es sich bei den Erscheinungen um etwas Exzeptionelles gehandelt hat« (S. 227). Er meint ferner:

»Über die durch den historischen Textbefund gezogenen Grenzen hinaus ist noch auf ein systematisches Problem aufmerksam zu machen: Es ist grundsätzlich fraglich, ob sich ein Offenbarungsvorgang, sei es ein prophetischer oder der österliche, im Sinne einer nachvollziehbaren Vorstellung aufhellen läßt. Sucht man nämlich erklärend gänzlich ›hinter‹ ihn zu kommen, so reduziert man ihn eben auf irgendwelche bestimmbaren vorgegebenen Faktoren und verfehlt so gerade das, was er doch grundlegend und zentral zu sein beansprucht, das heißt seinen Charakter als Offenbarung von unableitbar Neuem, also von nicht aus uns zugänglichen Erfahrungen Entwickelbarem. Dies zwingt bei aller Wißbegier zu grundsätzlicher Bescheidenheit« (S. 234).

Läuft das nicht auf den Verzicht auf die Idee des Verstehens hinaus? Wo und nach welchen Kriterien sind die Grenzen der historischen Arbeit zu ziehen? Für Kessler scheinen sich konsequente historische Forschung und Glaube auszuschließen; das eine mache das andere zunichte bzw. unmöglich. *Weil* der Glaube einen Anspruch erhebe, den die historische Vernunft nicht *bestätigen* könne, *deshalb* soll die historische Forschung zu »grundsätzlicher Bescheidenheit« gezwungen sein? So zu fragen, heißt den gänzlich apologetischen Charakter des Buches von Hans Kessler aufzuweisen.[246]

Fruchtbarer als ein weiteres Referat der Ansicht Kesslers im einzelnen, die m. E. letztlich einen sublimen Fundamentalismus bzw. Biblizismus zur Konsequenz hat[247], ist in dieser Hinsicht eine Erinnerung an die Debatte um die Umstände der Berufungsvision des Paulus, die durch Ferdinand Christian Baur im Nachtragskapitel seines Paulusbuches aus dem Jahre 1845 ausgelöst[248] und durch seine Bemerkungen zur Bekehrung des Paulus in seinem Werk »Das Christenthum und die christliche Kirche der drei ersten Jahrhunderte« weitergeführt wurde, das 1860 kurz vor seinem Tod in zweiter Auflage erschien. Baur schreibt hier zu Paulus:

»Können wir in seiner Bekehrung, in der plötzlichen Umwandlung aus dem heftigsten Gegner des Christentums in den entschiedensten Herold desselben nur ein Wunder sehen, so erscheint es uns um so größer, da er in diesem Umschwung seines Bewusstseins auch die Schranken des Judentums durchbrach und den jüdischen Particularismus in der universellen Idee des Christenthums aufhob. Und doch kann dieses *Wunder*, so gross es ist, nur als ein geistiger Process und eben deswegen auch nicht ohne ein das Eine mit dem Andern vermittelndes Moment gedacht werden. Kann nun auch keine, weder psychologische noch dialektische Analyse das innere Geheimnis des Actes erforschen, in welchem Gott seinen Sohn in ihm enthüllte, so kann man doch mit Recht fragen, ob das vermittelnde jenes Uebergangs in etwas Anderes gesetzt werden kann, als in den mächtigen Eindruck, mit welchem die grosse Thatsache des Todes mit Einem Male vor seiner Seele stand?«[249]

Baurs eigener Fakultätskollege M. A. Landerer sagte in einer Gedächtnisrede auf F. C. Baur dazu: Da dieser in seinem letzten Buch die Bekehrung des Paulus ein Wunder nenne, das nicht aufzuklären sei, müsse seine vorherige wunderkritische Auffassung vom Urchristentum und seiner Geschichte korrigiert werden.[250]

Carl Holsten[251], ein Anhänger der Tübinger Schule F. C. Baurs, reagierte auf diese Äußerung folgendermaßen:

»Kaum hatte der tod den mund Baurs für eine erläuterung geschlossen, so stürzte sich die restaurationstheologie auf jenes wort und labte... ihren wunderhunger mit der gewissheit, dass der altmeister der historischen kritik am schlusse seiner lebensarbeit, die der beseitigung des wunders aus der evangelischen geschichte gewidmet gewesen, an diesem punkte die wirklichkeit des wunders in der evangelischen geschichte anerkannt, und wenn in *einem* punkte, so prinzipiell in allen das wunder wieder in seine rechte eingesetzt habe. Die kritische theologie aber stutzte. Denn nicht subjektiv für sich, an sich objektiv schien Baur ein rätsel in der bekehrung des Paulus anerkannt zu haben, das nur durch annahme eines wunders gelöst werden könne. Damit war prinzipiell die grundvoraussetzung der historisch-kritischen theologie in frage gestellt, die gewissheit des denkenden geistes, wie die überzeugung des religiösen gemütes der gegenwart, dass, wie nur *ein* Gott die *eine* welt bewege, so nur *ein* gesetz des *einen* Gottes überall und auch in der religiösen entwicklung der menschheit natur und geist beherrsche«.[252]

Holsten sah also, in der Nachfolge F. C. Baurs stehend, die Grundvoraussetzung der historisch-kritischen Theologie und des Bewußtseins des modernen Geistes in Frage gestellt. Er fühlte sich zu dem wissenschaftlichen Nachweis gedrängt, daß, ebenso wie sich die Gegenwart durch immanente göttliche Kräfte gesetzmäßig ohne Wunder entwickle, so auch die Vergangenheit (= das Neue in der Person Jesu und die apostolische Verkündigung eines Petrus und eines Paulus) ohne Wunder gesetzmäßig durch immanente göttliche Kräfte sich gestaltet haben müßte.

Lassen wir noch einmal Holsten zu Wort kommen: Die Bekehrung des Paulus geht nach paulinischer Eigenaussage (1Kor 15,8) auf eine Vision Jesu zurück;

»diese vision war für das bewusstsein des Paulus das schauen einer objektiv-wirklichen, himmlischen gestalt, die aus ihrer transcendenten unsichtbarkeit sich ihm zur erscheinung gebracht habe... Diese vision war für Paulus der eingriff einer fremden, transcendenten macht in sein geistesleben. Die historische kritik aber unter der herrschaft des gesetzes der immanenten entwicklung des menschlichen geistes aus innerweltlichen causalitäten *muss* die vision als einen immanenten, psychologischen akt seines eigenen geistes zu begreifen suchen« (S. 65).

Wie geht Holsten in seiner Arbeit vor? Zunächst stellt er fest, daß die Vision Jesu (= Bekehrung des Paulus) denjenigen Gesichten und Offenbarungen entspreche, von denen der Apostel 2Kor 12,1 ff berichtet.

»Es war damit jene erste vision nur der anfang einer reihe von ähnlichen erlebnissen eines visionären geisteslebens, in denen Paulus sowohl die formen himmlischer gestalten schaute, als auch die worte derselben vernahm – tatsachen, wie sie überall in gleicher weise in anderen geschichtlich beglaubigten visionen vorkommen« (S. 69).

Paulus habe dabei Jesus in der Form des Himmelsmenschen gesehen, der lt. 1Kor 15,50.54 unvergänglich sei. Und diesen »himmlischen menschen hat nun Gott zum Messias und zum vollführer des messianischen werkes bestimmt« (S. 75).

Holsten beschäftigt sich dann – seinem Ausgangspunkt nach konsequent – mit Bedingung und Möglichkeit von Visionen. Er schreibt, es könne nur dort zu einer Vision kommen,

»wo die elemente des visionsbildes schon vorher im geiste des visionärs vorhanden waren. Die visionäre phantasie ist nur eine reproduktive tätigkeit, geschaut wird nur, was vorher schon als vorstellung oder bild der freien phantasie im bewusstsein des visionärs gelebt hat. Was die vision diesen schon im geist vorhandenen elementen hinzutut, ist nur die sinnlichkeit der objektivität, wodurch allerdings freilich die gestaltung des bildes in dem visionär erst vollendet wird, wie in dem künstler das ideell in der phantasie lebende bild durch die objektivierung... die erste bedingung (sc. ist), dass in dem bewußtsein des visionärs eine welt des transcendenten gegeben (sc. ist) und mit für die phantasie schaubaren formen erfüllt ist, zugleich aber, damit die vision nicht die reflexion... herausfordere, dass diese transcendente welt schaubarer formen als wirkliche wahrheit im bewusstsein des visionärs anerkannt sei« (S. 81 f).

Anders gesagt:

»Die kritik muss nachweisen können, dass die vision des messias in der form, wie Paulus ihn schaute, keinen widerspruch mit der allgemeinen weltanschauung des Paulus gebildet habe, dass sie ihrem substantiellen gehalte nach schon vorher im bewusstsein und in der bewussten phantasie des Paulus gewesen sei, dass es der besonderen situation, in welcher wir uns den Paulus zur zeit der vision denken müssen, entsprochen habe, und dadurch ein für ihn bedeutsames bild gewesen sei.« (S. 84).

Alle diese Bedingungen glaubt Holsten aufgrund der Individualität des Paulus, die bereits Baur anhangsweise in seinem Paulusbuch von 1845 behandelt hatte, nachweisen zu können. Nach Holsten war Paulus Epileptiker und charakterlich von erhöhter Erregbarkeit und Ruhelosigkeit (S. 87). »... diese züge geben uns das bild eines sanguinisch-cholerischen temperamentes, auf grund dessen alles, was irgendwie bedeutsames in die peripherie des lebens eintrat, alsbald im centrum des lebensgefühls zur individuellen und persönlichen erregung sich entzündete« (S. 87f).

Zu der *natürlichen* Bestimmtheit des Individuums trete die *geistige*, die Holsten wie folgt beschreibt: Paulus war eine

»in ungewöhnlichem maße denkende, logische natur. Denn in jeder lebenstätigkeit seines geistes arbeitet auch das denken, jede erscheinung auf ihr inneres wesen zurückzuführen, in ihrem prinzip zu erfassen, in die widerspruchslose einheit und den zusammenhang der ganzen gedankenwelt aufzunehmen... eine besondere erscheinung dieser macht des denkens im (sic!) Paulus war das rationale element seines geistes. Ueberall stoßen wir auf ein bedürfnis seines denkenden geistes, von dem tatsächlichen in den geistigen grund des daseienden zu reflektiren, in dem besonderen die wirksamkeit der allgemeinen kategorieen zu erkennen, in der zufälligkeit des einzelnen mit seiner vernünftigen begründung auch seine notwendigkeit zu begreifen... Eine zweite besondere erscheinung der logischen natur seines geistes war in Paulus die unerbittliche consequenz seines denkens... Und mit dieser durchdringenden schärfe verband sich zuletzt die siegende dialektik des paulinischen denkens« (S. 88f).

Wie soll man sich nun die Bekehrung des Paulus konkret vorstellen? Mit der Verfolgung der Gemeinde habe sich sein theoretisches Interesse auf deren Glauben an den Gekreuzigten gelenkt. Ihm sei dabei die Idee des Kreuzestodes des Messias als religiöse Idee aufgegangen. Paulus' Bekehrung ist nach Holsten »die entwicklung seines jüdischen bewusstseins zum christlichen durch den sieg über das judentum in ihm, über jenes jüdische bewusstsein, das in ausgeprägterer und lebenskräftigerer form in ihm vorhanden war, als in irgend einem zeitgenossen aus dem judentume und judenchristentume«[253]. Denn das jüdische Ideal des Messias, das als nationales Ideal gekennzeichnet werden kann, sei durch eine neue Anschauung vom Werke des Messias ersetzt, die alle nationalen Züge ausgelöscht habe.

Holsten schließt seine Verteidigungsschrift für F. C. Baur mit folgenden Sätzen:

»Wir sind hiermit am ende unserer aufgabe, die Christusvision des zelotisch-jüdischen pharisaeers Paulus und mit dieser vision die genesis des evangelium des anti-jüdischen apostels Paulus als die immanente tat eines menschlichen geistes nachzuweisen. Eine befriedigende lösung dieser aufgabe ist weder eines mannes, noch eines males. Soviel aber scheint gewiss, dass die historische kritik nun schon mit klarerem bewusstsein und klarerem rechte behaupten kann, auch in diesem punkte in der entwickelung des menschlichen geistes werde kein riss durch ihre weltanschauung gehen« (S. 114).

Soweit Holstens Arbeiten zur Bekehrung des Paulus und zur Vision Christi als Ursprung seiner Theologie. Sie unterscheiden sich gegenüber der von Hans Kessler dadurch, daß sie historisch verfahren und nicht von vornherein Unerklärbarkeiten voraussetzen. Holsten geht vielmehr davon aus, daß die Bekehrung des Paulus prinzipiell historischer Kritik zugänglich sein *muß*, auch wenn gegenwärtig noch nicht alle Einzelheiten erkannt sind. Durch die Vermittlung eines verstehbaren Zugangs zum Geschehen der Bekehrung des Paulus ist erst eine Auseinandersetzung mit ihrem Sinn und ihrer Bedeutung möglich.[254]

Abschließend sei nachdrücklich betont, daß die Einführung der objektiven Visionshypothese[255] (im Gegensatz zur subjektiven Visionshypothese Baurs und Holstens) auch nicht weiterhilft. Sie steht nämlich »ganz auf dem Boden des Supranaturalismus und seiner objektivierenden Gottesvorstellung und ist damit schwersten Bedenken ausgesetzt.«[256] Es ist pikant zu sehen, daß der 1899 aus seinem Amt entfernte Pastor Weingart aus Osnabrück die objektive Visionshypothese vertrat[257], während die subjektive Visionshypothese ein Gemeingut der Religionsgeschichtlichen Schule[258] einschließlich ihrer Randfiguren sowie ihrer Väter (Adolf Harnack, Heinrich Julius Holtzmann, Carl Weizsäcker, Richard Adelbert Lipsius, Otto Pfleiderer) war.[259]

Im folgenden seien die Bekehrungsberichte des Paulus in der Apg analysiert, um zu prüfen, ob diese den Primärzeugnissen der Briefe zugeordnet werden können. Im positiven Falle hätten wir eine breitere Basis, um die Damaskusvision näher zu bestimmen.

Die Bekehrung des Paulus in der Apostelgeschichte (Apg 9; 22; 26)

Redaktion

Die Redaktionsanalyse wird am besten durch einen synoptischen Vergleich mit den Parallelberichten Apg 22 und 26 eingeleitet. Da alle drei Berichte das Damaskusereignis zum Gegenstand haben und ihre genetische Zusammengehörigkeit eine wohlbegründete Annahme ist (sie wird unten weiter abgesichert), dürfte ein genauer Vergleich der Parallelberichte miteinander die redaktionskritische Frage vorantreiben und auch schon die Rekonstruktion der Tradition vorbereiten. Als Leitfaden mag Apg 9 dienen.

Exkurs: Synoptischer Vergleich der drei Berichte von der Bekehrung des Paulus[260]

Die Apg berichtet an drei Stellen von der Bekehrung des Paulus. Apg 9 liegt ein Bericht in der 3. Person Singular vor, Apg 22 und 26 in der 1. Person Singular. Paulus hält 22,3–16 die Tempelrede vor seinen eigenen Landsleuten, 26,4f.9–18 spricht er zu Agrippa, Festus und Bernike. (Er verteidigt sich in beiden.) Wir setzen mit 8,3 ein, weil dieser Vers als Vorgeschichte der Bekehrung dazugehört und in allen drei Berichten aufgenommen ist:

8,3 entspricht 22,4 und 26,9–11. Alle drei Stellen sagen aus, Saulus habe Christen in Gefangenschaft gesetzt. 26,10b (vielleicht eine Konkretisierung von 22,4) bedeutet eine Steigerung darin, daß von einer Mitbeteiligung des Saulus an Todesurteilen gesprochen wird (»wenn sie hingerichtet werden sollten, stimmte ich dafür«). 26,11b steigert noch einmal, indem die Verfolgungsaktionen des Saulus bis auf die äußeren ausländischen Städte Jerusalems ausgedehnt werden.

9,1–2 entspricht 22,5b und 26,11b–12. In 9 und 22 ist jeweils von Briefen die Rede, die Saulus vom Hohenpriester bzw. dem Synhedrium erbittet (9,2) bzw. erhalten hat (22,5b). 26,12 stellt fest, Paulus sei mit der Vollmacht und der Erlaubnis der Hohenpriester nach Damaskus gereist (vgl. bereits V. 10b). Während 9,1f (mit Bezug auf 8,3) und 22,4 zwar von einer massiven Verfolgertätigkeit des Saulus (in Jerusalem: 8,1a) ausgehen (8,3 bzw. 22,6), wird sie in 26,10–12 schon vor der Damaskusvision über Jerusalem (26,10;

vgl. 8,1a) hinaus bis zu den auswärtigen Städten (wie z. B. Damaskus) ausgedehnt vorgestellt (26,11; vgl. 8,1b). Dieser Allgemeinheit der Verfolgung durch Saulus entspricht es, daß die den Eindruck eines besonderen Vorhabens erweckende Einzelheit des Gangs des Saulus zum Hohenpriester mit der Bitte um Briefe nach Damaskus (9,1 f) nicht berichtet wird. Statt dessen erwähnt 26,12 die bereits bestehende (und evtl. nicht auf Damaskus beschränkt vorgestellte) Vollmacht zur Verfolgung. 26 setzt daher 9 und 22 voraus und steigert die dort gemachten Aussagen (vgl. auch die anderen Steigerungen in Kap 22 und 26 [s. d.]).

9,3–9 hat eine Entsprechung in 22,6–11 und 26,12–16a:

9,3 stimmt bis in die Wortwahl mit 22,6 überein. Der Vers hat jedoch keine Zeitangabe, während 22,6 von »um den Mittag« spricht und 26,13 ähnlich von »mitten am Tage«. Die Erscheinung vor Saulus wird in allen drei Berichten als Licht bezeichnet (26,13 steigert wiederum [daher auch die Erwähnung der Mittagszeit]: Das Licht sei heller als der Sonnenglanz), sie geschieht jeweils vom Himmel, 9,3 und 22,6 lassen die Erscheinung »plötzlich« geschehen sein. 9,3 und 22,6 umstrahlt das Licht (nur) Saulus, nach 26,13 Saulus und seine Begleiter.

Nach 9,4 und 22,7 fällt Saulus zu Boden, in 26,14 Saulus und seine Begleiter, wo ja im Gegensatz zu den Parallelberichten das Licht mit Saulus zugleich auch die Begleiter umstrahlt. Alle drei Erzählungen sind sich darin wieder einig, daß Saulus eine Stimme hört, die zu ihm sagt: »Saulus, Saulus, warum verfolgst du mich?« Freilich hat 26,14 zwei bezeichnende Überschüsse: 1. Die Stimme spricht in hebräischer Sprache. 2. Die Frage an Saulus, warum er den Sprecher verfolgt, wird durch die Feststellung ergänzt: »Es ist schwer für dich, gegen den Stachel auszuschlagen.« Die beiden Überschüsse sind redaktionell. Die erste Hinzufügung (das Sprechen in hebräischer Sprache) soll dem Leser der Apg die hebräische Namensform »Saul« erklären, die in allen drei Versionen zu finden ist. Zu der hebräischen Sprache paßt dann freilich schlecht, daß im *zweiten* Überschuß der Verfolgte ein griechisches Sprichwort zitiert. Hier redet in Wirklichkeit der Schriftsteller Lk, der einerseits zum Ausdruck bringen will, daß Saulus Jesus vollkommen ausgeliefert ist, und andererseits seine eigene Belesenheit unter Beweis stellt.

9,5 stimmt fast völlig mit den Parallelen 22,8; 26,15 überein: Saulus erhält auf die Frage nach der Person des Sprechers die Antwort: »Ich bin Jesus (der Nazoräer), den du verfolgst.«

9,6 hat eine enge Übereinstimmung mit 22,10: Saulus soll aufstehen und nach Damaskus ziehen; dort werde ihm gesagt werden, was er tun soll. 26,16a enthält nur den Befehl aufzustehen, aber keine Mitteilung darüber, daß Saulus nach Damaskus ziehen soll. Es ist nur folgerichtig, wenn Kap. 26 auch nichts mehr über Ananias (9,10; 22,12) erzählt. Vielmehr beschreibt 26,16b sofort den eigentlichen Verkündigungsauftrag an Saulus, den die Parallelversionen erst später bringen (s. u. zu 9,15 und 22,15). Im folgenden Zwischenteil sind daher nur die ersten beiden Versionen des Damaskusgeschehens miteinander zu vergleichen.

9,7: Die Aussage, daß die Mitreisenden die Stimme hörten, aber niemanden sahen, steht im Gegensatz zu 22,9, wo es genau umgekehrt heißt, die Begleiter des Saulus hätten zwar das Licht gesehen, aber nicht die Stimme gehört[261], die zu Paulus sprach. Die oben offengebliebene (!) Frage, ob die Begleiter ein Licht gesehen hätten, wird damit bejaht.

9,8 entspricht 22,11: Saulus kann nichts sehen und wird von den Mitreisenden an der Hand nach Damaskus geführt.

9,9 hat keine Parallele in 22. Die Bemerkung, Saulus habe drei Tage nichts sehen können und nicht gegessen und getrunken, ist vielleicht redaktionelle Zutat. Auf jeden Fall ist »drei« eine symbolträchtige (lk) Zahl. Das Fasten geht der Heilung und der Verleihung des heiligen Geistes sinnvoll voran (vgl. V. 17).

9,10–17, die Ananiasepisode, hat nur teilweise eine Parallele in 22,12–13. Apg 9,10–17 schildert eine Christusvision des Ananias. Ihm wird darin mitgeteilt, Saulus befinde sich in Damaskus, wohne bei Judas an der Geraden Gasse und bete (V. 11). Er habe in einem Gesicht das Hereinkommen des Ananias geschaut (V. 12). V. 13f bringt einen Einwand des Ananias, der sich auf die bisherige christenfeindliche Tätigkeit des Saulus gründet. – Die soeben geschilderte Vorgeschichte der Begegnung des Ananias mit Saulus hat keine Parallele in Kap. 22. Ananias wird 22,12 eingeführt als »ein frommer Mann nach dem Gesetz, in gutem Ruf bei allen dortigen Juden«. Im unmittelbaren Anschluß daran schildert der Text die Heilung des Saulus durch Ananias (V. 13), die in Kap. 9 erst im späteren V. 17 erzählt wird. Die Einführung des Ananias in 22,12 ohne nähere Erläuterung der Vorgeschichte seines Eingreifens ist abrupt und nur deswegen erzähltechnisch möglich, weil die Leser(innen) bereits Kap. 9 etwas über ihn erfahren hatten. Damit ist gleichzeitig gesagt: Der Bericht Kap. 22 weist auf Kap. 9. zurück. (Kap. 26 setzt die Kap. 22 begonnene Verkürzung des Berichts von der Bekehrung des Saulus weiter fort und übergeht die Ananiasepisode vollkommen.)

9,15–16 hat eine Parallele in 22,14–15 und 26,16b. Doch werden unterschiedliche Akzente deutlich: 9,15 bezeichnet Saulus als »auserwähltes Werkzeug«, das des Herren Namen vor den Völkern, Königen und den Söhnen Israels tragen wird, V. 16 begründet diese Aussage: »Ich werde ihm nämlich zeigen, wieviel er für meinen Namen leiden soll.« Ohne der nachfolgenden Redaktionsanalyse vorgreifen zu wollen, kann schon soviel gesagt werden: Saulus wird hier (zumindest primär) als Märtyrer bezeichnet. Der Befund in Kap. 22 und besonders 26 ist hiervon verschieden: 22,14 hat ein anderes Subjekt als 9,15: (Nicht Christus, sondern) Gott hat Saulus auserwählt, seinen Willen zu erkennen, den Heiligen zu sehen und eine Stimme aus seinem Mund zu hören. Das Verb »vorauserwählen« erscheint ebenfalls 26,16b (hier aber auf das gleiche Subjekt wie 9,15, Christus, bezogen). Der zweite Teil von V. 14 (»seinen Willen zu erkennen und den Gerechten zu sehen und die Stimme aus seinem Munde zu hören«) hat keine direkte

Parallele in 9,15 oder 26,16. Doch liegt mit 26,16 bezüglich des Sehens Jesu eine Entsprechung vor.

22,15 hat eine enge Parallele in 26,16b. Vgl. »denn du sollst für ihn (sc. Christus) Zeuge sein vor allen Menschen dessen, was du gesehen und gehört hast« (22,15) mit »denn dazu bin ich dir erschienen, dich zum Diener zu erwählen und zum Zeugen dessen, was du gesehen hast und was dir gezeigt werden wird« (26,16b). Saulus ist also nach beiden Fassungen ein Zeuge. Die besondere Aufgabe des Zeugen scheint im Anschluß an 26,16b, d.h. in V. 17–18, entfaltet zu werden, (ohne Parallele in Kap. 22). Vgl. V. 17–18: »Und ich werde dich erretten vor dem Volk und vor den Heiden, zu denen ich dich sende, ihre Augen zu öffnen, daß sie sich bekehren von der Finsternis zum Licht und von der Macht des Satans zu Gott, daß sie Vergebung der Sünden empfangen und ein Erbteil unter den Heiligen durch den Glauben an mich.« Damit ist die Berufung des Saulus zum Heidenmissionar ausgedrückt, ein Thema, das in Kap. 9 wohl nicht und in Kap. 22,1–16 erst indirekt (freilich erscheint es im unmittelbaren Kontext V. 17–21) enthalten war.

9,17–19 schildert die Heilung des Saulus durch Ananias, die in Kap. 22 bereits V. 13 berichtet wurde.

Der Ertrag des synoptischen Vergleichs

Alle drei Berichte gehören genetisch zusammen. Auf der redaktionellen Ebene setzt der zweite Bericht in 22,12 den ersten ebenso voraus, wie die dritte Fassung (26,9ff) sich als Verkürzung der beiden vorangehenden verstehen läßt. In der dritten Version ist der Gegensatz zwischen der vorchristlichen und der christlichen Zeit des Paulus (man vgl. die Ausmalung der Verfolgungsaktion des Paulus) gesteigert und die Bekehrung von Apg 9 als Berufung zur Heidenmission aufgefaßt.

Da Apg 22 und 26 über Apg 9 hinaus keine zusätzlichen traditionellen Elemente enthalten, können wir uns im folgenden auf Apg 9 beschränken und zunächst die Redaktionsanalyse von Apg 9,1–16 durchführen.

V. 1–2: Die beiden Verse stellen eine Exposition dar. Der Vf. verbindet die vorher berichteten (redaktionellen) Episoden, eine Beteiligung des Saulus am Stephanusmartyrium (7,58; 8,1a) und seine anschließende erfolgreiche Verfolgertätigkeit (8,3), mit einer Erzählung von der Bekehrung des Verfolgers bei Damaskus. Er läßt diese auf dem Wege von Jerusalem nach Damaskus geschehen und motiviert die Reise durch einen Auftrag des Hohenpriesters, in Damaskus Christen festzusetzen und nach Jerusalem überführen zu lassen. Damit ist geschickt ein Kontrast zwischen dem eifrigen Christenverfolger und dem Bekehrten geschaffen.

V. 3–9: Die Einführung (V. 3a: »als er auf dem Wege war...«) geht auf Lk zurück, der in Apg 10,9; Lk 18,35; 19,29 ähnlich eine Episode einleitet. V. 4b-6 mag als Erscheinungsgespräch bezeichnet werden, das innerhalb der drei Berichte von der Bekehrung des Saulus neben V.4–6 noch 22,7–10/26, 14–16 vorliegt (vgl. 9,10f) und im Alten Testament Entsprechungen hat: Gen 31,11–13; 46,2f; Ex 3,2–10. Die atl. Form besteht aus drei Gliedern: 1. Anrede bzw. Anruf, 2. Antwort, 3. Selbstvorstellung mit Auftrag. Ist sie von Lk *nachgeahmt* worden, so wären V. 4b-6 als redaktionell anzusehen. Doch liegt dieselbe Form auch in JosAs 14 und TestJob 3 vor, wo nicht mit LXX-Nachahmung, sondern mit der Verwendung eines eigenständigen Erzählschemas zu rechnen ist.

Freilich fällt nicht an der Frage der Herkunft dieses Schemas die Entscheidung, ob V. 4b-6 in der jetzigen Form redaktionell oder traditionell sind. Die dreigliedrige Form von V. 4b-6 kommt auch außerhalb des vorliegenden Textes in redaktionellem Zusammenhang vor (9,10f; 10,3–5) und legt den Verdacht auf lk Herkunft nahe. Diese Annahme wird durch zwei weitere Gründe erhärtet: 1. V. 4b-6 sind für die Handlung entbehrlich. 2. Lk hat eine Vorliebe, Szenen durch Dialoge zu gestalten. (Zur Frage, ob einzelne Elemente von V. 4b-6 traditionell sind, s. unten). In V. 4 fällt zudem die Verdoppelung »Saul, Saul« auf, die eine Entsprechung in der Verdoppelung der jeweiligen Anrede Lk 8,24 (anders Mk); 10,41; 22,31 hat.

V. 10–19a:

V. 10a: Die Einführung des Ananias reflektiert lk Sprache (vgl. Lk 10,38; 16,20, Apg 5,1; 8,9; 10,1 u.ö.).

V. 10b: Eine Vision als Kundgabe göttlicher Entscheidungen ist bei Lk ein wichtiges schriftstellerisches Mittel (vgl. z.B. Apg 10f; 16,9f; 18,9f)[262], dessen Funktion sogleich deutlich werden wird:

V. 10c–16: Hier ist der Kontext des Abschnitts besonders zu berücksichtigen. Ebenso wie in der vorangehenden Erzählung von Philippus und dem äthiopischen Eunuchen (8,26–40) und der Korneliusgeschichte (Apg 10) werden die Handlungen zweier Menschen durch Visionen miteinander verwoben. In der Korneliuserzählung geschieht dies durch Doppelvisionen, ebenso in der vorliegenden Geschichte (allerdings wird die Vision des Saulus im Gegensatz zu der des Ananias erzählerisch nicht ausgeführt). Der Eunuch in 8,26–40 hat dagegen keine korrespondierende Vision erhalten. Es dürfte damit klar sein, daß der Handlungsfortgang als zunehmend durch göttliche Visionen bestimmt dargestellt wird, die genannten drei Geschichten von Lk also *in Form einer Steigerung* zusammengeordnet worden sind.

Traditionen
V. 3–8: Folgende Traditionselemente schälen sich nach Abzug der Redaktion heraus:

1. Der Christenverfolger Saulus befindet sich in der Nähe von Damaskus;
2. ein himmlisches Licht erstrahlt, und Saulus fällt nieder;
3. seine Begleiter, die die zu Saulus sprechende Stimme gehört haben, führen ihn (erblindet?) nach Damaskus.

So rekonstruiert, kann man die Tradition als Legende von der Bestrafung eines Gottesverächters bezeichnen (s. sofort zu 2Makk). Doch ist zu berücksichtigen, daß V. 4b-6, die in dieser Form gewiß redaktionell sind, in der Grundlage möglicherweise auf Tradition zurückgehen (vgl. V. 7, der auf der Stufe der Tradition sicher auf die Stimme [V. 4] zurücklenkt, die zu Paulus gesprochen hat). Zudem bleibt unsicher, ob Elemente der Tradition von Lk getilgt worden sind. Je nach dem, was man zugrunde legen will, wird sich die Formbestimmung ändern. Wir sprechen im folgenden von einer *Christophanie*, um zweierlei festzuhalten: 1. V. 3–9 haben nicht *allgemein* Visionen analog zu denen in Apg 9,10–19a und 10–11 zum Gegenstand. 2. Das Subjekt des Geschehens und Inhalt der Vision vor Damaskus ist der verfolgte Jesus. Eine solche Formbestimmung läßt die Klassifikation als Bekehrungs-oder Berufungsgeschichte zu. Historische Überlegungen werden hier weiterhelfen.

An dieser Stelle sei noch die Frage erörtert, ob die Blindheit des Saulus Bestandteil der Tradition gewesen ist. Hans Graß hält die Aussage von Apg 9,8 unter allgemeinem Hinweis auf Beispiele ekstatischer Blindheit historisch für nicht unmöglich. Doch entscheidet er sich dann unter Hinweis auf die Erzähltypik des Textes[263] dafür, die diesbezüglichen Angaben für ungeschichtlich zu halten.[264] Dagegen: Der Bericht über einen wirklich geschehenen Vorgang vollzieht sich oft in typischen Formen. Typik schließt Historizität ja nicht aus, hingegen können gerade wiederkehrende Abläufe des Historischen Erzähltypik hervorrufen (vgl. sofort zu Gal 1,23), die dann selbst wieder Menschen in ihrem Verhalten beeinflussen kann. Die entscheidende Frage lautet hier, ob die Zeugnisse selbst noch weitere Anzeichen erkennen lassen, daß eine Krankheit bzw. Blindheit mit dem Damaskusgeschehen verbunden war.

Man kann noch erwägen, ob die Traditionsgrundlage von Apg

9,3–9 aus Damaskus stammt. Ferner mag man einen der überlieferungsgeschichtlichen Ausgangspunkte der Überlieferung in Gal 1,23 (»der uns einst verfolgte, verkündigt nun den Glauben, den er zu vernichten trachtete«) sehen. Auch dürfte der Anteil des Paulus an der Traditionsbildung über seine »Wende« nicht gering zu veranschlagen sein; er wird zweifellos selbst darüber erzählt haben.

V. 10–19a: Die Überlieferungsgrundlage dieses Abschnitts ist noch schwieriger zu bestimmen als die des vorigen. Traditionselement ist wohl nur der Jünger Ananias in Damaskus, der dort Paulus heilte und vielleicht auch taufte (9,18): Lk wird diesen Namen kaum der Tradition hinzugefügt haben (man vgl. die negativ gezeichneten Träger desselben Namens Apg 5,1ff; 23,2). Ob das Haus des Judas in der Geraden Gasse genetisch zur Tradition gehört, ist unklar. Die obigen Traditionselemente waren *entweder* zusammen mit der V. 3–9 zugrunde liegenden Vorlage Bestandteil einer Erzählung *oder* erst Lk hat sie miteinander verbunden.

Historisches

V. 3–9: Die Tradition hinter V. 3–19a berichtet in Übereinstimmung mit den Briefen historisch zutreffend davon, daß ein bestimmtes Ereignis aus dem Verfolger einen Verkündiger machte, aus dem Christusfeind einen Christusjünger (vgl. Gal 1).

Weiter ist die Ortsangabe, die Bekehrung bzw. Berufung habe sich bei/in Damaskus ereignet, zutreffend. Auch Paulus selbst spricht Gal 1,17 davon, daß er im Anschluß an die Bekehrung nach Arabien ging und dann wieder nach Damaskus zurückkehrte. Also muß er kurz vor oder kurz nach seiner Bekehrung bei oder in dieser Stadt gewesen sein.

Die Tradition stimmt mit den Eigenzeugnissen des Paulus ferner darin überein, daß sie von einer Christophanie berichtet. Paulus spricht 1Kor 9,1f in Ostersprache (vgl. Joh 20,18.25) von seinem Sehen des Herrn, ebenso 1Kor 15,8 von einem Sich-Zeigen Jesu vor ihm selbst (Lk 24,34 und 1Kor 15,3–7). Beide Stellen reflektieren ein und dasselbe Ereignis, wobei 1Kor 9,1 die aktive Wahrnehmung Jesu formuliert, 1Kor 15,8 deren Voraussetzung.

Nun fällt als Differenzpunkt zwischen Apg 9,3–9 und dem unter 4.1.3.5. zur »Vision« des Paulus Erarbeiteten auf, daß die Apg hier gar nicht ausdrücklich von einem Sehen des »Herrn« spricht, sondern von einem Hören seiner Worte (V. 4b-6) – soweit dies überhaupt auf Tradition zurückgeht – und von einer Lichterscheinung vom Himmel sowie einem Niederstürzen des Paulus. Jedenfalls enthalten V. 3–9 keine Aussage darüber, daß Saulus den Herrn *gesehen* habe, auch wenn der Lichtcharakter jener Erscheinung in beiden Fällen feststeht.[265]

Demgegenüber ist auf Apg 9,17c zu verweisen, wo Ananias im Rückblick auf V. 3–9 die Lichterscheinung vor Damaskus als eine Erscheinung Jesu vor Saulus (*Iesous ho ophtheis soi*) beschreibt (vgl. 26,19), und auf 9,7 (die Begleiter des Saulus sahen niemanden), wo wohl vorausgesetzt wird, daß Saulus jemanden, d.h. Jesus sah.

Bezüglich der Erscheinungsweise Jesu liegt zwischen der Tradition hinter 9,3–9 und den Paulusbriefen daher wohl kein Gegensatz vor – beide bezeugen faktisch, daß Paulus Jesus gesehen habe. Johannes Lindblom nennt das Damaskusgeschehen m.R. »eine plastische Vision mit einem starken auditiven Element«[266].

Doch scheinen sich in anderer Hinsicht Differenzen aufzutun. Paulus selbst hebt darauf ab, daß die Christophanie vor Damaskus ihn zum Missionar berief (man vgl. bes. Gal 1,15f), was aber in Apg 9 nicht enthalten ist.[267] Doch erklärt sich dies einfach aus der Erzählintention der Tradition (oder erst Lk?), die (der) an dieser Stelle den Akzent ganz auf die Überwindung des Christenverfolgers durch Jesus legt. Auf der anderen Seite schließt die Berufung des Christenverfolgers Paulus zum Missionar zwingend einen Sinneswandel ein, wie er Apg 9 beschrieben wird. Daher ist es gut *möglich*, daß historisch eng beieinander lag, was Lk in Apg 9 und 26 in zwei in ihrem Schwerpunkt verschiedenen Geschichten erzählt hat (Apg 22 liegt ja in der Mitte). Apg 9 und 26 enthielten dann nur verschiedene Aspekte ein und desselben Geschehens.

Das ist bei ekstatischen Visionen fast sogar der Normalfall. Visionäre haben oft Schwierigkeiten gehabt, genau wiederzuerzählen, was sie erlebt haben, so daß die Deutung des Erlebten, die – obwohl ggf. chronologisch später – sich in nachträglicher Wiedergabe mit dem Erfahrenen in eins zusammenschiebt, eine wichtige Rolle spielt. Als Beispiele für die unterschiedliche Gestalt ein und derselben Vision sei auf die Eingangsvision des Propheten Ezechiels verwiesen (Ez 1 und 10).[268]

Es sollte dabei klar sein, daß bei einer Vision die Grenzen zwischen Faktum (= Erscheinung) und Deutung fließend sind. Gerade das Phänomen Vision weist auf die Schwierigkeiten eines allzu naiven Gebrauchs der Unterscheidung von Faktum und Deutung, Objektivität und Subjektivität, extra nos und *en emoi* (Gal 1,16). Man vgl. auch die Schwierigkeit bei der philosophischen Bestimmung des Verhältnisses von Sprache und Denken, Wahrnehmen, Erleben,

Deutung und Versprachlichung. Auch an die Methode der Korrelation bei Tillich[269] und die Überlegungen zur Struktur des religiösen Bewußtseins bei Schleiermacher[270] sei hier erinnert. Sosehr auf die genannten Punkte zu achten ist, so sollten sie freilich nicht dazu verführen, auf die Frage nach der Faktizität ganz zu verzichten. Das Faktum der Vision und ihre historische (!) Deutung durch Paulus können nicht genau voneinander geschieden werden. Beide aber sind unbedingt voneinander zu unterscheiden.

Zur Frage der Erblindung des Paulus vgl. die Erörterungen zu 2Kor 12, u. S. 94. (Schon hier darf im Vorgriff auf die dortigen Ausführungen zur Krankheit des Apostels dessen Erblindung im Zusammenhang mit dem Damaskusgeschehen als historisch nicht ausgeschlossen werden.)

V. 10–19a: Bezüglich der Person des Ananias und seiner Mitwirkung an der Bekehrung/Berufung des Paulus dürfte ein begründetes historisches Urteil kaum möglich sein. Freilich darf man gegen eine wie auch immer geartete Beteiligung des Ananias sich nicht auf die Aussage Gal 1,12 stützen, nach der Paulus seine Offenbarung nicht von einem Menschen habe. Denn diese Angabe schließt eine Mitwirkung des Ananias kaum aus, weil sie den besonderen Charakter der Bekehrung/Berufung gar nicht in Frage stellen würde und Ananias Werkzeug Gottes ist. Ebenso kann Paulus die Nachricht vom letzten Mahl Jesu (1Kor 11,23–25) direkt auf den Herrn zurückführen (V. 23: »ich habe vom Herrn empfangen«), obwohl die Überlieferung ihm zweifelsfrei von der Gemeinde übermittelt wurde.

Rückblick auf die Traditionsanalyse von 9,1–19a unter Berücksichtigung der historischen Rekonstruktion

Oben war gesagt worden, ein endgültiger Vorschlag zur Frage, ob die Tradition eine Bekehrung oder Berufung erzähle, könne erst nach historischen Überlegungen vorgelegt werden. Nun war das wichtigste Ergebnis der historischen Rekonstruktion, daß die Tradition im wesentlichen mit den paulinischen Eigenzeugnissen übereinstimmt. Sie berichtet von einer Christophanie und schildert ihre begleitenden Umstände (Bekehrungsaspekt). Die Berufung zum Missionar ist zwar nicht in Apg 9 zu finden, doch können wir ihr Fehlen wegen der sonstigen Übereinstimmungen zwischen der Tradition und Paulus versuchsweise auf den Redaktor Lk zurückführen: Für Lk ist die Paulusmission im Aufriß der Apg in Kap. 9 noch kein Thema, findet aber in V. 15 im Vorgriff die angemessene Erwähnung. Demgemäß hat er in Apg 9 wohl absichtlich die *Tradition* einer Berufung des Paulus (vgl. Apg 22 und 26) als Bekehrung interpretiert und sie in eine Reihe von drei Bekehrungsgeschichten gestellt (8,26–40; 9,1–19a; 10,1–11,18). Die Lk vorliegende Tradition des Damaskusgeschehens ist m.E. eine Berufungsgeschichte, die im wesentlichen mit den paulinischen Eigenzeugnissen übereinstimmt. Lk hat sie aus darstellerischen Gründen verdreifacht und sich in Apg 9 durch die Interpretation der Berufung als Bekehrung von der historischen Wahrheit ein Stück weit entfernt.

Fazit: Die Berichte der Apostelgeschichte bereichern unser historisches Wissen um die Christusvision des Paulus. Die von Lk verarbeitete Tradition dürfte auf einen Eigenbericht des Apostels zurückgehen.[271] Er enthielt die Einzelheiten, die bereits in den paulinischen Briefen zu fassen waren. Doch sei einschränkend gesagt, daß wir nicht mehr feststellen können, ob der Berufungsaspekt des Damaskusgeschehens mit dem Ereignis zusammenfiel. Wahrscheinlich ist mir, daß Paulus' Verständnis der Bekehrung als Berufung erst einer Deutung entsprang, die sich allerdings innerhalb einer kurzen Zeit vollzogen haben mag (vor dem ersten Jersusalembesuch des Paulus ca. zwei Jahre nach dem Damaskusgeschehen). Festzuhalten bleibt: Paulus hat in der Stunde von Damaskus Jesus »gesehen«. Ob man das eine »Bekehrung« nennen will oder nicht, ist relativ gleichgültig, da der Inhalt klar ist. *Gegen* den Ausdruck »Bekehrung« spricht, daß Paulus Jude war und blieb und er sich z. B. nicht wie später die heidnischen Konvertiten in Thessalonich von den Götzen weg zu dem einen Gott gewandt hat (1Thess 1,9f). *Für* den Terminus »Bekehrung« spricht die Überlegung, daß Paulus eine 180 Grad-Wendung vom Verfolger zum Verkündiger vornahm und innerhalb seiner eigenen Person förmlich eine »Revolution der Werte« stattfand, vom Gesetz zu Christus hin (s. o. S. 94–99 zum vorchristlichen Paulus).

Somit steht, zusammenfassend formuliert, fest, daß das Damaskusgeschehen eine Vision[272] war (vgl. Anm. 244), wie sie im Alten Testament[273], im intertestamentarischen Judentum[274], in zahlreichen Parallelen aus der hellenistischen und römischen Umwelt des Neuen Testaments[275] sowie in diesem selbst[276] vorkommt. Es legt sich daher die Frage nahe, ob Paulus auch in späterer Zeit Ähnliches erfahren hat. Sollte gar der Satz Eduard Meyers zutreffen, daß der Apostel fortwährend[277] Visionen und Offenbarungen analog denen in 2Kor 12 erlebte?[278] Gegen diese These Meyers meint Wilhelm Michaelis: Man wird »in diesem Erlebnis (sc. von 2Kor 12) *kein* Charakteristikum seiner Frömmigkeit sehen dürfen. Es ist schwer zu sagen, was für weitere Vorgänge unter dem Plural 2Kor 12,1 zusammengefaßt sind«.[279] Ähnlich negativ äußert sich Dieter Lührmann zu Ernst Benz (wie Anm. 277) und schreibt: »Völlig verfehlt ist der Versuch…, für bestimmte theologische Aussagen bei Paulus ›die visionäre Grundlage‹ herauszuarbeiten«[280].

Doch allen derartigen Einwänden, so scheint mir, liegt ein Unvermögen zugrunde, die Frömmigkeit bzw. das religiöse Leben des Paulus so wahrzunehmen und zu lassen, wie es war.[281] Die Gründe dafür liegen in dem Widerstand gegen die Tatsache, daß Pauli Frömmigkeit eine andere gewesen sein könnte, als es die eigene ist. Ob hier evtl. ein *eigenes* religiöses Erfahrungsdefizit bewältigt werden soll, weiß ich nicht, aber das wäre ein ganz und gar vergebliches Unternehmen. Nur die Wahrheit – auch in historischen Dingen – wird uns frei machen.

Man wird überdies den Verdacht nicht los, daß die mangelnde Berücksichtigung der Bedeutung von Visionen für Paulus durch die historisch-kritische Zunft durch ein negatives Vorurteil begründet ist. In der Tat muß die »Geschichte der Voreingenommenheit, ja der Verständnislosigkeit der historisch-kritischen… Exegese gegenüber Phänomenen wie Visionen und Auditionen… erst noch geschrieben werden.«[282] Hat die moderne protestantische Theologie und Exegese etwa gar einen »antivisionäre(n) Komplex«?[283] Genug der Vermutungen und der Fragen. Wir wollen an einem konkreten Text, 2Kor 12, prüfen, ob Visionen für Paulus auch in seiner christlichen Zeit von Bedeutung waren, und im positiven Fall das Verhältnis dieser Passage zur Damaskusvision zu bestimmen suchen.

2Kor 12,1–10

Exegese und historische Rekonstruktion

Der Vorwurf, der Paulus zu dem Abschnitt 2Kor 10,12–12,18 veranlaßt, hatte anscheinend zum Inhalt, der Apostel verfüge über eine nur unzureichende Begabung mit dem Geist Gottes: Man vgl. 2Kor 10,1 (wohl ein Zitat): Paulus ist »in persönlicher Gegenwart schwach (*tapeinos*) unter euch, aber in der Ferne kraftvoll gegen euch«. Die Annahme, daß ein Zitat vorliegt, wird bestätigt durch die antipaulinische Polemik 2Kor 10,10 (»Die Briefe, sagen sie, sind freilich wuchtig und kraftvoll, aber sein persönliches Auftreten ist schwächlich und seine Rede nichts wert«). Der zuletzt genannte Vorwurf kehrt 2Kor 11,6 wieder: Paulus sei ein »Laie in der Rede«.[284]

Dasselbe Thema wird 2Kor 13 wieder aufgenommen:

2Kor 13,1–3: »(1) Jetzt komme ich zum dritten Mal zu euch. Durch zweier oder dreier Zeugen Mund soll jede Sache festgestellt werden. (2) Ich habe es vorhergesagt und sage es vorher, anwesend das zweite Mal und abwesend jetzt, denen die früher gesündigt haben und allen übrigen: Wenn ich wiederkomme, werde ich (euch) nicht schonen, (3) denn ihr verlangt ja einen Beweis dafür, daß Christus in mir redet, und der ist euch gegenüber nicht schwach, sondern mächtig in euch.«

Der letzte Satz erweist die Adressaten als Pneumatiker, d.h. Christus ist mächtig in ihnen. Sie verlangen einen Beweis dafür, daß dasselbe auch für Paulus gilt. Solange der nicht erbracht ist, müssen sie ihm sein mangelndes Pneumatikertum kritisch vorhalten.

Wenn Paulus 2Kor 12,1b schreibt: »Ich komme jetzt auf die Schauungen (*optasias*)[285] und Offenbarungen (*apokalypseis*) des Herrn», so greift er einen neuen, ihm vorgegebenen Diskussionsgegenstand auf. Er will durch 2Kor 12,2–8 erweisen, daß auch er sich Visionen und Offenbarungen des Herrn rühmen kann. Offensichtlich sind sie ihm in Korinth abgesprochen worden. Es gehörte wohl zum Vorwurf der Schwachheit (2Kor 10,10), daß Paulus keine Visionen und Offenbarungen vorweisen konnte. Der Abschnitt steht also in einer *Argumentations*einheit, weshalb ihm nur mit großer Vorsicht historische Information entnommen werden kann.

Von vornherein wird man vor einer zu präzisen Kenntnis der paulinischen Widersacher warnen und gleichzeitig versuchen, den Text aus sich selbst heraus zu verstehen. Es sollte aber auch davon Abstand genommen werden, fragwürdige historische Thesen in hermeneutischem Interesse zu entwickeln, ohne dieses Interesse und die historische Plausibilität zu reflektieren.[286]

Aufbau und Redaktion

V. 1a: »Rühmen ist notwendig« nimmt wörtlich 2Kor 11,30a auf, wo die Notwendigkeit des Sich-Rühmens auf die Schwachheit bezogen wird. Dort erzählt Paulus nach einem Schwur (V. 31 [vgl. Gal 1,20]) von seiner Flucht aus Damaskus (V. 32–33). Offenbar soll das seine Schwachheit illustrieren. Entsprechend gibt der Apostel in 2Kor 12 einen Bericht über ein Ereignis, das ebenfalls seine Schwachheit zeigen soll (V. 5b.9).

V. 1b: »Schauungen« und »Offenbarungen« sind beinahe synonym. Schauung könnte versuchsweise als Vision und Offenbarung als Audition verstanden werden; (vgl. Dan 10,1 [Th]). Doch geschieht »Offenbarung« nicht nur durch Worte. Man vgl. 1Kor 14,6.26, wo sie eine innere Erleuchtung zu bezeichnen scheint. An der vorliegenden Stelle denkt Paulus, wie der Kontext zeigt, wohl allein an die Offenbarung vor vierzehn Jahren, die mit Vision(en) und Entrückung(en) verbunden war.[287] Schauungen und Offenbarungen »des Herrn« ist entweder objektiver Genitiv[288] oder Genitiv auctoris[289], obwohl sich beides nicht ausschließen muß[290]; mir ist wegen des Folgenden die Annahme eines objektiven Genitivs am wahrscheinlichsten.

V. 2–4: Paulus schreibt in der 3. Person[291], obwohl er von sich selbst berichtet. Begründung: In 12,7–10 spricht er von der Versuchung, sich wegen dieser besonderen Erfahrung zu erheben. Er habe daher prompt den »Pfahl im Fleisch« erhalten, der ihn an dieses Leben auf Erden erinnern soll.

Einige Parallelen zu dieser Stilform der Selbstaussage in der 3. Person: Mohammed über sich: »Gott gab einem Menschen die Wahl zwischen dem Diesseits und dem Jenseits, und er wählte das Jenseits« (s. Windisch, 2Kor, S. 370 Anm. 2). – Man vgl. ferner die ntl. Menschensohnsprüche sowie außerdem 1Hen 71,5: »Da entrückte der Geist den Henoch in den Himmel der Himmel, und ich sah dort...«[292] ApkEsr 1,1.10.13 (Er-Bericht) – dazwischen 1,2–9 (Ich-Bericht). Vgl. noch die von Bill. III, S. 531 aus dem rabbinischen Judentum gebrachten Beispiele dafür, in der 3. Person vom Ich oder vom Du zu reden.

Mit dieser Stilform verleiht der Apostel seinen Ausführungen einen objektiven Charakter und hält gleichzeitig einen Bescheidenheitsstil durch, wie er besonders in V. 5f deutlich wird.[293]

Die Angabe »14 Jahre« unterstreicht den wirklichen Charakter der im folgenden beschriebenen Ereignisse. Eine ähnliche Funktion hat wohl die Datierung der Berufungsvisionen bei den atl. Propheten: Jes 6,1; Jer 1,1ff; 26,1; Ez 1,1; 3,16; 8,1; Am 1,1; Hos 1,1; Sach 1,1; 7,1; vgl. 4Esra 3,1; syrBar 1,1.

Anders z. B. Zmijewski (wie Anm. 286): Die Zeitangaben »dienen dort (sc. bei den atl. Propheten) zur *Legitimation* der prophetischen *Sendung*! Dies aber trifft auf 2 Kor 12,2ff. nicht zu, weil es sich hier nicht um eine mit Sendung und Auftrag verbundene Vision handelt, vielmehr um ein privates, das Apostelamt des Paulus und seine Legitimation nicht unmittelbar betreffendes Ereignis« (S. 341).

Das ist zumindest ungenau. Auch bei den Propheten dienen die Zeitangaben selbst *nicht* zur Legitimierung, sondern erst die mit ihnen eingeleitete Berufungserzählung. Ferner ist auch bei den Propheten die Berufung(svision) zunächst ein privates, d.h. die eigene Person betreffendes Geschehen, auch wenn sie sofort »öffentlichen« Charakter annimmt. Der einzige Unterschied zwischen den Zeitangaben bei den atl. Propheten und bei Paulus besteht darin, daß Paulus sie nicht im Zusammenhang seiner Berufung, sondern in der Auseinandersetzung mit Gegnern verwendet. Doch geht es in beiden Fällen um die Tatsächlichkeit des Geschehenen.[294]

V. 2 und V. 3f haben einen parallelen Aufbau:

V. 2	V. 3f
Ich kenne einen Menschen	Ich kenne diesen
in Christus vor 14 Jahren –	Menschen –
entweder im Leib,	entweder im Leib
ich weiß es nicht	
oder außerhalb des Leibes,	oder außerhalb des Leibes,
ich weiß es nicht	ich weiß es nicht,
Gott weiß es –	Gott weiß es –
daß dieser bis zum dritten	daß er in das Paradies
Himmel entrückt wurde.	entrückt wurde.

Entweder sind V. 3f eine Variation von V. 2[295] – dritter Himmel wäre mit dem Paradies identisch – oder V. 3f enthalten eine zweite Himmelsreise[296], und zwar in das über dem dritten Himmel liegende Paradies.[297] Wegen der sorgfältigen parallelen Stilisierung ist der zuerst genannten Möglichkeit wohl der Vorzug zu geben, umso mehr, als im Judentum das Paradies im dritten Himmel lokalisiert werden konnte (sonst im siebten Himmel).[298] (Wären es zwei verschiedene Begebenheiten, wäre nur *eine* Zeitangabe kaum verständlich, d.h. sie gilt für V. 2 *und* V. 3f.) Paulus schildert in V. 2–4 also eine *Himmelsreise*, die in der Umwelt des frühen Christentums vielfältige Entsprechungen hat.[299] Die Wiederholung der Erzählung betont den außerordentlichen Vorgang und ebenso wie die Jahresangabe die Geschichtlichkeit des Berichts.[300] Möglich wäre es freilich auch, das von Paulus geschilderte Ereignis für eine *Entrückung* zu halten: *harpazein* (= ergreifen) in V. 2 ist Entrückungsterminologie[301]. Allerdings ist eine reinliche Scheidung zwischen Himmelfahrt und Entrückung nicht immer möglich.

Gershom Scholem bringt in verschiedenen Publikationen 2Kor 12 mit der jüdischen Thronwagenmystik in Verbindung.[302] Scholem[303] verweist auf den Talmudtraktat Chagiga 14b, wo es heißt: »Vier traten in das ›Paradies‹ ein: Ben Asaj, Ben Soma, Acher und Rabbi Akiba. Rabbi Akiba sprach zu ihnen: ›Wenn ihr an den Ort kommt, so sprecht nicht: Wasser, Wasser! Auch es steht geschrieben: wer Lügen redet, soll vor meinem Angesicht nicht bestehen‹« (S. 56). Scholem meint ferner, »daß das ›Paradies‹, zu dem die Mischna-Lehrer aufstiegen, nichts anderes ist als jenes ›Paradies im dritten Himmel‹, zu dem Paulus in seiner kurz nach seiner Bekehrung erfolgten Ekstase aufstieg, seinem Bericht in 2Kor 12,2 zufolge« (S. 395 Anm. 45).[304]

Die von Paulus geschilderte Himmelsreise bzw. Entrückung nimmt für einen Moment die »Heimfahrt« zum Herrn vorweg, die Paulus in Phil 1,21 so innig erhofft (vgl. 2Kor 5,1 f.6–8).[305] Er wußte dabei nicht, ob er sich »im Leib oder außerhalb des Leibes« befand. Der sofort hinzugesetzte Satz »Gott allein weiß es« deutet dies Geschehen als von Gott verursacht – gnadenweise (s. auch 2Kor 5,13). Obwohl Paulus die Umstände nicht näher beschreibt, ist die Annahme berechtigt, daß die Himmelsreise/Entrückung mit einer Ekstase verbunden war. Dazu paßt durchaus, daß er von sich in der 3. Person redet. »Der in der Ekstase Verzückte unterscheidet sich von dem normalen Menschen und spricht von ihm als von einem anderen.«[306] Visionäre haben »häufig das Bewußtsein…, ihre Ekstase in der Form einer leiblichen Entraffung zu erleben, in vielen anderen Fällen ist ihnen nicht ganz klar, ob ihre Entraffung nur im Geist oder auch im Leib erfolgt.«[307] Da für Paulus das Ergebnis dieser ekstatischen Erfahrung eine zeitweilige Gemeinschaft mit dem himmlischen Christus ist – unter Vorwegnahme der endzeitlichen Gemeinschaft – und andererseits der Herr für ihn der Geist ist (2Kor 3,17; Röm 8,9f)[308], läßt sich sagen: *In 2Kor 12 beschreibt Paulus eine Ekstase als pneumatische Erfahrung.*[309]

»Er hörte unaussprechliche Worte« (V. 4) kann entweder heißen: Worte, die nicht ausgesprochen werden können, oder Worte, die nicht ausgesprochen werden dürfen. Wegen der Fortsetzung »was nicht erlaubt ist…« dürfte der zweiten Möglichkeit der Vorzug zu geben sein.

In jüdischen und griechischen Himmelfahrtsberichten wird oft in größerer oder geringerer Ausführlichkeit mitgeteilt, was die betreffenden Personen gesehen und gehört haben. Demgegenüber erklärt Paulus lediglich, er habe »unaussprechliche Worte gehört, die einem Menschen mitzuteilen verboten seien« (V. 4). Er sagt dabei überhaupt nicht, ob er etwas bzw. was er *sah*. Allerdings deutet er es aber mit dem Wort »Paradies« an. Er wird ja den Ort, wo die »Fahrt« endete, als Paradies erfühlt und »erkannt«, d.h. wohl auch gesehen haben, was im Paradies vorhanden war. »Vor allem wird er neben Engeln und Gerechten ›den Herrn‹ selbst an diesem Ort auf seinem Thron geschaut haben, Apg 7,56; Apk 1,9ff.«[310] Freilich sei noch einmal betont, daß von einem Sehen im vorliegenden Text nicht ausdrücklich die Rede ist.[311] Doch ist es wohl vorauszusetzen.

Folgende Belege zeigen, daß Sehen und Hören bei solchen Himmelsreisen und Offenbarungen untrennbar zusammenhängen: 4Esr 10,55f: »Geh' hinein und *besieh* die Pracht und die Herrlichkeit des Baus... Danach wirst du *hören*, so viel deine Ohren fassen und hören können«; Apk 1,2: Johannes hat »bezeugt das *Wort* Gottes und das Zeugnis von Jesus Christus, was er *gesehen* hat«. Die Zusammengehörigkeit von Sehen und Hören legt sich in diesem Zusammenhang ferner durch den großen Reichtum an Bildern nahe, welche die visionäre Sprache enthält.[312]

Das Obige zu Becker, Paulus (wie Anm. 266), der erklärt: »Der Ertrag der Entrückung ist in dem kleinen überschießenden Schlußsatz 12,4b festgehalten: Seine Augen haben keine himmlische Topographie gesehen. Nur seine Ohren haben überhaupt etwas wahrgenommen, doch ist seine Zunge unfähig, die Laute auszusprechen« (S. 248f). »Die ›Ergebnislosigkeit‹ der paulinischen Himmelsreise ist also... für Paulus gerade Ergebnis, um dessentwillen er nun davon redet. Sie ist gut genug, um zu zeigen, daß es neben dem Evangelium keine Offenbarung mit eigenem Inhalt gibt« (S. 249). *Kritik*: Das »Evangelium« ist für Paulus im Gegenteil eingebettet in religiöse Erfahrungen, von denen 2Kor 12 zeugen.

V. 5: Soweit es die von Gott geschenkte Vision betrifft, will Paulus sich dieses Menschen rühmen. Soweit es ihn selbst betrifft, will er sich seiner eigenen Schwachheit rühmen. Damit kommt die Aussageabsicht gut heraus: Die Gnade Gottes wird paradoxerweise auf dieser Erde nur in der Schwachheit sichtbar, auch wenn die Christusgemeinschaft in der Gegenwart *wirklich* ist. Aber sie ist unverfügbar, weil von Gott geschenkt. Freilich ist zu berücksichtigen, daß Paulus später (V. 10) sagen wird, in der Schwachheit sei er stark, d.h., er ist noch stärker als die Korinther, die sich ebenfalls der Visionen rühmen. Mit anderen Worten, in dieser Welt hat die Schwachheit paradoxerweise doch mehr Kraft als die reine Stärke.

V. 6a knüpft an V. 5a an und betont das Recht des Paulus, sich wegen der Himmelsreise zu rühmen. Wörtlich lautet V. 6a: »Wenn ich mich rühmen will, werde ich kein Narr (*aphron*) sein, denn ich sage die Wahrheit.« Das Thema des Narr-Seins lenkt zu 2Kor 11,1.16.19 zurück, und 2Kor 12,11 zeigt, daß Paulus 2Kor 12,1–10 als Zwang zur Narrenrede auffaßt[313], d.h. zur Selbstempfehlung, obwohl die Korinther ihn hätten empfehlen müssen. Hinter »rühmen« ist zum besseren Verständnis entweder »über die Schauungen« oder »über anderes als die Schwachheit« zu ergänzen.

V. 6b: Die Wendung »was man an mir sieht oder von mir hört« ist rätselhaft und die Erklärungen schwanken entsprechend.[314] Will Paulus sagen, die Korinther hätten nichts Näheres über seine Himmelsreise gehört und gesehen – daher entfalle der Ruhm? (Natürlich haben sie soeben im Brief etwas darüber gehört.)[315] Gemeint ist wohl, daß das Paulusbild der Korinther nicht auf solchen für sie unüberprüfbaren Herrlichkeitserfahrungen des Paulus basieren soll, sondern auf *ihren* Erfahrungen mit ihm.

Paulus beansprucht gegenüber den »Erzaposteln«, im Hinblick auf Visionen mit ihnen mithalten zu können (V. 6a), betont aber gleichzeitig (und hier gehen Bescheidenheitsaussage und theologische Aussage ineinander) die anderen Kennzeichen eines Apostels: Dies ist zum einen ein Leben in Schwachheit und Verfolgung, das allein durch Gottes Gnade wirkmächtig wird. Auf dieses Leben gibt es äußere Hinweise (*blepei me*) wie z. B. Leiden und Krankheit. Das andere äußerlich feststellbare Kennzeichen ist die Verkündigung des Evangeliums (*akouei ex emou*). (Vgl. ähnliche Aussagen des Paulus über Merkmale seines Apostolats: 1Kor 2,1ff; 9,12–19; 2Kor 4,10–13; 6,4ff; Gal 4,13ff; Phil 1,13f.30; Röm 15,20.)

V. 7: Der Bezug von »und der Überschwenglichkeit der Offenbarungen« ist unklar. Die Worte können entweder zu V. 6 oder V. 7 gezogen werden: Im ersten Fall erklärt der Satzteil, warum jemand den Apostel höher achten könnte, als er/sie es aufgrund eigener Wahrnehmungen tun würde, nämlich (= epexegetisches *kai*) wegen der Überschwenglichkeit der Offenbarungen. Falls die Wendung zu V. 7 zu ziehen ist, handelt es sich vielleicht um einen Anakoluth. Paulus greift vorweg das Stichwort auf, um das es im ganzen Abschnitt geht, und verknüpft durch »deshalb« *(dio)* das Folgende (V. 7b–9a) mit dem Vorangehenden (V. 6–7a).[316] Die genannten Möglichkeiten scheinen mir aber keine verschiedene Interpretation der Aussage nach sich zu ziehen. Inhaltlich ergibt sich kaum ein Unterschied. Das Wort »überheben« rahmt die Aussage in V. 7. Dieser enthält die interessante biographische Einzelheit, daß Paulus von einem Satansengel geschlagen wird, damit er sich nicht über andere erhebe. Auf diese Weise wird eine Krankheit des Paulus mythisch umschrieben.[317] Der Ausdruck »Satansengel« setzt voraus, daß dem Satan Engel unterstellt sind, die ihm dienen (vgl. Mt 25,41; Apk 12,9 u. ö.) und daß der Satan, seine Engel und böse Dämonen Krankheiten (vgl. z. B. Hiob 2,7 und vielleicht auch 1Kor 5,5) verursachen. Der Satan wird 1Thess 2,18 mit der Verhinderung von Reiseplänen des Paulus in Verbindung gebracht. Dort hat er mit einer Krankheit aber nicht notwendig etwas zu tun. *Vision und Krankheit*[318] *gehören also bei Paulus untrennbar zusammen.* Die außerordentlichen Offenbarungen werden durch eine Krankheit begleitet, damit Paulus sich nicht über andere erhebe. Die Vorstellung der Selbsterhebung bzw. Selbsterhöhung ist ein jüdischer Gedanke (vgl. Ez 21,31; Jak 4,10; 1Petr 5,6)[319]. Wer sich selbst erhebt, der wird bestraft bzw. erniedrigt werden. Paulus rationalisiert an dieser Stelle offenbar (trotz der mythologischen Sprache[!]) das Beieinander von Offenbarungen und Krankheiten in seiner eigenen Person.

V. 8–9 erläutern, daß die in diesen Offenbarungen sich ausdrükkende Kraft durch die Verbindung von Vision und Krankheit noch gewaltiger wird. V. 8 enthält einen sicheren Beleg für das in den paulinischen Briefen sonst selten bezeugte Gebet zu Jesus (vgl. auch 1Kor 1,2: »den Namen des Herrn anrufen«; 1Thess 3,11 f). Das dreimalige Gebet geht kaum auf das Gethsemanegebet Jesu (Mk 14,32–42 parr.) als Vorbild zurück, sondern reflektiert einen geläufigen jüdischen Brauch (vgl. Dan 6,11) und/oder drückt die Inständigkeit des Gebets aus (vgl. Mt 7,7). V. 9a enthält die Antwort auf das Gebet des Paulus und kann formgeschichtlich mit Hans Dieter Betz als »Heilungsorakel« bezeichnet werden[320], auch wenn eine Heilung gerade verweigert wird.[321] Es ist das einzige Herrenwort, das Paulus im 2Kor anführt. Man kann annehmen, »daß er solch eine Antwort durch eine Offenbarung erhielt, zumal vorher gerade von den Offenbarungen die Rede ist.«[322]

Wahrscheinlich handelt es sich in dem ab V. 8 beschriebenen Vorgang ebenfalls um eine ekstatische Erfahrung (Audition V. 9a), die noch Bestandteil desselben Geschehens wie V. 2–4 ist oder sich für Paulus in der Erinnerung als ein Ereignis zusammengeschoben hat. Zumindest versteht Paulus beide Ereignisse, die »Himmelfahrt« und die Deutung seiner Schwachheit durch den himmlischen Christus, als (sachlich) aufeinander bezogen. Bultmann wendet sich gegen die Auffassung, hinter V. 9 stehe ein V. 1 ff analoges ekstatisches Geschehen. In Ermangelung des visuellen Elements gehöre dies Herrenwort nicht unter die Schauungen und Offenbarungen (12,1), und Jesu Wort in 12,9 (»Laß' dir an meiner Gnade genügen...«) sei keine unaussprechliche Rede (12,4).[323] Doch mißt Bultmann damit Apokalyptiker des ersten Jahrhunderts an rationalistischen Maßstäben. In Apokalypsen[324] können durchaus das Motiv der unaussprechlichen Worte *und* eine bestimmte Botschaft nebeneinander hergehen. Wäre es so, wie Bultmann meint, hätten die Apokalyptiker ganz schweigen müssen, was ja nicht der Fall ist.

V. 9b paraphrasiert Paulus noch einmal V. 9a, jetzt als Selbstaussage. Damit akzeptiert Paulus das Herrenwort als sinngebende Deutung seiner Situation.

V. 10a schlägt die Brücke zum Kontext (die Peristasen nehmen 2Kor 11,24ff auf), und V. 10b (»denn wenn ich schwach bin, dann bin ich stark«) setzt einen wuchtigen Schlußpunkt.

Die Berufungsvision und die Vision hinter 2Kor 12

Ein wichtiges Ergebnis des vorigen Abschnitts lautet: Paulus schildert in 2Kor 12 eine Himmelsreise bzw. eine Entrückung, die verbunden ist mit einer Audition und wohl auch einer Vision, bei der das Paradies und der himmlische Herr gesehen wurden. Sie hat eine Krankheit zur Folge bzw. ist mit ihr verbunden.[325] Damit ist der Punkt erreicht, das Verhältnis der Berufungsvision zu der Vision in 2Kor 12 versuchsweise zu thematisieren:

Die meisten Exegeten stellen die Berufungsvision antithetisch zu den sonstigen Gesichten des Paulus und auch zur »Himmelsreise« von 2Kor 12. Einige Beispiele:

Wilhelm Michaelis (wie Anm. 237): Insofern Paulus 2Kor 12,1ff nichts davon sagt, daß er bei seiner Entrückung den ›Herrn‹ gesehen habe und insofern sich die Stellen, in denen er von seinem Sehen des Herrn spricht, immer nur auf ein einziges, nämlich das Erlebnis von Damaskus beziehen, ergebe sich, daß auch der Plural in 2Kor 12,1.7 auf weitere Erlebnisse ganz anderer Art, als es das Damaskuserlebnis war, hinweisen muß (S. 98). »Eines ist jedoch sicher: die Damaskus-Erscheinung fällt *nicht* unter die 2. Kor. 12,1 genannte Kategorie... Würde das Damaskus-Erlebnis der gleichen Kategorie wie die Entrückung angehören, so hätte Paulus... unbedingt mit dem Damaskus-Erlebnis beginnen *müssen*« (S. 99). »Paulus würde also die Erscheinung vor Damaskus vielleicht nicht, wie es Apg. 26,19 geschieht, als *optasia* bezeichnet haben. Auf jeden Fall müssen die *optasiai* 2. Kor. 12,1 durchweg anderer Art und anderen Inhalts als das Damaskus-Erlebnis gewesen sein... Zugleich ist deutlich, daß das Damaskus-Erlebnis für Paulus selbst *nicht* das Gepräge einer ekstatischen Verzückung getragen haben kann« (S. 99f).

Friedrich Lang: Die Briefe an die Korinther, NTD 7, 1986: »Der Apostel unterscheidet seine Berufung bei Damaskus grundsätzlich von ekstatischen Erlebnissen, die für ihn, wie die Zungenrede (1. Kor 14,2), in das persönliche Verhältnis des Christen zu Gott gehören und für die Auferbauung der Gemeinde nicht nützen« (S. 346).

Paul Althaus (wie Anm. 209): Im Neuen Testament werden »die späteren Gesichte von den Ostererscheinungen unterschieden « (S. 16). »Nicht auf die Vokabel *ophthe* 1Kor 15 kommt es an, sondern auf die offenkundige Tatsache, daß lt. Paulus 1Kor 15,5ff die Urgemeinde, die als Zeugnis für Jesu Auferstehung in Betracht kommenden Erscheinungen auf die von Paulus benannten begrenzt und damit gegen andere Erlebnisse, für die die gleiche Vokabel *ophthe* gebraucht sein mag, abgegrenzt hat. Jeder Versuch, die für die Visionshypothese tödliche Unterscheidung als sekundär oder schon dogmatisch reflektiert auszugeben und dadurch für die Erkenntnis des Ostergeschehens zu vergleichgültigen, scheitert an 1Kor 15!« (S. 20).

Dagegen hat schon Emanuel Hirsch eingewandt, daß Althaus »systematisierend von geschichtlichen Dingen«[326] spreche. Denn wie soll erklärt werden, daß für vermeintlich grundverschiedene Dinge eben doch ein und dieselbe Vokabel benutzt wird? Ferner ist ja wohl nicht zu bestreiten, daß Paulus bei Visionen Jesu nach dem Damaskusereignis die Begegnung mit dem »Erhöhten« als genauso wirklich erfährt wie beim ersten Mal. Nur ein wenig religiöses Einfühlungsvermögen führt zur Einsicht, daß die »Damaskusvision« und die 2Kor 12 erzählte »Himmelsreise« zur gleichen Erlebnisform gehören, obwohl sie beide sicher nicht identisch sind.[327] Religionspsychologisch betrachtet, sind allerdings »Bekehrungsvision und Himmelsreise zwei verschiedenartige Erlebnisse: im ersteren Fall kam Christus herab und ›erschien‹ dem P.(aulus) – hier steigt P.(aulus) zum Herrn in den Himmel hinauf.«[328] Doch beide bestehen aus einem Sehen, wobei 2Kor 12 insofern reicher ist, als Paulus hier nicht nur den Herrn, sondern das ganze Paradies mit seinen Bewohnern sieht. Beide Erlebnisse gipfeln in einem Hören des Herrn, wobei der Inhalt verschieden ist: »gewiß war die Audition vor Damaskus für P.(aulus) in seinem neuen Beruf unendlich bedeutsamer als die im Paradies; dafür war diese unendlich viel heiliger, da sie keinerlei *epigeia* (Irdisches), sondern wahrscheinlich ausschließlich *epourania* (Überirdisches) zum Inhalt hatte.«[329] Daß Paulus die Damaskusvision in 2Kor 12 nicht miterwähnt, mag überdies darin liegen, daß sie den Korinthern schon von der Gründungspredigt des

Paulus in Korinth, aus mündlicher Personaltradition (vgl. Gal 1,13.23) und von 1Kor 15,8 her bekannt war.

Dabei ist wichtig, daß sowohl bei der 2Kor 12 berichteten Vision als auch in der Damaskuserscheinung eine Krankheit Bestandteil des Geschehens ist (Apg 9,8/2Kor 12,7). Nach der von Lk aufbewahrten Tradition wurde Paulus blind, während 2Kor 12 keine Näherbestimmung zuläßt. Ulrich Heckel hat kürzlich in der Krankheit hinter 2Kor 12,7 starke Kopfschmerzen (»Trigeminusneuralgie«) wiedergefunden und sie mit dem Leiden hinter Gal 4,13 in Verbindung gebracht, das den Apostel in Galatien festhielt.[330] Besteht demgegenüber eine genetische Beziehung zwischen 2Kor 12,7 und Apg 9,8 (worauf Heckel gar nicht eingeht), so liegt die Hypothese einer hysterischen Blindheit als Krankheit des Paulus näher.[331]

Die vorchristliche Zeit des Paulus[332]

Die vorchristliche Zeit des Paulus, die in etwa bis zu seinem 30. Lebensjahr dauerte[333], war durch einen großen Gesetzeseifer (Phil 3,6) gekennzeichnet, der sich in der Verfolgung von Christen (Gal 1,23) niederschlug. Die Gründe dafür lagen in der Verkündigung des gekreuzigten Messias, der Tempelkritik und – eng damit verbunden – der im Zusammenleben mit den Heiden(christen) erfolgenden praktischen Außerkraftsetzung der Thora als Konsequenz des »Liebesevangeliums Jesu« seitens der Hellenisten um Stephanus.[334] Saulus betrieb die Verfolgung der Christen aktiv, während andere Juden wie »Gamaliel« zum Abwarten rieten (vgl. Apg 5,38f). Damit ist gesagt, daß die Predigt der frühen Christen nicht automatisch eine Verfolgung provozierte. Vielmehr wurde sie nur von einer bestimmten jüdischen Gruppe betrieben, zu der auch Saulus gehörte. (Später erleidet dann Paulus von dieser Seite selbst Verfolgung [1Thess 2,15; vgl. Gal 4,29].)

Über die Wende vom Christenverfolger zum Christusverkündiger sagen die Quellen wenig, abgesehen davon, daß sie die Tatsache eines plötzlichen Umschwungs feststellen. Hingewiesen sei auf die oben S. 74ff analysierten Passagen und ferner auf Gal 1,23 (»der uns einst verfolgte, predigt nun den Glauben, den er zu vernichten trachtete«) als mündliche Kunde in den Gemeinden Syriens[335] über den plötzlichen Umschwung des Christenverfolgers.

Die einst so beliebte Heranziehung von Röm 7 zum Verständnis der Kehrtwende in der Biographie des Paulus ist heutzutage fast überall aufgegeben worden. Paulus zeichnet in diesem Kapitel die

Geschichte des Ego und beschreibt dessen Zerrissenheit vor der Zuwendung zu Christus. Doch *dreierlei* wurde seit der klassischen Arbeit von Werner Georg Kümmel aus dem Jahre 1929[336] gegen ein *biographisches* Verständnis des Ego eingewandt: a) Ego ist wie z. B. in den Psalmen eine Stilform; b) Röm 7 ist im Kontext des Röm zu verstehen und gibt in der Form eines Rückblicks eine theologische und keine historische Beschreibung des vorchristlichen Ego; c) Paulus verrät an anderen Stellen wie Phil 3,6 gar nichts von dem Zwiespalt seines vorchristlichen Lebensabschnittes.

Nun ist zu den ersten beiden Punkten kritisch zu sagen, daß damit ein biographisches Verständnis gar nicht ausgeschlossen wird. Durch den Hinweis auf die theologische Form dieses Rückblicks ist ja noch nicht (zumindest nicht notwendig) die historische Nachfrage aufgehoben, inwiefern dieser theologischen Interpretation seiner eigenen Biographie nicht doch ein historischer Kern entspricht.

Die Zurückweisung des dritten Arguments mag in Auseinandersetzung mit der neuesten, großen Abhandlung von Martin Hengel[337] über den vorchristlichen Paulus erfolgen. Hengel meint: Phil 3,6 zeige ein völlig gefestigtes Selbstvertrauen des vorchristlichen Paulus. »So spricht keiner, der von Depressionen heimgesucht wurde. Dieses eindeutige Bekenntnis zeigt, daß der junge Schriftgelehrte Paulus glaubte, den hohen Anforderungen einer vollkommenen Toraobservanz pharisäischer Prägung ohne Einschränkung genügen zu können« (S. 283). Worauf laufen solche Sätze hinaus? Offenbar *wollen* sie die angeschnittene Frage im Dunkeln lassen. Doch kann ein wirklich historisches Verständnis, um das sich gerade Hengel in allen seinen Arbeiten bemüht[338], sich damit nicht zufrieden geben. Eine *historische* Arbeit hat doch diese Aussage des Paulus in verschiedener Hinsicht zu untersuchen: Inwieweit ist das Bild, das der Apostel hier von seiner Biographie zeichnet, vom argumentativen Kontext des Phil und dessen historischer Situation bestimmt? Welche Interessen leiten Paulus dabei? Was akzentuiert er (– warum?), was vernachlässigt er (– warum?)? Welche Erkenntnismöglichkeiten gibt es?

Hengels Verweis auf Phil 3,6 berücksichtigt zu wenig den argumentativen Charakter des Textes, in dem es dem Apostel darauf ankam, seine Vollkommenheit in der Erfüllung des Gesetzes herauszustreichen (vgl. Gal 1,13 f). Außerdem kann man durchaus im Bewußtsein auf seine nomistischen Errungenschaften stolz sein und dabei unbewußt einen Konflikt austragen. Hengel blendet solche differenzierten Möglichkeiten also völlig aus.

Es stellt sich die Frage, ob an dieser Stelle nicht ein tiefenpsychologisches Weiterfragen die historischen Überlegungen anzuregen vermag – dies trotz der Kritik Hengels, nach dem man »einfach zu wenig (sc. weiß), um hier die heute allgegenwärtige psychologische Sonde anzusetzen« (S. 284).[339] Denn Hengels eigenes *Interesse* an dieser vermeintlichen Unmöglichkeit wird in der unmittelbar folgenden Bemerkung sichtbar, wenn er sagt: »...und das ist gut so« (ebd).

Damit komme ich zu einem tiefenpsychologischen Erklärungsversuch, der das Erklären genauso wichtig nimmt wie das Verstehen. Er will einerseits unser Wissen *über* die Bekehrung des Saulus vermehren, andererseits aber auch ihre Bedeutung erfassen. Als theoretisches Modell kommt ein psychodynamischer Ansatz in Frage, der Religion als Auseinandersetzung mit dem Unbewußten versteht. Dieses Modell macht aus einer psychologischen Perspektive nachträglich klar und präzisiert weiter, was in lebendig arbeitender historischer Methode in Beschäftigung mit dem Phänomen der Bekehrung des Paulus bereits implizit erkannt wurde. (Methodenbewußtsein folgt lebendig arbeitender Methode immer nach.) Mit anderen Worten, eine tiefenpsychologische Deutung setzt ein historisch-kritisches Verständnis fort und trägt dazu bei, Paulus aus seinem Lebenszusammenhang zu verstehen. Da Gerd Theißen erst kürzlich glasklar über theoretische Probleme psychologischer Exegese gehandelt hat[340], können wir uns an seiner Darstellung des psychodynamischen Ansatzes[341] orientieren.[342]

Die beiden klassischen psychodynamischen Ansätze wurden in der analytischen Psychologie C. G. Jungs und der Psychoanalyse S. Freuds ausgebildet. Jung fand genetische Prädispositionen in den Äußerungen des Unbewußten (in Träumen, Mythen und Dichtungen) und nannte sie Archetypen. Archetypen sind »Formen oder Bilder kollektiver Natur, welche ungefähr auf der ganze Erde als Konstituenten der Mythen und gleichzeitig als... individuelle Produkte unbewußten Ursprungs vorkommen. Die archetypischen Motive stammen wahrscheinlich aus jenen Prägungen des menschlichen Geistes, die nicht nur durch Tradition..., sondern auch durch Vererbung überliefert werden.«[343] Im Mittelpunkt der Archetypen-Lehre steht »der Archetypos des Selbst, der dem Streben nach Ganzheit und Selbstverwirklichung zugrunde liegt« (Theißen, Aspekte, S. 24). Daher deutet C. G. Jung »religiöse Symbole vor allem als Objektivierung einer archetypischen Selbstverwirklichungstendenz. Christus ist ein Symbol des Selbst. In ihm werden die Polaritäten des Bewußten und Unbewußten, des Ideals und des Schattens, des Männlichen und Weiblichen in einer umfassenden Einheit integriert« (S. 25).

Demgegenüber versteht die Psychoanalyse S. Freuds die Christussymbolik als Nachhall frühkindlicher Konflikte (S. 26). Freud nimmt dabei eine präödipale Prägung durch wunschgewährende Eltern und eine ödipale Prägung durch wunschverweigernde Eltern an (S. 27). In der urchristlichen Religion werde unendliches Vertrauen in den himmlischen Vater regressiv erneuert. Andererseits tritt der strafende Vater mit archetypischer Strenge hervor und tötet den Sohn. »Das ›Überich‹ ist... die verinnerlichte Stimme aller normativen Systeme der damaligen Kultur, d.h. all jener Steuerungsmechanismen, auf die der Mensch potentiell mit absolutistischer Aktivierungsbereitschaft reagieren kann« (S. 31). »Religion ist Auseinandersetzung mit diesem archaischen Erbe – d.h. nicht nur mit dem ›Vater‹, sondern mit allen Autoritäten, Institutionen und Ideen, mit denen jene archaische Reaktionsbereitschaft verknüpft wurde. Für Paulus war diese Reaktionsbereitschaft mit dem ›Gesetz‹ als dem Inbegriff der Normen seiner soziokulturellen Welt verbunden« (S. 30).

Die Theorien C. G. Jungs und S. Freuds als zielsymbolische und konfliktsymbolische Auffassung stehen scheinbar unversöhnlich einander gegenüber. Doch sind sie theoretische Konstrukte, die sich bei der Anwendung auf den empirischen historischen Befund erst noch bewähren müssen. Denn Tatsache ist: Jesus ist nicht automatisch Christus im Verständnis Jungs, denn dann hätte er gar nicht zu leben brauchen. Ferner wird man sich vor einer monokausalen Anwendung der genannten Theorien hüten müssen.[344] Ihr Wert ist – nochmals gesagt – daran zu messen, ob sie das Verstehen des Textbefundes fördern und vertiefen.

Wie oben bereits dargestellt, verweisen die Quellentexte zum vorchristlichen Paulus darauf, daß dieser ein engagierter, eifernder Verfolger der Christen war. Diese heftige Reaktion des Paulus setzt voraus, daß die Grundelemente der Predigt der Christen ihn ausgesprochen stark affiziert haben. Die Begegnung mit den Christen sowie ihrer Predigt und Praxis fand nicht allein auf einer kognitiven, sondern zugleich auf einer emotionalen und einer unbewußten Ebene statt, wie es wohl für alle sozialen und religiösen Erlebnisse gilt. Im folgenden sei die Deutung versucht, daß der vehement ablehnenden, aggressiven Haltung des Paulus gegen die Christen eine innere Stauung in seiner Person zugrunde liegt, wie sie die Tiefenpsychologie für andere Fälle in zahlreichen Arbeiten als Motivationsgrund aggressiven Verhaltens erhoben hat, aber auch in Kunst und Literatur beschrieben sind. Liegt es da fern anzunehmen, daß die Grundelemente der christlichen Predigt und Praxis ihn unbewußt angezogen haben? Jedoch aus Angst vor seinen unbewußten Strebungen hat er diese auf die Christen projiziert, um sie dort umso ungestümer attackieren zu können.

Fanatiker unterdrücken oft den Zweifel an der eigenen Lebensanschauung und Lebenspraxis.[345] Falls das für Paulus zutrifft[346], war sein religiöser Eifer eine Art Gradmesser seiner inneren Stauung, die sich in einer Vision Christi förmlich entlud. Vielleicht kann man dann mit C. G. Jung sagen, daß Saulus unbewußt schon vor seiner Bekehrung Christ war.[347]

»Daß ihm Christus dabei quasi objektiv als Vision gegenübertrat, erklärt sich aus dem Umstand, daß die Christlichkeit des Saulus ein ihm unbewußter Komplex war. Daher erschien ihm dieser Komplex projiziert, als quasi nicht zu ihm selber gehörig« (S. 115). Im Moment des Damaskusgeschehens verband sich »der unbewußte Christuskomplex... mit dem Ich des Paulus« (ebd.) Weil er sich aber als Christen nicht sehen wollte, sei er aus Widerstand dagegen zeitweilig blind geworden. Diese Blindheit sei psychogen und erfahrungsgemäß ein (unbewußtes) Nichtsehenwollen. »Dieser Widerstand ist... bei Paulus nie ganz erloschen, sondern brach in seinen Anfällen, die man fälschlicherweise als Epilepsie erklärt, zeitweise wieder hervor. Die Anfälle entsprechen einer plötzlichen Wiederkehr des Sauluskomplexes, der durch die Bekehrung so abgespalten wurde wie früher der Christuskomplex« (ebd.).

Der unbewußte »Christuskomplex« (vorausgesetzt, es gab ihn bei Paulus) dürfte von den durch ihn verfolgten Christen förmlich zum Überkochen gebracht worden sein. Er wollte sich seiner durch externe Bekämpfung entledigen. Das wurde ihm zum »Verhängnis«. Aus Saulus wurde Paulus.

Was war der mutmaßliche Inhalt dieses Christuskomplexes? *Erstens* dürfte er mit dem Gesetz zu tun gehabt haben: Röm 7 ist im Rückblick formuliert und zeichnet den unbewußten Konflikt, den Paulus vor seiner Bekehrung ausgetragen hat[348]. *Zweitens* könnte dieser Konflikt aktuell durch die Verkündigung des gekreuzigten Christus ausgelöst worden sein (ein Gekreuzigter konnte nicht der Messias sein), *drittens* durch die universalen Tendenzen der Predigt der von ihm verfolgten Christen und *viertens* durch die auch von den Hellenisten tradierte Liebespredigt Jesu. Oskar Pfister[349] schlug vor: Paulus war Hysteriker mit einer starken Begabung zur Liebe gegen andere Menschen (S. 269). Er hatte ein bei Hysterikern so häufiges Angstgefühl, »das sich bei religiösen Naturen mit dem Schuldgefühl amalgamiert und den Sündendruck steigerte« (S. 276). »Jesus und die Christen forderten Liebe und nur Liebe. Paulus konnte als echter Hysteriker vor der Bekehrung nicht vollkommen lieben, das machte ja eben sein Leiden aus« (S. 277). »Als Paulus sich Damaskus näherte, kam es zum katastrophenartigen Durchbruch der lang verdrängten Sehnsucht... Paulus vollzieht die Flucht aus der peinlichen Lage ins Jenseits der Halluzination« (S. 279f).[350]

Der springende Punkt hierbei ist, daß das, was er unbewußt ersehnt hatte, in einem Menschen Realität geworden war. Pauli Christusideal, erst durch die Predigt der von ihm Verfolgten aktuell zum Durchbruch gebracht, hatte eine Entsprechung im Wirken Jesu. Gleichzeitig verlieh das historische Kreuz Jesu dem Christusbild des Paulus eine vorher unbekannte Dimension. Seinen Umschlag vom Verfolger zum Prediger dürfte Paulus auch als Erfahrung des Lebens, als Erfahrung der Ewigkeit, als Befreiung vom Gesetz und von der Sünde verstanden haben. Denn alle die angesprochenen Themen sind in Röm 7 enthalten. Es wird dabei kaum zu entscheiden sein, ob Paulus das in dieser Form unmittelbar nach Damaskus hätte sagen können. Er hat – wie andere Visionäre auch – über seine Vision nachgedacht. Doch ist das Problem hinter Röm 7 zu »erfahrungsgeladen«, als daß es ausschließlich theoretisch erdacht und entwikelt worden wäre. War es aber ein echter Konflikt (evtl. als sekundärer Nachentscheidungskonflikt)[351], dann ist er historisch nicht allzu weit weg vom Damaskusereignis anzusetzen.

1Kor 15, 5a (Die Ersterscheinung vor Petrus und die Erscheinung vor den Zwölf)

Die Erscheinung vor Petrus

Das Verhältnis der Erscheinung vor Petrus zu der vor den Zwölfen kann auf zweierlei Weise bestimmt werden:

1. Die These, beide Erscheinungen gingen auf *eine* zurück, setzt voraus, daß *eita* ein ursprüngliches *kai* ersetzt habe. Paulus hätte demnach »Kephas und den Zwölfen« geändert zu »Kephas, dann den Zwölfen« und zwar im Hinblick auf die anderen Erscheinungen, die er der Reihenfolge nach anzuführen beabsichtigte.[352] Doch

ist eine solche Auffassung nicht wahrscheinlich zu machen (s. sofort).

2. Für die Annahme, daß die Erscheinung vor Petrus eine Einzelerscheinung (also ohne die Zwölf) war, sprechen der Wortlaut von 1Kor 15,5 und folgende historischen Gründe:

Petrus hatte in der allerersten Zeit der Urgemeinde in Jerusalem die Leitung inne. Dies darf aus Gal 1,18 geschlossen werden, wonach Paulus sich drei Jahre nach der Bekehrung nach Jerusalem begab, um Kephas kennenzulernen. Wie Petrus in diese Position gelangt ist, läßt sich am ehesten als Folge einer Legitimierung durch »den Auferstandenen« plausibel machen. 1Kor 15,5 ist davon ein Reflex und dürfte auf das historisch zu nennende Visionsgeschehen zurückzuführen sein.

Außerhalb von 1Kor 15,5 sind im Neuen Testament keine *eindeutigen* Zeugnisse für dieses Ereignis auszumachen, was damit zusammenhängen dürfte, daß die Tradition von Petrus als Erstzeugen der Auferstehung *verdrängt* wurde.

Adolf v. Harnack[353] hat folgende Stationen dieses traditionsgeschichtlichen Vorgangs m. E. noch heute gültig beschrieben:

1. Die Verdrängung beginne schon bei Lk, der eine ausgeführte Petrus-Tradition auf die eine Formel »er erschien Simon« (Lk 24,34) habe zusammenschrumpfen lassen, die er als Anhängsel in die Emmausgeschichte eingefügt habe. Weiter lasse er in der Apg Petrus zumeist in der Begleitung des Johannes auftreten (Apg 3,1.3.4; 8,14 u.ö.).

2. Die Verdrängung werde im Nachtrag zum JohEv fortgesetzt, wo die Erscheinung vor Petrus ausdrücklich als dritte (Joh 21,14) – also nicht als die erste – bezeichnet wird.

3. Der Vf. des ersten Evangeliums habe sowohl die Petrus- als auch die Jakobusvision gestrichen und an ihrer Stelle eine selbstkomponierte Vision der Frauen (Mt 28,9f) eingeschoben (zur Begründung s.u. S. 147f), auf die dann die Apostelvision folge (Mt 28,16–20). Harnack schreibt dazu: »Dieser Tatbestand läßt… keine andere Deutung zu, als die, daß der… Verfasser… zwischen den Petrus- und den Jakobusleuten dadurch vermitteln wollte, daß er ihre Ansprüche einfach unterdrückte. Ein aus der späteren Kirchengeschichte wohlbekanntes Verfahren« (S. 99f).

4. Nach Joh 20,11ff und dem sekundären Schluß des Mk-Evangeliums (Mk 16,9) war Maria Magdalena die erste Zeugin der Auferstehung, während Petrus bzw. Petrus und Johannes lediglich das leere Grab konstatiert hätten (Joh 20,3ff). »Auch hier ist also Jako-

bus ganz unterdrückt, Petrus aber nur ungenügend anerkannt« (S. 99f).

Gleichwohl findet sich außerhalb des Neuen Testaments ein Reflex der Ersterscheinung und zwar bei Ignatius, An die Smyrnäer 3,1–2[354]:

»Ich aber weiß und glaube, daß er (sc. Jesus) auch nach der Auferstehung im Fleische ist. Und als er zu denen um Petrus kam, sprach er zu ihnen: ›Fasset, betastet mich und sehet, daß ich kein körperloser Dämon bin!‹ Und sofort faßten sie ihn an und wurden gläubig, eng verbunden mit seinem Fleisch und Geist.«

Wurde oben gesagt, daß Petrus als Erstzeuge der Auferstehung verdrängt wurde, so dürften gleichwohl noch Überreste einer ursprünglichen Christophanie vor Petrus zur Verfügung stehen, nämlich in den Texten Lk 5,1–11/Joh 21 und Mt 16,17–19. (Allerdings ist der Unsicherheitsfaktor angesichts des Quellenbefundes ungleich höher als bei 1Kor 15,5.)

Lk 5,1–11/Joh 21[355]

Beide Perikopen, die auf eine ursprüngliche Auferstehungsgeschichte zurückgehen dürften (zur Begründung s. unten S. 186f), gehören genetisch zusammen. So entsprechen sich in ihnen folgende Motive untereinander:

1. Der erfolglose Fischzug;
2. Anspielungen auf die Verleugnung des Petrus (vgl. das Sündenbekenntnis Lk 5,8b und die dreimalige Frage Jesu Joh 21,15–17);
3. der überreiche Fang (Joh 21,6/Lk 5,6);
4. Joh 21,11 ist parallel zu Lk 5,10c (Motiv des Fangens jeweils in Verbindung mit Petrus);
5. der Ruf in die Nachfolge Joh 21,19 entspricht Lk 5,11;
6. die Würdigung des Petrus erfolgt durch ein Herrenwort (Joh 21,17d/Lk 5,10c);
7. Petrus ist Hauptperson der Erzählung (neben Jesus).

Man kann gegenüber diesem Vergleich darauf verweisen, daß der zweite und der fünfte Punkt nicht der Perikope Joh 21,1–14 entstammen, sondern nur dem Kontext, und gerade zum Stück Joh 21,15–17 wurde bemerkt, daß es »als ursprünglich vorhandene alte Tradition nicht angesehen werden (sc. kann). Die genaue Nachbildung der Verleugnungsgeschichte verrät... spätere Reflexion«[356]. Doch einerseits ist dies Urteil fragwürdig (s. u. S. 188), andererseits bleibt aufgrund der anderen oben angeführten Parallelen sehr wahrscheinlich, daß durch Joh 21 die Perikope Lk 5,1–11[357] als ehemalige Ostergeschichte bestimmt werden kann, umso mehr, als die lk Fassung des Menschenfischerwortes (Lk 5,10) in seiner Ausrichtung auf Petrus »zwingend die Verwurzelung des Logions in der Ostersituation«[358] erfordert. Denn während Mk 1,17 nur eine Verheißung der zukünftigen Einsetzung zu Menschenfischern erzählt, stellt Lk 5,10 (»von nun an«) die Einsetzung selbst dar, die unmittelbar mit dem Ergehen dieses Wortes an Petrus erfolgt. Ferner enthält Mk 1,18 einen Aufruf zur Nachfolge, der den Umständen des Lebens Jesu *sekundär* angepaßt ist, während Lk 5,10 der Aufruf: »Fürchte dich nicht!« steht. Letzterer hat sich kaum aus Mk 1,18 entwikelt, sondern steht ursprünglich in dieser Erscheinungsgeschichte, was zur Ostersituation paßt. Natürlich ist nicht jede Offenbarungsszene in der Ostersituation zu verankern. Doch liegt ein weiteres wichtiges Indiz darin, daß Lk 5,8b »ein verzweifeltes Schuldbekenntnis des Petrus (sc. erzählt), zu dem in der Lk 5 vorausgesetzten Lage jeder Anlaß fehlt«.[359]

Falls die Verleugnung Jesu durch Petrus historisch zu nennen sein sollte (s. sofort S. 111), so ließe sich vorläufig der Sinngehalt des hinter Lk 5 liegenden historischen Ereignisses als »Begnadigung aus tiefer Schuld und Einsetzung zum Zeugen und Apostel des lebendigen Herrn«[360] angeben. Man vgl. auch das Votum von Hans Graß: »Man darf das ›Gehe weg von mir, denn ich bin ein sündiger Mensch, Herr‹ Lk 5,8b sicher nicht psychologisieren... Aber der Annahme, daß die hinter Lk 5 und Jo 21 stehende Ostergeschichte neben dem Ersterweis des Auferstandenen ein Schuldbekenntnis des Petrus, eine Wiederannahme und Sendung enthalten hat, steht... nichts im Wege. Das Schuldbekenntnis des Petrus Lk 5,8b paßt jedenfalls besser in eine Ostergeschichte als in eine Berufungsgeschichte.«[361]

Nun wird zuweilen gegen das Verständnis von Lk 5,8 als Reflex auf die Begegnung mit »dem Auferstandenen« eingewandt: a) Die Reaktion Petri erkläre sich aus religiösem Erschauern vor dem übernatürlichen Geschehen. b) Das Bild vom reuigen Sünder sei allgemein lukanisch (Lk 7,36–50; 15,1–10; 18,9–14; 19,1–10).[362] Doch wird mit dem ersten Argument eine Ostersituation gar nicht ausgeschlossen. Ferner bleibt trotz lk Sprachgebrauchs der Vorgang Lk 5,8–10 eine Offenbarungsszene, in welcher Herr-Sein Jesu[363] und Sünder-Sein Petri sachliche Entsprechungen sind. (Die Annahme eines zugrunde liegenden Traditionsstückes liegt daher näher.)

Es bleibt also besser dabei, daß Lk 5/Joh 21 auf die Überlieferung einer Christophanie zurückgehen, über deren Einzelheiten wir naturgemäß nicht so gut wie bei Paulus unterrichtet sind, zumal die beiden Texten ganz aus einer späteren Perspektive aus formuliert wurden (vgl. die redaktionelle Stilisierung).

Mt 16,17–19

Ein weiterer, wiederum aus späterer Perspektive formulierter Bericht zur Ersterscheinung Jesu vor Petrus liegt wahrscheinlich auch in Mt 16,17–19 vor.

Bereits Rudolf Bultmann[364] verfocht mit beachtlichen Gründen das hohe Alter dieses Stückes. Er schreibt: »die Gemeinde tradierte ein Jesuswort, in dem dem Petrus die Autorität in Sachen der Lehre bzw. der Disziplin zugesprochen wird« (S. 147). Das folge aus den Verben »lösen« und »binden« in V. 19. Der ganze Gedanke von V. 18 weise in die älteste Zeit: Die »Gemeinde, deren Autorität Petrus ist, wird in der Endzeit, wenn die Mächte der Unterwelt die Menschen überwältigen, gerettet werden. Hier spricht das eschatologische Bewußtsein der palästinensischen Gemeinde als der Gemeinde der Gerechten der Endzeit. So beweist der Gehalt der Verse ebenso wie die Sprache des mit V. 18–19 zusammengehörigen V. 17, den semitischen Ursprung des Wortes« (S. 148f).

Bultmann meint weiter, daß die Tradition von Mt 16,17–19 ursprünglich auf Mk 8,27–30 gefolgt sei, von Mk aber weggebrochen wurde, der »im Zusammenhang damit eine Polemik gegen die judenchristliche, durch Petrus repräsentierte Anschauung vom Standpunkt des hellenistischen Christentums der paulinischen Sphäre aus angebracht« hat (S. 277; vgl. Mk 8,32f). Weiter wird man darauf hinweisen, daß sich Bultmanns These gut mit der oben S. 100f zustimmend referierten Beobachtung Harnacks verbinden läßt, daß Petrus im Urchristentum in seiner Bedeutung verdrängt wurde, und offensichtlich relativierte der Vf. des ersten Evangeliums die Sonderstellung des Petrus Mt 16,19 durch Mt 18,18.[365]

Bultmann setzt seine Überlegungen fort:

»Die Worte können kaum irgendwo anders als in der palästinensischen Urgemeinde formuliert worden sein, wo man zu Petrus als dem Begründer und Führer der Gemeinde aufsah und dem Auferstandenen die Seligpreisung des Petrus in den Mund legte. Denn der Auferstandene spricht Mt 16,17–19 zweifellos; und ist die Vermutung richtig, daß Mt 16,17–19 ursprünglich den Schluß der Bekenntnisszene gebildet hat, so kommt in ihr auch zum

Ausdruck, daß das Ostererlebnis des Petrus die Geburtsstunde des Messiasglaubens der Urgemeinde war, ja, die ganze Erzählung wäre dann als eine Ostergeschichte zu bezeichnen, die (vielleicht erst von Mk) ins Leben Jesu zurückverlegt worden wäre. Wie Joh 20,22f. eine Parallele zu Mt 16,19 ist, so hat die ganze Geschichte vom Messiasbekenntnis eine gewisse Parallele in der Ostergeschichte Joh 21,15–19« (S. 277f).

Diese Sicht Bultmanns hat die seitherige Debatte entscheidend bestimmt. M. E. hat sie sich bis heute behauptet, auch wenn Ulrich Luz[366] kürzlich wichtige Gegenargumente vorgelegt hat. Er schreibt zu Petrus: »Je mehr man aber seine Vorrangstellung in der Urkirche betont, desto schwieriger wird es, zu verstehen, wieso er aus Jerusalem wegzog und schon z.(ur) Z.(eit) des Apostelkonzils nur eine... von mehreren Säulen im Bau der Kirche war (Gal 2,9)« (S. 457). Das Wort Mt 16,17–19 sei »am ehesten im Rückblick auf das abgeschlossene Wirken des Petrus formuliert worden« (S. 458). Er nennt folgende Gründe: a) Eph 2,20; Apk 21,14; b) die Sachparallele Joh 21,15–17. »Petrus wurde« – so heißt es bei Luz weiter – »nicht ausschließlich durch seine führende Rolle, die er in der Urgemeinde spielte, zur wichtigsten apostolischen Grundgestalt der Kirche. Natürlich war wichtig, daß Petrus auch Ostern die erste Erscheinung hatte und eine zentrale Rolle in der frühesten Jerusalemer Gemeinde spielte. Aber es ist doch erstaunlich, daß es im Neuen Testament keinen ausführlichen Bericht von der Ersterscheinung des Petrus gibt und daß die anfängliche Führungsrolle des Petrus in der Jerusalemer Urgemeinde nur in der späteren Apostelgeschichte wirklich wichtig wird« (S. 470).

Kritik: 1. Luz rechnet zu wenig mit *grundlegenden* Veränderungen in der Jerusalemer Gemeinde der Frühzeit.[367] 2. Die »Sachparallele« Joh 21,15–17 läßt sich auch der Tradition einer Ersterscheinung plausibel zuordnen (s. u. S. 188). 3. Die von Luz genannten Traditionen Eph 2,20; Apk 21,14 sind formelhafter und blasser als die von Bultmann für eine Protophanie in Anspruch genommenen, lebendig wirkenden Traditionen. Es bleibt also bei Bultmanns Urteil zu Mt 16,17–19.

Im Vorangehenden ist wahrscheinlich geworden, daß (ebenso wie über Paulus) auch über Petrus Erzählungen von seinem Ostererlebnis in den Gemeinden umliefen. Anders als bei Paulus heben sie den Anspruch auf die Ersterscheinung hervor und wurden offenbar vor allem aus diesem Grunde wegen der sich wandelnden Verhältnisse und der Konkurrenzsituation in der Jerusalemer Urgemeinde »zersagt« und in andere Erzählzusammenhänge gestellt. Trotzdem darf das historische Urteil ausgesprochen werden: Petrus hat (ebenso wie später Paulus) nach Jesu Tod diesen lebendig gehört und gesehen.[368] Mit dieser Vision verband sich der Auftrag zur Mission und zur Leitung der Kirche, sowie die Verleihung der Vollmacht zur Sündenvergebung. Inwieweit die letzten drei Punkte historisch Gegenstand der Erscheinung selbst waren oder sich nachträglich aus der Deutung des Petrus ergaben, ist kaum sicher zu sagen (s. o. S. 81 f).

Nun könnte man bei diesen Feststellungen die geschichtliche Rückfrage abbrechen und ein weiteres Nachforschen für historisch unmöglich und/oder theologisch illegitim halten. Die Behauptung einer theologischen *Illegitimität* ist jedoch mit guten Gründen zurückzuweisen (s. dazu o. S. 20ff). Bei der Frage der historischen *Möglichkeit* weiteren Nachforschens ist die Sache komplizierter, zumal die Quellenlage ungleich schlechter ist als bei Paulus. Hier gilt in der Tat das Gebot historischer Vernunft, dort nicht zu spekulieren, wo die Quellen versagen[369]. Auf der anderen Seite dürften die Petrustraditionen des Neuen Testaments noch nicht vollständig für die Frage der Ostervision des Petrus ausgeschöpft worden sein. Das gilt besonders für die Überlieferung einer Verleugnung Jesu durch Petrus, die unmittelbar bei der Verhaftung Jesu stattgefunden haben soll. Schon Lk 5,8 wies höchstwahrscheinlich auf diese Tradition. Sollte sie historisch sein, so läge es ja nahe, Verleugnung Jesu (*vor* dessen Tod) und Vision Jesu (*nach* dessen Tod) in eine Beziehung zu setzen und damit ggf. einen vertieften Zugang zur petrinischen Vision zu erhalten.

Die Vorgeschichte der Erscheinung: Die Verleugnung des Petrus (Mk 14,54.66–72)

Vorbemerkung: Das JohEv (18,15–18.25–27) enthält nach allgemeinem Urteil keine Sondertradition zur Verleugnung und kann hier unberücksichtigt bleiben. Dabei ist, anerkannt, daß der Lieblingsjünger in Joh 18,15f in die Geschichte redaktionell eingeschoben wurde (vgl. u. S. 170).

Redaktion und Tradition

V. 54.66–72 beziehen sich auf die Ankündigung der Verleugnung (V. 26–31) zurück und erbringen die Erfüllung des zweiten Teils der dortigen Weissagung Jesu (der erste Teil [V. 27] ist bereits durch die Jüngerflucht [V. 50] erfüllt worden). V. 54, der Beginn der Perikope von der Verleugnung des Petrus, ist von Mk vorgezogen worden, um diese mit der Erzählung von der Verhandlung vor dem Hohen Rat (V. 53.55–65) zu verklammern. V. 66a (»als Petrus unten im Hof war«) nimmt den in V. 54 unterbrochenen Faden wieder auf. »Sich wärmend« (V. 67) bezieht sich auf »wärmen« in V. 54 zurück. V. 55 wiederholt die Subjekte aus V. 53 (z. T. variiert). Durch die Verschachtelung ergibt sich ein eindrücklicher Gegensatz zwischen Jesu Bekenntnis (Mk 14,62) und Petri Verleugnung. Eine analoge Technik hatte der zweite Evangelist bereits Mk 3,20–35 (V. 22–30); 5,21–43 (V. 25–34); 6,6–30 (V. 14–29); 11,12–25 (V. 15–19); 14,1–11 (V. 3–9) angewandt.[370] Der Sinn der Verknüpfung von Verleugnung und Verhandlung vor dem Hohen Rat ist bei Mk zweifellos der, Bekenntnis Jesu (Mk 14,62) und dreifache, also totale Verleugnung durch Petrus, zu kontrastieren. Diese Kontrastierung mahnt die Christen, dem Beispiel Jesu im offenen Bekenntnis zu entsprechen. Der ganze Abschnitt hat also durch diesen äußeren redaktionellen Aufbau unabhängig von der Frage des Verhältnisses von Redaktion und Tradition im einzelnen eine paränetische Tendenz.

Können eindeutig mk Redaktionsmerkmale im Text identifiziert werden?

Verschiedene Autoren meinen, Mk habe die ursprünglich erzählte *eine* Verleugnungs-Geschichte auf *drei* erweitert. Vielfach hält man V. 68 für die ursprüngliche Verleugnung. Der zweite Evangelist habe analog der redaktionellen Dreigliederung der Gethsemaneperikope (Mk 14,32–42) und der Verspottungsszene (Mk 15,16–32) die Verleugnung kunstvoll verdreifacht. Als verstärkendes Argument ist dabei noch auf die wohl mk Dreizahl der Leidensankündigungen hinzuweisen (Mk 8,31; 9,31; 10,32–34) und auf die Dreizahl in Mk 15,6–16 (dreimalige Frage des Pilatus nach einer eventuellen Freigabe Jesu: V. 9.12.14). Freilich ist eine Entscheidung über den Anteil des Mk an der zuletzt genannten Stelle unsicher. Überhaupt ist nicht völlig auszuschließen, daß selbst an jenen vorher angeführten Passagen, wo die Verdreifachung redaktionell motiviert erscheint, eine Überlieferung zugrundeliegt, da »drei« eine runde Zahl ist und bereits auf der Stufe der Tradition gewählt worden sein mag. Die Frage nach dem Umfang der mk Gestaltung der dreifachen Verleugnung dürfte daher mit hinreichender Sicherheit kaum zu entscheiden sein, was glücklicherweise für die später zu stellende Frage nach der Historizität der Verleugnung ohne Belang ist.[371]

Eindeutige Spuren mk Verknüpfungstätigkeit bzw. typisch mk Sprachgebrauchs liegen in folgenden Versen vor: V. 66: »Hoherpriester« (Aufnahme von Hoherpriester V. 53), V. 67: »sich erwärmend« (Aufnahme desselben Verbs aus V. 54); »mit dem Nazarener« (zu »mit« vgl. 3,14; zu »Nazarener« vgl. 1,24; 10,47; 16,6); V. 69: »wiederum«, »begann«; V. 70: »wiederum«, V. 72: »und alsbald«, »er erinnerte sich« (vgl. 11,21); »das Wort«: vgl. 9,32. Der ganze V. 72 bezieht sich redaktionell auf 14,30 zurück (doch könnte letzteres auch traditionell sein, falls 14,27–31 mit der Verleugnungsperikope eine Einheit gebildet hat [s. unten S. 108f zur These Eta Linnemanns]).

Der Gedankengang von Mk 14,66–72

V. 66–68a schildern die *erste* Verleugnung. Petrus ist im Hof, wird von einer Magd des Hohenpriesters erkannt und direkt darauf angesprochen, daß auch er mit dem Nazarener Jesus zusammen war (V. 67b). Darauf Petrus: »Weder weiß ich noch verstehe ich[372], was du sagst» (V. 68a). Streng genommen, handelt es sich um eine Verleugnung des Jüngerseins des Petrus (vgl. V. 67b) und noch nicht um eine Verleugnung Jesu. Doch indem die Antwort Petri V. 68a zugleich jede Kenntnis von Jesus abweist, ist die konkrete Verleugnung Jesu in V. 71 vorbereitet. Der Text zielt hier auf eine Steigerung ab: Die Fragen an Petrus werden intensiver und bedrängender, so daß er sich nicht mehr mit allgemeinen Floskeln des Unverständnisses behelfen kann, sondern *konkret* werden muß.

V. 68b–70a schildern die *zweite* Verleugnung, die im Vorhof stattfindet. Wiederum sieht die Magd Petrus und sagt nun den Beistehenden, daß Petrus zu den Jesusanhängern gehöre (»auch dieser gehört zu ihnen« [V. 69b]). Die Verleugnung wird im Gegensatz zu der ersten nicht ausgemalt, sondern nur konstatiert. Das paßt zu dem Befund, daß die Magd die Beistehenden über Petrus nur »informiert« (und ihn selbst nicht mehr anspricht wie beim ersten Mal). Die Steigerung besteht darin, daß immer mehr Personen in die Szene einbezogen werden und Petrus mit der Frage nach seiner Zugehörigkeit zum Jesuskreis bedrängen. Diese Frage der Beistehenden an Petrus wird nicht eigens beschrieben, sondern vorausgesetzt, da Petrus darauf Bezug nimmt (»er aber leugnete *wiederum*«). »Wiederum« (*palin*) nimmt dasselbe Wort aus V. 69 auf und wird anschließend in V. 70 nochmals gebraucht, wohl um die Kettenreaktion von Frage und Verleugnung zu betonen.

V. 70b–71 erzählen die *dritte* Verleugnung. Ihr Ort ist anscheinend derselbe wie bei der zweiten (der Vorhof), doch wird er nicht ausdrücklich genannt. Diesmal ergreifen die Beistehenden, denen die Magd die Identität des Petrus in der zweiten Verleugnung mitgeteilt hatte, die Initiative, wobei »von ihnen« (V. 70) aus V. 69 aufgenommen wird. Damit sind zweite und dritte Verleugnung eng aufeinander bezogen (»die Dabeistehenden« [V. 70] knüpft an »die dabeistanden« [V. 69] an). Die Behauptung der Dabeistehenden stützt sich darauf, daß Petrus (wie Jesus) Galiläer ist. Vorher bekräftigen sie, was die Magd ihnen soeben (V. 69b) gesagt hat, und reden Petrus diesmal ausdrücklich an: »Du gehörst wirklich zu ihm«. Diese dritte Verleugnung des Petrus ist durch Fluch und Schwur inhaltlich am stärksten betont: »Er aber fing an zu fluchen und zu schwören: ich kenne diesen Menschen nicht, von dem ihr redet« (V. 71). Erst jetzt handelt es sich um eine konkrete Verleugnung Jesu. Damit wird 14,30 (die Verleugnungsansage) erst eigentlich erfüllt.[373]

V. 72: Durch diesen Vers sind die Verleugnung in Mk 14,54f.66–71 und ihre Ansage in Mk 14,27–31 redaktionell eng miteinander verknüpft. Ebenso wie Jesus im MkEv auf die kommende Verleugnung des Petrus blicken kann, hat er zuvor schon von dem Verrat des Judas (Mk 14,18–21) und von seinem eigenen Tod sowie seiner Auferstehung (Mk 8,31; 9,31; 10,32–34) im voraus gewußt.

Auch nach der Zeichnung des Gedankengangs ist die Frage kaum zu entscheiden, ob die Mk vorliegende Tradition dreigliedrig oder eingliedrig war. Fest steht lediglich, *daß* eine – allerdings nicht sicher auszugrenzende – Tradition vorliegt und daß die Verleugnungstradition einmal isoliert und unabhängig von der Passionsgeschichte umlief, da die Verknüpfung beider redaktionell ist (s. o., S. 105f).

Anhang:

Diese These ist in Auseinandersetzung mit Eta Linnemann[374] zu verteidigen bzw. zu vertiefen. Die Verfasserin stellt den redaktionellen Charakter von Mk 14,27–31 in Frage und schlägt vor, daß die dort gemachte Ansage der Verleugnung überhaupt früher entstanden sein kann als die Verleugnungserzählung (S. 83). Mk 14,27–31 sei »ein ursprünglich selbständiges Traditionsstück, das aus ähnlichen Motiven entstand, wie die ›Glaubenslegende‹ von der Ansage des Verrats (sc. Mk 14,18–21), der es formal entspricht« (S. 85). Sie fährt fort: »Da die Verleugnungserzählung in V. 72 eine Ansage der Verleugnung voraussetzt und Mk. 14,30 in der Formulierung maßgerecht entspricht, dürfte es das wahrscheinlichste sein, das dort Vorausgesetzte in Mk. 14,27–31 zu finden. Demnach ist die Ansage der Verleugnung früher als die Verleugnungserzählung, und diese hängt von jener ab. Nachdem die Ansage der Verleugnung bekannt war, führte offenbar novellistisches und paränetisches Interesse dazu, die Verleugnung auch zu erzählen. Ob dabei ein besonderes Interesse an der Gestalt des Petrus eine Rolle gespielt hat, ist mir nicht unbedingt sicher. Die Verleugnungserzählung ist natürlich keine Fortsetzung der Ansage der Verleugnung, sondern eine selbständige Perikope, die nur die Bekanntschaft mit jener voraussetzt« (ebd.).

Zur Kritik: 1. Die dritte Verleugnung des Petrus kann auch so verstanden werden, daß ihr Verfasser, Mk, sie bewußt an die Voraussage 14,30 angeglichen hat (s. o.); 2. Mk 14,72 ist *mk* Verknüpfung; 3. Gegenfrage: Welchen Sitz im Leben sollte eine Ansage der Verleugnung haben? Dabei setze ich voraus, daß Mk 14,30 als Weissagung Jesu von der Gemeinde nicht ohne Erfüllung dieser Ankündigung erzählt sein kann.

Es bleibt also dabei: Die Verleugnungstradition, deren genauer Umfang nicht mehr ermittelt werden kann, war ursprünglich isoliert von der Passionsgeschichte überliefert worden. Bevor ein neuer Vorschlag zum Ursprung dieser Tradition vorgelegt werden soll, muß noch das Verhältnis der Verleugnungstradition zu einer von ihr abweichenden Überlieferung geprüft werden, die sich in Lk 22,31 f findet.[375]

Das Verhältnis von Mk 14,66–72 zu Lk 22,31 f

Bultmann bezeichnet Lk 22,31 f als traditionell, 22,32 b-33 als lukanisch. »V. 33 f. wirkt nach V. 31 f. deplaziert, da V. 32 mit dem Ausblick auf die große Rolle des Petrus schloß, während V. 33 f. nur die traurige Kehrseite zum Inhalt hat«[376]. Mit »wenn du dich bekehrst« (*epistrepsas*) in V. 32b verknüpfe Lk das Stück mit der Verleugnungsgeschichte Lk 22,56–62. Das Traditionsstück Lk 22,31 f ist, so Bultmann weiter, vor allem aus zwei Gründen wichtig: »1. es zeigt, daß manche Bestandteile der Passionsgeschichte auch eine gesonderte Tradition hatten. 2. V. 31.32a setzt offenbar voraus, daß bei der ›Sichtung‹ (='beim Sieben', Vf.) der Jünger alle außer Petrus abgefallen sind; nur seine Treue hat nicht gewankt. Diese Tradition kennt also die Verleugnungsgeschichte nicht« (S. 288). Das Bild vom Sieben des Weizens setze voraus, daß nicht alle Jünger abgefallen sind, sondern ein Rest den »Siebevorgang« bestanden hat; und der Ausspruch Jesu: »damit dein Glaube nicht wanke«, schließe einen Abfall des Petrus geradezu aus (S. 288 Anm. 1).

Jack Finegan hingegen meint, in V. 31 f liege gar keine Tradition vor, sondern beide Verse seien von Lk gebildet. V. 31 f seien die lk Interpretation von Mk 14,27; denn Lk könne die Jünger nicht »zerstreut« werden lassen, deshalb gebrauche er das Bild, daß die Jünger wie beim Weizen gesiebt würden. Die Voraussetzung des Bildes sei erfüllt, wenn der Glaube des Petrus nicht endgültig verloren gehe, obgleich er abfällt und sich dann trotzdem wieder zurechtfindet.[377] Gegen Finegans Bestimmung von V. 31f als Redaktion spricht jedoch der von Bultmann zutreffend beobachtete Bruch zwischen V. 31f und V. 33f.

Fazit: Die Überlieferung von Lk 22,31f, die von einem Abfall der Jünger und von einem Durchhalten des Petrus angesichts der Passion Jesu[378] spricht, und die Tradition einer Verleugnung Jesu durch Petrus stehen in Spannung zueinander. Günter Klein hat daraus die Unhistorizität der Verleugnung gefolgert: Wenn »die Verleugnung historisch wäre, dann hätte die von Petrus beherrschte älteste Gemeinde sie... zugunsten von Lk 22,31f unterdrücken müssen.«[379] Doch ist das nur eine Möglichkeit, die zudem zu viel darüber weiß, was die älteste Gemeinde hätte tun *müssen*. Nicht auszuschließen ist ferner, daß die Tradition Lk 22,31f gerade eine bestehende Verleugnungstradition *korrigieren* wollte. Zusätzlich ist denkbar, daß die Tradition – trotz der Verleugnung – im Rückblick den Sachverhalt zur Geltung bringen wollte, »daß Petrus die Sache Jesu keineswegs völlig aufgegeben (sc. hat)..., sondern in irgendeiner Weise bemüht war, den Glauben an ihn durchzuhalten.«[380]

Zum Ursprung der Verleugnungstradition

Günter Klein spricht sich – wie gerade erwähnt – für die Unhistorizität der eigentlichen Verleugnung des Petrus aus. Statt dessen interpretiert er ihre Dreimaligkeit biographisch und bringt sie mit den Positionswechseln, die Petrus in seiner Laufbahn vollzogen habe, in Verbindung: Erst sei er Mitglied des Zwölferkreises, dann Apostel, hernach Mitglied des Säulenkollegiums und schließlich Einzelgänger gewesen.[381] Doch wer hätte diese als *Verrat* deuten können? Wo läßt sich ferner die Gegnerschaft des Petrus lokalisieren, auf welche die antipetrinische Verleugnungstradition zurückgeführt werden müßte?[382]

Man wird demgegenüber den alten Vorschlag von Martin Dibelius wieder ins Gespräch bringen müssen, nach dem Petrus selbst von seiner Verleugnung erzählt habe, »aber nicht im Zusammenhang einer Darstellung der Leidensgeschichte, sondern in Verbindung mit seiner Ostererfahrung«.[383] Über Dibelius hinaus wird man als Parallele auf die Art und Weise verweisen, wie über die Vergangenheit des Paulus und seine gegenwärtige Evangeliumspredigt berichtet wurde. Gal 1,23 heißt es: »Der uns einst verfolgte, verkündigt nun den Glauben, den er zu zerstören trachtete.« Der Vers ist als mündliche Personaltradition zu kennzeichnen, die in den durch Paulus verfolgten syrischen Gemeinden umlief und die ebenfalls in den von ihm gegründeten Kirchen bekannt gewesen sein dürfte. Paulus verweist ja im Kontext des Gal ausdrücklich auf die Tatsache, daß die Galater von seinem Wandel im Judentum gehört haben (Gal 1,16). Entsprechend wurde im Einst-Jetzt-Schema auch von der Verleugnung des Petrus und seiner Ostererfahrung berichtet. In beiden Fällen handelt es sich offenbar um Personaltraditionen mit hoher historischer Plausibilität.[384]

Die Verleugnung Jesu durch Petrus – eine historische Tatsache

Petrus hat sich in Jerusalem nach der Verhaftung Jesu von seinem Meister distanziert, um sein Leben zu retten. Er war hierin seinen Mitjüngern gleich, die schon vorher die Flucht ergriffen hatten (Mk 14,50).[385] Ein anderer Jünger, Judas, hatte sogar bei der Verhaftung Jesu mitgewirkt. Vermutlich bestanden im Jüngerkreis um Jesus beim entscheidenden Gang nach Jerusalem erhebliche Spannungen. Es gärte förmlich. Das Satanswort (Mk 8,33), das zu scharf ist, um nicht authentisch zu sein[386], weist auf Ambivalenzen im Verhältnis zwischen Jesus und seinem »ersten« Jünger hin. Es kam zur Katastrophe, und das Zusammensein wurde durch die Exekution Jesu jäh beendet.

Pauli und Petri Ostererfahrung – ein Vergleich

Kehren wir zum Verhältnis der Ostererfahrung des Paulus zu der des Petrus zurück, so ist zu sagen: a) Beide erfahren eine »originale« Offenbarung, während alle anderen Osteroffenbarungen abhängige Offenbarungen sind.[387] Die Schau Christi durch Petrus hat alle anderen Schauungen des Erhöhten im Jüngerkreis geprägt, mit der Ausnahme der Vision des Paulus, der Jesus und Petrus in seiner vorchristlichen Zeit ja gar nicht gekannt hatte.[388] b) Bei beiden steht ferner die Vision Jesu in einer unauflösbaren Beziehung zur Verleugnung Jesu bzw. zur Verfolgung seiner Gemeinde. c) Bei beiden wird das Schuldgefühl durch die Gnadengewißheit abgelöst. d) Beide dürften eine ähnliche, wenn nicht übereinstimmende Rechtfertigungslehre geteilt haben. Lt. Gal 2,15f hat Paulus in Antiochien Petrus wie folgt angeredet: »Wir sind von Geburt Juden... Weil wir wissen, daß der Mensch durch Werke des Gesetzes nicht gerecht wird, sondern durch Glauben an Jesus Christus, sind auch wir zum Glauben an Jesus Christus gekommen...« (ebd.). Gewiß ist in Gal

2,15–21 nicht die damals in Antiochien (um 47 n. Chr.) gehaltene Rede des Paulus enthalten, denn der Apostel formuliert hier in paulinischer Terminologie bereits im Blick auf die gegenwärtigen Auseinandersetzungen in Galatien. Doch bleibt sein Hinweis (V. 16) auf die *gemeinsame* Übereinstimmung in der Rechtfertigungslehre zu beachten.[389] (Das »wir« von V. 15f schließt Petrus ein!) Darin, daß die Menschen durch Glauben an Christus und nicht durch das Gesetz gerecht werden, war Paulus sich offenbar von Anfang an mit Petrus einig, ja, diese Überzeugung hat sich beiden bei ihrer Hinwendung zu Christus, in ihrer »Ostererfahrung«, aufgedrängt. In diesem Zusammenhang ist auf die große inhaltliche Nähe des 1Petrusbriefes zur paulinischen Theologie hinzuweisen[390], die entweder durch die Annahme einer gemeinsamen Abhängigkeit von traditionsgeschichtlich vorpaulinischer Theologie zu erklären ist oder durch die These, im 1Petr liege ein später Paulinismus vor.[391] Jedenfalls erweisen 1Petr 2,24 (»... damit wir den Sünden abgestorben der Gerechtigkeit leben«; vgl. Röm 3,24f; 6,11.18), die Formel »in Christus« (1Petr 3,16; 5,10. 14), die außerhalb der paulinischen Sphäre nicht begegnet, und die Vorstellung von der Freude im Leiden (1Petr 1,3–8 u.ö.; vgl. 1Thess 1,6; 3,3f) die Nähe des 1Petr zum paulinischen Schrifttum. Dies wird so zu erklären sein, daß sich im pseudepigraphen Schreiben des 1Petr ein Stück Theologie des historischen Petrus erhalten hat.

Schließlich – und hier betrachte ich die Ostererfahrung des Petrus noch einmal für sich – ist diese durch Jesus allein gewirkt. Er hatte seinen Jüngern die Botschaft von der grenzenlosen Gnade Gottes förmlich vorgelebt – in Wort und Tat. Der Mensch hat gegenüber Gott nichts vorzuweisen (vgl. Lk 18,10–14). Den Armen (Mt 11,5) und Ausgestoßenen gilt das Wort vom Heil (Mt 21,28–31; Lk 15,4–10; Lk 15,11–32). Jesus versteht so den Gedanken der Gnade in seiner ganzen Tiefe, ebenso wie den der Sünde, ohne sich aus dem Judentum seiner Zeit auszugrenzen. Dort, wo die Gnade in ihrer einladenden Macht verstanden ist, wird auch der Gedanke der Vergebung in einer unaufdringlichen Eindeutigkeit verstanden. Petrus hatte sich an Jesus durch die Verleugnung vergangen bzw. versündigt. Aber unter dem Eindruck von Jesu Verkündigung und Tod bezog Petrus durch eine Erscheinung des »Auferstandenen« das im Wirken Jesu präsente Vergebungswort Gottes noch einmal und diesmal in seiner tiefgründigen Klarheit auf sich. Denn wo ist die Vergebung größer als dort, wo man vorher buchstäblich alles verleugnet und von sich gewiesen hat (vgl. Lk 7,36–50)? Die Botschaft der Vergebung ging dabei buchstäblich durch den Tod Jesu hindurch. (Wir kommen unten S. 199f darauf zurück).

Petri Ostervision – ein Stück Trauerarbeit

Im folgenden sei der Versuch unternommen, auf der Grundlage der Geschichte des Petrus (seines Umgangs mit Jesus und seiner Verleugnung Jesu) und der Tatsache seiner Vision Jesu nachzuzeichnen, was sich zwischen Karfreitag und Ostern in seinem Inneren abgespielt haben kann. Ich bemühe mich darum, möglichst anschaulich, nachvollziehbar und unter Heranziehung zeitgenössischer tiefenpsychologischer Forschung zur Trauerarbeit diesen Prozeß nachzuzeichnen, um ihn zu verstehen und letztlich selbst zu begründen, was Osterglaube in seinen Voraussetzungen sein kann:

Für Petrus ist in der Dramatik der Karfreitags- und Verleugnungssituation die Welt zusammengebrochen. Zu Ostern ist dem erschütterten, trauernden Petrus trotz seiner Verleugnung Jesu und trotz dessen Tod das Wort Jesu, nämlich das Vergebungswort Jesu, noch einmal begegnet, er hat ihn »gesehen«. Das Wort Jesu wurde von ihm als etwas Lebendiges erlebt, als Begegnung mit dem ganzen Jesus selbst, bildhaft.[392] Daß sich die Situation des Petrus als Trauergeschehen beschreiben läßt, zeigt ein Vergleich mit Berichten von Trauernden, die gelegentlich auch das Element der bildhaften Vergegenwärtigung des verlorenen geliebten Menschen enthalten. Yorick Spiegel[393] führt einige Fälle an:

»Der Trauernde hört die Schritte des Verstorbenen auf der Treppe, hört den Kies vor dem Haus knirschen und glaubt, die Tür öffne sich: ›Ich sah Kay, wie er innerhalb der Haustür stand. Er sah aus, wie er immer aussah, wenn er von der Arbeit zurückkam. Er lächelte, und ich rannte in seine ausgestreckten Arme, wie ich es sonst immer tat, und lehnte mich gegen seine Brust. Ich öffnete die Augen, und das Bild war verschwunden.‹ Eine Mutter, die ein Baby verloren hat, mag es im Halbschlaf weinen hören und zu seinem Bett stürzen, bevor sie realisiert, daß dies alles nur ein Wunsch war« (S. 171).

»Besonders häufig berichten Kinder, die den Vater oder die Mutter verloren haben, in anschaulicher Weise, wie diese am Bettrand sitzen und mit dem Kinde sprechen. Fast die Hälfte der Patienten, die Parkes untersucht hatte, berichteten von ähnlichen Sehstörungen. Oft werden Schatten als Erscheinung des Verstorbenen wahrgenommen« (S. 172).

»Neben Halluzinationen und Auditionen findet sich fast noch häufiger das Gefühl, der Verstorbene sei präsent. Parkes gegenüber erzählten verwitwete Frauen: ›Ich habe immer noch das Gefühl, er ist in der Nähe, und da ist irgend etwas, was ich für ihn tun soll oder ihm erzählen soll... Er ist mit mir jederzeit. Ich höre und sehe ihn, obgleich ich weiß, daß er nur eine Vorstellung ist‹; ›wenn ich meine Haare wasche, dann habe ich das Gefühl, er ist da und beschützt mich, im Falle, jemand käme durch die Tür.‹ Für einige ist die Gegenwart des Toten besonders stark an seinem Grab. In dem bereits früher genannten Roman von J. Agee wird eine solche Erscheinung des bei einem Autounfall umgekommenen Ehemannes beschrieben:... Zu der Kategorie des Mechanismus, durch Abbau der Realitätskontrolle den Verlust abzuwehren, gehören auch die Träume über den Verstorbenen« (S. 173).

Weiter sei ein Bericht angeführt, der als Antwort auf eine Erhebung der Zeitschrift »Schweizerischer Beobachter« an die Redaktion geschickt wurde. (Es ging um die Frage, ob die Leser Träume, die sich später bewahrheiteten, Geistererscheinungen, Vorahnungen usw. erlebt hätten.) Der Bericht einer Frau lautet:

»Mit 9½ Jahren habe ich meinen Vater verloren, ich war immer untröstlich und habe viele Jahre noch nach ihm geweint... Dann in einer Weihnachtsnacht geschah es. Ich war schon im Bett, wollte aber dann in die Christmesse gehen. Es war gerade Zeit, daß ich wieder aufstehen sollte, da bekam ich heftige Bauchschmerzen, mußte liegenbleiben. Kurz darauf hörten sie wieder auf, da war es aber schon zu spät für die Messe. Also blieb ich im Bett, dann hörte ich die Türe gehen und leise Schritte, von einem eigentümlichen Klopfen begleitet, ich war allein in der Wohnung und hatte ziemlich Angst. Dann geschah das Wunderbare, mein Vater selig kam auf mich zu, so schön, so strahlend wie Gold, so durchsichtig wie Nebel; er sah so aus, wie er immer war, ich konnte seine Umrisse genau erkennen, dann machte er halt vor meinem Bett und sah mich so gütig an und lächelte. In mir zog ein tiefer Friede ein, und ich war glücklich wie nie zuvor. Dann ging er wieder.«[394]

In psychoanalytischer Hinsicht[395] mag man sagen: Das Denken kann in der Dramatik der Verlustsituation archaische Züge annehmen. Der Zusammenbruch der Welt des Trauernden setzt in hohem Maße libidinöse und aggressive Energien frei (S. 68). Oft gewinnt auch die Frage der Schuld in dieser regressiven Phase eine erhöhte Bedeutung (S. 71). Dabei kann sich ein Abbau der Realitätskontrolle vollziehen, denn das Unbewußte kann sich nicht mit dem Verlust einer geliebten Person abfinden und »benutzt gerade die Organe, die wesentlich an der Bildung des Realitätsprinzips beteiligt sind, um sich eine Scheinbefriedigung zu verschaffen« (S. 171).

So geurteilt, wäre dann allerdings die Vision des Petrus ein Wahnglaube bzw. Wunschdenken, ja eigentlich Beispiel einer mißglückten Trauerarbeit[396], weil sie den Trauerprozeß abrupt abschneidet.

Wir stoßen hier auf das gleiche Problem wie bei der Behandlung der Bekehrung des Paulus und sollten uns (gegen Spiegel) hüten, einseitig reduktiv zu verfahren. Vielmehr will ja gewürdigt sein, daß anders als beim »normalen« Trauervorgang im Falle des Petrus nicht ein verblaßtes[397], sondern ein lebendig-vitales Bild Jesu an die Stelle des geliebten Verstorbenen trat. Freilich könnte man diesen Vorgang mit extremen Wünschen in Verbindung bringen. Es fragt sich aber doch, ob eine solche Erklärung nicht ein Verstehen verhindert (s. sofort).

Um das Verstehen der »Trauer« und der »Vision« des Petrus zu fördern, sei in diesem Zusammenhang hingewiesen auf Untersuchungen an der Harvard-Universität über Trauerfälle und den damit verbundenen schmerzlichen Verlust.[398] Die Forscher begleiteten 43 Witwen und 19 Witwer bei dem Prozeß der Trauer und befragten sie in Abständen von drei Wochen, acht Wochen und dreizehn Monaten nach dem Tod des Partners. Ziel der Arbeit war die Erforschung der Gründe, die eine Verarbeitung der Trauer ermöglichten. Unter anderem ermittelte man drei Faktoren, die eine Trauerarbeit behinderten: 1. Ein plötzlicher Tod, 2. eine ambivalente Beziehung zum Verstorbenen, die mit Schuldgefühlen verbunden war, und 3. eine abhängige Beziehung.

Auf die Situation des Petrus und der Jünger angewandt[399], ist festzustellen, daß alle drei Trauerarbeit erschwerenden Faktoren auf sie zutreffen: 1. Die Kreuzigung Jesu geschah unvorhergesehen und plötzlich[400]; 2. die Beziehung der Jünger gegenüber Jesus war von Ambivalenz und Schuldgefühlen bestimmt: Judas verriet Jesus und beging anschließend Selbstmord. Petrus verleugnete Jesus und weinte bitterlich; 3. eine abhängige Beziehung der Jünger gegenüber Jesus kann darin gesehen werden, daß die meisten Beruf und Heimat verließen, um mit ihm zu sein. Die Abhängigkeit wurde vielleicht dadurch noch verstärkt, daß die Jesusanhänger eine kleine religiöse Gruppe darstellten, die sich aus ihren ursprünglichen sozialen Strukturen gelöst hatten und damit förmlich von der Außenwelt abgetrennt waren. Jesus war ihnen ein und alles. (Das sind – zugegeben – Vermutungen, doch sie dürften einen historischen Anhalt haben.)

Fazit: Die durch die drei genannten Faktoren behinderte Trauer wurde bei Petrus durch eine Vision enorm gefördert, ja, in einem Epiphaniemoment zusammengedrängt. Die Trauer leitete erst zu einem tieferen Verständnis Jesu an, und dieses wiederum verhalf zu einem neuen Verständnis der Trauersituation. Erinnerungen daran, wie Jesus war, führten zur Erkenntnis, wie Jesus ist. Im Sehen Jesu ist dabei eine ganze Kette von (potentiellen!) theologischen Schlußfolgerungen eingeschlossen.

1Kor 15,5b (Die Erscheinung vor den Zwölf)

Von der Erscheinung vor den Zwölf existiert im Neuen Testament kein eigener ausdrücklicher Bericht, es sei denn, man setzt Teile von Lk 24 oder Joh 20 dazu in Beziehung (s. dazu u. S. 180f). Im Kerygma Petri aus dem Anfang des 2. Jahrhunderts findet sich folgende Erzählung:

»Der Herr sagt in der ›Predigt des Petrus‹ zu seinen Jüngern nach der Auferstehung: Ich habe euch Zwölf auserwählt, weil ich euch für meiner würdige Jünger hielt... Und ich sende die, von denen ich überzeugt war, daß sie treue Apostel sein werden, in die Welt, um den Menschen in der ganzen Welt die frohe Botschaft zu verkünden, daß sie erkennen, es sei (nur) ein Gott, und durch den Glauben... an mich das Zukünftige zu offenbaren, auf daß, die hören und glauben, gerettet werden, die aber, die nicht glauben, bezeugen, es gehört zu haben, und nicht zu ihrer Entschuldigung sagen können: ›wir haben nicht gehört‹.«[401]

Der Text hat sicher keine genetische Beziehung zur Erscheinung vor den Zwölf und ist ganz der Theologie des unbekannten Verfassers verpflichtet, die zentriert ist in der Verkündigung des einen Gottes und der Missionierung der ganzen Erde durch die zwölf Apostel. Weiter kann man erwägen, ob das vorliegende Fragment nicht Teil eines Gesprächs Jesu mit seinen Jüngern nach der Auferstehung ist, was jedoch ebenfalls in eine jüngere Zeit weisen würde.[402]

1Kor 15,6 (Die Erscheinung vor mehr als 500 Brüdern)

Vorbemerkung
Im folgenden soll die Vermutung begründet werden, daß diese Erscheinung eine Art Gründungslegende der christlichen Gemeinde darstellt und auf das historisch hinter Apg 2 liegende Ereignis (= Pfingsten) zurückgeführt werden kann.[403] Ein wichtiger vorläufiger Anhaltspunkt dafür ergibt sich aus folgender Überlegung: Es ist sehr unwahrscheinlich, daß sich von einem solchen Geschehen vor mehr als 500 Menschen sonst jede Spur verloren haben sollte. Zudem betont Paulus, daß die Betroffenen, von denen nur einige ge-

storben sind, noch befragt werden können. Er setzt also voraus, daß sie eine der des Paulus entsprechende Zeugenfunktion haben, die auch für die Christen in Korinth bedeutungsvoll ist. Spricht das nicht für die allgemeine Bedeutung dieses Ereignisses im frühen Christentum?

Analyse von Apg 2,1–13: Redaktion und Tradition

Der Abschnitt ist in zwei Teile zu gliedern: V. 1–4 beschreiben ein Reden in Zungen, V. 5–13 ein Sprachenwunder.

V. 1–4 enthalten viele lk Sprachelemente. Die Ausdrucksweise von V. 2f ist den Sinai-Theophanieschilderungen angeglichen (vgl. Ex 19,16–19; Dtn 4,11–12). Zu V. 3f vgl. man besonders noch Num 11,25. Lk imitiert auch an anderen Stellen die LXX. Seine Hand dürfte sich ferner am siebenmaligen (aneinanderreihenden) »und« zeigen, das im Dienst der Berichterstattung steht. Ferner spricht folgende Parallelisierung für lk Bearbeitung:

A: Und plötzlich kam vom Himmel ein Tosen (V.2)
A1: Und es erschienen ihnen sich teilende Zungen (V.3)
B: Wie von einer jagenden Windsbraut (V.2)
B1: Wie von Feuer (V. 3)
C: Und erfüllte das ganze Haus, wo sie saßen (V.2)
C1: Und es setzte sich auf einen jeden von ihnen (V.3).

Auch V. 5–13 sind von lk Sprache geprägt, wobei das lk »und« (V. 1–4) redaktionell von »aber« (V. 5.6.7.12.13) abgelöst wird.

In einem Zug auf der redaktionellen Ebene gelesen, berichtet der Text von einem Sprachenwunder am Pfingstfest nach Tod und Auferstehung/Himmelfahrt Jesu. Deutet schon die konkrete Angabe »Pfingsten«[404] auf Überlieferung hin, so lassen gleichfalls Spannungen im Text den Schluß auf Traditionselemente zu. Es wird zu fragen sein, ob Lk hier zwei Traditionen nur zusammengearbeitet hat oder ob die disparaten Elemente auf lk Eigenbildung zurückgehen, mit der er eine vorliegende Tradition ergänzt und umformt:

Das in V. 1–4 geschilderte Geschehen spielt sich in einem Haus (V. 2) ab (Rückbezug auf das Obergemach von Apg 1,13?), das nachfolgende (V. 5–13) offenbar im Freien.

Innerhalb der V. 5–13 verzögert die Aufzählung V. 9–11 den Fortlauf des Gedankengangs und geht sicherlich wegen der vielen konkreten Einzelheiten und ihres Listencharakters auf eine Quelle zurück. Da diese Vorlage inhaltlich und sprachlich gut in V.5–13 eingebunden ist, dürfte der ganze Abschnitt V. 5–13 in einem Zug von Lk gestaltet worden sein. Andere Indizien bestärken diesen

Eindruck: V. 2–4 können selbständig bestehen, während V. 5ff in den Demonstrativpronomina V. 6a und V. 7b den Abschnitt V. 1–4 voraussetzen. Der Vorwurf volltrunkenen Geredes bzw. Lallens V. 13 paßt so gar nicht zur wundersamen Begabung, in verständlichen Fremdsprachen zu reden, und ist wohl ursprünglich Abschluß von V. 1–4. Die Aussage V. 4, daß die Jünger in »anderen Zungen« redeten, ist nämlich doppeldeutig. Sieht man »anderen« als redaktionell an (das ist deswegen gut begründet, weil nur so dem Vf. der Apg die Verknüpfung des Sprachenwunders mit der Geschichte einer Glossolalie möglich war), so erscheint hinter dem Sprachenwunder, wie es im vorliegenden Kontext der Apg beschrieben wird, ein Reden in Zungen entsprechend dem in 1Kor 14. In diesem Fall berichtet die V. 1–4 (und V. 13) erhaltene Tradition, die offenbar mit der konkreten Zeitangabe »Pfingsten« zusammengehört, von einem ekstatischen Erlebnis der Jesusjünger(innen) (in einem Haus?), und erst Lk hat sie im Sinne eines Sprachenwunders interpretiert.

Vom *Kontext* her hat der vorliegende Abschnitt folgende Funktion: Der Bericht von dem Erfüllt-Werden der Jünger mit dem Heiligen Geist setzt Jesu Verheißung von Apg 1,8 in die Tat um. Nicht zufällig beginnt die anschließende Rede des Petrus (V. 14–40) beim Ausgießen des Heiligen Geistes (V. 17–18). Dieser ist fortan kennzeichnend für das Christsein (vgl. Apg 8,14–24; 19,1–7).

Neben der Darstellung des Geistempfangs dürfte die Absicht des Lk auch darin bestanden haben, das Pfingstgeschehen als Sprachenwunder zum Ausdruck zu bringen. Wenn bereits am Stiftungstag der christlichen Religion der Heilige Geist die Mitglieder der neuen Bewegung mit den Sprachen aller anderen Völker ausrüstet, so liegt darin die lk Überzeugung von der universalen Bestimmung des Christentums zugrunde.

Der historische Kern hinter Apg 2 als Erscheinung vor mehr als 500 Brüdern

Paulus selbst bezeugt das Phänomen glossolalischer Rede. Er behauptet von sich in 1Kor 14,18, mehr in Zungen zu reden als die Korinther[405], und scheint 1Thess 5,19 (»den Geist löscht nicht aus!«)[406] seine Gemeinde zu glossolalischer bzw. ekstatischer Rede förmlich zu ermuntern.[407]

Es handelt sich bei der Glossolalie[408] im allgemeinen um unverständliches ekstatisches Reden – im Weltbild des Paulus: Die Sprache der Engel (1Kor 13,1 [vgl. 2Kor 12,4]) –, zu dem 1Kor 14 einen anschaulichen Kommentar liefert: Glossolalie ist unverständliches

(V. 2.16.23), ekstatisches (V. 23)[409] Reden, das aber übersetzbar ist und dann einen erbauenden (V. 4f.26) und belehrenden (V. 19) Inhalt hat. Entweder übersetzt der Zungenredner selbst (V. 13) oder ein anderes Gemeindeglied (V. 27). Z.B. besitzt Paulus sowohl die Gabe der Zungenrede als auch die der Prophetie (V. 6.18f). Überhaupt dürften Glossolalie und Prophetie enger zusammengehören, als auf den ersten Blick deutlich wird. Sie werden als pneumatische Gabe angesehen (1Kor 14,1), beziehen sich auf göttliches Geheimwissen (1Kor 13,2; 14,2) und sind jeweils ekstatische Phänomene (1Kor 14,32: »Die Geister der Propheten sind dem Propheten untertan«[410]). Die Glossolalie wird übersetzt, die Prophetie ausgelegt (1Kor 14,29; vgl. 12,10).[411] Im palästinischen Christentum finden sich vergleichbare Phänomene in TestJob 48–52[412] (diese Kapitel, d.h. 46–53, sind genuiner Bestandteil der Schrift und keinesfalls eine sekundäre christliche Interpretation[413]) und bei den prophezeihenden Töchtern des Philippus (Apg 21,8f). (Ich setze voraus, daß hier glossolalische Erscheinungen eine Rolle spielen.) Ein ähnlicher Vorgang ist daher in Jerusalem gut denkbar und die Glossolalie, von der die hinter Apg 2,1–4 (13) stehende Tradition berichtet, historisch durchaus plausibel.[414] Wahrscheinlich fand dieses glossolale Ereignis am Pfingstfest nach dem Todespassah statt[415] und dürfte mit der Erscheinung vor mehr als 500 Brüdern (1Kor 15,6) identisch[416] sein.[417] Die Zahl »über 500 Brüder« ist im Sinne von »eine riesige Zahl« zu verstehen[418], also nicht wörtlich zu nehmen. (Wer hätte nachzählen können?) Da der Erscheinungsort »das ganze Haus« (Apg 2,2) ohnehin der lk Redaktion verdächtig ist[419], erwächst hieraus kein Widerspruch, so daß die Annahme traditionsgeschichtlicher Zwischenglieder, die die Spannung zwischen den »mehr als 500« und dem Erscheinungsort »im Haus«[420] erklären, überflüssig wird. Zwar wird gegen die These eines genetischen Zusammenhangs zwischen den beiden Traditionen hinter 1Kor 15,6 und Apg 2,1–11 eingewandt: »Die Entwicklung von einer Christophanie (sc. wie 1Kor 15,6) zu dieser Theophanie ist nicht wohl vorstellbar, zumal in der älteren Fassung der Osterchristophanien der Geist nicht erwähnt ist«.[421] Doch belegt immerhin Joh 20,21f die Verbindung von Christophanie und Geistverleihung, und die Züge der Theophanie sind, wie oben gezeigt, in Apg 2 wahrscheinlich redaktionell eingetragen worden (die Glossolalie darf als Traditionssubstrat der Geschichte angesehen werden).

Überhaupt krankt der obige Einwand methodisch daran, daß er aus der Nicht-Erwähnung des Geistes in den ältesten Osterberichten zu weitgehende Schlüsse zieht. Denn die entscheidende Frage ist doch nicht, ob der Geist jeweils explizit erwähnt ist, sondern ob der Geist der Sache nach von den ntl. Zeugen *vorausgesetzt und mitgedacht* wird. Daran kann aber aus historischen Gründen kein Zweifel bestehen.[422]

Die Aufspaltung in zwei strikt zu unterscheidende Traditionen – hier Christophanie (1Kor 15,6), dort Verleihung des Geistes (Apg 2,1–4) – ist aber gegenstandslos, da für Paulus Christus von Anfang an mit dem Geist identisch ist. Im österlichen ekstatischen Geschehen wird die Gegenwart Jesu aktuell erfahren. Latent und vom Phänomen her ist damit die Gleichsetzung Christi mit dem Geist bereits gegeben. Paulus bringt dann später die Sache auf den Begriff. Der Apostel meint also mit 1Kor 15,6 zumindest vom sachlichen Gehalt her dasselbe wie Lk und/oder die von ihm benutzte Überlieferung in Apg 2,1–4: Durch ein ekstatisches Erlebnis wurden Menschen fähig zum Zeugnis des Glaubens.

Die zumindest teilweise Identität von Geist und Christus bei Paulus[423] ist seit langer Zeit Gemeingut der ntl. Wissenschaft.[424] Sie sei als Illustration an einem Paulus-Text erläutert:

In *Röm 8,9* (»Ihr... seid nicht fleischlich, sondern geistlich, da der Geist Gottes in euch wohnt, wer aber Christi Geist nicht hat, der ist nicht sein«) werden Geist Gottes und Geist Christi ganz gleichwertig hinsichtlich dessen verwendet, was die Christen erfüllt. Im Zusammenhang von Röm 8,9f wohnt der Geist Gottes in den Christen (V. 9), ist Christus in den Christen (V. 10) und wohnt der Geist desjenigen, der Jesus von den Toten erweckt hat, in den Christen (V. 11). Indem Paulus den Geist so an Gott bindet – ebenso wie er in 2Kor 12 die Ekstase an Gott gebunden hat –, verhindert er freilich eine Autonomie der Geistträger und versteht die Geistesgabe damit als Geschenk. Das ändert nichts daran, daß Geist (Gottes) und Christus parallel nebeneinander stehen und letztlich identisch sind. (Man vgl. auch die außerhalb von Röm 8 im paulinischen Schrifttum erscheinenden Korrespondenzformeln »in Christus« [Gal 3,28 u.ö.] und »[im] Geiste« [Gal 5,25 u.ö.].)

»Der Geist wirkt sich aus als eine ›Macht‹ in den verschiedenartigsten Formen, die in der Gemeinde auftreten und die der Apostel an sich selbst hervortreten spürt. Die Visionen und Auditionen tun dem Visionär kund, daß der Geist niemand anders ist, als der gegenwärtige Herr, der in der Gemeinde weiterwirkt und seine Macht auf die mannigfaltigste Weise bekundet. Nur der kann diese Gleichsetzung aussprechen ›Der Herr ist der Geist‹, dem selbst der Herr im Geist erschienen ist, zu dem der Herr in Offenbarungen und Gesichten spricht. Der Heilige Geist, das Hervortreten der Macht des Heiligen Geistes in Gesichten, Offenbarungen, Heilungen, Unterscheidung der Geister, Dämonenaustreibung, Vollmacht über das böse Getier und über die Elemente ist die Form der Gegenwart des Herrn in der Zwischenzeit bis zu seiner Wiederkehr.«[425]

Die soeben aufgezeigte partielle Identität von Geist und Christus bei Paulus bestätigt unsere Ausführungen zur Bekehrung/Berufung des Paulus, bei der Paulus Jesus als pneumatisches Himmelswesen gesehen hat. Zwar könnte man demgegenüber darauf verweisen, daß Paulus den ihm erschienenen Erhöhten nie *ausdrücklich* als Pneuma bezeichnet oder die Vision auf eine Wirkung des Pneuma zurückgeführt hat.[426] Doch ist 1Kor 15 mit dem Hinweis auf den pneumatischen Leib des Erhöhten (V. 45) nicht eine Antwort auf die Frage nach der Gestalt des Auferstandenen, die Paulus vor Damaskus sah?[427]

Des weiteren ist mit Ernst von Dobschütz[428] auf die Verbindungen von Geist und Christus in der Apk und im JohEv zu verweisen: »Der Apokalyptiker führt seine Schrift ein als eine Offenbarung Jesu Christi, die Gott ihm gab zu zeigen seinen Knechten was geschehen solle in Bälde. Dann aber geschieht es ›im Geiste‹, daß er alle die Visionen schaut. Christus ist es, der ihm die 7 Sendschreiben aufträgt und immer kehrt darin die Formel wieder: ›Wer Ohren hat, der höre, was der Geist den Gemeinden sagt‹. Ebenso laufen beide Vorstellungen auch in den Abschiedsreden des Johannesevangeliums nebeneinander her: der Herr verspricht seinen Jüngern wiederzukommen und sich ihnen zu zeigen (16,16ff., 14,3.18f.21.23.28), andererseits verheißt er, an seiner Statt den Parakleten ihnen zu senden (15,26, 16,7ff., 14,16f.26)« (S. 34f). Man müsse sich hier überall das Fließende der Vorstellungen gegenwärtig halten, die noch in keine Formel gezwängt seien (ebd.).[429]

Es geht also nicht darum, ob *theologisch-lehrhaft* Christophanien und Geisterfahrungen gleichgestellt wurden, sondern um die Frage, ob, historisch-phänomenologisch gesehen, in der Frühzeit Christuserfahrung Geisterfahrung und Bewegung durch den Geist ein Angerührt-Sein durch Christus war. Wenn man z. B. mit Jacob Kremer die Nähe des Geistes zu Christus dadurch erklärt, »daß eben der Kyrios durch den heiligen Geist in der Kirche wirkt«[430] und daraus ein Argument gegen die Identifizierung der Erscheinung vor den mehr als 500 und »Pfingsten« beziehen will, so ist übersehen, daß ein solcher Satz bereits theologisch-lehrhaften Charakter hat und die historisch-phänomenologische Ebene gar nicht in den Blick bekommt.[431]

Zwischenfazit: Die eingangs ausgesprochene Vermutung, daß die Erscheinung vor mehr als 500 Brüdern mit dem durch das Traditionssubstrat in Apg 2 bezeichneten Ereignis identisch ist, darf als plausible These bezeichnet werden. Es handelt sich dabei um ein enthusiastisches Erlebnis einer großen Menge von Menschen, die als Begegnung mit Christus aufgefaßt wurde. Angesichts des ungewöhnlichen Charakters einer solchen Begebenheit wird man es für gut möglich halten, daß damit in der Tat, wie es Lk schildert, die Geburtsstunde der Kirche zu bezeichnen ist. Als Lokalität kommt dafür dann Jerusalem in Frage, weil vor allem hier die Bedingung der Möglichkeit eines Zusammentreffens von so vielen Menschen – z. B. bei einem Fest – gegeben war.

Wie ist eine solche Erscheinung vor »mehr als 500 Brüdern« konkret vorzustellen und überhaupt verstehbar? Ähnliche Hinweise auf den historischen Kontext, wie sie bei Petrus und Paulus bezüglich ihrer Vergangenheit als Verständnishilfe zur Verfügung stehen, liegen in diesem Fall nicht vor. Vielleicht helfen Anleihen bei der Forschung zur Massenpsychologie hier weiter.

Gustav Le Bon[432] hat vor 90 Jahren folgende Erkenntnis gewonnen:

Menschen unterschieden sich voneinander *am meisten* bezüglich der Intelligenz, der Moralität, der Ideen und *am wenigsten* bezüglich der tierischen Instinkte und Emotionen. Daher sei die Macht der Masse umso größer, je mehr ihre Mitglieder sich einander ähneln, nachdem die Dinge, worin sie sich unterscheiden, einmal zur Seite gelegt worden seien. Sie besäßen dann eine Art Gemeinschaftsseele, in der sich die Verstandesfähigkeiten und Persönlichkeiten der einzelnen verwischten und die unbewußten Eigenschaften überwögen (S. 13f). Le Bon beobachtet weiter: »Die Massen befinden sich ungefähr in der Lage eines Schläfers, dessen Denkvermögen im Augenblick aufgehoben ist, so daß in seinem Geist Bilder von äußerster Heftigkeit aufsteigen, die sich aber schnell verflüchtigen würden, wenn die Überlegung mitzureden hätte« (S. 43). Alles, was die Phantasie der Massen errege, erscheine in der Form eines packenden, klaren Bildes, das frei ist von jeglichem Deutungszubehör (S. 44).

Man könne dabei von einem förmlich ansteckenden Einfluß der Glieder einer Masse untereinander sprechen.[433] Le Bon führt folgendes instruktives Beispiel für den ansteckenden Einfluß an:

»Bevor der Heilige Georg allen Kreuzfahrern auf den Mauern von Jerusalem erschien, war er sicher zuerst nur von einem von ihnen wahrgenommen worden. Durch Beeinflussung und Übertragung wurde das gemeldete Wunder sofort von allen angenommen. So vollzieht sich der Vorgang von Kollektivhalluzinationen, die in der Geschichte so häufig sind und klassische Merkmale der Echtheit zu haben scheinen, da es sich hier um Erscheinungen handelt, die von Tausenden von Menschen festgestellt wurden.« (S. 23 f).

Paul Wilhelm Schmiedel[434] verweist mit gutem Recht u.a. auf die Massenvisionen Thomas Beckets[435] und Savonarolas[436] nach deren Hinrichtung als Analogien für die Erscheinung vor den »mehr als 500«. Soviel dürfte klar sein: Es handelt sich bei all den genannten Phänomenen um psychische Tatsachen, über deren Bedeutung und Wahrheitsgehalt damit allerdings noch nichts ausgesagt ist. Wie Gottes Wort in menschlicher Rede erscheinen kann, ohne darin aufzugehen, so mag auch ein psychisches Geschehen der menschliche Ort einer Erscheinung göttlichen Geistes sein. Historie bzw. Psychologie und Theologie haben Bezüge zueinander, da sie selbst sich auf verschiedene Aspekte der einen Wirklichkeit beziehen, sind aber nicht aufeinander reduzierbar. Hier geht es vorerst um den historischen Aspekt.

Fazit: Die Erscheinung vor »mehr als 500« läßt sich als historisches Phänomen plausibel als Massenekstase vertreten, die in der Frühzeit der Gemeinde stattfand. Aus massenpsychologischen Erwägungen dürften ihr Anstöße durch einzelne oder einen einzelnen vorausgegangen sein. Das fügt sich wiederum gut dem bisher Erarbeiteten zu, nach dem zumindest eine Ersterscheinung vor Petrus (und den Zwölfen) stattgefunden hatte. Wir dürfen hier diese Vorstellung noch ein wenig weiter verfolgen: Petrus hatte den gekreuzigten Jesus lebendig gesehen (ebenso die Zwölf). Sie erzählten davon z. B. auch bei dem nächsten großen Fest (nach dem Todespassah Jesu) in Jerusalem, dem jüdischen Wochenfest (=Pfingsten), auf dem viele Festpilger zusammen waren. (Ein solches Fest ermöglicht ja erst die Erscheinung vor einer größeren Anzahl von Menschen.) Diese Predigt und allgemein vorhandene Erinnerungen an Jesus führten förmlich zu einem religiösen Rausch und einer Begeisterung, die als Gegenwart Jesu erfahren wurde, und zwar als Präsenz des Auferstandenen, wie ihn bereits Petrus gesehen hatte. Die Erscheinung vor den »mehr als 500«, bei der auch bisherige Visionsempfänger anwesend waren, bündelte und bestätigte alle bisherigen Einzelerscheinungen und verlieh der Gruppe damit einen Kraftschub ohnegleichen.[437]

Daß die Ereignisse nur so und nicht anders abgelaufen sein können, braucht hier nicht behauptet zu werden. Wohl aber wird beansprucht, daß diese Überlegungen eine den Quellen und den daraus ableitbaren Folgerungen angemessene historische Vorstellung des Geschehenen entwickelt haben.

Lk dann hat davon im Rückblick – historisch zutreffend – als von der »Geburtsstunde der Kirche« gesprochen[438] und – ebenfalls theologisch zu Recht – die Ekstase als Fähigkeit interpretiert, verständlich in fremden Sprachen zu reden, denn die von Jesus vergegenwärtigte Botschaft ging alle Menschen etwas an. Wäre man in Ekstase und Rausch verblieben, so hätte das Christentum keine Überlebenschance gehabt und sich nicht behaupten können. Er wäre aber auch, theologisch gesprochen, seinem Auftrag nicht treu geblieben, Gottes heilsames Wort den Menschen in verständlicher Sprache auszurichten.

1Kor 15,7 (Die Erscheinung vor Jakobus)

Sie wird im HebrEv[439] bei Hieronymus (ca. 347–419/20), *de viris inlustribus*, der ersten christlichen »Literaturgeschichte«[440], wie folgt beschrieben:

»Das Evangelium, das nach den Hebräern genannt wird, und von mir neulich ins Griechische und Lateinische übersetzt worden ist, das auch Origenes häufig benutzt, berichtet nach der Auferstehung des Heilandes:

Als aber der Herr das Leintuch dem Knecht des Priesters gegeben hatte, ging er zu Jakobus und erschien ihm. Jakobus hatte nämlich geschworen, er werde kein Brot mehr essen von jener Stunde an, in der er den Kelch des Herrn getrunken hatte, bis er ihn von den Entschlafenen auferstanden sähe. Und kurz darauf sagte der Herr: Bringt einen Tisch und Brot! Und sogleich wird hinzugefügt: Er nahm das Brot, segnete es und brach es und gab es Jakobus dem Gerechten und sprach zu ihm: ›Mein Bruder, iß dein Brot, denn der Menschensohn ist von den Entschlafenen auferstanden‹.»[441]

Der Text hat folgende Besonderheiten hinsichtlich des Jakobus: a) Jakobus ist erster Auferstehungszeuge. b) Jakobus gehörte bereits *vor* Ostern zur Gemeinde. c) Der Text hat als Skopus die Lösung des Jakobus von einem Gelübde und nicht die Realität der Auferstehung Jesu bzw. eine Christophanie[442]. Vielleicht ist dabei das Gelübde dem Versprechen des Petrus, mit seinem Herrn in den Tod zu gehen (Mk 14,31), nachgebildet. Damit, daß Jakobus das Gelübde einhielt, während Petrus es ja bekanntlich gebrochen hat, wäre das

Erstzeugnis betont dem Jakobus zugeschrieben. d) Von einer *direkten* Rivalität zu anderen Aposteln oder Petrus ist freilich (im Text) trotz c) wenig zu spüren, ja, weder Petrus noch andere Jünger werden überhaupt erwähnt.

Der Text ist damit bereits ein weites Stück von der historischen Wirklichkeit entfernt. »Jakobus braucht nicht mehr (!) um seine Stellung zu kämpfen; sein Sieg ist vollständig. Er ist anerkanntermaßen der erste und vornehmste Zeuge des Auferstandenen, der wichtigste Träger der Tradition, auch und gerade gegenüber Petrus und den Zwölfen«[443]. Jakobus (und nicht Jesus) steht im Mittelpunkt, und die Tatsache, daß er zu Lebzeiten Jesu nicht zum Jüngerkreis gehörte, ist vergessen.

Überdies ist der Bericht erst spät bezeugt. Ihm liegt eine ntl. Abendmahlstradition zugrunde, die »in eine Personallegende zur Verherrlichung des Jakobus umgewandelt worden« ist.[444] Der Text enthält abgesehen von der bloßen Tatsache der Erscheinung Jesu vor Jakobus, keinerlei zuverlässige Information. Vielmehr dient die Tradition im HebrEv Jakobusverehrern der zweiten und dritten Generation dazu, die Ersterscheinung des Jakobus gegenüber Kephas zu behaupten.[445] Ebenso wird dann im joh Kreis die Protophanie für den Lieblingsjünger gegenüber Petrus indirekt erzählerisch zur Geltung gebracht (Joh 20,3–8), indem ausdrücklich gesagt wird, der Lieblingsjünger habe im Wettlauf zum Grab gegen Petrus gesiegt (s. u. S. 170f).

Aus dem allen folgt: Der Bericht des HebrEv ist ausschließlich literarisch-apologetisch zu verstehen und hat keine genetische Beziehung zur geschichtlichen Vision des Jakobus (s. dazu oben S. 50).

Über die historischen Hintergründe dieser Einzelvision, die eine Art Bekehrung des Jakobus darstellt, sind nur vage Vermutungen möglich. Wegen 1Kor 15,7 steht fest, *daß* Jakobus seinen Bruder ›gesehen‹ hat. (Demgegenüber entzieht sich die Schau »aller« Apostel ganz unserer Kenntnis und bleibt im folgenden unberücksichtigt) Das kann aber zunächst durchaus im Rahmen der mehr als 500 Brüder gewesen sein, worauf dann noch eine Einzelvision folgte. Zu beachten ist, daß Jakobus zu Lebzeiten Jesu keine religiöse Bindung an seinen Bruder hatte. Die Voraussetzungen für eine Vision waren daher *anders* als bei Petrus. (Deswegen wird diese Vision aber nicht gleich zu einer originalen Offenbarung, da die Vision des Petrus dem Jakobus bekannt und ihm vorgegeben war.) Daß Jakobus später Leiter der Urgemeinde wurde, hat mehr mit seiner Familienzugehörigkeit zu tun. In der Antike dachte man familienpolitisch (vgl.

bes. auch die Bedeutung der Familie in der Hasmonäerdynastie). M.R. hat man eine Art Kalifat auch im frühen Christentum ins Auge gefaßt.[446]

Der Bericht des HebrEv ist auf der Grundlage der anderen bereits bestehenden Traditionen von Erscheinungen nachträglich erzählerisch ausgebildet worden und geht sicher nicht auf den Berichterstatter Jakobus oder auf seine unmittelbaren Anhänger zurück.

Mk 16,1–8: Die Verkündigung des Auferstandenen am leeren Grab

Nach der Einzelanalyse der den Auferstehungstraditionen zugeordneten Quellen aus den paulinischen Briefen ist es Zeit, die diesbezüglichen Berichte der ntl. und frühchristlichen Texte zu untersuchen, soweit sie nicht schon behandelt wurden. Wir beginnen mit der ältesten Erzählung, Mk 16,1–8, und schließen daran Analysen des MtEv, des LkEv und des JohEv an.

Hinführung

Die vorliegende Perikope ist in mancherlei Weise merkwürdig: Der *erste* Anstoß, den sie bietet, betrifft ihre Stellung am Ende des Evangeliums. Es stellt sich die Frage: Wie kann ein Evangelium mit dem Satz »denn sie fürchteten sich« (V. 8) geschlossen haben? Nun ist seit alters versucht worden, das ursprüngliche Ende des MkEv zu rekonstruieren. Unter Hinweis darauf, daß ihm im 2. Jahrhundert verschiedene Schlüsse gegeben worden seien (s.o. S. 38f) und daß die Seitenreferenten Mt und Lk die Mk-Vorlage, die bis 16,8 reichte, mit einer Ergänzung ausgestattet haben, wird dabei vorausgesetzt, daß der ursprüngliche Mk-Schluß schon früh weggebrochen sei (Blattverlust oder absichtliche Tilgung). Damit würde der hier besprochene Anstoß zweifellos beseitigt. Gegenüber allen Ergänzungen ist jedoch aus methodischen Gründen zunächst der Versuch zu unternehmen, das überlieferte MkEv in seiner vorliegenden Gestalt zu verstehen, auch wenn noch so viele Anstöße darin enthalten sein sollten. Spekulationen über verlorengegangene Partien dürfen erst einsetzen, wenn sich die als »echt« gesicherten Teile nicht stimmig interpretieren lassen. Zudem wird oft vergessen, daß ein evtl. Blattverlust bereits am Urexemplar geschehen sein müßte. Denn je später die Beschädigung im Überlieferungsprozeß angesetzt wird, desto eher wäre die Erhaltung eines authentischen langen Mk-Schlusses zu erwarten gewesen.

Der *zweite* Anstoß besteht in dem Inhalt des von Mk Berichteten. Wenn die Frauen dem Auftrag des Engels keine Folge leisten, wie V. 8 sagt, wie soll dann die Auferstehungsbotschaft die Jünger und Petrus erreicht haben? Andererseits steht aber fest, daß das MkEv von Christen gelesen wurde. Daraus ist zu folgern: Auch wenn historisch an dieser Stelle etwas nicht zu stimmen scheint, so mag trotzdem die Botschaft an die Leser und Leserinnen des Evangeliums im Sinne des Vf.s eindeutig sein. Mit anderen Worten: Der historisch implizite Widerspruch in V. 8 muß im Zusammenhang des ganzen Textes auf seine Aussageintention hin abgehört werden.

In einem ersten Durchgang durch den Text geht es also darum, was Mk seiner Leserschaft sagen wollte. In einem zweiten wird unter der Voraussetzung der Ergebnisse des ersten Durchgangs nach der zugrunde liegenden Tradition und in einem dritten nach den historischen Fakten gefragt werden, falls sie denn rekonstruiert werden können.

Redaktion

V. 1: Wie in 15,42 leitet eine Zeitangabe die Geschichte ein (»Sabbat« nimmt »Vorsabbat« [15,42] auf). In V. 2 wird dann noch einmal die Zeitangabe von V. 1 wiederholt (»am ersten Tage nach dem Sabbat« [*mia ton sabbaton*]). Das Pronomen »ihn« (*auton*) statt »Jesus« reicht nicht aus, um auf der Stufe der Tradition einen genetischen Zusammenhang mit der vorigen Einheit vorauszusetzen (vgl. Apg 7,54). Vielmehr wird mit »ihn« auf der redaktionellen Ebene eine enge Verzahnung mit dem vorigen Stück ausgedrückt. Die Frauennamen nehmen die aus Mk 15,40 und 15,47 auf. In allen drei Fällen erscheint Maria Magdalena an der Spitze. Mk war offensichtlich der Meinung, daß es sich um dieselbe Gruppe um Maria Magdalena handelte. Da von diesen Jüngerinnen Jesu im Evangelium bisher keine Rede war, trägt er in V. 41 nach, daß sie ihm bereits in Galiläa nachfolgten und ihm dienten (vgl. Mk 1,31). Zusätzlich weist er darauf hin, daß auch weitere Frauen mit Jesus nach Jerusalem gezogen sind. Daraus ergibt sich eine Art Hoffnung für die Leserschaft, daß ihre Treue zu Jesus stärker sein werde als die der Jünger.[447]

Nach den soeben angestellten Überlegungen zur Funktion der Frauenlisten müssen wir die Frage nach ihrem traditionsgeschichtlichen Verhältnis zueinander stellen. 15,40f macht im Kontext einen isolierten Eindruck. Das Bekenntnis des Hauptmanns unter dem Kreuz (15,39) ist der Höhepunkt, und die Frauenliste (15,40) mit Erklärung (15,41) wirkt wie ein Nachtrag. Da Mk sicherlich V. 41 formuliert hat, sei probeweise auch V. 40 auf ihn zurückgeführt und im Anschluß an Ludger Schenke[448] die Hypothese formuliert, daß er die Namen aus der Tradition von Mk 16,1 und 15,47 gewonnen hat. *Begründung*: Die namentliche Nennung der drei Frauen in Mk 15,40 (»Maria Magdalena, Maria, die Mutter des kleinen Jakobus sowie des Joses und Salome«)[449] stimmt mit Mk 16,1 und 15,47 überein: Maria Magdalena, Maria und Salome. Dagegen differieren die Beinamen der Maria in 15,47 und 16,1, was auf unabhängige Traditionen weisen dürfte; sie stimmen aber jeweils mit *einem* Beinamen der Maria aus Mk 15,40 überein. (Dies bestärkt die obige These der Abhängigkeit von Mk 15,40 von den anderen beiden Frauenlisten.) M.a.W., wir besitzen sowohl für die Passionsgeschichte in 15,47 als auch für die Grabesgeschichte in 16,1 traditionelle Erwähnungen von Frauen. Ob allerdings die Frauen aus 15,47 mit der Tradition der Grablegung Jesu verbunden waren, ist zu bezweifeln. Eher hat Mk ihren Namen in der Passionsüberlieferung gefunden und sie an diese Stelle gesetzt, um einen besseren Übergang zu dem Stück 16,1 zu schaffen.

»kauften« (V. 1) nimmt »kaufte« (15,46) auf. Die beabsichtigte Salbung erinnert an 14,3–9 (Salbung Jesu durch die [anonyme] Frau[450] in Bethanien). Dort geschieht sie »zum Begräbnis« (14,8). Indem Mk das Salbungsmotiv aus 14,3–9 im Zusammenhang mit Frauen hier wiederum anführt, rahmt er den Passionsbericht durch Erzählungen mit ähnlichen Motiven. Andere Beispiele für solche mk Rahmungen[451] sind: 1,21–28 bis 6,1–6 (Wunder); 6,30–44 bis 8,1–9 (Speisungsgeschichte); 8,22–26 bis 10,46–52 (Blindenheilung); 15,40–41 bis 15,47 (Frauenliste).

V. 2: »Grab« bezieht sich auf dasselbe Wort 15,46 zurück. Zu »als die Sonne aufging«[452] vgl. »als es Abend wurde« (15,42): Die einbrechende Nacht hatte die Salbung Jesu verhindert. Die Zeitangaben »sehr früh« und »als die Sonne aufging« stehen nicht in Spannung zueinander, wie manchmal gesagt wird. Man vgl. die Stellen mit doppelten Zeitangaben im MkEv: 1,32.35; 4,35; 10,30; 13,24; 14,12.30.43; 15,42. Daß man am Morgen vor dem Sonnenaufgang keine Salben kaufen konnte, stört den Erzähler nicht. Alles kommt darauf an, die Frauen zum Grab zu bringen.

V. 3: »Stein« und »Grabtür« nehmen dieselben Wörter aus 15,46 auf. Die Frage der Frauen, wer ihnen den Stein wegwälzen kann, wird beantwortet durch den folgenden Vers.

V. 4: Die Erläuterung, daß der Stein groß gewesen sei, steigert die Größe der Tat, dessen Vollbringer im nächsten Vers vorgestellt wird:

V. 5: Es ist ein Jüngling im weißen Gewand, der im Grabe sitzt. Zur Gestalt des Jünglings vgl. 2Makk 3,26.33 (zwei junge Männer in prächtigem Gewand, die dem Tempelräuber Heliodor entgegentraten) und PetrEv 9,36: Zwei junge Männer steigen in einem großen Lichtglanz von den Himmeln herab; zu »weiß« vgl. Mk 9,3; Apk 7,13f. Mt 28,2 identifiziert dann den Jüngling explizit als Engel.

Der Jüngling im weißen Gewand (vgl. Mk 9,3)[453] ist im gegenwärtigen Zusammenhang anders als der Jüngling von Mk 14,51 natürlich eine himmlische Gestalt. (So wird Tob 5,14 der Engel Raphael »Jüngling« genannt.) Die ganze Szene ist eine Art Epiphanie. Das »Sitzen zur Rechten« verleiht der Botschaft des Jünglings Nachdruck und bestätigt sie, da »rechts« die richtige, glückliche Seite anzeigt (vgl. Joh 21,6 u. ö.) und da »sitzen« offenbar die Autorität ausdrückt, mit der der Jüngling spricht (vgl. Dan 7,9; Apk 21,5).[454]

Die Reaktion der Frauen, das Erschrecken (nicht angesichts des leeren Grabes, sondern angesichts des Engels) trägt sprachlich mk Kolorit. (Das Verb *ekthambein* [»erschrecken«] steht im Neuen Testament nur bei Mk: 9,15; 14,33; 16,5.6 [vgl. ferner Mk 1,27; 10,24.32].) Es handelt sich daher an dieser Stelle eindeutig um ein mk Theologumenon, das zum Thema hinleitet, welches bis V. 8 im Vordergrund stehen wird.

V. 6: »entsetzt« (*ekthambeisthe*) nimmt dasselbe Wort aus V. 5 auf. »Jesus den Nazarener, den Gekreuzigten« bezieht sich auf der Stufe der Redaktion auf die Passionsgeschichte (Mk 14–15) und die Voraussagen der Passion (Mk 8,31; 9,31; 10,34) zurück.[455] Die Botschaft des Jünglings ist, daß Jesus auferweckt wurde (*egerthe*). Sie entspricht Jesu eigener Voraussage: 8,31; 9,31; 10,34. Der Hinweis auf das leere Grab (»er ist nicht hier«) unterstreicht die Tatsächlichkeit von Jesu Auferweckung. Man vgl. in 15,44 die Betonung der Tatsächlichkeit seines Todes. Doch will im engeren Kontext das Textgefälle beachtet sein: Der Satz »Jesus wurde auferweckt« steht obenan; »erst dann kommt auch das leere Grab in den Blick ... Die Tendenz ist also nicht: Das Grab ist leer, also ist Jesus auferstanden;

sondern sie ist geradezu entgegengesetzt: Jesus ist auferweckt – er ist nicht hier – das Grab ist also leer«.[456] Eigentlich entdeckten die Frauen das leere Grab gar nicht. »Ihr Entsetzen ist auch nicht auf diese Entdeckung zurückzuführen, sondern auf die unerwartete Begegnung mit dem Engel«.[457]

Doch ist gleichzeitig vor allzu übertriebener Abwertung historischer Argumentation zu warnen, denn im Sinn des Mk ist der Hinweis auf das leere Grab ein stichhaltiger Indizienbeweis[458]. Die Auferstehung Jesu schließt im Verständnis des Mk und der Tradition notwendig ein, das Grab leer zu denken.

V. 7: Der Vers enthält den Auftrag an die Frauen, den Jüngern und Petrus[459] mitzuteilen, daß Jesus ihnen nach Galiläa vorausgehen werde. Der Jüngling fährt fort: »Dort werdet ihr ihn sehen, wie er euch gesagt hat.« Damit ist ausdrücklich auf Mk 14,28 (»aber nach meiner Auferstehung werde ich euch nach Galiläa vorausgehen«) zurückverwiesen, woraus der redaktionelle Charakter beider Verse hervorgeht.[460] »In dem erneuten Verweis auf Galiläa... wird bewußt an den Beginn der Verkündigung erinnert und damit an den Beginn des Evangeliums... Die Verse XVI 1–8 haben deshalb nicht nur die Absicht, allein die Passionsgeschichte sinnvoll abzuschließen, sondern zugleich die Gesamtkomposition des Evangeliums adäquat zu beenden«.[461] Jesu Vorausgehen bezieht sich dabei ebenso wie in Mk 10,32 auf den christlichen Weg, den es in der Nachfolge Jesu zu beschreiten gilt. Mk steht hier in der urchristlichen Tradition, in der der »Weg« technischer Ausdruck für den christlichen Weg geworden ist (vgl. Apg 9,2).[462]

Die anderen beiden Möglichkeiten, V. 7 zu interpretieren, sind seine Deutung auf die Parusie[463] oder aber ein symbolisches Verständnis von Galiläa als »land of the Gentiles, which is symbolic of the world-wide mission.«[464]

V. 8: Die Flucht der Frauen erinnert an die Flucht der Jünger in 14,50. Ihre Furcht wird im vorliegenden Vers gleich zweimal beschrieben (man vgl. die analoge Verdoppelung Mk 10,32). Sie führt dazu, daß sie niemandem etwas erzählen, was Ungehorsam gegenüber dem Befehl des Jünglings bedeutet. Dem entspricht das Versagen der Jünger im gesamten MkEv, so daß Mk 16,1–8 der letzte Bericht von einem Versagen derjenigen ist, die mit Jesus zusammen waren – diesmal sind es die Frauen.[465] »Die Flucht der Frauen aus dem Grabe trotz der Auferstehung Jesu, trotz der Engeloffenbarung ist wohl das tiefste Jüngerversagen, das das Markusevangelium erzählt – und noch dazu am Schluß des gesamten Textes.«[466] Der das

Evangelium abschließende Satz »sie fürchteten sich nämlich« ist ebenfalls markinisch; man vgl. nur 9,6: »Sie waren voller Furcht«. Ferner sei auf Gen 18,15 LXX (vgl. 45,3) als Belege dafür verwiesen, daß »sie fürchteten sich nämlich« am Schluß eines Satzes und einer Geschichte stehen konnte. Mk 16,8 als Perikopen- und Evangeliumsschluß ist zwar ungewöhnlich und überraschend, doch durchaus denkbar. (Man vgl. Mk 6,51b–52 [diff. Mt 14,33] und die Änderung von Mk 16,8 in Mt 28,8.) Überdies ist V. 8b ein Rückverweis auf die bereits lebhaft ausgemalte Furcht der Frauen. Daher »wird man schwerlich bestreiten können, daß der Text, wie er lautet, wohl verständlich ist und einen wirkungsvollen Rhythmus der Rede aufweist«.[467]

Man kann versuchen, die Zielrichtung von Mk 16,8 als absichtlichem Ende des MkEv[468] weiter zu klären: Nach Andreas Lindemann macht Mk »dadurch, daß die Frauen – und die Leser – von Jesu Auferstehung allein durch das Wort des *neaniskos* erfahren,... klar, daß diese Auferweckung keinesfalls Gegenstand eines Tatsachenberichts ist, sondern Gegenstand, besser: Inhalt der auf den Glauben angewiesenen Verkündigung«.[469] Oder: Wenn die Frauen schweigen, hängt alles Folgende von dem *sich selbst* erweisenden Jesus ab.

Mk 16,1–8 ist also ein sinnvolles Ende des Evangeliums, und zwar als Veranschaulichung des Kerygmas von Kreuz und Auferstehung (V. 6), das in die dramatische Episode 16,1–8 gekleidet wurde. Ebenso kann das ganze Evangelium als Veranschaulichung des Kerygmas verstanden werden (= Verkündigung als Erzählung).

Traditionen

In der Redaktionsanalyse war V. 7 – obwohl 1Kor 15,5 entsprechendes historisches Wissen zugrundeliegt – als markinisch bestimmt worden[470], ebenso V. 8b (»sie fürchteten sich«). Weiterhin dürften sich V. 3 und V. 4 mk Erzählkunst verdanken, was freilich eine hier zugrunde liegende Tradition nicht ausschließt. Das in V. 1 vorausgesetzte Datum »dritter Tag« ist sicher traditionell. Dabei ist nicht auszuschließen, daß das Datum zur Rechtfertigung der kirchlichen Osterfeier dienen soll (vgl. Apg 20,7, Apk 1,10; 1Kor 16,2 [?]). Hinter der darstellerisch motivierten redaktionellen Salbungsabsicht könnte traditionell die Vorstellung von einer Totenklage der Frauen stehen[471], vgl. Lk. 23,27.

Ein Resultat der Redaktionsanalyse war die traditionelle Zugehörigkeit der Frauen (Maria Magdalena, Maria, Salome) zur Grabesgeschichte.

An dieser Stelle sind zwei Fragen zu klären:

a) Ist Mk 16,1–8*[472] Bestandteil einer vormarkinischen Passionsgeschichte gewesen?

b) Wie läßt sich Mk 16,1–8* formgeschichtlich bestimmen?

Zu a) Gegen Mk 16,1–8* als Bestandteil einer vormarkinischen Passionsgeschichte und für den Text als ursprünglich eigenständige Einheit sprechen folgende Gründe: 1. Mk 16,1 und 15,47 sind zwei verschiedene Frauenlisten gegeben; 2. Mk 16,1 setzt neu ein; 3. Bezüge auf das Alte Testament, die sich häufig in der Passionsgeschichte finden, fehlen in Mk 16,1–8; 4. Mk 16,1–8 und die Grablegungsgeschichte (Mk 15,42–47) passen nicht gut zusammen. In der Grablegungsgeschichte erscheint das Begräbnis Jesu als abgeschlossen. Dazu steht die den Gang der Frauen zum Grabe am Ostermorgen (Mk 16,1) konkret motivierende Salbungsabsicht im Widerspruch, denn ein solcher Plan setzt eine unterlassene Salbung des Leichnams und deswegen eine nur vorläufige Bestattung voraus.

Nun wird gelegentlich unter Hinweis auf die Parallelen des mk und joh Passionsberichts behauptet, Mk 15,42–47 sei auf der Stufe der Tradition mit Mk 16,1–8 verbunden gewesen.[473] Doch sprechen gute Gründe für eine Abhängigkeit des joh Rahmens der Passionsgeschichte vom MkEv[474], so daß die genannte Behauptung ohne Überzeugungskraft ist.

Fazit: Mk 16,1–8* war kein Bestandteil einer vormarkinischen Passionsgeschichte, sondern eine kleine Einheit, die von Mk an dieser Stelle eingearbeitet wurde.

Zu b) Gegenüber dem Versuch, Mk 16,1–8* formgeschichtlich näher zu bestimmen, könnte eingewandt werden, daß mangels Vergleichsmaterials und wegen Unsicherheiten der Rekonstruktion einer Vorlage ein solches Unternehmen von vornherein aussichtslos sei. Doch zu oft verbindet sich eine solche Skepsis mit Fragestellungen, die an der eigentlichen Geschichte – aus welchen Gründen auch immer – kein Interesse mehr zeigen. »Gegenüber einer Verflüchtigung konkreter Geschichte sollte deshalb auf der form*geschichtlichen* Analyse des Textes geradezu insistiert werden.«[475]

Bei der nun folgenden formgeschichtlichen Bestimmung von Mk 16,1–8* halten wir uns zunächst an die klassische Analyse von Rudolf Bultmann.[476] Er sieht V. 7 als redaktionell (vgl. oben S. 130) und das vormarkinische Stück als gegenüber der Passionsgeschichte isoliert an. Formgeschichtlich bestimmt er es als »eine ganz sekundäre Bildung« (S. 308), »eine apologetische Legende« (S. 314), wie aus Mk 16,8 (»sie sagten niemandem etwas«) hervorgehe – ein Satz, der »sich ursprünglich nur auf die Entdeckung des leeren Grabes beziehen und ›auf die Frage Antwort geben (sc. kann), weshalb die Erzählung von den Frauen am leeren Grabe so lange unbekannt geblieben sei‹[477] « (S. 308). »Die Pointe der Grabesgeschichte ist das leere Grab als Auferstehungsbeweis; der Engel hat keine selbständige Bedeutung, sondern spielt nur die Rolle des *Angelus interpres*« (S. 314). Bultmann bezeichnet den Aufbau der Geschichte als »eindrucksvoll: die Überlegung der Frauen V. 3, der überraschende Anblick des fortgewälzten Steines und die Erscheinung des Engels V. 4f, das meisterhaft formulierte Wort des Engels V. 6 und der erschütternde Eindruck V. 8« (S. 309).

Gegenüber Bultmanns Analyse ist eingewandt worden, daß die »vorgestellte geschichtliche Situation einer solchen Apologetik... undeutlich«[478] bleibe. Diese Anfrage leuchtet jedoch nicht ein. Mt 28,15 belegt, daß z. Zt. der Abfassung des MtEv (und sicher auch schon früher) Juden am Verbleib des Leichnams Jesu Interesse zeigten und natürlich eine Verkündigung Jesu als des Auferstandenen bei Gegnern bzw. Ungläubigen die Frage nach dem Leichnam Jesu geradezu provozierte. Die oben von Bultmann rekonstruierte Vorlage verbindet also die christliche Verkündigung von der Auferstehung Jesu mit ihren Folgerungen, dem leeren Grab, und gibt so in einer doppelten Apologie für alle möglichen Kritiken eine glatte Auskunft: V. 3–6 verteidigen die Tatsächlichkeit der Auferstehung und V. 8 die Authentizität des V. 3–6 Berichteten. Nun wurde fernerhin gegen Bultmanns Analyse eingewandt: »The status of women in the ancient world was such that a story fabricated as proof or apology would probably not be based on the testimony of women.«[479] Doch ist zum einen die Bindung des Mk an den überlieferten Stoff zu betonen. Zum anderen wird in der Tradition das Zeugnis der Frauen nur sehr zurückhaltend ins Spiel gebracht, da V. 8 (»und sie sagen niemandem etwas«) voraussetzt, es sei lange unbekannt geblieben.

Andere Versuche, dem Rätsel der Tradition hinter Mk 16,1–8 auf die Spur zu kommen[480], sind m. E. fehlgeschlagen:

Nach Ludger Schenke ist die ursprüngliche Erzählung (Mk 16,2.5–6.8a) »vom Gang der Frauen zum Grab am Ostermorgen... eine mit dem in der christlichen Urgemeinde von Jerusalem bekannten und verehrten leeren Grab Jesu verbundene ätiologische Legende, die eine zumindest jährlich am Gedächtnistag der Auferstehung Jesu bei Sonnenaufgang im oder am leeren Grab stattfindende kultische Feier der Gemeinde zum Gedächtnis und zur feierlichen Begehung der Auferstehung des Gekreuzigten begründete und begleitete.«[481] Doch wird eine kultische Begehung am Grabe Jesu durch keine andere Quelle gestützt. Das Grab war offenbar unbekannt. Es wurde erst 300 Jahre später »wiederentdeckt«, als man es brauchte.

»Die Tatsache, daß das Grab Jesu unbekannt war und daß man zunächst nicht über Reliquien verfügte, scheint freilich über 300 Jahre hinweg niemanden gestört zu haben. Man kann andererseits an der ungeheuren magischen Kraft des Turiner Grabtuchs ermessen, was geschehen wäre, hätte man das Grab Jesu mit allen seinen magischen Substanzen tatsächlich gekannt. Niemand scheint es jedoch vermißt zu haben. Man hatte freilich die Grabeslegenden, und der verschwundene Jesus konnte ohne weiteres den ebenfalls grablos entschwundenen Heroen und Gottmenschen der heidnischen Vergangenheit gleichgestellt werden. Das Grab wurde erst ›wiederentdeckt‹, als man es brauchte. Daß es im Jahre 326 n. Chr., wie Euseb in seiner Vita Constantini (III, 25–40) berichtet, als ›die Höhle des Heils‹ unter einem Venustempel gefunden wurde, konnte religionspolitisch kaum mißverstanden werden. Der Hintergrund war wiederum magischer Art, wie denn auch die ersten Abbildungen des Grabes Christi, die um 400 n. Chr. in der Kunst auftauchen, bestätigen: Sie finden sich auf den Pilgerampullen, die wohl apotropäischen Zwecken dienten.«[482]

Nach Martin Albertz geht die Tradition hinter Mk 16,1–8 in Wahrheit auf eine Christophanie zurück. Sie habe unter Einfluß der Aufzählung 1Kor 15,3ff, die keine Nachricht über Frauen als Auferstehungszeugen enthält, bereits die Christophanie zu einer Angelophanie degradiert.[483] An dieser These ist richtig, daß die Engelserscheinung eine größere Bedeutung hat, als Bultmann es wahrhaben wollte. Die Erzählung hat ja Züge einer Epiphaniegeschichte, auch wenn Albertz' These einer Verdrängung einer Christophanie durch eine Angelophanie eine Hypothese zweiten Grades und darum nicht wahrscheinlich zu machen ist.

Elisabeth Schüssler Fiorenza hält freilich ähnlich Mk 16,1–6.8a für eine Auferstehungsgeschichte, in der das frühchristliche Bekenntnis »Jesus von Nazareth, der Gekreuzigte ist auferstanden« zuallerst den Jüngerinnen Jesu in einer Erscheinung offenbart wurde.[484] Doch ist das überhaupt keine Formbestimmung, sondern eine historisch gemeinte summarische Aussage (s. dazu weiter unten S. 161f).

Man wird trotzdem fragen, ob Bultmanns Auffassung des Engels als eines Deuteengels ausreicht. Der Engel deutet ja nicht nur, er *verkündigt* ja gleichzeitig, und die Frauen erschrecken bei seiner Erscheinung. In dem Hiatus zwischen dem Verkündigungsengel und dem leeren Grab, zwischen dem Erschrecken der Frauen angesichts des Engels (sowie seiner Botschaft) und der Salbungsabsicht zeigt sich die Spannung zwischen Auferstehungskerygma und leerem Grab. Doch ändert diese Einschränkung nichts an der Richtigkeit des allgemeinen Urteils Bultmanns zu Mk 16,1–8: Es handelt sich um eine apologetische Legende mit epiphanieartigen Zügen.

Aus der Perikope heraus läßt sich neben den formgeschichtlichen Bestimmungen ein Vorschlag zur Traditionsgeschichte entwickeln. Am Anfang steht das Kerygma (V. 6), wie es aus dem paulinischen Schrifttum bestätigt wird (s. o. S. 48f). Von da her entwickelt sich in apologetischer Absicht die Erzählung vom Grab. Daß Frauen die Hauptpersonen dieser Legende bildeten, lag nicht fern, da die Flucht der männlichen Jüngerschar ein festes Datum war. Waren aber die Frauen ein Teil der Passionsgeschichte (vgl. oben S. 127f zu Mk 15,47), so mag wegen der Zusammengehörigkeit von Tod und Auferstehung im christlichen Kerygma ein Bedürfnis empfunden worden sein, auch von ihrer Kenntnisnahme der Auferstehung Jesu zu erzählen. So bildete sich auf der Grundlage des Kerygmas eine apologetische Legende mit Frauen als Empfängerinnen der Auferstehungsverkündigung am Ort des Grabes Jesu.

Daß das Credo von Tod und Auferstehung Jesu verbunden mit einer Erscheinung vor Petrus am *Anfang* steht, ergibt sich indirekt auch aus V. 7. Hier erscheinen »die Jünger und Petrus« im Zusammenhang des Sehens des Auferstandenen. Das dürfte sich auf das alte Kerygma 1Kor 15,5 beziehen, in dem Kephas und die Zwölf als die Erstzeugen der Erscheinung des Auferstandenen genannt wurden. (Wohlgemerkt: V. 7 ist von Mk in die Tradition eingefügt worden, doch scheint sich in der Redaktion älteres Wissen erhalten zu haben.)

Anhang: Eine religionsgeschichtliche Analogie zum Verhältnis von Erscheinung und leerem Grab

Herodot[485] berichtet in Buch IV 14 seiner Historien folgendes über Aristeas aus Prokonnesos:

»Aristeas, *so berichtet man*, war seiner Herkunft nach nicht geringer als einer seiner Mitbürger. Er kam nach Prokonnesos in eine Walkerei und starb in der Werkstatt. Der Walker schloß den Arbeitsplatz und ging weg, um die Angehörigen des Toten zu benachrichtigen. Als sich das Gerücht vom Tode des Aristeas schon in der ganzen Stadt verbreitet hatte, geriet ein Mann aus Kyzikos, der aus Artake (ein Hafen, der ungefähr 8 km von Kyzikos entfernt ist, Vf.) kam, mit denen in Streit, die die Nachricht verbreiteten. Er berichtete, er selbst sei ihm auf dem Wege nach Kyzikos begegnet und mit ihm ins Gespräch gekommen. Er widersprach mit aller Kraft. Darauf fanden sich die Angehörigen in der Walkerei ein mit allen Geräten, die sie zur Bestattung brauchten, um ihn zu holen. Als man den Raum öffnete, fand man Aristeas weder tot noch lebend darin. Nach sieben Jahren erschien Aristeas wieder in Prokonnesos und dichtete jenes Epos, das in Griechenland Arimaspea heißt. Danach verschwand er zum zweiten Mal.«[486]

Herodot gibt eine mündlich erzählte Geschichte wieder (»*so berichtet man*«). Analog zur obigen Bestimmung von Tod, Ort des Leichnams und Erscheinung Jesu ist in dieser Geschichte, daß man trotz des Todes den Leichnam dort, wo er zu erwarten gewesen wäre, nicht findet, der Tote hingegen jemandem erschienen ist. Offenbar haben Anhänger des Aristeas, der zu seinen Lebzeiten vielleicht ein Priester Apollos war, diese Geschichte nach seinem Tod[487] erzählt. Primär war, daß er ihnen »erschienen« war. Daraus erschlossen sie die Nicht-Auffindbarkeit seines Leichnams. Die Geschichte ist ein anschauliches Beispiel dafür, wie religiöse Phantasie assoziiert und »Folgerungen« zieht. Wie Gegner möglicherweise darauf reagierten, sei aus Herodot IV 94f erläutert. Herodot berichtet von dem Thrakerstamm der Geten, daß sie annehmen, nach dem Tode zu dem Dämon Salmoxis zu gelangen. »Sie glauben, es gebe keinen anderen Gott als ihren eigenen« (94,4). Nun hat Herodot aber von den Griechen am Hellespont und am Pontos erfahren, daß dieser Salmoxis ein Mensch gewesen ist, der seine Landsleute wie folgt täuscht:

(95,2–5:) »Da aber die Thraker noch ein recht erbärmliches und rohes Leben führten, baute dann Salmoxis, der ionische Lebensweisen und Sitten kannte, die vernünftiger waren, als die der Thraker – er hatte ja unter Griechen gelebt und nicht gerade bei dem schlechtesten Gelehrten der Griechen, dem Pythagoras, – einen Saal, in den er die vornehmsten Bürger zum Mahl einlud und bewirtete. Dabei lehrte er sie, daß weder er noch seine Gäste noch deren Nachkommen sterben würden, sondern an den Ort kämen, wo sie ewig weiterlebten und alle Güter in Fülle hätten. Während er aber solche Gastmähler gab und solche Reden führte, ließ er sich ein unterirdisches Gemach bauen. Als es fertig war, machte er sich den Thrakern unsichtbar. Er stieg nämlich in dieses Gemach hinab und lebte drei Jahr darin. Die Leute sehnten sich nach ihm und betrauerten ihn wie einen Toten. Im vierten Jahr erschien er wieder bei den Thrakern, und dann glaubten sie an die Lehre des Salmoxis. Soweit der Bericht.«[488]

Die Geschichte ist wohl eine gegnerische Reaktion auf die Unsterblichkeitsansprüche des Salmoxis und seiner Anhänger. Eine ähnliche Kritik an Aristeas findet sich beim Kirchenvater Gregor von Nazianz, der ihn mit Trophonius und anderen vergleicht, die sich in Zellen verbergen, um sich zu vergöttlichen.[489] Man darf vermuten, daß ähnliches bereits von seinen Zeitgenossen gegen ihn gesagt wurde, wie die obige Erzählung gegen die Salmoxisanhänger illustriert. Und schließlich wird klar, warum eine Kritik des leeren Grabes Jesu nicht lange auf sich warten ließ.

Mir scheint, daß die These von Elias Bickermann noch einmal zur Diskussion gestellt werden muß[490]. Er wies auf die zahlreichen Erzählungen aus christlichen Heiligenlegenden und dem Hellenismus (darunter auch die obige von Aristeas) hin, in denen ein leeres Grab die *Entrückung* der jeweiligen Person »beweise«. »Die Auferstehung wird dagegen niemals durch das Verschwinden des Leichnams bezeichnet oder erwiesen, sondern ausschließlich durch das Erscheinen des Wiederbelebten« (S. 277). Doch dürfte diese scharfe Unterscheidung für die obige Erzählung aus Herodot, bei der Aristeas erscheint *und* das »Grab« leer ist, nicht viel abwerfen. Überhaupt sind nach dem Urteil der frühen Christen Entrückung bzw. Erhöhung und Auferstehung eng zusammengeordnet bzw. sogar identisch (vgl. Phil 2,6–12)[491], wie auch Bickermann hervorhebt. Er schreibt z. B.: »Lc 1,33; Act 5,31; Joh 3,10; 12,32.34... gebrauchen auch gelegentlich ohne Bedenken das Wort ›Erhöhung‹ anstatt der ›Auferstehung‹. Denn diese setze jene nach ihrem Glauben unbedingt voraus« (S. 281). Bickermann sieht weiter richtig, daß die ersten »Christophanien... auf den Glauben der ersten Jünger an die unmittelbare Erhöhung« hinweisen (S. 282). Ebd. setzt er diese mit »Entrückung« gleich. Hier liegt jedoch eine Unklarheit, denn *Entrückungen* setzen ja eigentlich ein Nicht-Sterben voraus[492], Jesus aber wurde als gestorbener Gekreuzigter *erhöht*. Als dieser ist er Kephas erschienen (vom Himmel aus).

Bultmann hat zu Bickermanns Aufsatz kritisch Stellung genommen. Doch ist wahrscheinlich der Dissens zwischen beiden nur graduell. Bickermann hält die Grabesgeschichte für eine Entrückungserzählung und setzt sie deswegen sehr früh an. Bultmann betont ihren sekundären apologetischen Charakter[493], was aber nicht ausschließt, daß sie von hellenistischen Christen so verstanden werden konnte, wie Bickermann meint. Mit anderen Worten, der Dissens bezieht sich auf die traditions-, nicht aber auf die religionsgeschichtliche Frage.

Historisches

Der Gang von Maria Magdalena (mit den anderen beiden Frauen) am Tage nach dem Sabbat zum Grab Jesu ist schwerlich geschichtlich zu nennen. Historisches Nachfragen wird sich nach dem Charakter der vorliegenden Überlieferungen richten müssen. Die Quelle in unserem Fall ist eine apologetische Legende mit epiphanieähnlichen Zügen, die ohne das Kerygma nicht existiert haben dürfte. Dessen Träger(innen) »folgerten« aus der Botschaft, daß der Gekreuzigte auferstanden sei: Das Grab Jesu sei leer gewesen. Die vorliegende Geschichte ist sozusagen Produkt eines Schlusses bzw. eines Postulats. Aus dem »Dogma« wird Geschichte erst gefolgert.[494] Daraus ist ehrlicherweise nichts, gar nichts für das historisch wirklich Geschehene zu gewinnen.

Die Ostergeschichten bei Matthäus

Hinführung

Bei der Darstellung der Ostergeschichten legt Mt im allgemeinen den Mk-Bericht zugrunde und ergänzt diesen um zwei Erscheinungen des Auferstandenen (28,9f: vor den Frauen am Grabe; 28,16–20: vor den Elfen in Galiläa), weil der Schluß des MkEv (16,8) für ihn ebenso wie für Lk unbefriedigend war. Sodann steuert er eine Geschichte von den Grabwächtern bei, welche die nach Mk wiedergegebene Erzählung vom Gang der Frauen zum leeren Grab rahmt. (Zur Frage ihres traditionsgeschichtlichen Zusammenhangs mit Mt 28,2–4 s. unten S. 146f) Im folgenden seien die Einheiten jeweils für sich untersucht, wobei die Erzählungen von den Grabeswächtern (Mt 27,62–66; 28,11–15) zusammengefaßt werden. (Sie »gehören zusammen wie die beiden Hälften einer Kugel, welche zusammengefügt ein vollkommenes Rund ergeben«[495].) Zunächst sei wieder nach der Redaktion, dann nach der Tradition und schließlich nach den möglicherweise zugrunde liegenden historischen Fakten gefragt.

Mt 27,62–66; 28,11–15: Die Bestechung der Grabeswachen

Redaktion

V. 62: Der Vers leitet mit mt Vokabular (vgl. nur »zusammenkommen« in der mt Passionsgeschichte: 26,3.57; 27,17.27; 28,12) die Erzählung ein. Die Zeitangabe »am nächsten Morgen« führt »am Abend« aus V. 57 weiter. Die »Pharisäer« erscheinen nur hier in der Passionsgeschichte und reflektieren den eigentlichen Widerpart zur Zeit des Mt. (Die Auseinandersetzung mit den offiziellen Vertretern des Judentums ist härter geworden als in der Zeit vor dem jüdischen Krieges; vgl. dazu unten zu 28,13). Auffälligerweise findet die Sitzung bei Pilatus am Sabbat statt, was sich nicht aus historischen Gründen, sondern aus der Erzählnotwendigkeit ergibt. Der Tod Jesu am Freitag und die Auferstehung bzw. die Entdeckung des leeren Grabes zwei Tage nach dem Tod, am Tage nach dem Sabbat, waren ja aus der mk Tradition vorgegeben (vgl. Mk 16,1).

V. 63: Die Hohenpriester und Pharisäer »erinnern« sich in ihrer Rede vor Pilatus ausdrücklich an ein Wort Jesu: »Dieser Betrüger sagte, als er noch lebte: ›Nach drei Tagen werde ich auferweckt‹.« Damit ist offensichtlich nicht auf die Leidensvorhersagen verwiesen, wo Mt (16,21; 17,23; 20,19) gegen die Mk-Vorlage (8,31; 9,31; 10,34) jeweils »nach drei Tagen« in »am dritten Tag« (vgl. 1Kor 15,4) ändert, sondern auf Mt 12,40: »Wie Jona im Bauch des Fisches drei Tage und drei Nächte war, so wird der Menschensohn im Herzen der Erde... drei Tage und drei Nächte sein.« Dazu paßt, daß ebenso wie in Mt 27,62 auch in der Szene Mt 12,38f Pharisäer anwesend sind. Die abweichende Formulierung »nach drei Tagen« will offenbar an diese Stelle erinnern.

V. 64: Der Vers enthält mt Sprachkolorit (»befiehl« nimmt »befahl« [27,58] auf.) Die jüdischen Oberen bitten Pilatus, das Grab Jesu bewachen zu lassen: »Betrug« bezieht sich auf »Betrüger« in V. 63 zurück. V. 64c (»und jener letzte Betrug wird schlimmer als der erste sein«) entspricht Mt 12,45c: »Es wird mit demselben Menschen hernach schlimmer, als es zuvor war«, d.h., läßt man die

Jünger mit ihrer Auferstehungspredigt gewähren, dann wird die Sache noch übler, als sie mit Jesus schon war. (Man beachte, daß Mt 12,45c zu jener Szene gehört, die bereits in Mt 27,63 zugrunde liegt.)

V. 65f erzählen, wie Pilatus der Bitte der jüdischen Oberen nachkommt.

Es folgt Mt 28,1–10, die Perikope vom leeren Grab und der Erscheinung Jesu vor zwei Jüngerinnen (dazu s. u. S. 142ff). Hernach setzt Mt seine Berichterstattung über die Bestechung der Grabeswachen fort.

Kap. 28:

V. 11: »Als sie gingen« (*poreuomenon auton*) hängt in der Luft (sicherlich eine redaktionelle Naht!). Einerseits verknüpft der Satzteil V. 10 und V. 11 derart, daß nahegelegt wird, V. 9f und V. 11–15 hätten sich zur gleichen Zeit ereignet. Andererseits nimmt *poreuomenon* 27,66 *(poreuthentes)* auf. Bekanntlich ist *poreuomai* ein mt Lieblingswort (vgl. im vorliegenden Abschnitt noch 28,16.19). Die Grabwächter selbst berichten den jüdischen Oberen von allem Geschehenen, d.h. faktisch von der Auferstehung Jesu. Diese wissen also davon, ebenso wie ihnen klar war, daß Jesus lt. eigenem Zeugnis nach drei Tagen auferstehen werde (27,63).

V. 12: Die Bestechung der Grabwächter erinnert an die Bestechung des Judas (26,15).

V. 13 nimmt 27,64 auf. Wider besseres Wissen sollen die Soldaten das Gerücht verbreiten, die Jünger hätten den Leichnam gestohlen, während sie selbst schliefen. Das hatten die jüdischen Oberen aber schon vorher als Befürchtung geäußert. Nun, da Jesus wirklich auferstanden ist, bestechen sie die Soldaten, trotzdem diese falsche Kunde zu verbreiten. (Die antijüdische Kritik ist hier ebenso gesteigert wie Mt 23,1–36 im Verhältnis zur Vorlage Mk 12,37b-40.)

V. 14 liefert die notwendige Ergänzung für das Tun der Soldaten. Sollte der Statthalter etwa davon hören, nämlich daß die Soldaten entgegen ihrer Pflicht geschlafen haben – die Wache war ja in Absprache mit ihm vereinbart worden (27,65) –, so würden sich die jüdischen Oberen für die Soldaten bei Pilatus verwenden.

V. 15 schließt die Geschichte ab. Die Soldaten tun, was die jüdischen Oberen von ihnen verlangen. Es folgt im zweiten Versteil ein aktueller Ausblick auf die Gegenwart des Mt: »Und dieses Gerücht ist verbreitet worden bei den Juden bis auf den heutigen Tag.«

V. 15b weist darauf hin, daß die Kunde vom Diebstahl des Leichnams Jesu durch die Jünger bei den Juden zur Zeit des Mt und vorher allgemein verbreitet war. Ob die Einzelheiten der von Mt erzählten Geschichte dazu gehören, ist sehr fraglich, denn die Juden werden ja äußerst negativ gezeichnet und wissen sogar von der Auferstehung Jesu. Der Apologet Justin kennt Mitte des 2. Jahrhunderts im Dialog mit dem Juden Tryphon[496] ebenfalls diese jüdische Behauptung (erwähnt die Wachen allerdings nicht).

Daher ist folgende Traditionsgeschichte denkbar: Juden behaupteten den Diebstahl des Leichnams Jesu durch die Jünger. Die Christen reagierten *darauf* mit einer Geschichte von der Bestechung von Grabwächtern, wie sie bei Mt vorliegt – falls man diesem nicht die Komposition der gesamten Szene zutrauen will.

Nun wurde verschiedentlich die These aufgestellt, das jüdische Gerücht setze die Anerkennung des leeren Grabes geradezu voraus.[497] Dagegen sollte man zwar nicht die »zeitliche und räumliche Distanz (sc. des mt Textes) zur historischen Situation« ins Spiel bringen[498], denn die aus dem Auferstehungsglauben gezogene Schlußfolgerung auf das leere Grab lag schon sehr früh in der christlichen Tradition vor. Wohl aber ist schwer begreiflich zu machen, wie anders denn die (ungläubigen) Juden zur Auffassung, das Grab sei leer gewesen, gekommen sein könnten, als durch eben diese christliche Tradition. (Historische Gründe scheiden ohnehin aus, da Jesus gar nicht ordentlich begraben wurde [s. dazu o. S. 57ff].) In ähnlicher Weise setzt die bei Origenes (Gegen Celsus I 28.32) wiedergegebene jüdische Erzählung von der Verstoßung Marias durch ihren Verlobten (»die Mutter Jesu sei von dem Zimmermann, mit dem sie verlobt war, verstoßen worden, weil sie des Ehebruchs überführt worden sei und von einem Soldaten namens Panthera geboren habe« [Gegen Celsus I 32]) den ntl. Text Mt 1,19 voraus und ist nicht etwa eine ältere Überlieferung.

Historisches

Zwei historische Tatsachenurteile können abgegeben werden:

a) Die Kunde von einem Diebstahl des Leichnams Jesu ist sicher historisch, nicht aber der Diebstahl selbst, wie Reimarus[499] meinte. Denn die Jünger(innen) wußten gar nicht, wo Jesus »begraben« wurde, und wären fernerhin wegen ihrer grenzenlosen Enttäuschung zu einem solchen Betrug nicht mehr in der Lage gewesen.

b) Die Überlieferung von der Bestechung der Grabwächter kann historisch nicht ernst genommen werden, weil sie zu deutlich parteiische Züge des Mt bzw. der mt Tradition trägt. (Mit dem Geständnis, am Grabe geschlafen zu haben, hätten sie sich selbst um Kopf und Kragen gebracht.)

Mt 28,1–10: Das leere Grab und die Erscheinung Jesu vor zwei Jüngerinnen

Redaktion und Tradition

V. 1 ist ganz auf der Grundlage der mk Vorlage zu erklären. Wenn bei Mt nur zwei Frauen zum Grabe kommen (die mit denen von Mt 27,61 identisch sind), während es bei Mk noch drei waren, so hat Mt hier wohl eine Spannung zwischen Mk 15,47 und 16,1 empfunden und entsprechend ausgeglichen. Die sehr auffällige – weil unnötige – Absicht der Frauen im Mk-Bericht, die Leiche im Grabe zu salben, und zwar nach drei Tagen, entfällt bei Mt. Die Wendung »das Grab zu besehen« ist durch Nachwirken von Mk 15,47 zu erklären, denn nach dem Aufenthalt der Frauen beim Grab Mt 27,61 (sie »setzten sich dem Grabe gegenüber«) ist ein »Besehen des Grabes« recht merkwürdig.

V. 2–4: Zwischen V. 2–4 und V. 5–8, wo abermals der Mk-Bericht zugrunde liegt, besteht eine Spannung, denn die gewaltigen Ereignisse von V. 2–4 stehen in keinem Verhältnis zur Ausrichtung der Botschaft in V. 5–8. V. 2–4 malen die Graböffnung durch einen Engel vom Himmel aus, angesichts dessen die Wächter in Ohnmacht fallen, in V. 5–8 wird die Auferstehungs*botschaft* durch denselben Engel an die Frauen ausgerichtet, wobei das in V. 5–10 Erzählte sich während der Ohnmacht der Soldaten abgespielt haben muß. Daß dabei die Wächter nicht über das Erdbeben, sondern über den Anblick des Engels erschraken, »ist Nachwirkung von Mc 16,5, wo die Frauen erschrecken, denen allein der Engel erscheint.«[500] Indem Mt V. 2–4 hier einschiebt, werden die Frauen indirekt »zu Zeuginnen des Auferstehungsvorgangs selbst gemacht... in ihrer Gegenwart, vor ihren Augen, geschieht unter Erdbeben das Herabkommen des Engels und das Abwälzen des Steins. Nur das Hervorgehn Jesu aus dem Grabe selbst erwähnt der Evangelist nicht: Er wird es sich wohl als vom blitzenden Glanz des Engels verdeckt geschehend gedacht haben. (Licht ist nach orientalischer Anschauung für die Augen blendende Hülle des Göttlichen.)«[501]

Zur Tradition hinter Mt 28,2–4

1) Der in V. 2–4 beschriebene Vorgang hat eine Parallele im PetrEv, von dem im Jahre 1886 im Grab eines christlichen Mönches in Oberägypten ein längeres Fragment entdeckt wurde.

»Die Entdeckung war sensationell. Denn bis dahin wußte man von der Existenz eines PetrEv aus der altkirchlichen Überlieferung nur durch Bemerkungen des Origenes und des Euseb, die aber kein Zitat aus ihm brachten, und die den Verdacht erweckten, daß sie es selbst nicht gelesen hatten. Das einzig Konkrete, was man von ihm wußte, war Eusebs Bericht (KG VI, 12) über den Bischof Serapion von Antiochien (ca 200), der die kirchliche Verlesung des PetrEv in der Gemeinde von Rhossos auf Anfrage von Gemeindegliedern zunächst gestattet, nach eigener Lektüre aber verboten hatte, und zwar mit der Begründung, ›daß zwar das meiste in dem Evangelium der rechten Lehre des Heilands angehöre, einiges aber von Geboten hinzugefügt sei‹, daß es von Heterodoxen gebraucht werde und speziell die Anschauung der Doketen fördere. Serapion hat seine Kritik in einer Schrift niedergelegt, aus der Euseb zitiert. Seitdem gehört das PetrEv zu den Antilegomena.«[502]

Das Fragment (das Ganze ist im Ich-Stil geschrieben, Petrus ist der Sprecher [7,26;14,60]) beginnt mit der Szene des Händewaschens des Pilatus. Das Händewaschen selbst ist im Fragment nicht berichtet, kann aber aus seinem Anfang mit ziemlicher Sicherheit erschlossen werden. Es folgt die Bitte des Joseph von Arimatäa um den Leichnam Jesu, der im PetrEv nur »der Herr« genannt wird (2,3–5), die Verspottung (3,6–9), Kreuzigung (4,10), Kreuzesinschrift (4,11), Kleiderverlosung (4,12), Fürsprache des mitgekreuzigten Verbrechers für den Herrn (4,13f), Finsternis (5,15), Tränkung mit Galle und Essig (5,16), letzter Aufschrei und Aufnahme des Herrn (5,19), Zerreißen des Tempelvorhangs (5,20), Kreuzesabnahme (6,21), Erdbeben (6,21), Ende der Finsternis (6,22), Begräbnis (6,23f), Reue der Juden (7,25), Verhalten des Petrus und der Jünger (7,26f), Aufstellen der Grabwache (8,28–33), Massenbesuch der Bewohner Jerusalems am Grab (9,34), Auferstehung (9,35–10,42), Bericht an Pilatus und Schweigebefehl an die Soldaten (11,43–49), die Frauen und das leere Grab (12,50–13,57), Rückkehr der Jünger in ihre Heimat (14,58f), Petrus, Andreas und Levi gehen fischen (14,60). Hier bricht das Fragment ab. Aufgrund der Parallelen in den kanonischen Evangelien kann man mit gutem Recht vermuten, daß sich nun eine Erscheinung des »Herrn« am See Tiberias anschloß.

Nun ist schon darauf hingewiesen worden, daß man nach der in Mt 28,2 ausgemalten Öffnung des Grabes eigentlich *wie im PetrEv* das Heraustreten des wiederbelebten Leichnams Jesu erwartet.

Zur Auferstehung heißt es im PetrEv 9,35–11,44: »In der Nacht aber, in welcher der Herrntag aufleuchtete, als die Soldaten, jede Ablösung zu zweit, Wache standen, erscholl eine laute Stimme im Himmel, 36. und sie sahen die Himmel geöffnet und zwei Männer in einem großen Lichtglanz von dort herniedersteigen und sich dem Grabe nähern. 37. Jener Stein, der vor den Eingang des Grabes gelegt war, geriet von selbst ins Rollen und wich zur Seite, und das Grab öffnete sich, und beide Jünglinge traten ein. 38. Als nun jene Soldaten dies sahen, weckten sie den Hauptmann und die Ältesten – auch diese waren nämlich bei der Wache zugegen. 39. Und während sie erzählten, was sie gesehen hatten, sehen sie wiederum drei Männer aus dem Grabe herauskommmen und die zwei den einen stützen und ein Kreuz ihnen folgen 40. und das Haupt der zwei bis zum Himmel reichen, dasjenige des von ihnen an der Hand Geführten aber die Himmel überragen.[503] 41. Und sie hörten eine Stimme aus den Himmeln rufen: ›Hast du den Entschlafenen gepredigt?‹, 42. und es wurde vom Kreuz her die Antwort laut: ›Ja.‹ 43. Jene erwogen nun miteinander, hinzugehen und dies dem Pilatus zu melden. 44. Und während sie noch beratschlagten, sieht man wieder, wie die Himmel sich öffnen und ein Mensch heruntersteigt und ins Grab hineingeht.«[504]

Quellenkritisch wird man (10,)41–42 als sekundär beurteilen müssen. Dieses Stück trägt (die Hadesfahrt Christi und) die Totenpredigt (vgl. 1Petr 3,19f; 4,6)[505] in den Text ein.[506] Auch (11,) 44 ist später hinzugewachsen. Der himmlische Mensch wird ja noch für die Entdeckung des leeren Grabes benötigt (11,50–13,57).[507]

Graß fragt zum Mt-Bericht gut: »Bedurfte es, um den Stein abzuwälzen und die Wächter auszuschalten, damit die Frauen dann das leere Grab sehen konnten, solcher gewaltiger Veranstaltungen? Dachte sich Matthäus das Grab bereits leer, bevor der Engel oder das Erdbeben es öffneten, wie die spätere kirchliche Auslegung es z.T. annahm?«[508] Das ist kaum anzunehmen. Vielmehr hat in der von Mt benutzten Tradition der Engel offenbar das Grab geöffnet, damit der wiederbelebte Jesus heraustreten kann.

Eine ähnliche Überlieferung liegt auch der Himmelfahrt des Jesaja[509] (= AscIs)zugrunde. In einer summarischen Beschreibung des Schicksals Jesu heißt es:

III 13: »daß er mit Übeltätern zusammen gekreuzigt werden sollte und daß er in einem Grabe begraben werden würde 14. und daß die Zwölf, die bei ihm waren, an ihm Anstoß nehmen würden, und die Bewachung durch die Wächter des Grabes; 15. und das Hinabsteigen des Engels der Kirche, die in den Himmeln ist, den er rufen wird in den letzten Tagen, 16. und daß der Engel des Heiligen Geistes und Michael, der Oberste der heiligen Engel, am dritten Tage *sein Grab öffnen werden* 17. und daß der Geliebte auf ihren Schultern sitzend *hervortreten* und seine zwölf Jünger aussenden wird 18. und daß sie alle Völker und alle Zungen die Auferstehung des Geliebten lehren werden und daß die, welche an sein Kreuz glauben, werden gerettet werden, und an seine *Auffahrt* in den siebenten Himmel, woher er gekommen ist«.[510]

Hier wie im PetrEv und in der Mt 28,2 vorausgesetzten Tradition ist die Vorstellung ausgesprochen, daß Engel am dritten Tage das Grab Jesu öffnen und mit dem wiederbelebten Jesus in den Himmel steigen werden. Es spricht viel dafür, daß die Überlieferung am reinsten in der AscIs aufbewahrt wurde (freilich kann das auch am summarischen Charakter der diesbezüglichen Notizen liegen) und daß PetrEv und MtEv enger zusammengehören. Denn nur bei ihnen spielt die Wache eine wichtige neue Rolle. (In der AscIs wird sie nur erwähnt.) Im Vergleich zur Grabestradition bei Mk ist die in der AscIs vorliegende Überlieferung jedoch jünger, denn die (oben im Text kursiv gesetzt) Öffnung des Grabes durch einen Engel, das Heraustreten Jesu und die Auffahrt in den siebten Himmel schmelzen die Auferstehungsvorstellung mit der Legende vom leeren Grab förmlich zusammen (ebenso der Kodex Bobiensis, s. sofort).

An dieser Stelle sind noch zwei Vorschläge zur Tradition hinter Mt 28,2–4 zu berücksichtigen:

1) Hans Werner Bartsch versucht, im Rahmen seines Verständnisses des Ostereereignisses als Parusiegeschehen[511], als Vorstufe der jetzigen Erscheinung eines Engels in Mt 28,2f eine Christophanie zu rekonstruieren. Unter Hinweis auf Apk 1,13–17; 8,5 erkennt Bartsch in Mt 28,2–4 eine apokalyptische Färbung. »Löst man… die Verbindung zur Legende vom leeren Grab vollends, so ist es nicht der Engel des Herrn, der vom Himmel herabsteigt, um das Grab zu öffnen, sondern es ist ein Bericht über eine Erscheinung des Menschensohn-Herrn.«[512] Er fährt später fort: »Setzen wir in das Bruchstück des Matthäus Petrus als den ersten Empfänger einer Erscheinung ein, so ergibt sich etwa folgender Erscheinungsbericht: ›Und siehe, es geschah ein großes Erdbeben; denn der Menschensohn/Herr stieg herab vom Himmel, und sein Anblick war wie ein

Blitz und sein Gewand wie Schnee. Aus Furcht vor ihm aber erbebte ich, Petrus, und fiel zu seinen Füßen wie ein Toter. Der Herr aber trat herzu und sagte, fürchte dich nicht‹« (ebd.).

Kritik: Mt 28,2–4 kann nicht als selbständige Osterüberlieferung betrachtet werden, da es traditionsgeschichtlich äußerst unwahrscheinlich ist, daß aus einer ursprünglichen Christophanie im Laufe der Überlieferung eine Angelophanie erwachsen sein soll. Mt hätte eine Tradition des Ostererlebnisses des Petrus wohl kaum unterschlagen, betont er in Mt 16,17–19 doch ausdrücklich die herausragende Rolle dieses Jüngers. Der Rekonstruktionsversuch Bartschs offenbart vielmehr, in welche Aporien man gerät, versucht man Mt 28,2–4 als ursprünglich selbständige Ostererzählung aufzufassen.[513]

2) Nikolaus Walter (s. vorige Anm.) meint, in Mt 27,62–66/ 28,2–4.11–15 sei der Rest einer Ostererzählung erhalten, die neben den Erzählungen von Ostererscheinungen und der Erzählung von der Auffindung des leeren Grabes einen dritten Typ belege, eben den einer Erzählung vom Auferstehungsvorgang selbst. Zu diesem Typ gehören nach Walter neben der Erzählung des Petrusevangeliums noch der Bericht im Kodex Bobiensis (K = altlateinische Übersetzung des Neuen Testaments aus dem 4./5. Jahrhundert), der sich als Variante zu Mk 16,3f erhalten hat.[514] Der Kodex fügt zwischen Mk 16,3 und 16,4 ebenfalls einen Bericht vom Auferstehungssvorgang selbst ein, und zwar im Anschluß an die Frage der Frauen: »Wer wird uns den Stein von der Tür wälzen?« Es heißt:

»Plötzlich aber, gegen die dritte Stunde, geschah eine Tages-Finsternis(?) über den ganzen Erdkreis hin, und es stiegen vom Himmel Engel herab, und sie erweckten ihn[515]... in der Herrlichkeit des lebendigen Gottes und stiegen zugleich mit ihm wieder empor, und sogleich wurde es (wieder) hell. Dann gelangten jene (Frauen) zum Grabe, und als sie hinsahen, bemerkten sie, daß der Stein abgewälzt war.«[516]

Kritik: Mt 27,62–66; 28,11–15 ist so deutlich an der Widerlegung des jüdischen Vorwurfs des Leichendiebstahls orientiert, daß es schwer fällt, diese Texte mit Mt 28,2–4 zu verbinden. Mt 28,2–4, Himmelfahrt des Jesaja und der Zusatz im Kodex Bobiensis zu Mk 16,3 haben auf der Stufe der Tradition nichts mit den Wächtern zu tun, die ganz auf das Konto des Mt gehen dürften (sie wurden im Kodex Bobiensis ja auch nicht genannt). Die Erweiterung des Kodex Bobiensis trägt ein deutlich sekundäres Gepräge und ist ein

Versuch, den Mk-Text zu *verbessern*. Das wird womöglich auch daran sichtbar, daß im Anschluß an Mk 16,8 der Kodex – unter Auslassung von »und sie sagten niemandem etwas« (V. 8c) – dann noch weiter liest: »Alles, was aufgetragen war, richteten sie denen um Petrus in Kürze aus. Danach aber (erschien?) auch Jesus selbst (und?) sandte vom Aufgang (der Sonne) bis zum Niedergang durch sie (die Apostel) die heilige und unvergängliche Botschaft des ewigen Heiles aus.«[517] Da jedoch zahlreiche andere Zeugen den gleichen kurzen Mk-Schluß haben wie der Kodex Bobiensis, muß dieser mit der oben zitierten *k*-Lesart zu Mk 16,3f nicht notwendig etwas zu tun haben.

Nach der Behandlung der Frage der Tradition hinter Mt 28,2–4 können wir uns wieder dem Mt-Text zuwenden:

V. 5–8 folgt Mt wiederum mit einigen Abweichungen dem Mk-Bericht:

V. 5 ist parallel zu Mk 16,6a.

V. 6 entspricht Mk 16,6b, wobei die Auferstehungsaussage auf eine Voraussage Jesu zurückgeführt wird. Diese fehlt bei Mk, der wenig später (Mk 16,7) das zukünftige Sehen Jesu durch die Jünger auf eine Vorhersage Jesu zurückführt. Mt bezieht sich wohl auf Mt 26,32 zurück.

V. 7 hat eine Parallele in Mk 16,7. Freilich soll die Botschaft nur an die Jünger insgesamt ausgerichtet werden; Petrus wird, wie noch bei Mk, nicht mehr eigens genannt. Der Inhalt der Botschaft ist bei Mt die Auferstehung Jesu, bei Mk dagegen, daß Jesus den Jüngern nach Galiläa vorauszieht und sie ihn dort sehen werden. Bei Mk wird das mit der Vorhersage Jesu in Verbindung gebracht, Mt macht daraus eine Rede des Engels: »Siehe, ich habe (es) euch gesagt!«

V. 8 erzählt Mt, anders als Mk (16,8: die Frauen schweigen aus Furcht), daß die Frauen in Furcht (= Aufnahme der Mk-Vorlage) und großer Freude die Botschaft des Engels den Jüngern ausrichten wollen. »Statt des Entsetzens und der Furcht des Markusberichtes empfinden sie bei dem Ganzen, das ihnen widerfährt, nun neben der Furcht große Freude: sie glauben sofort.«[518] Das ist kein Wunder, denn vorher (V. 2–4) sind sie ja *indirekt* zu Zeuginnen des Auferstehungsvorgangs gemacht worden. Damit ist die nächste Episode (V. 9–10) gut vorbereitet, wo Jesus ihnen *direkt* erscheinen wird.

V. 9–10 haben keine Parallele bei Mk. Die Verse schildern eine Begegnung Jesu mit den beiden in V. 1 genannten Frauen, die seine Füße ergreifen (vgl. 2Kön 4,27) und ihn anbeten (vgl. später V. 17)[519]. Jesus erteilt ihnen den Befehl, sich nicht zu fürchten und seinen Brüdern (vgl. Mt 18,15f und 23,8: die Bereitschaft der Jünger untereinander) auszurichten, nach Galiläa zu gehen, wo sie ihn sehen würden.

Manches spricht dafür, daß diese Verse nicht auf vormatthäische Traditionen zurückgehen.[520] Denn der auferstandene Jesus sagt den Frauen außer dem Gruß nichts anderes als der Grabesengel auch schon: »Fürchtet euch nicht, geht und verkündigt es meinen Brüdern, daß sie nach Galiläa gehen; dort werden sie mich sehen« (V. 10; vgl. V. 7) Allerdings ist für die mt Intention zu beachten, daß statt »Jünger« (V. 7f) »Brüder«[521] steht: »It is not to a hierarchically-structured community that the universal mission is to be given, but to those who have experienced their solidarity in failure and are now reconstituded as the ›brothers of Jesus‹. Such an explanation is further exemplified by the Matthean omission of the reference to Peter as separate from the disciples in 28:7.«[522] Doch ist gleichzeitig zu betonen: Auch trotz der Brüderschaft der Jünger untereinander haben diese gegenüber Jesus ein Schüler-Lehrer-Verhältnis (Mt 23,8.10).

Mt erzählt die Erscheinung des Auferstandenen an dieser Stelle, um mit »dem leeren Grab nicht nur eine Engelsbegegnung, sondern auch eine Begegnung mit dem Auferstandenen zu verbinden.«[523] Bei Joh 20,1–18 hat diese *allgemeine Tendenz*[524] zu einer breit und anschaulich ausgemalten Szene geführt[525], während im lk Umfeld wegen Lk 24,22–24 zur Tradition vom leeren Grab nur eine Engelserscheinung und noch keine eigentliche Christophanie gehört zu haben scheint.[526]

Eine andere Möglichkeit des Verständnisses von Mt 28,9–10, die m. E. der vorigen vorzuziehen ist, besteht darin, die Verse – trotz des mt Vokabulars – als im Grunde unabhängiges Stück anzusehen, das gar nicht am Grabe Jesu haftet. Wie bereits oben S. 39f ausgeführt wurde, hat C. H. Dodd den gleichen Aufbau von Mt 28,9–10, Mt 28,16–20 und Joh 20,19–21 beobachtet. Die vorausgesetzte Situation sei jeweils, daß die Anhänger Christi ihres Herrn beraubt seien. Darauf folge seine Erscheinung (Mt 28,9.17; Joh 20,19), ein Gruß (Mt 28,9; Joh 20,19), sein Erkannt-Werden durch die Jünger (Mt 28,9.17; Joh 20,20) und ein Auftragswort (Mt 28,10.19; Joh 20,21f).

Die Richtigkeit dieses Strukturschemas vorausgesetzt,[527] heißt das für Mt 28,9–10, daß es sich auf der Stufe der Tradition gar nicht notwendig wie im mt Kontext um die Frauen handelt, sondern um die Elf (bzw. Zwölf) oder eine andere Jüngergruppe. Erst Mt hätte sich an dieser Stelle jenes Erzähltypus bedient, um eine bessere

Überleitung zwischen Grabeserzählung und abschließender Christophanie zu schaffen.[528] Als Empfängerinnen kamen in diesem Fall aber wirklich nur die Frauen in Frage, die aufgrund der bisherigen Erzählung als einzige anwesend waren (vgl. Mt 26,56; 27,55.61).

In jedem Fall ist, wenigstens auf der Grundlage von Mt 28,9f, der Überlieferungswert und damit die Historizität einer Erscheinung vor Frauen (oder vor Maria Magdalena) am Grabe Jesu gleich null. Wir werden unten sehen, ob dieses Urteil auch für Joh 20,14–18 gilt.

Mt 28,16–20: Erscheinung Jesu und Missionsbefehl

Allgemeines

Mt erzählt an dieser Stelle eine weitere Erscheinungsgeschichte, welche die gleiche Struktur wie die in 28,9f hat (vgl. oben S. 39f). Allgemein fällt auf, daß der Bericht über Jesu eigentliche Erscheinung knapp ist. Sie wird nur durch ein karges »als sie ihn sahen« ausgedrückt, wobei die Reaktion der Elf identisch ist mit der der Frauen V. 9 (»sie beteten ihn an«). Der Ton liegt dabei nicht auf der Erscheinung selbst, sondern auf den nachfolgenden Worten Jesu (V. 18–20).

Redaktion[529]

V. 16 beschreibt die Ausführung des Befehls Jesu aus V. 10. »Berg« ist Ort der Epiphanie (vgl. 5,1; 15,29; 17,1).

V. 17: »sie beteten ihn an« nimmt dasselbe Verb aus V. 9 auf. »zweifeln« erscheint im Neuen Testament nur noch Mt 14,31 (Jesus zum sinkenden Petrus: »Oh, du Kleingläubiger, warum zweifeltest du?«) und dürfte neben dem oft für Mt bezeugten »niederfallen« (Mt 2,2; 4,9; 8,2 u.ö.) redaktionell sein. Zum Zweifel – sachlich ein in den Ostergeschichten häufig begegnendes Motiv: Lk 24,11.25.37f.41 – vgl. man besonders Joh 20,29.

Zum einen könnte im Motiv des Zweifels ein die Erzählung belebendes Motiv stecken, wenn man z.B. dessen Ausgestaltung in der in Ägypten entstandenen Epistula Apostolorum (= EpAp) ansieht, einer »Mischform aus Brief, Evangelium und Offenbarungsrede«[530] aus der Mitte des 2. Jahrhunderts. In ihr erhalten die Frauen am

Grabe den Befehl vom Herrn, den Jüngern mitzuteilen, daß der Meister auferstanden sei; danach heißt es in Kap. 10–12 (21–23) der koptischen Version dieser Schrift:

»Martha kam (und) sagte es uns. Wir sprachen zu ihr: ›Was willst du mit uns, o Weib? Der gestorben ist, ist begraben, und wäre es möglich, daß er lebe?‹ Nicht haben wir ihr geglaubt, daß der Heiland von den Toten auferstanden wäre. Darauf ging sie zu dem Herrn zurück und sprach zu ihm: ›Niemand von ihnen hat mir geglaubt, daß du lebst.‹ Er sprach: ›Es möge eine andere von euch hingehen zu ihnen, indem sie dieses wiederum zu ihnen sagt.‹ Maria kam und sagte es uns wiederum, und nicht haben wir ihr geglaubt. Sie kehrte zum Herrn zurück und auch sie sagte es ihm. Da sprach der Herr zu Maria und auch zu ihren Schwestern: ›Lasset uns zu ihnen gehen!‹ Und er kam und fand uns drinnen verhüllt. Und wir zweifelten und Er rief uns heraus; wir aber dachten, es wäre ein Gespenst, und nicht glaubten wir, daß es der Herr wäre. Darauf sprach er zu uns: ›Kommet, fürchtet euch nicht! Ich nämlich bin der Herr, den du, Petrus, dreimal verleugnet hast, und jetzt verleugnest Du wiederum? Wir aber traten zu ihm, zweifelnd in unserem Herzen, ob er es vielleicht wäre. Da sprach er zu uns: Weshalb zweifelt ihr noch, seid ihr ungläubig?‹ Ich bin es, der euch gesagt hat in betreff meines Fleisches und meines Todes und meiner Auferstehung. Damit Ihr erkennet, daß ich es bin, so lege, Petrus, deine Finger in die Nägelmale meiner Hände, und du selbst, Thomas, lege deine Finger in die Lanzenstiche meiner Seite; du aber, Andreas, betrachte meine Füße, sieh', ob sie nicht die Erde berühren. Denn es steht geschrieben im Propheten: ›Eines Dämonengespenstes Fuß pflegt nicht zu haften auf der Erde.‹ Wir aber haben ihn befühlt, damit wir wahrhaftig erkennten, ob er auferstanden wäre im Fleisch, und wir fielen auf unser Antlitz, indem wir bekannten unsere Sünden, daß wir ungläubig gewesen seien. Da sprach der Herr, unser Heiland: ›Erhebet euch, so will ich euch offenbaren das, was oberhalb der Himmel, und das, was in den Himmeln und eure Ruhe, die im Himmelreich. Denn mein Vater hat mir die Vollmacht gegeben, euch hinaufzuführen und die, welche an mich glauben.‹«[531]

Zum anderen werden durch das Motiv des Zweifels Probleme von Christen der zweiten und dritten Generation angesprochen, die ja keinen direkten Zugang mehr zur ursprünglichen Ostererfahrung hatten. Sie können sich so im Text wiederfinden und sind dann geneigter, die Antwort Jesu auf die sie bedrängende Frage anzunehmen.

V. 18: »hinzutreten« ist sprachlich typisch matthäisch (4,3; 8,19; 9,28 u.ö). Zu »er redete mit ihnen und sprach« finden sich zahlreiche Parallelen im Redaktionsgut (vgl. nur 13,3; 14,27; 23,1). In V.

18b ist die Vorstellung der Inthronisation des Menschensohnes (vgl. Dan 7,14) auf Jesus übertragen. Zu »mir wurde gegeben« vgl. Mt 11,27. Die Wendung »im Himmel wie auf Erden« begegnet als ganze oder in Teilen mit Ausnahme von Mt 9,6 (= Mk 2,10) im mt Sondergut: 6,10; 16,19; 18,18.

V. 19: »gehet hin« nimmt »sie gingen hin« (V. 16) auf. Zu »hingehen« vgl. 9,13; 10,7; 18, 12; 21,6 u.ö.; »darum«: 3,8; 6,8f; 6,31.34; 7,12 usw; »zum Jünger machen«: 13,52; 27,57.

Die »Völker« (*ethne*) beziehen sich wohl allein auf die Heiden. Mt ist noch zu sehr jüdisch[532], als daß er die Juden unter den im Judentum für Heiden reservierten Begriff »Völker« einordnen könnte. Israel als dem von den Pharisäern neu konstituierten Judentum gilt die scharfe Polemik des Mt (Kap. 23), zu den Völkern gehört es aber so gerade nicht mehr.[533]

V. 20 ist sprachlich mit mt Vokabular gesättigt: »halten«; » alle«; »befehlen«; »und siehe« (vgl. 28,9); »Ende der Welt«.

Mt beantwortet in diesem Endabschnitt seines Evangeliums die Frage nach dem Grund der Ostergewißheit und der Überwindung des Zweifels. Er weist auf die ausschließliche Autorität der Worte Jesu in der Gegenwart hin. Die Verkündigung ist zur Predigt der Gebote der recht verstandenen Thora geworden. An die Stelle der in der mt Gemeinde unmöglich gewordenen Ostervision[534] tritt das in der Predigt und im Evangelium gegenwärtige Wort des erhöhten Christus[535], der mit dem irdischen identisch ist (vgl. das oben S. zu »anbeten« Ausgeführte).

Gleichzeitig ist die implizit antimagische Seite des Endes des MtEv mit Hans Dieter Betz recht zu würdigen:

»*Matthäus* läßt an vielen Stellen seines Evangeliums erkennen, daß ihm die magischen Bestandteile der Tradition ein theologisches Problem waren. Jedoch sind seine Lösungen dieses Problems grundverschieden von denen des Lukas. Um nur diesen einen Punkt herauszugreifen: Für Matthäus ist der Erscheinende nicht ein Wiedergekehrter Mensch, sondern der auferstandene Kyrios, der sich durch sein abschließendes Wort offenbart: ›Mir ist gegeben alle Gewalt im Himmel und auf Erden‹... Schon während seines irdischen Lebens war Jesus Kyrios und Gottessohn, so daß der Centurio vom Gekreuzigten mit Recht feststellen konnte: ›Wahrhaftig war dieser Gottes Sohn‹... (Mt 27,54). Von daher kann auch die abschließende Verheißung, sonst durchaus magisch interpretierbar, nicht mehr mißverstanden werden: ›Und siehe, ich bin bei euch alle Tage bis an der Welt Ende‹... (Mt 28,20). Der so spricht, ist kein... Totengeist, sondern der Kosmokrator«.[536]

Nachdem V. 16f als mt Einleitung erwiesen wurde, stellt sich die Frage nach den Traditionen zunächst allein für V. 18–20. Hier werden drei Elemente sichtbar:

1. V. 18b: Die Erhöhung Jesu und die ihm damit verliehene Macht (vgl. Mt 11,27; Joh 3,35; Phil 2, 9–11).

2. V. 19–20a: Der Missionsauftrag; vermutlich hat Mt durch die Aufforderung: »macht zu Jüngern« (vgl. 13,52; 27,57)[537] einen in der Vorlage stehenden Befehl: »predigt das Evangelium« ersetzt, der sich vielleicht im sekundären Mk-Schluß erhalten hat (Mk 16,15).[538] Die Taufe »auf den Namen des Vaters und des Sohnes und des heiligen Geistes« fällt wegen der triadischen Formulierung auf, denn in der Frühzeit wurde – eingliedrig – auf Christus (Gal 3,27) oder auf den Namen Jesu (1Kor 1,13; Apg 8,16; 19,5; vgl. Did 9,5) getauft.[539] Wahrscheinlich handelt es sich hier um eine Taufformel liturgischen Charakters, die eine Entsprechung in Did 7,1 hat, wo es heißt: »Tauft auf den Namen des Vaters und des Sohnes und des heiligen Geistes«.[540]

3. V. 20b: Jesu Verheißung seiner immerwährenden Präsenz bis zum Ende der Welt (vgl. Mt 18,20).

Es ist kaum zu entscheiden, ob die drei Glieder ursprünglich selbständig waren und von Mt an dieser Stelle zusammengestellt worden sind oder ob Mt sie schon verbunden vorgefunden hat.[541]

In diesem Zusammenhang muß noch auf folgendes hingewiesen werden: Eine Erscheinungstradition liegt in V. 18–20 eigentlich nicht mehr vor, obwohl Mt mit dem kargen »als sie sahen« andeutet, daß er eine Oster*geschichte* erzählen will. Vielmehr treffen wir auf Oster*theologie*, die das damals visionär Geschehene an den Rand drängt bzw. durch Worte ersetzt. Damit bleibt die Szene offen bis auf die Gegenwart hin. Es handelt sich also fast gar nicht mehr um eine Erscheinung, sondern um eine Inthronisation Jesu zum Herrn über Himmel und Erde, die hier, wie oft, unmittelbar mit der Auferstehung verbunden, ja, sogar mit ihr identifiziert wird. (Vielleicht nennt man den Vorgang also besser eine Erscheinung des Inthronisierten.) Das Vollmachtsmotiv als solches dient also nicht der Unterscheidung des Auferstandenen vom Irdischen, sondern verbindet sie geradezu. Das Neue ist die universale Ausweitung der Vollmacht des Auferstandenen und Irdischen über Himmel und Erde. Das Besondere des Textes ist daher nicht nur die Verbindung von Erscheinung und Sendung, sondern die von Erhöhung und Völkermission.[542]

Der historische Ertrag ist äußerst schmal. Zutreffend ist, daß Jesus (Petrus und) den Zwölfen[543] erschienen ist, sie ihn also gesehen (1 Kor 15,5) und darauf eine Gemeinde gebildet haben, die unter ihren jüdischen Volksgenossen die Auferstehung und Erhöhung Jesu als des Messias[?] und/oder als des Menschensohnes[?] verkündigten. Das ist der historische Kern der von Mt berichteten Szene. Daß dieses Sehen in Galiläa erfolgte, wie der Text ausführt, bleibt auf der Grundlage der vorliegenden Passage unsicher, da »Galiläa« von Mt aus Mk 16,7 erschlossen worden ist. Doch dürfte die Lokalisierung dieses erstmaligen »Sehens« in Galiläa aus allgemeinen Erwägungen heraus (s. dazu S. 190) historisch zutreffend sein.

Mt und/oder seine Tradition hat in der Schlußszene spätere theologische Folgerungen wie z. B. die »Völkermission« verdichtet, die damals von den Zwölfen so nie gezogen worden sind, wohl aber bereits von Paulus und jüdisch-hellenistischen Christen. Gleichwohl waren und sind diese Schlußfolgerungen – das sei mit allem Nachdruck gesagt – in der Auferstehungserfahrung bereits latent enthalten. (Religiöse Sprache meint immer mehr, als sie sagt.) Ich komme darauf zurück.

Die Ostergeschichten bei Lukas

Hinführung

Der dritte Evangelist hat im Vorwort zu seinem Evangelium Auskunft über seine Quellenbenutzung gegeben. Er nennt »viele, die es unternommen haben, einen Bericht von den Dingen zu schreiben, die sich unter uns erfüllt haben« (Lk 1,1) und bezeichnet sie als »Augenzeugen und Diener des Wortes« (Lk 1,2). Er selbst sei allem von Anfang an (genau) nachgegangen, um der Reihe nach alles aufzuschreiben, damit sein Adressat »Theophilus« (und folglich jeder Gottesfreund) in der Zuverlässigkeit der Lehre, in der er unterrichtet wurde, gestärkt werde. Zwei der Quellen, die Lk hier voraussetzt, sind bekannt: das MkEv und Q, obwohl er sie nie ausdrücklich nennt, sondern stillschweigend benutzt.

Wie im Vorwort deutlich wird, beherrscht der Erfüllungsgedanke das lk Doppelwerk. Dieser veranlaßt den Vf. unter anderem, seine

Mk-Vorlage umzustellen. Dabei versetzt er beispielsweise Mk 6,1–6 (Jesus in Nazareth) an den Beginn der Tätigkeit Jesu (Lk 4,16–30) und verstärkt die Entsprechung zwischen der »Schrift« und dem Leben Jesu. In diesem Sinne ist die lk Theologie des Weissagungsbeweises ein Hauptanliegen auch von Lk 24[544]. Andererseits scheint sich auch ein Interesse an der Dinglichkeit der Auferstehung in apologetischer Nebenabsicht abzuzeichnen (s. dazu weiter unten). »Lukas hat die verschiedenen Ostergeschichten, die er aus der urchristlichen Überlieferung übernahm, zusammengefaßt, indem er sie aneinanderfügte und unter das Leitmotiv seiner Osterbotschaft rückte, das er mehrfach hervorhebt: In Jerusalem... vollendet sich die heilige Geschichte, die so und nicht anders sich erfüllen mußte. Der auferstandene Christus ist der Messias Israels, der Heiland der Welt, der Herr seiner Kirche.«[545]

Lk 24,1–12: Leeres Grab und Verkündigung von Jesu Auferstehung

Der lk Sinn der Perikope und ihre Traditionsbasis lassen sich wohl am besten durch einen Vergleich mit der Mk-Vorlage ermitteln. An folgenden Punkten weicht der Text, von Kleinigkeiten abgesehen, von ihr ab:

1. Die Frauen sahen Jesu Grab (Lk 23,55) und bereiteten noch am Abend Gewürze (*aromata*) und Salböl (*myra*). Sie ruhten während des anschließenden Sabbat nach dem Gebot (Lk 23,56). In der Mk-Vorlage sahen die Frauen nur (von ferne), wohin der Leichnam Jesu gelegt worden war (15,47). Sie kauften *nach* dem Sabbat Gewürze, um den Leichnam zu salben (Mk 16,1). Lk 24,1 wird die Absicht, den Leichnam zu salben, nicht ausdrücklich erwähnt. Wohl aber brachten die Frauen in der Frühe den Balsam: »Da nach Lukas die Frauen ihre Spezereien schon am Begräbnistag bereitet haben, können sie noch früher zum Grabe eilen. Ihr frühestmögliches Kommen bezeugt die Größe ihrer Liebe und Verehrung.«[546]

2. Die Namen der Frauen werden von Lk erst gegen Ende der Perikope genannt (V. 10), von Mk bereits am Anfang (V. 1).[547] Die Namen von zwei Frauen stimmen bei Lk und Mk überein: Maria Magdalena und Maria, die (Mutter) des Jakobus. Salome (Mk 16,1) findet sich nicht bei Lk, sondern Johanna, die bereits Lk 8,3 als Frau des Chuza genannt worden war. (Wahrscheinlich stammt sie von dort und ist hier redaktionell.) Zusätzlich nennt Lk noch die übrigen

Frauen, die Jesus begleitet hatten – auch hierbei denkt er wohl an Lk 8,2–3.

3. Die Frauen haben bei Lk keine Sorge, wer ihnen den Stein wegwälzen wird (anders Mk 16,3), aber finden genau wie im Mk-Bericht den Stein vom Grab weggewälzt und gehen hinein (Mk 16,4/Lk 24,2f).

4. Die anschließende Bemerkung: »Sie fanden aber den Leib des Herrn Jesus nicht«[548], hat an dieser Stelle keine Entsprechung bei Mk, wo erst der Jüngling nach der Ausrichtung der Auferstehungsbotschaft auf das leere Grab weist. Diese Umakzentuierung deutet zusammen mit der Beobachtung, daß in Lk 24,3 ausdrücklich vom *Leib* Jesu (s. vorher Lk 23,55)[549] die Rede ist, eine stärkere Betonung des leeren Grabes und der körperlichen Auferstehung an.

5. Bei Lk begegnen den Frauen zwei Männer (bei Mk ein Jüngling [16,5]) in blitzendem Gewand (Lk 24,4), die an die zwei Männer (»in hellen Gewändern«) von Apg 1,10 erinnern (vgl. Lk 9,30.32).[550]

6. Die Botschaft des Jünglings bei Mk lautete: »Ihr sucht Jesus, den Nazarener, den Gekreuzigten; er ist auferweckt worden, er ist nicht hier; siehe, der Ort, wo sie ihn hingelegt hatten« (16,6). Daraus wird bei Lk 24,5b–6a: »Was sucht ihr den Lebenden bei den Toten?« Er ist nicht hier, sondern wurde auferweckt.[551] (Vgl. zu V. 5b die einen ähnlichen Tadel aussprechende Frage Lk 2,49; Apg 1,11.)

7. Lk 24,6b-8 weicht *erheblich* von Mk 16,7 ab. Bei Mk (und ebenso Mt 28,7) werden die Frauen beauftragt, Jesu Jüngern und Petrus zu sagen, sie sollten *nach Galiläa gehen*, dort würden sie Jesus sehen, wie er es ihnen gesagt hatte. Demgegenüber verweisen die beiden Männer bei Lk (in lk Sprache)[552] die Frauen zurück auf die früher an sie *in Galiläa ergangene* Botschaft Jesu, daß der Menschensohn leiden und am dritten Tage auferstehen *müsse* (Lk 9,22; vgl. 9,44; 18,32f).[553] Zu beachten ist, daß nur Lk 9,22.44 in Galiläa gesprochen wurde und daß Frauen bei diesen Weissagungen gar nicht explizit als anwesend gedacht waren. Zu jenem »muß« (*dei*) vgl. unten S. 159 zu Lk 24,26.

8. Bei Mk schweigen die Frauen trotz ihres Auftrags, bei Lk werden sie überzeugt und teilen, ohne daß ihnen dazu ein Auftrag gegeben werden müßte, den Elfen und allen übrigen die Auferstehungsbotschaft mit (V. 9), stoßen jedoch auf Unglauben (V. 11).[554]

Anhang: Zum textkritischen Problem von Lk 24,12[555]

V. 12 (ebenso wie Teile von V. 3a und V. 6a) fehlt in der bedeutenden Handschrift Kodex Bezae Cantabrigiensis und in einigen Manuskripten der altlateinischen Übersetzung.[556] Er wurde aus inneren Gründen immer wieder als sekundär beurteilt, nämlich als postlukanische Eintragung auf der Grundlage von Joh 20,2–10.

Die Hauptgründe für diese Interpolationsthese sind folgende:

1. Die z. T. wörtlichen Übereinstimmungen zwischen Lk 24,12 und Joh 20 (besonders auffällig sei das historische Präsens »er sieht« in Lk 24,12 und Joh 20,5);

2. V. 12 spricht von »Petrus«, V. 34 von »Simon«;

3. V. 12 füge sich schlecht in den Kontext von Lk 24 ein, wo von »einigen« die Rede ist, die zum Grab gingen (V. 24).

Gegenargumente: Zu 1: Übereinstimmungen können auch aus der Benutzung einer gemeinsamen Tradition bzw. Quelle erklärt werden. Das historische Präsenz »er sieht« in Lk 24,12 bleibt aber anstößig. Doch ist zugleich die lk Sprache in Lk 24,12 zu beachten: »aufstehen«, »sich wundern«, »das Geschehene«.[557]

Zu 2: Die Namensform »Petrus« ist bei Lk die geläufigere (LkEv: 17x; Apg: 52x). »Simon« geht auf die älteste Tradition zurück.[558]

Zu 3: Spannungen im Kontext lassen sich auch aus der Benutzung von Tradition erklären. Lk 24,24 kann entgegen anderslautenden Meinungen[559] als Rückbezug auf V. 12 mit generalisierendem Plural angesehen werden.

Fazit: Lk 24,12 ist gegen einige Textzeugen wahrscheinlich ursprünglicher Bestandteil des LkEv (ebenso wie V.6a und »des Herrn Jesus« in V. 3), obwohl sich die sekundäre Auslassung von V. 12 nur schwer plausibel machen läßt.

Die Frage schließt sich an: Woher hat Lk (oder seine Tradition) die Nachricht von einem Grabbesuch des Petrus? (Dabei sei vorausgesetzt, daß Lk nicht Joh 20 gekannt hat.) Als Antwort bietet sich folgende Überlegung an: Lk (bzw. seine Tradition) kennt die Tradition der Erscheinung Jesu vor Petrus (vgl. Lk 24,34) und ebenso die Überlieferung vom Grabbesuch der Frauen. In Lk 24,12 ist beides miteinander kombiniert und dort angefügt, wo es hingehört, und zwar an den Schluß des Grabbesuches der Frauen. Die »Logik« dieser Kombination verläuft wie folgt: Wenn das Grab leer war und wenn Jesus dem Kephas erschienen ist, dann dürfte er es vorher inspiziert haben, um sich davon zu überzeugen. Als Urheber dieser Kombination kommt entweder Lk selbst[560] oder – wahrscheinlicher – eine von ihm benutzte Überlieferung[561] in Frage.

Nun findet bekanntlich der Grabbesuch des Petrus eine Parallele in Joh 20,3–8. Entweder setzt diese Stelle eine Kenntnis von Lk 24,12 voraus oder Lk und Joh benutzen eine ihnen gemeinsame Tradition dieses Grabbesuches. In jedem Fall ist aber oben klar geworden, daß die Lk 24,12 erscheinende Tradition eine Weiterführung[562] der Grabestradition von Mk 16,1–8 unter Verarbeitung der Tradition der Ersterscheinung vor Petrus ist.[563] Die Tradition hinter Lk 24,12 ist also eine sekundäre Bildung und daher für die Frage nach den »Auferstehungsereignissen« ohne historischen Wert. (Ich komme u. S. 174 auf das Problem zurück.)

Lk 24,13–35: Jesus begegnet den beiden Emmausjüngern

Aufbau

Die vorliegende »mit besonderer Liebe ausgestaltete Erzählung von den *Emmausjüngern*«[564] ist wie folgt aufgebaut:

V. 13–16: Exposition: Zwei Jünger treffen Jesus auf dem Weg von Jerusalem nach Emmaus;

V. 17–27: Weggespräch;

V. 28–31: Mahlszene;

V. 32–35: Rückkehr von Emmaus nach Jerusalem.

Redaktion

V. 13–16:

V. 13: »Und siehe« ist lk Einleitung (s. zuletzt 23,50); »von ihnen« verknüpft die Erzählung mit der vorherigen Perikope; »am selben Tage«: nach Lk spielen alle Auferstehungsszenen an ein und demselben Tag.

V. 14 bezieht sich auf »alle diese Dinge« von V. 9, die Nachrichten der Frauen, zurück. Die Jünger hatten ihnen keinen Glauben geschenkt (V. 11). Doch hatte Petrus trotzdem das Grab inspiziert und war erstaunt.

V. 15: Auch die beiden Jünger läßt das Geschehene und von den Frauen Erzählte nicht ruhig. Sie unterhalten sich und diskutieren (vgl. Lk 22,23 und Apg 6,9 miteinander) darüber. Daran knüpft das Nachfolgende an: Jesus kommt hinzu und wandert gemeinsam mit den beiden weiter.

V.16: Ihre Augen wurden gehalten, damit sie ihn (nicht gleich zu Beginn der Begegnung) erkennen würden.

Damit ist die Exposition abgeschlossen. Die »Lösung« wird darin bestehen, *daß* ihre Augen geöffnet werden (V. 31). Aber bis das geschehen kann, sollen die beiden und damit die Leser(innen) einen Erkenntnisprozeß durchmachen. Er beginnt mit dem Weggespräch in V. 17–27:

V. 17–19: Jesus beginnt – echt lukanisch (vgl. Apg 8,30; 9,4.10 u.ö.) – mit einer den Dialog eröffnenden Frage, und zwar nach dem, worüber die beiden Jünger unterwegs gesprochen haben. Die Feststellung ihrer Traurigkeit wird betont durch das Zur-Ruhe-Kommen der äußeren Szene (sie bleiben stehen), was die Spannung steigert. In dem doppelten Wechsel einer Frage Jesu (V. 17) und einer mehr andeutenden, einen Tadel aussprechenden Gegenfrage eines Jüngers, Kleopas (V. 18), einer erneuten Nachfrage Jesu und einer ersten knappen Auskunft (V. 19) wird endlich deutlich: Es geht um Jesus selbst, der »ein Prophet, mächtig von Taten und Worten vor Gott und allem Volk« sei. V. 19 ist ganz von Lk gestaltet. Die griechische Vokabel für »vor« (*enantion*) kommt im Neuen Testament nur bei Lk vor (Lk 1,6; 20,26; Apg 7,10; 8,32 [= Jes 53,7]). Nach Lk 7,16; 9,8.19 und indirekt nach Lk 7,39 wird Jesus vom Volk Prophet genannt. Zur Wendung »mächtig in Worten und Taten« s. Apg 7,22. Doch ist zu fragen, warum die beiden Jünger Jesus mit einer christologischen (Propheten-)Titulatur bezeichnen, die sonst bei Lk nicht zentral ist. Antwort: Lk schreibt den in Unverständigkeit befangenen Jüngern eine Christologie zu, die später korrigiert werden soll (V. 26). V. 19 stellt also noch eine Spannung her (ebenso wie V. 18 vorher), die der Auflösung harrt.

V. 20 beschreibt lukanisch den Tod Jesu: Die Juden haben Jesus gekreuzigt (vgl. Apg 7,51–53 und die Entlastung des Pilatus in der lk Passionsgeschichte).

V. 21 lenkt zur ursprünglichen, aber enttäuschten Hoffnung der Jünger zurück, daß Jesus Israel erlösen werde (vgl. Lk 1,68; 2,38; Apg 1,6).

»Der Hinweis auf die enttäuschte Hoffnung der Jünger in 24,21a ist auf dem Hintergrund der in den Kap. 1 und 2 Ausdruck verliehenen Erlösungserwartung als bewußter redaktioneller Brückenschlag zu würdigen. Es sind ja nicht nur Stellen wie Lk 1,68... und 2,38..., die in 24,21 aufgegriffen werden. Hier wären auch die Ausagen von 1,3–33.68–79; 2,10.14. und 31f mitzubedenken. Das Heil, das Gott seinem Volke bereitet hat, kommt im *egeirein*, im ›Erwecken‹ seines Messias (vgl. Lk 1,69) zur Vollendung. Der Erfüllungscharakter dieses Geschehens ist Lukas besonders wichtig. So interpretiert er mit den Worten: Wie Gott es ›durch den Mund seiner heiligen Propheten von Urzeit an verkündigt hat‹ (1,70).«[565]

Die Hoffnung ist offenbar durch die Schaffung einer Heidenkirche überholt (s. das Ende der Apg). Durch die Zeitangabe »dritter Tag« leitet Lk zur Chronologie der Ostergeschichten zurück und paraphrasiert in V. 22–24 das bisher Berichtete:

V. 22 knüpft an die vorher erzählte Geschichte vom Gang der Frauen zum Grabe an.

V. 23 wiederholt ihre Engelsvision und die Botschaft an sie, daß Jesus lebe (Anknüpfung an V. 5: »Was sucht ihr den Lebenden unter den Toten?«).

V. 24 bezieht sich auf V. 12 zurück, wobei das Wort »einige« den Einzelbesuch des Petrus verallgemeinert.

V. 25 leitet die Weiterführung des bisherigen Glaubens der Jünger ein – zunächst durch einen Tadel Jesu (der eine Ähnlichkeit mit dem Lk 24,5–8 ausgesprochenen Tadel der Engel an den Frauen hat): »Und er sprach zu ihnen: Ihr Toren, zu trägen Herzens, all dem zu glauben, was die Propheten geredet haben!«

V. 26 spezifiziert das Leiden des Christus als notwendig und als schriftgemäß (V. 27; vgl. V. 25). Das entspricht ganz der lk Vorstellung von der Heilsgeschichte (vgl. auch Lk 24,6b.44), deren Verlauf in allen ihren Momenten als mit Notwendigkeit geschehend gedacht wird.[566]

Lk unterstreicht dabei besonders den paradoxen Befund, daß der zur Herrlichkeit bestimmte Christus leiden mußte.

»Das eigentlich Anstößige am Geschick Jesu ist ja nicht die Tatsache, daß die jüdischen Machthaber sein Werk zum Scheitern brachten. Das eigentlich Anstößige ist sein Sterben... Sein ›Leiden‹ (d.h. sein Tod) beweist, daß man sich in seiner Person geirrt hat.«[567]

»In die Herrlichkeit eingehen« hat offensichtlich die Funktion einer Auferstehungs-und nicht einer Erhöhungsaussage. »In dem Referat über die Engel am Grab heißt es nur, diese hätten gesagt, Jesus *lebe* (24,23 diff 24,6f). Hier wie in V. 26 hat Lukas ganz offensichtlich aus erzähltechnischen Gründen eine präzise Formulierung der Auferstehungsbotschaft vermieden.«[568]

V. 27 gibt von der allgemeinen lk Überzeugung Kunde, daß in den Büchern des Mose und in den Propheten von Christus die Rede ist (vgl. Apg 8,35), nennt aber keine einzige Stelle.

V. 28–31:

V. 28: Das Ziel der Reise ist fast erreicht. Jesu Absicht weiterzugehen, steigert die Spannung. (Der Herr will gebeten werden, sein Bleiben ist [dann] aber auch gewiß.[569]) Jetzt, wo alles dem Höhepunkt zutreibt, daß nämlich die beiden Jünger Jesus erkennen, darf dieser doch nicht weiterwandern und entschwinden.

V. 29: Entsprechend bitten die beiden Jünger Jesus inständig darum zu bleiben (vgl. Apk 3,20).[570]

V.30: Jesus bricht beim gemeinsamen Mahl das Brot, segnet es und verteilt es an sie. Die vielen wörtlichen Anklänge von V. 30 an die Abendmahlsworte Lk 22,19 beweisen, daß Lk hier an das Abendmahl denkt.

V. 31: Ihre Augen werden geöffnet, und sie erkennen ihn. Damit ist ihre »Blindheit« von V. 16 aufgehoben. Lk will ausdrücken: Die Gemeinschaft Jesu wird im Abendmahl erfahren. Ist das klar, so ist alles gesagt: Jesus kann entschwinden (vgl. V. 31b). Die ausdrückliche Feststellung des Entschwindens von Erscheinenden ist typisch lukanisch: Lk 1,38; 2,15; 9,33; Apg 10,7; 12,10.

V. 32–35:

V. 32: Im Rückblick erkennen die Jünger, daß ihnen bereits das Herz brannte, als Jesus ihnen auf dem Weg die Schriften öffnete.[571]

V. 33: Jetzt können die beiden Jünger zu den Elfen und den übrigen nach Jerusalem zurückkehren (ebenso wie es die Frauen in V. 9 getan haben).

V. 34: Ehe die beiden Jünger den Elfen ihre soeben gewonnene Erkenntnis mitteilen können, sagen diese ihnen: »Der Herr ist wirklich auferstanden und dem Simon erschienen«. Damit wird ihnen die Pointe sozusagen weggenommen. Lk verschafft hier wie in anderen Stellen (Apg 8,14ff; 11,1.22) einer Jerusalemer Perspektive Raum. Er korrigiert seine Überlieferung an diesem Punkt und stellt die Ersterscheinung vor Petrus fest.[572] Nun befremdet der Satz bei historisch-wörtlichem Verständnis in seinem zweiten Teil, da Simon doch einer von den Elfen ist. Wie können die Elf »neutral« einen solchen Satz aussprechen? Daher ist zu fragen, was Lk seiner Leserschaft mit diesem Vers sagen will. Antwort: Die Erfahrung, die die beiden Jünger und alle Glieder der lk Gemeinde beim Abendmahl machen, daß nämlich Jesus dort gegenwärtig ist, wird durch das urchristliche Bekenntnis bestätigt, daß Jesus auferstanden und dem Simon erschienen ist. Mit anderen Worten, auf dem urchristlichen Credo ruhen alle anderen Ostererfahrungen auf. Lk wird in der Apg dann ja auch Petrus als Leiter der Urgemeinde zeichnen (vgl. die Petrusreden Apg 2,14–40; 3,12–26) und die Jerusalemer Kirche als Ur-Gemeinde darstellen, von der die lk Gemeinde ein Abkömmling ist.

Elisabeth Schüssler Fiorenza[573] sieht das anders. Sie schreibt: »Daß Lukas so großen Nachdruck auf Petrus als ersten und wichtigsten Osterzeugen legt, muß verstanden werden im Kontext der frühchristlichen Auseinandersetzung darüber, ob Petrus oder Maria von Magdala als erste die Auferstehung bezeugten« (S. 85)[574].

Kritik: 1) Die Quellen für diesen »Wettstreit« zwischen Petrus und Maria Magdalena sind relativ jung (Thomasevangelium Logion 114, Pistis Sophia, Evangelium der Maria)[575] und können nicht ohne weiteres in die Zeit des Lk zurückprojiziert werden.

2. Lk (24,10) sagt doch gegen Mk (16,8) ausdrücklich, *daß* die Frauen (als erste) die Auferstehungsbotschaft bezeugen. Mit der ablehnenden Reaktion der Apostel auf die Botschaft der Frauen (Lk 24,11) wird schwerlich die Rolle der Frauen als Verkündigern der Osterbotschaft heruntergespielt.

3. Es muß formgeschichtlich unbedingt unterschieden werden zwischen »Bezeugung der Auferstehung« und »Erscheinung des Auferstandenen«. Weil die Vf.n das nicht tut, kann sie den unmöglichen Satz schreiben: »Das frühchristliche Bekenntnis ›Jesus von Nazareth, der Gekreuzigte, ist auferstanden‹ wird nach der vormarkinischen Auferstehungsgeschichte Mk 16,1–6.8a zu allererst den galiläischen Jüngerinnen Jesu in einer Erscheinung offenbart« (S. 187)[576]. Eine Erscheinungsgeschichte ist formgeschichtlich etwas anderes als eine Bekenntnisformel. Wenn beide in einer »vormarkinischen Auferstehungsgeschichte« nebeneinander stehen, so ist das ein Hinweis auf eine sekundäre Komposition. Das Bekenntnis ist doch nicht vom Himmel gefallen, sondern ent-springt der Erfahrung von Menschen. Hier gilt es weiterzufragen und zu erkennen, daß die von Mk verarbeitete Tradition (Mk 16,1–6.8a), auf die sich die Vf.n beruft, die »ältere« Erfahrung des Petrus voraussetzt.

4. Der eigentliche Punkt betrifft die historische Rekonstruktion: Die Vf.n meint, die Jüngerinnen kamen in Jerusalem nach dem Tod Jesu aufgrund von visionär-ekstatischen Erfahrungen »zu der Überzeugung, daß Gott Jesus und sein Werk gerechtfertigt habe. Von daher wurden sie bevollmächtigt, Bewegung und Werk Jesu, ›des‹ Auferstandenen, weiterzuführen. Vermutlich versuchten sie, die verstreuten JüngerInnen und FreundInnen Jesu, die in und um Jerusalem lebten, zu sammeln – Jüngerinnen wie Maria, Martha von Bethanien, die Frau, die Jesus gesalbt hatte, die Mutter des Johannes Markus, die ein Haus in Jerusalem besaß, oder Maria, die Mutter Jesu, aber auch Jünger wie Lazarus, Nikodemus oder den ›Jünger, den Jesus lieb hatte‹. Einige dieser Frauen sind vermutlich auch bald in ihr Heimatland Galiläa zurückgekehrt. Eine solche Rekonstruktion der

Ereignisse nach dem Tod und der Auferstehung Jesu ist historisch plausibel, da es für die Frauen aus der Jesusbewegung wahrscheinlich leichter als für die Männer war, in den Untergrund zu gehen« (S. 187f). Doch ist eine Quellenbasis für solche weitreichenden Behauptungen nicht gegeben.

V. 35 faßt das lk Verständnis noch einmal zusammen: Die beiden Jünger erzählen, was ihnen auf dem Weg widerfahren ist (sc. daß ihnen die Schriften geöffnet wurden) und daß sie Jesus beim Brechen des Brotes erkannten.

Traditionen

V. 34 ist Tradition (zur Begründung s. o. Anm. S. 38) und – formkritisch geurteilt -vielleicht als alter Osterjubelruf zu bezeichnen (s. o. Anm. 110).

Die obige Redaktionsanalyse hat gleichwohl gezeigt, daß die Emmausgeschichte eine Einheit ist, die an allen Stellen von dem theologischen Profil des Lk geprägt ist.

Eine Rekonstruktion der Tradition steht daher vor großen Schwierigkeiten, obwohl sicher ist, daß Lk mit vorgegebenem Material gearbeitet hat. Probeweise könnte man alle Bezugnahmen auf den Kontext der Geschichte abziehen, um zu sehen, ob sich der plausible Grundriß einer Tradition ergibt. Es bliebe dann eine Erzählung zurück, die Hermann Gunkel wie folgt paraphrasiert hat: »Christus erscheint hier unbekannt, als Wanderer – so wie es die Gottheit vor alters liebte, in schlichter menschlicher Gestalt, etwa als Wanderer verkleidet, unter den Menschen zu wandeln – und offenbart sein geheimnisvolles göttliches Wesen an einzelnen Zügen; aber sobald er erkannt wird, ist er verschwunden. Dieser Aufriss der Geschichte ist ganz analog *den ältesten Erzählungen vom Erscheinen der Gottheit;* die Geschichte könnte ihrem Stil nach in der Genesis stehen.«[577] Setzt man eine solche Legende[578] als älteste Schicht voraus, so könnte man von ihr die Abendmahlstradition in V. 28–31 unterscheiden, die in einer zweiten Stufe hinzugewachsen sein mag. Freilich war diese möglicherweise auch schon mit der ältesten Tradition verbunden.[579]

Zunächst sei betont, daß V. 34, die Erscheinung vor Simon, der älteste Bestandteil der vorliegenden Perikope ist, denn er steht in Einklang mit dem bereits von Paulus um ca. 33 n. Chr. empfangenen Credo (dazu s. o. S. 51 f).

Einzelelemente der Perikope sind zweifellos alt: So steht hinter dem Namen Kleopas (V. 18) womöglich der Vetter des Herrn Klopas[580], dessen Sohn Symeon Nachfolger des Jakobus wurde (Euseb, KG III 11; IV 22,4)[581] Dann hätten wir in dieser Geschichte einen Reflex der Erscheinung Jesu vor einem Herrenverwandten, die in die älteste Zeit reichen dürfte. Bemerkenswert ist ferner, daß Joh 19,25 eine der Frauen beim Kreuz »Maria, die (Frau) des Klopas« heißt.[582]

Auch der Ort Emmaus dürfte auf historisches Wissen zurückgehen.

»Ein Stadion beträgt 192 m, so daß der Weg nach Emmaus 11,5 km lang gewesen sein müßte. Doch diese geographische Angabe ist nicht recht verständlich. Zwar zeigt man seit dem Mittelalter 11 km nordwestlich von Jerusalem einen Ort Emmaus (El-Kubebe). Aber die gesamte altkirchliche Überlieferung erwähnt diesen Ort nicht, und zudem haben sich nur sehr spärliche Reste aus römischer Zeit bei Ausgrabungen nachweisen lassen. Die Gleichsetzung von El-Kubebe mit Emmaus wird daher erst im Mittelalter vorgenommen worden sein, um den Pilgern einen Ort vorweisen zu können, dessen Lage genau mit den Angaben des Lukasevangeliums übereinstimmte. Nun hat es aber im ersten Jahrhundert n. Chr. zwei andere Ortschaften mit dem Namen Emmaus gegeben. Das eine dieser beiden Dörfer lag nur 6,3 km von Jerusalem entfernt. Weil der Kaiser Vespasian hier Kriegsveteranen ansiedelte, wurde es in colonia umbenannt und heißt noch heute qalonije. In der alten Christenheit hat man jedoch nicht an dieses Emmaus, sondern an ein anderes Dorf desselben Namens gedacht, das allerdings 23 km von Jerusalem entfernt ist. Dieser Ort, der zeitweise auch Nikopolis genannt wurde, trägt noch heute den Namen amwas. Freilich muß man dorthin nicht einen Weg von 60, sondern 120 Stadien zurücklegen. Das eine der beiden Dörfer namens Emmaus liegt also zu nah bei Jerusalem, das andere zu weit von ihm entfernt, so daß man nicht mehr sicher ausmachen kann, an welchen Ort der Evangelist Lukas gedacht haben mag.«[583]

Am Ende der Analyse der Emmausperikope sei betont, daß eine rein historische Befragung nur magere Resultate zeitigt und der Wert der Erzählung woanders als in der Historie liegt. Ihr Verfasser hat sich eher der Aufgabe gestellt, die Aristoteles der Dichtung zuschreibt. Nach dem Stagiriten ist es »nicht Aufgabe des Dichters zu berichten, was geschehen, sondern vielmehr, was geschehen könnte und was möglich wäre nach Angemessenheit oder Notwendigkeit: ...Die Dichtung redet eher vom Allgemeinen, die Geschichtsschreibung vom Besonderen« (Poetik 9).[584] So können wir aus der eigentlichen Emmausgeschichte fast gar nichts über das historisch Besondere lernen, wohl aber von dem allgemeinen Charakter christlichen Glaubens.

Lk 24,36–53: Jesu Erscheinung vor den (elf) Jüngern

Vorbemerkung: Der Abschnitt setzt sich aus drei Teilen zusammen: Im Anschluß an G. Lohfink[585] seien V. 36–43 als Erkenntnisszene (=*Erzählung*), V. 44–49 als Jüngerbelehrung (= *Rede Jesu*) und V. 50–53 als Abschied (= *Erzählung*) bezeichnet. Die Teile werden einzeln behandelt.

Lk 24,36–43: Erkenntnisszene

Textkritische Vorbemerkung: V. 36b (»und sagt ihnen: Friede sei mit euch«) und V. 40 (»und als er das gesagt hatte, zeigte er ihnen die Hände und die Füße«) sind im Kodex Bezae Cantabrigiensis (= D) nicht enthalten. Doch dürften sie zum ursprünglichen Text gehören. In V. 36 kam die Begrüßung nach Meinung des Abschreibers wohl zu früh, da die Jünger im folgenden sich noch fürchten und erschrecken. V. 40 hat der Abschreiber offensichtlich für überflüssig gehalten.

Redaktion

V. 36: »Als sie dies sagten« ist lk Verknüpfung des Folgenden mit der vorangehenden Szene; »er trat in ihre Mitte« ist sprachlich lukanisch.

V. 37: »Sie erschraken aber und fürchteten sich«, »sehen« und »Geist« (vgl. sachlich ähnlich Apg 12,8f) gehen auf Lk zurück, ebenso

V. 38: »in euren Herzen«.

V. 39 liefert mit der Aufforderung Jesu an die Jünger, seine Hände und Füße anzuschauen, um seine Identität zu erkennen, eine *erste*

Demonstration (ob die Jünger das getan haben, wird nicht gesagt, aber wohl vorausgesetzt); die Aufforderung, ihn zu betasten und zu sehen, ist die *zweite* Demonstration der Auferstehung Jesu. Der auferstandene Jesus ist kein Geist[586] (Wiederaufnahme von V. 37), sondern besteht aus Fleisch und Blut. Man wird bei einem solchen Realismus kaum vermeiden können, in ihm eine antidoketische Spitze zu sehen. Offensichtlich richtet sich Lk mit diesem Vers in ähnlicher Weise auch gegen Bestreitungen der körperlichen Wirklichkeit der Auferstehung Jesu wie zu Beginn des zweiten Jahrhunderts Ignatius, An die Smyrnäer 3,2:

»Ich aber weiß und glaube, daß er (sc. Jesus) auch nach der Auferstehung im Fleische ist. Und als er zu denen um Petrus kam, sagte er zu ihnen: ›Fasset, betastet mich und sehet, daß ich kein körperloser Dämon bin!‹ Und sofort faßten sie ihn an und wurden gläubig, eng verbunden mit seinem Fleisch und Geist.« (Zur Frage eines genetischen Verhältnisses dieser Stelle zum vorliegenden Text s. im nächsten Abschnitt.)

V. 40 variiert und verstärkt V. 39. Er stammt wohl ganz von Lk.

V. 41: Der einleitende lk absolute Genitiv entspricht der Einleitung von V. 36; zur Konstruktion mit absolutem Genitiv und »noch« siehe Apg 10,44. Die Jünger sind von Jesus halb gewonnen (zu »sich wundern« vgl. Lk 24,12 [von Petrus beim Besichtigen des leeren Grabes]). Die nun folgende *dritte* Demonstration soll jeglichen Zweifel beseitigen. Jesus fragt, ob die Jünger etwas zu essen haben (V. 41b).

V. 42: Sie geben ihm ein Stück gebratenen Fisch.

V. 43: Er verzehrt es vor ihren Augen und beweist damit, daß er weder ein Geist noch ein Engel ist. Engel essen nicht (vgl. Tob 12,19), menschliche Wesen wohl. Die Beweiskraft dieser letzten Demonstration hält der Erzähler für so selbstverständlich (so schon das *eti de* V. 41), daß das Überzeugtsein der Jünger nicht eigens betont zu werden braucht. Daß der auferstandene Jesus mit seinen Jüngern zusammen aß, sagt später Apg 1,4; 10,41. Lk will mit der Betonung der physischen Realität des auferstandenen Jesus offenbar die Gewißheit seiner Leserschaft stärken, wie er es im Vorwort angekündigt hat (Lk 1,3–4).

Hans Dieter Betz hat m. R. betont, daß Lk, »der, wie vor allem die Apostelgeschichte zeigt, etwas von der hellenistischen Religionsgeschichte verstand, ... diese sehr drastische Erzählung hier eingesetzt (sc. hat), um der befürchteten magisch-dämonischen Schlußfolgerung zu entgehen. Für ihn ist der Ausweg, daß der Mensch, der da erscheint, der auferstandene *Jesus* mit seinem Leib aus Fleisch und Knochen ist. Der massive Materialismus, den man in der Erzählung immer wieder festgestellt hat, ist also keineswegs einfach dem naiven Volksglauben entsprungen, sondern hat theologisch den wohlüberlegten Zweck, die konkurrierenden magisch-dämonologischen Deutungen zu verdrängen.«[587]

Traditionen

Daß eine Tradition vorliegt, zeigen *erstens* die Spannungen zur vorangehenden Emmausgeschichte (die Jünger fürchten sich trotz der vorausgegangenen Begegnung Jesu mit den Emmausjüngern und mit Petrus) und *zweitens* die parallelen Überlieferungen in Joh 20,19–23[588] und Ignatius, An die Smyrnäer 3,2 (s. o. S. 165 zum Text).

Die Unabhängigkeit des Ignatius-Textes gegenüber Lk 24,36–43 hat vor mehr als 30 Jahren Helmut Köster[589] so einleuchtend begründet, daß ich im folgenden im engen Anschluß an ihn formuliere:

In der Aufforderung Jesu an die Jünger »betastet mich und sehet!« stimmen Lk 24,39 und Ignatius wörtlich überein. »In dem jeweils folgenden Satze wird der Verdacht, es erscheine nur ein Geist, abgewehrt; doch geschieht das nicht mit denselben Worten ... In beiden Berichten schließt sich eine Demonstration an ... Zum Schluß wird jedesmal berichtet, daß der Auferstandene mit den Jüngern gegessen habe« (S. 46).

Die Verschiedenheit der Berichte besteht in folgendem: Von »denen um Petrus«, zu denen der Auferstandene bei Ignatius kommt, findet sich nichts bei Lk, wo ein Jüngerkreis nur allgemein vorausgesetzt wird (Lk 24,36, vgl. V. 33). »Bei Ign. fehlt die Erwähnung des Schreckens der Jünger und Jesu Eingehen darauf (Luk. 24,37–39). Das Essen des Auferstandenen wird nur kurz erwähnt, während Luk. einen ausgeführten Bericht gibt. Über Luk. hinaus betont Ign. zweimal die fleischliche Erscheinung Jesu, im Anschluß daran jedesmal sein pneumatisches Sein. Hierher gehört schließlich die auffallendste Abweichung des Ign. vom Luk.-Bericht, nämlich der Satz: Ich bin kein körperloser Dämon« (S. 47).

Für die Abhängigkeit des Ignatius von Lk an dieser Stelle spricht nur scheinbar die eingangs genannte wörtliche Übereinstimmung in der Aufforderung Jesu an die Jünger, ihn zu betasten und zu sehen. Denn Worte Jesu wurden »getreuer aufbewahrt ... als etwa der Rahmen einer solchen Erzählung« (S. 47). Auch die evtl. These, daß Ignatius »Geist« (Lk 24,39) durch den Ausdruck »leibloser Dämon« ersetzt habe, sei unwahrscheinlich, da der Ausdruck »keinesfalls charakteristisch für seinen Sprachgebrauch« ist

(S. 48). »Der Satz, ›ich bin kein körperloser Dämon‹, muß schon in der Vorlage des Ign. gestanden haben. Das heißt aber, daß Luk. nicht die direkte Vorlage des Ign. gewesen sein kann« (ebd.). Köster erwägt dann, »ob nicht der Bericht des Ign. auf eine Vorform des lukanischen Berichtes zurückgehen könnte, in der sich eine von Luk. getilgte Notiz, daß Jesus ›dem Petrus und seiner Umgebung‹ erschien, sich noch erhalten hat« (S. 49).

Die Lk 24,36–43 zugrunde liegende Tradition ist eine Erscheinungsgeschichte, in welcher der auferstandene Jesus seinen verängstigten Jüngern in körperlicher Gestalt erscheint. Der Skopus ist die fleischlich-physische Gestalt Jesu nach der Auferstehung. Vorausgesetzt ist eine Diskussion in der Gemeinde über die Art der Körperlichkeit des Auferstandenen, wie wir sie in den joh Gemeinden (vgl. Joh 20; 1Joh) und ansatzweise auch bereits in der paulinischen Gemeinde von Korinth (1Kor 15) finden. Es handelt sich demnach um eine sekundäre Bildung – wohl der zweiten Generation, die mit den Primärzeugen der »Auferstehung Jesu« keine Verbindung mehr hat. Sie ist eine reflektiert gebildete Komposition, die in einem steigernden Dreischritt (s. dazu die Vorbemerkung) den Jüngern die Fleischlichkeit des Auferstandenen dokumentiert.

Historisches

Eine genetische Beziehung zu den Primärzeugen der »Auferstehung« Jesu besteht aus den soeben angegebenen Gründen nicht. Der historische Ertrag ist gleich null.

Dies gilt auch für den gesamten Abschnitt Lk 24,36–53, zumal deutlich ist, daß die folgenden Verse durch und durch vom Aufriß des lk Werkes und seiner Theologie bestimmt sind.

Lk 24,44–49: Jüngerbelehrung

Der Abschnitt ist eine redaktionelle Komposition:

V. 44: Jesus bezieht sich rückblickend auf seine Reden an die Jünger. Ihr Hauptinhalt wird durch den zweiten Versteil näher erläutert. Wie Jesus schon zu seinen Lebzeiten den Schriftbeweis geführt hat, so tut er dies auch nach seiner Auferstehung. 27).

V. 45: Jesus öffnet den Jüngern den Sinn der Schriften wie schon in der Emmausgeschichte (vgl. besonders V. 27). Diese Öffnung wird dann inhaltlich im nachfolgenden Vers in Form eines Schriftbeweises konkretisiert:

V. 46 entspricht Lk 9,22, der Vorhersage Jesu, daß er leiden und am dritten Tage auferstehen werde.

V. 47 richtet den Blick in die Zukunft und auf die Aufgabe der Jünger. Teil des Schriftbeweises ist, daß in Jesu Namen »Umkehr zur Vergebung der Sünden an alle Völker von Jerusalem angefangen« gepredigt werde (vgl. Apg 2,32f. 38; 3,15f.19; 5,28–32; 10,39.43).

V. 48 ist nicht mehr Teil des Schriftbeweises. Hier spricht Jesus in direkter Rede die Jünger als Zeugen »dieser Dinge« an, d.h. als Augenzeugen der Passion und Auferstehung (vgl. Apg 1,22).

V. 49 entspricht Apg 1,4. Die Weissagungen des Geistempfangs werden erzählerisch Apg 2 erfüllt.

Lk 24,50–53: Abschied

Der abschließende Himmelsfahrtsbericht geht ganz auf Lk zurück:

V. 50: Der Abschnitt hat eine Parallele in Apg 1,9–11, wo die Himmelfahrt vom Ölberg (V. 12) aus erfolgt, hier dagegen von Bethanien (V. 50). Doch muß das nicht zur These verleiten, beide Szenen seien konkurrierende Traditionen. Lk weiß aus Mk 11,1, daß »Ölberg« und »Bethanien« geographisch nahe beieinander liegen bzw. als Ortsangabe identisch sind. Es kann sich hier beim Gebrauch von Bethanien statt Ölberg also um eine Variation handeln.[590] Die Szene wäre dann redaktionell. Zum Segen vgl. die wörtlichen Entsprechungen in Lev 9,22 (vgl. Sir 50,22).

V. 51: Zum Entschwinden Jesu vgl. die Bemerkungen zu Lk 24,31. Einige Textzeugen und die ursprüngliche Lesart des Kodex Sinaiticus enthalten nicht »und fuhr auf gen Himmel«. Unter Berufung auf diesen Befund meinte Wilhelm Michaelis, daß der einzige Himmelfahrtsbericht, den Lk überliefert, in Apg 1,4ff stehe.[591] Doch kann man genausogut umgekehrt vermuten, daß »und fuhr auf gen Himmel« ausgelassen wurde, um zwischen Apg 1,9 und Lk 24,51 zu harmonisieren.[592]

V. 52: »Zurückkehren« ist sprachlich lukanisch, »große Freude« nimmt dasselbe Motiv aus V. 41 auf.

V. 53: Die Gegenwart der Gemeinde im Tempel entspricht lk Theologie: Der zwölfjährige Jesus hält sich im Tempel auf (Lk 2,46), ebenso die frühe Gemeinde (Apg 2,46; 3,1, 5,42). Formkritisch geurteilt, ist V. 53 ein kleines Summarium, das Entsprechungen im lk Doppelwerk hat (Lk 1,65f.80; 2,20.40.51f; Apg 1,14 usw.). Überhaupt wird man den letzten Satz dem Evangelisten ohnehin zuschreiben, weil hier die Intention des Autors am ehesten zu erwarten ist.[593]

Die Ostergeschichten bei Johannes

Hinführung

Bei Joh findet sich im Vergleich zu den Synoptikern die größte Anzahl von Ostergeschichten.[594] Das kann einmal anzeigen, daß das Evangelium zu einem späteren Zeitpunkt abgefaßt wurde, da die Traditionen reichlicher flossen als in der Frühzeit. Doch ist auch der umgekehrte Schluß grundsätzlich möglich. Man müßte dann annehmen, in der allerersten Periode seien zahlreiche Traditionen im Umlauf gewesen, die im JohEv gesammelt worden seien, während die synoptischen Evangelien diese nicht bewahrt hätten und überhaupt ein späteres Stadium repräsentierten. Solche allgemeinen Überlegungen können daher überhaupt nicht weiterhelfen, sondern nur Einzelanalysen der Texte. Die bisherige Untersuchung des joh Korpus hatte wenigstens in einem Falle ein hohes Alter der dort verwendeten Tradition zum Ergebnis (Joh 19,31–37), während sich Joh 20 schon mehrfach als jüngeres Produkt erwies. Wir werden sehen, was sich aus einer Einzeluntersuchung weiter ergibt.

Zur Terminologie sei bemerkt: Als »Redaktion« wird die Arbeit des Evangelisten »Johannes« (= Vf.) bezeichnet. Zum Sonderproblem von Joh 21 und der mit ihm verbundenen terminologischen Frage s. u. S. 183f.

Joh 20,1–18: Der Grabbesuch der zwei Jünger und die Erscheinung Jesu vor Maria Magdalena

Redaktion

V. 1 entspricht Mk 16,2.4a. Die Frage: »Wer wird uns den Stein vom Grab wälzen?« (Mk 16,3) kann fehlen, weil der Zweck des Kommens nicht wiedergegeben wird. Die Konstruktion in V. 1b hat freilich größere Ähnlichkeit mit der Parallele Lk 24,1f. Maria Magdalena wird wie Mt 28,1 als Subjekt genannt. Bei den Synoptikern gehen im Unterschied zu Joh mehrere Frauen zum Grabe. (Mk 16,1: drei; Mt 28,1: zwei; Lk 24,1: mehr als drei; vgl. Lk 8,2f und Lk 24,10). Das frühe Kommen Maria Magdalenas zum Grabe ist Ausdruck ihrer Liebe, die überhaupt der Grund ihres Besuches sein dürfte. Der Leichnam Jesu ist ja bereits vollständig bestattet worden (Joh 19,40), so daß sie sich darum nicht mehr zu kümmern braucht.

V. 2 schildert, wie Maria – offenbar ohne zuvor in das Grab hineinzublicken – zu Petrus eilt. Der Vers motiviert das neu eingeschobene Zwischenspiel, den Wettlauf zwischen Petrus und dem Lieblingsjünger zum Grabe, der in V. 3–10 entfaltet wird. Der Plural »wir wissen nicht« verlangt wegen Joh 3,2; 14,5 nicht notwendig, daß mehrere Frauen zum Grabe gegangen sind. Vielleicht handelt es sich »um einen in antiker Redeweise auch sonst gebräuchlichen unechten Plural«.[595] Womöglich reflektiert der Plural aber doch mehrere Frauen, denn in V. 13 (vgl. V. 15) erscheint der Singular bei wörtlicher Wiederholung der Klage Maria Magdalenas.

V. 3–10:

Der Abschnitt hat eine enge Parallele in Lk 24,12, dessen textkritische Ursprünglichkeit oben begründet wurde, und in Lk 24,24.

Hans Windisch beobachtete scharfsinnig: »An der ersten Ostergeschichte, dem Wettlauf der zwei Jünger zum Grabe ist bemerkenswert, daß sie zwar reich an Handlungen ist, die zur Aufführung reizen, daß sie aber kein Gespräch, ja kein einziges Wort enthält, worin sie im ganzen Evangelium einzig dasteht; es ist also ein *pantomimisches* Erzählstück, das im übrigen apologetischen Zwecken dient.«[596] Sein Hauptmotiv »ist zweifellos die Rivalität der beiden Jünger und, damit verbunden, die Hervorhebung des Lieblingsjüngers«[597], der mit dem »anderen Jünger« in V. 3 gemeint sein dürfte.

Bereits 13,23–25; 18,15–16;[598] 19,26–27.35 fügt der Vf. diese Person in die Passionsgeschichte ein, die deren Authentizität verbürgen soll. Zugleich stellt sie den idealen Jesusnachfolger dar. In ihr wird im Gegenüber zur allgemein anerkannten Stellung des Petrus die Nähe der joh Gemeinde zu Jesus verkörpert, d.h. der andere Jünger wird zu einer unangreifbaren Autorität (vgl. Joh 14,6f). Dabei spiegelt sich die Konkurrenz zwischen joh und großkirchlicher Gemeinde offenbar im Wettlauf der beiden Jünger zum Grab wider. Der andere Jünger sieht – wenn auch nur von außen – zuerst die Tücher (V. 5), und V. 8 sagt ausdrücklich, daß er (im Gegensatz zu Petrus[599]) zum Glauben kam. Dies steht freilich in Spannung zu V. 9: Nach diesem Vers hätte er ja noch unverständig sein müssen, was implizit nur für Petrus gilt. Entweder ist V. 9 daher eine Glosse oder

Bestandteil der Tradition, die die glaubenslose Reaktion des Petrus (und seines Begleiters) begründet (vgl. Lk 24,12: Petrus wundert sich über das Geschehene). Der Vf. hätte dann V. 8 eingeschoben, ohne die Spannung zu V. 9 völlig auszugleichen. Der Glaube des Lieblingsjüngers wäre dann sogar unabhängig vom Schriftverständnis und das leere Grab mit den Binden ein vollwertiges Zeugnis der Auferweckung Jesu – nicht als göttliches Wunderzeichen, sondern im Sinn eines Verzichtes auf jeglichen Beweis (Joh 20,29)[600], auch auf den der Schrift.

Eine noch andere Möglichkeit des Verständnisses von V. 9 besteht darin, den Vers als der Vorvergangenheit zugehörig aufzufassen und *edeisan* plusquamperfektisch zu übersetzen: Bis dahin – nämlich bis zu dem in V. 8 Geschilderten – hatten sie die Schrift noch nicht verstanden. *Jetzt* ist das zumindest bei dem anderen Jünger anders geworden.

Aufgrund seiner Liebe (bzw. der Liebe Jesu zu ihm) drängt dieser andere Jünger noch stärker als Petrus zu Jesus, wie er ja auch durch sie bis zuletzt am Kreuz ausharrt; vgl. Joh 19,26. In V. 7 belegen die zusammengelegten Tücher dabei die Unmöglichkeit eines Leichenraubes, denn dieser wäre in aller Eile erfolgt, und die Leinentücher hätten schwerlich sorgsam zusammengefaltet sein können. Es muß sich daher um etwas anderes als einen Leichenraub handeln. So wie die Legende von der Grabeswache (Mt 27,62–66; 28,11–15) den jüdischen Verleumdungen entgegentritt, so tut es nun in anderer Weise der Vf. des vierten Evangeliums. (Damit wird das leere Grab in joh Verständnis fast zu einem vollwertigen Zeugnis für Jesu Auferstehung, obwohl Petrus ja [noch] gar nicht glaubt, wohl aber der Lieblingsjünger.[601])

V. 10: pros hautous = nach Hause (vgl. Num 24,25). »Die Jünger« bezieht sich auf Petrus und den »anderen Jünger«. Ein Weitererzählen ihrer Entdeckung kommt wegen des übernächsten Abschnitts, V. 19–23, nicht in Frage.

V. 11 nimmt den abgerissenen Faden von V. 2 wieder auf. Der Anschluß ist hart. Lt. V. 2 steht Maria gar nicht am Grabe, und die beiden Jünger spielen für sie keine Rolle. Sie steht »V. 11 ff am Grabe, als hätte sich das V. 3–10 Erzählte nicht ereignet.«[602]

Sie »beugte sich« (in das Grab) nimmt »sich beugend« aus V. 5 auf. Maria Magdalena trauert Jesus nach (vgl. Joh 16,20) und weint.[603] Sie hat noch nicht die Erkenntnis des anderen Jüngers gewonnen.

V. 12 hat eine Entsprechung in Mk 16,5. Im vorliegenden Text sind Engels- und Grabesmotiv voller ausgestaltet. Die Zweizahl der

Engel entspricht Lk 24,4, so daß eine genetische Beziehung zwischen beiden Texten bestehen könnte.

V. 13: »Sie haben meinen Herrn genommen« nimmt die gleiche Wendung aus V. 2 auf.

V. 14: Zum Unverständnis der Maria Magdalena vgl. Lk 24,16: »Ihre Augen jedoch waren gehalten, daß sie ihn nicht erkannten«; Joh 21,4: »Die Jünger wußten nicht, daß es Jesus ist«.

V. 15: Die Anrede Maria Magdalenas durch Jesus, »Frau, was weinst du?«, ist wörtlich identisch mit der Anrede Maria Magdalenas durch die beiden Engel in V. 13 (man vgl., wie analog Mt 28,7 und 10 Auftrag des Engels und Auftrag Jesu einander entsprechen).[604] Die Antwort Marias ist von einem Mißverständnis geprägt (vgl. Joh 7,35; 8,22 – s. aber auch das vorläufige Unwissen Petri [13,7] und der Jünger [Joh 16,18]), zeigt aber auch ihre Liebe zu Jesus, für den sie noch im Tode sorgen will.

Ob man den Sitz im Leben für die Gärtnerszene in der christlichen Auseinandersetzung mit der jüdischen Polemik suchen sollte[605], ist offen. Sie kann auch direkt für die nun folgende Pointe entworfen worden sein.

V. 16: »Sie wandte sich um« nimmt dasselbe Verb aus V. 14 auf. Der Vers schildert die Erkenntnisszene (s. Lk 24,30f), die durch die Namensnennung der Maria eingeleitet wird. Vgl. Joh 10,3: »Der Hirte kennt seine Schafe und ruft sie beim Namen[606], und wenn sie seine Stimme hören, so erkennen sie ihn.» «Woran sie ihn erkannt hat, darf bei diesem wunderbaren Geschehen nicht gefragt werden. Fragen kann man nur, welchen tieferen Sinn dieser Bericht hat... Und vielleicht darf man noch hinzufügen: die Nennung des Namens sagt dem Menschen, was er ist; und so erkannt zu werden, überführt ihn der Begegnung mit dem Offenbarer.»[607] Die Reaktion der Maria (»mein Gebieter« [*rhabbouni*]) überbietet förmlich noch die Anrede »Herr« (*kyrie*) aus V. 15, die dem »Gärtner« galt. Sie findet sich im Neuen Testament nur noch Mk 10,51 und ist bedeutungsgleich mit der Anrede *rhabbi*[608], die im JohEv in Bezug auf Jesus häufiger als in den anderen Evangelien vorkommt. Joh 1,38 wird *rhabbi* wie in Joh 20,17 *rhabbouni* zutreffend mit *didaskale* übersetzt.

V. 17: »Rühre mich nicht an! Denn ich bin noch nicht zum Vater aufgestiegen!« zeigt, daß Maria noch einem möglichen Mißverständnis unterliegt. Der Befehl kann auf verschiedene Weise verstanden werden:

1. Eine Berührung hat nicht stattgefunden und soll auch nicht

stattfinden (vielleicht *weil* der Herr noch nicht zum Vater aufgestiegen ist und eine Berührung ihn daran hindern könnte).

2. Eine Berührung findet statt, sie soll aber beendet werden (vielleicht weil Jesus die eigentliche *himmlische Körperlichkeit* noch nicht erhalten hat).

3. Die Worte haben eine übertragene Bedeutung, und die Frage des Berührens oder Nichtberührens ist offen, soweit der Auferstandene überhaupt berührbar ist (vgl. den Glauben des anderen Jüngers Joh 20,8).

Man kann eine oder mehrere dieser Möglichkeiten auch mit einem symbolischen Verständnis verbinden, wie es z. B. Lindblom tut. Er gibt den Text wie folgt wieder: »Klammere dich nicht an mich, denn zwar bin ich noch nicht aufgestiegen zum Vater, doch stehe ich im Begriff, zu ihm aufzusteigen ...«[609]. »Das Streben Marias, sich an Jesus anzuklammern, dient... als Symbol für die Angst der Jünger, sich von Jesus scheiden zu müssen ...«[610].

Die Bezeichnung der Adressaten des Auftrags als »(meine) Brüder« ist auffällig. Der Ausdruck »(meine) Brüder« erscheint im selben Zusammenhang einer Weisung des Auferstandenen Mt 28,10 und bezeichnet wohl Mitglieder der christlichen Gemeinde (vgl. Mt 18,15 und 1Joh 2,9–11 u.ö.; 3Joh 3). Jedenfalls ist ein solcher Gebrauch im JohEv, abgesehen von 21,23, singulär. Andererseits interpretiert der Vf. mit »den Jüngern« (V. 18) »(meine) Brüder« aus V. 17.

Der Inhalt des Auftrags V. 17c (»Sage ihnen: ›Ich gehe zu meinem und eurem Vater, meinem und eurem Gott‹«), der sicher auf den Vf. zurückgeht, findet eine Entsprechung in Joh 16,28b: »Ich verlasse die Welt wieder und gehe zum Vater« (vgl. 16,5.10; 13,33; 14,4.12.28). Doch ist nun nicht mehr nur von Jesu Vater die Rede, sondern auch vom Vater der Jünger(innen), von Jesu Gott, der auch ihr Gott ist. Der Vf. will sagen: Durch den Hingang Jesu wird sein Vater zum Vater der Seinen. »Der wahre Osterglaube ist also der, der dieses glaubt und so den Anstoß des Kreuzes verstehend besteht.«[611]

V. 18 erzählt die Ausführung des Befehls Jesu an Maria Magdalena. Sie teilt den Jüngern (als Jesu Brüdern) mit: »Ich habe den Herrn gesehen«, was eigentlich nicht zu dem Befehl Jesu paßt. Da der Satz formelhaft klingt und 1Kor 9,1 entspricht, will der Vf. mit ihm womöglich Maria Magdalena betont legitimieren. Andererseits enthält er die Erfüllung von Joh 16,16–19.

Zu V. 3–10: Als Traditionsstück aus V. 3–10 ergibt sich die Nachricht von einem Gang Petri zum Grab (er wiederholt quasi die Erfahrung der Frauen aus Mk 16,1–8), der eine Parallele in Lk 24,12 hat. Dieses Traditionsstück ist Grundlage der Komposition des Wettlaufs zwischen Petrus und dem Lieblingsjünger durch den Vf.

Zu V.10–18: Die Tradition ist ihrem Ursprung nach eine Erscheinungsgeschichte[612], die der Vf. erst sekundär mit der aus Mk bekannten Grabesgeschichte verknüpft[613] und in die er V. 3–10 eingelegt hat. (Ob Joh den mk Bericht direkt benutzt oder eine verwandte Tradition oder eine von Mk 16,1–8 beeinflußte Überlieferung, ist in diesem Fall gleichgültig.) Dabei dürfte er die aus der Grabestradition vorgegebene Zahl von zwei Frauen auf eine reduziert haben: Jesus erscheint Maria Magdalena. Freilich erkennt sie ihn erst, als er sie mit ihrem eigenen Namen anredet, ebenso wie die Emmausjünger Jesus erst an seiner Geste des Brotbrechens erkennen.

Diese Epiphaniegeschichte ist eine Rekognitionserzählung. Sie ist durchweg johanneisch gestaltet (vgl. V. 17 und die Entsprechung der Anrede Marias [V. 16] mit Joh 10,3), dürfte aber im Kern auf die unabhängige Tradition einer Christophanie Jesu vor Maria Magdalena zurückgehen, die im Wortlaut jedoch nicht mehr rekonstruierbar ist. Doch dürfte in der Anrede Jesu als *rhabbouni* altes palästinisches Kolorit durchscheinen, auch wenn unklar ist, ob sie an der Überlieferung einer Erscheinung Jesu vor Maria Magdalena haftet. Die kunstvolle *Form* der Rekognitionserzählung spricht dafür, daß sie jüngeren Datums ist, falls diese Form nicht überhaupt auf den Vf. zurückgeht.

Nach C. H. Dodd hat »diese Perikope auf undefinierbare Weise etwas wie aus erster Hand an sich... Sie steht jedenfalls für sich.«[614] Doch ist dies kein hinreichender Grund dafür, das obige Urteil zu revidieren. Sie ist ebenso wie die Emmausgeschichte jüngeren Ursprungs und verdankt sich ganz der Reflexion, auch wenn sofort hinzuzufügen ist: In religiöser Sprache können auch in späteren Deutungen Elemente des Ursprünglichen enthalten sein. Ebenso ist ja auch das JohEv z. B. in seinen großen »Ich-bin-Reden« Jesu historisch weit vom geschichtlichen Jesus entfernt. Aber wer wollte bestreiten, daß in dem Kern dieser Reden doch zumindest ein wesentlicher Teil der Botschaft Jesu enthalten ist bzw. aufbewahrt wurde?

Ein traditionsgeschichtlicher Zusammenhang dieser Tradition

mit Mt 28,9f ist nur dann möglich, wenn – was mit guten Gründen zu bestreiten war – Mt 28,9f auf eine Christophanie vor Frauen zurückgeht.

Hingewiesen sei noch auf den Vorschlag von C. H. Dodd, der »meine Brüder« Joh 20,17 wörtlich versteht und die Erscheinung vor Maria Magdalena demselben Traditionsstrang zuordnet, der auch die Christophanie vor dem Herrenbruder Jakobus (1Kor 15,7; vgl. 1Kor 9,5) angehört.[615] M. E. ist diese auf den ersten Blick bestechende These nicht wahrscheinlich zu machen, da im frühen Christentum »Brüder« Angehörige der christlichen Gemeinde bezeichnen (s. o. S. 147f). Die Tatsache, daß Joh 2,12 Jesu leibliche Brüder und Jünger unterscheidet, ist kaum ein Argument zugunsten des Traditionscharakters der »(leiblichen) Brüder« in Joh 20,17. Es sei aber ausdrücklich zugegeben, daß an dieser Stelle offene Fragen bleiben.[616]

Historisches

Es bleibt zu fragen, ob sich aus der Tatsache, daß im JohEv eine selbständige Tradition einer Christophanie vor Maria Magdalena vorliegt, historisch schließen läßt, daß Maria als erste den Auferstandenen gesehen hat. Jedenfalls scheidet folgendes Votum, das zugunsten dieses Schlusses vorgebracht wurde, von vornherein aus:

Die isolierte Rolle der Frauen in Mk 15,40–16,8 spreche dafür, daß »es nach Jesu Tod eine Phase gab, in der Männer unter den Jüngern den Mut verloren hatten und Frauen mit der Weiterführung der Arbeit begannen.«[617] Dagegen hat schon Susanne Heine m. R. eingewandt: »Daß die Frauen der Kreuzigung von ferne (sc. Mk 15,40) zusahen..., sagt nichts für Mk 16,1–8 aus.«[618]

Man vgl. noch Schottroffs These: Die Kraft zur Verkündigung gab den Frauen »eine Vision, in der sie zu Verkündigern der Botschaft von der Macht des Lebens über den Tod berufen wurden.«[619] Das wäre ja erst einmal auf der Grundlage einer Traditionsanalyse wahrscheinlich zu machen.

Nun war Maria Magdalena mit Sicherheit eine Nachfolgerin Jesu, ja, dieser hat sie von sieben bösen Geistern geheilt (Lk 8,2)[620]. Weiter ist aus ihrem Beinamen »Magdalena« (= aus Magdala, einem Ort an der Westseite des Sees Genezareth) und dem Haften ihrer Person an der Passionsüberlieferung historisch zu folgern, daß sie zusammen mit Jesus und anderen an dem schicksalsschweren Gang nach Jerusalem teilnahm. Trotzdem ist die Tradition einer Erscheinung Jesu vor Maria Magdalena offenbar erst relativ jungen Datums.

Als wichtiger Einwand gegen das hohe Alter der Tradition einer Christophanie vor Maria Magdalena wurde immer 1Kor 15 angesehen. Hans Graß hat dazu bemerkt:

»Alle Erwägungen darüber, ob Paulus vielleicht deswegen die Frauen nicht an erster Stelle genannt habe, weil nach antiker Auffassung die Frau nicht als vollwertiger Zeuge galt, sind überflüssig. Es wäre ja auch merkwürdig, daß Paulus durch diese Auffassung von der Stellung der Frauen gehindert gewesen sein soll, sie zu nennen, während die Evangelien hier keine Hemmung mehr gehabt hätten.«[621]

Allerdings ist bezüglich der Voraussetzungen, die Graß macht, stärker zu differenzieren: So sind die Berichte des JohEv, des MtEv und des LkEv, die er im Blick hat, durchaus unterschiedlich. Während bei Joh und Mt Jesus zuerst einer (bzw. zwei) Frau(en) erscheint, so ist sie es bei Lk gerade nicht. Weiter gibt es keine allgemeine antike Auffassung von der Frau als einer nicht vollwertigen Zeugin. (Die Zeugenunfähigkeit der Frau gilt nur für das antike Judentum[622].) Schließlich ist auf die Differenz in der Form und Funktion von 1Kor 15, 3–8 (*Zeugenliste*) und den *Erzählungen* im ersten und vierten Evangelium hinzuweisen. (Man vgl. zusätzlich die Verweigerung des »Rederechtes« der Frau im Gottesdienst im Kontext von 1Kor 15: 1Kor 14,33–36.) Für Paulus wäre es also nicht undenkbar, daß er Maria Magdalena als Auferstehungszeugin gestrichen hätte, falls eine solche Tradition ihm bekannt gewesen wäre. 1Kor 15 hat demnach viel von seiner Kraft gegen eine evtl. Ersterscheinung vor Frauen oder Maria Magdalena verloren. Nicht auszuschließen ist daher, daß Paulus in 1Kor 15 die Tradition einer Ersterscheinung vor Maria Magdalen (und anderen Frauen) ausgelassen hat. Freilich werden wegen dieser Möglichkeit nicht automatisch die Magdalenerin oder die anderen Freundinnen Jesu zu Erstzeugen der Auferstehung Jesu. Die Entscheidung muß an den frühchristlichen Texten selbst fallen.

Es sei daher gefragt, ob nicht die Tradition einer Erscheinung vor Maria Magdalena im joh Kreis entstand und dann vom Vf. ihre Ausgestaltung erfuhr: Er erzählt gern über Einzelpersonen (vgl. sofort S. 183 zu Thomas [Joh 20,24–29] und die dort genannten Parallelen), um an ihnen theologische Einsichten in einer Geschichte zu verdichten. Dann wäre erst von *dieser* joh Erzählung her die Gestalt der Maria in gnostische Texte gelangt, in denen sie eine große Rolle spielt:

Man vgl. Philippusevangelium 55b: »Der S[oter lieb]te [Ma]ria Mag[da]lena mehr als [alle] Jüng[er, und er] küß[te] sie [oft]mals auf ihren [Mund]. Die übrigen [Jünger gin]gen zu ihne[n, um Forde]rungen [zu] stellen. Sie sagten zu ihm: ›Weswegen liebst du sie mehr als uns alle?‹ Der Soter antwortete und sprach zu ihnen: ›Weswegen liebe ich euch nicht so wie sie?‹«[623]

Dieser Spruch zeigt eine deutlich joh Färbung, indem Maria Magdalena gewissermaßen die Rolle des Lieblingsjüngers einnimmt, den wir nur aus dem JohEv kennen. Der Kuß auf den Mund ist ganz im Rahmen der gnostisch-valentinianischen Zeremonie des Brautgemachs zu verstehen, einer »Form der rituell gestalteten ›Erlösung‹... Sie gilt als das ›Heiligste der Heiligen‹ und steht über den anderen Sakramenten.«[624] Man vgl. auch die II. Apokalypse des Jakobus aus Nag Hammadi, Kodex V:

(Jakobus über Jesus:) »Darauf küßte er mich auf den Mund, umarmte mich und sagte: ›Mein Geliebter! Siehe, ich werde dir offenbaren, was [die] Himmel nicht wußten... Strecke jetzt deine [Hand] aus! Umarme mich jetzt!‹ Sogleich streckte ich meine [Hände] aus – und ich fand ihn nicht so, wie ich dachte. Danach hörte ich ihn jedoch sagen: ›Begreife! Und umarme mich!‹ Da begriff ich. Und ich geriet in Furcht und wurde (zugleich) hoch erfreut« (56,14–57,21).[625]

Der Kuß auf den Mund und die Umarmung könnten auf eine Art »Lieblingsjüngerkonzeption« hindeuten. »Eine direkte Beeinflussung durch Johannes ist zwar dadurch noch nicht wahrscheinlich gemacht, immerhin weisen auch ein paar andere Umstände auf eine wenigstens motivliche Verwandtschaft: die Aufforderung, Jesus zu umarmen, wird von Jakobus mißverstanden; nicht physische Umarmung ist gemeint, sondern pneumatische (57,13ff); ähnliches liegt bei den sog. joh. Mißverständnissen[626] vor. Zudem finden sich in Sprache und Stil gewisse Übereinstimmungen (vgl. den Hinweis auf die Stunde, die jetzt da ist: 63,24f.; Joh 17,1). In ein besonderes Nahverhältnis zu Jesus ist Jakobus insofern gerückt, als alle diese drei Würdebezeichnungen, Gerechter, Bruder und Geliebter, von Jesus selbst gebraucht werden (48,22; 49,8f).«[627]

Man vgl. ferner Philippusevangelium 32: »Drei (Frauen) hatten ständigen Umgang mit dem Herrn: Maria, seine Mutter, <seine> Schwester und Magdalena, die seine Gefährtin genannt wird. Seine Schwester, seine Mutter und seine Gefährtin heißen nämlich alle Maria.«[628] Auch hier liegt offenbar das JohEv zugrunde, denn nur dort (Joh 19,25) ist davon die Rede, daß Maria, die Mutter Jesu, unter dem Kreuz anwesend war. Die Vorstellung von Maria Magdalena als der Gefährtin (*koinonos*) Jesu, erinnert an die enge Verbindung von Simon und Helena[629] und ist auf dem Hintergrund gnostischer Syzygienvorstellungen zu verstehen, in denen die Sophia Paargenossin Jesu ist.[630]

Noch ein weiterer Zug kennzeichnet das Bild von Maria Magdalena in den gnostischen Texten, der Gegensatz zu Petrus. Für Maria findet sich dieses Motiv sehr deutlich im Evangelium der Maria[631], im Thomasevangelium (Logion 114)[632] und in der Pistis Sophia.[633] Aber auch hier kann diese Konkurrenz durch die joh Lieblingsjüngerkonzeption in ihrer Spannung zu Petrus mitverursacht sein.

Nach Susanne Heine werde Maria Magdalena in den ältesten Auferstehungstexten wie 1Kor 15 und Lk 24,34 nicht genannt, weil hier »Christophanie und Leitungsfunktion... eng verknüpft sind... Sie leitete keine Gemeinde und geriet über die ersten institutionellen Autoritätskonflikte innerhalb der christlichen Gemeinschaftbildungen ins Hintertreffen. Das schließt aber nicht aus, daß sie als Nachfolgerin Jesu und als pneumatische Persönlichkeit eine geistliche Autorität besessen hat«.[634] Aber selbst dieses behutsam gewonnene Urteil dürfte aus den genannten Gründen für die Frühzeit zu optimistisch sein. Die Tradition um Maria Magdalena ist, was die Passion Jesu angeht, wohl historisch, ihre Erstzeugenschaft der Auferstehung läßt sich aber nicht bestätigen. Dennoch behält Susanne Heine in folgendem unbedingt recht:

»In jedem Fall hat Maria Magdalena eine theologisch-symbolische Bedeutung. Die Auseinandersetzung zwischen Großkirche und Gnosis belegt, daß die Frage nach der Rolle der Frauen in den Gemeinden ein integrierender Bestandteil dieses Kampfes war. Maria Magdalena steht nicht für die Emanzipation der Frauen, das wäre eine Anachronismus, aber dafür, daß Geistempfang, Begnadigung durch den Erlöser, Glaube und Weitergabe dieses Glaubens in Verkündigung und Lehre, samt den dazugehörigen gemeindlichen Funktionen, nicht auf Männer beschränkt sind.«[635]

Joh 20,19–23: Der Auferstandene vor den Jüngern

Redaktion und Tradition

V. 19: Die Zeitbestimmung nimmt die von V. 1 auf. War es dort früh am Morgen, so jetzt der Abend desselben Tages (Sonntag). Ansonsten liegt keine Verbindung zum vorher Erzählten vor. Weder auf die Botschaft der Maria (V. 13) noch auf die Jüngerszene am leeren Grab (V. 3–10) wird Bezug genommen. Das spricht für eine Traditionsgrundlage der vorliegenden Szene. »Aus Furcht vor den Juden«[636] erscheint wörtlich ebenso Joh 7,13; 19,38; vgl. 9,22. In der Parallelperikope Lk 24,36–43 findet sich das Furchtmotiv in V. 37 als Reaktion auf die Erscheinung, was ursprünglich sein dürfte. In ihr entspricht die redaktionelle Formulierung »er trat in ihre Mitte« (V. 36) der damit fast wörtlich übereinstimmenden Wendung im vorliegenden Vers: »er trat in die Mitte«. Sie dürfte aus der Benutzung des LkEv zu erklären sein, zumal bei Joh in keinem anderen Erzählstück zwei mit »und« verbundene Verben der Bewegung in der finiten Form stehen. Ferner ist »in die Mitte« bei Joh ungebräuchlich.

Der anschließende Gruß (»und er sagte ihnen: Friede sei mit euch«) geht wegen der wörtlichen Übereinstimmung mit Lk 24,36b ebenfalls auf Lk zurück.

V. 20: Das demonstrative Zeigen seiner Hände und seiner Seite (=Aufnahme von Joh 19,34) ist auf den ersten Blick merkwürdig, ohne erkennbaren Anlaß[637], und ist literarisch wohl durch Lk 24,40 bedingt. Vielleicht soll damit eingeschärft werden, »daß der Auferstandene und der Gekreuzigte Einer sind.«[638] Der Vers bereitet weiter insofern die nächste Szene (V. 24–29) vor, als die Jünger Jesus nicht erst zu betasten brauchen, um zu glauben, Thomas es dann aber fordern wird. V. 20b schildert die Reaktion der Jünger (»als sie den Herrn sahen« entspricht »ich habe den Herrn gesehen« [V. 18]). Das Motiv der Jüngerfreude erinnert an Lk 24,41. Die Übereinstimmung ist wiederum aus literarischer Beziehung zu erklären.

V. 21: Der nochmalige Friedensgruß (nach dem traditionellen ersten [V. 19 Ende]) macht eine redaktionelle Naht sichtbar. Der Vf. wiederholt den Friedensgruß und flickt die Sendung der Jünger ein (vgl. Joh 17,18). »Von einer Einführung in die Schrift Lk 24,44–46 ist nicht die Rede, und der Sendungsbefehl hat auch nicht mehr den Charakter eines detaillierten Missionsbefehls.«[639] Die *Bildung* des Sendungswortes durch den Vf. bedeutet nicht, »daß das Motiv der

Sendung der Jünger durch Jesus als solches erst vom Evangelisten in den Bericht seiner Quelle eingetragen wurde«[640], denn 1Kor 9,1 und Gal 1,15f legen die Vermutung nahe, daß ein »Typ des Erscheinungsberichtes, der... in einem Sendungsauftrag Jesu gipfelte,... relativ alt zu sein scheint.«[641] Freilich ist die sprachliche Form des Auftrags nicht mehr zu rekonstruieren.

V. 22: Das Anhauchen hat religionsgeschichtliche Parallelen u.a. im Alten Testament[642] und enthält einen animistischen Zug. Es war nach dem von einem personalistischen Geistverständnis geprägten Parakletsprüchen (14,16; 16,7.13; vgl. 7,39) nicht mehr zu erwarten.

> »Offenbar macht der Evangelist hier, etwa unter Anlehnung an einen älteren Bericht, volkstümlicher Anschauung ein Zugeständnis, das als solches stehen gelassen werden und von dem Versuch, es anderweitig ausgesprochenen Vorstellungen anzupassen, verschont bleiben muß... Redet er doch auch in [V.] 23 das einzige Mal in seinem Buch von der Sündenvergebung, die zu seiner Auffassung vom Christentum gar nicht paßt, vielmehr Anbequemung an die Gedanken der Gemeinde oder an seine Vorlagen ist.«[643]

In der Wendung »empfanget heiligen Geist« fällt der fehlende Artikel vor »heiligen Geist« auf, was im JohEv singulär ist, aber eine Entsprechung in Apg 2,4 hat.

V. 23: Der Ausdruck »Vergebung der Sünden« ist, wie bereits gesagt, im vierten Evangelium singulär (doch vgl. dazu 1Joh 1,9; 2,12) und dürfte ebenso wie der vorige Vers auf Traditionen (u.a. Lk 24,47) zurückgehen.

Nächste Parallelen zu der in diesem Vers ausgesprochenen Vollmacht sind Mt 16,18f[644] und 18,18 sowie Lk 24,47 (diese Stelle ist hier benutzt worden).[645]

Zusammenfassung der Traditionsanalyse

Allgemein gilt, daß die benutzte Überlieferung Lk 24,36–49 voraussetzt.[646]

Die mutmaßliche Vorlage enthielt einen nicht datierten Bericht über das plötzliche Erscheinen Jesu unter seinen Jüngern. Die Jünger erschraken. Jesus bietet seinen Jüngern (vielleicht als Reaktion auf ihren Zweifel) an, ihn anzufassen und verleiht ihnen mit einer archaischen Geste des Anhauchens den Geist, sendet sie (in die Welt?) und spricht ihnen gleichzeitig die Vollmacht der Sündenvergebung zu.

Historisches

Man wird schon wegen der Abhängigkeit vom Lk-Bericht ausschließen können, daß die Tradition aus dem Bericht eines Augenzeugen stammt. Trotzdem wirkt die Tradition alt und in Teilen »echt«. Das betrifft das Zusammenfallen von »Sehen« und »Gesandt-Werden« sowie »Sehen« und »Erfüllt-Werden« mit heiligem Geist. Dieses auch aus dem Primärbericht des Paulus ablesbare pneumatische Geschehen bildet den historischen Kern der Tradition von Joh 20,19–23. (Selbst in späterem Material kann sich Ursprüngliches finden.) Wäre es daher zu weit gegriffen, hier (zusammen mit Lk 24,36–43) die Erscheinung vor den Zwölfen reflektiert zu sehen? Sekundär hinzugewachsen und unhistorisch ist freilich die fleischliche Vergegenständlichung Jesu (V. 20). Das ursprüngliche Sehen der Osterzeugen war ein Sehen im Geist und nicht das Sehen eines wiederbelebten Leichnams.

Joh 20,24–29: Thomas, der Zweifler

Redaktion

Die Geschichte ist singulär innerhalb der Ostergeschichten. Thomas ist sonst nicht als Osterzeuge bekannt, aber auch seine Sturheit ist einzigartig (vgl. V. 25b). Zu der vorangehenden Perikope steht die vorliegende Geschichte in Spannung, denn nach V. 21–23 erhalten außer Judas *alle* Jünger, zu denen Thomas als einer der Zwölf gehört haben muß, die Vollmacht zur Sündenvergebung.

V. 24 begründet, warum sich die Erscheinung vor Thomas überhaupt noch ereignet bzw. ereignen mußte. Thomas war nicht dabei, als das gerade (V. 19–23) beschriebene Kommen Jesu stattfand. Thomas[647] erscheint im Neuen Testament außer in den vier Zwölferlisten (Mk 3,18; Mt 10,3; Lk 6,15; Apg 1,13) nur im JohEv (11,16; 14,5; 20,24; 21,2) und in der vorliegenden Perikope. Er tritt hier als typischer Vertreter des Zweifels auf (vgl. Mt 28,17; Mk 16,11.13.14; Lk 24,11.25.38.41). In frühchristlicher Zeit entstanden unter seiner fingierten Verfasserschaft zahlreiche Schriften: man vgl. nur das Thomasevangelium[648], das Thomas-Buch[649] und die Thomasakten.[650]

V. 25: »Wir haben gesehen« nimmt »(sie) sahen« aus V. 20 und »und ich habe gesehen« aus V. 18 auf. Der zweite Versteil (»Wenn ich nicht an seinen Händen das Mal der Nägel sehe und meinen Finger in das Mal der Nägel lege und meine Hand in seine Seite lege, kann ich's nicht glauben«) schildert einen krassen Materialismus als Bedingung des Glaubens des Thomas. Die Forderung, die Hand in die Seite Jesu zu legen, bezieht sich auf Joh 19,34a zurück. Eine Verwendung von Nägeln bei der Kreuzigung Jesu findet sich nur noch PetrEv 6,21 und geht wohl auf Ps 21,17 (LXX) zurück, wo es heißt: »Sie durchbohrten meine Hände und Füße.«

V. 26: Durch die Zeitangabe »nach acht Tagen« wird die erneute Zusammenkunft der Jünger wie schon die erste auf einen Sonntag gelegt. V. 26b wiederholt wörtlich V. 19b. Jesus kommt zu seinen Jüngern, obwohl die Türen verschlossen sind, und grüßt sie.

V. 27 nimmt V. 20 auf und entspricht exakt dem Wunsch des Thomas aus V. 25f. Zur Betastung als Mittel, sich von der Realität des Leibes Jesu und der Identität seiner Persönlichkeit zu überzeugen, vgl. Lk 24,39–43 und ferner Epistula Apostolorum 11f. (Zu diesem Text s. o. S. 149f) Doch weist die anschließende Aufforderung (»aber sei nicht ungläubig, sondern gläubig«) darauf hin, was wirklich zählt.

V. 28: Thomas geht auf das Angebot Jesu nicht ein. Er ruft aus: »Mein Herr und mein Gott!« (vgl. Joh 10,30) und kommt damit zum Glauben. »Es ist das dem Auferstandenen gegenüber voll angemessene Bekenntnis, das, über jenes ›mein Meister‹ (V. 16) weit hinausgehend, in Jesus Gott selber sieht.«[651] (Mit ihm ist auch die Leserschaft angesprochen, die darin ebenso wie in den Bekenntnissen des Simon [Joh 6,68f] oder der Martha [Joh 11,27] ein Vorbild für den eigenen Glauben sehen kann.) Eines Berührens bedarf es nicht mehr, denn das Wort Jesu schafft bei Thomas Glauben.

V. 29 spricht in vorwurfsvollem Ton (vgl. zur Form Joh 1,50) auch nur von einem Sehen (und nicht von einem Berühren) des Thomas und formuliert in einer Seligpreisung[652] allgemeingültig: Es kommt gar nicht auf das Sehen, sondern auf das Glauben an.[653] Das ist nicht weit entfernt von Mt 28,16–20, wo »die Botschaft des Auferstandenen und der Gehorsam gegenüber diesem Wort der Weg zur Überwindung des Zweifels« war.[654]

Der dem Thomas geltende Vorwurf trifft offenbar alle anderen Jünger, denn auch Thomas hat keinen anderen Beweis verlangt, als Jesus den anderen freiwillig dargeboten hat. »...der Zweifel des Thomas (sc. ist) repräsentativ für die durchschnittliche Haltung der Menschen, die nicht glauben können, ohne Wunder zu sehen (4,48)... Im Grunde sollte nicht erst die Schau des Auferstandenen die Jünger bewegen, ›dem Worte, das Jesus sprach‹, zu glauben (2,22), sondern dieses Wort müßte allein die Kraft haben, ihn zu überzeugen.«[655]

Die Thomasperikope repräsentiert, traditionsgeschichtlich geurteilt, ein Spätstadium der frühchristlichen Ostergeschichten. Eine genetische Beziehung zu den ursprünglichen Osterereignissen hat sie nicht. Anscheinend wird in ihr antidoketisches Interesse sichtbar (ebenso wie in den joh Briefen: 1Joh 1,1; 4,1f; 2Joh 7 und auch Lk 24,39–43). Man wird sie wegen ihres sekundären Rückbezuges auf Joh 20,19–23 am ehesten für eine redaktionelle Bildung des Vf.s halten[656], der mit ihr das Zweifelsmotiv in einer eigenen Geschichte verselbständigte bzw. das verbreitete Zweifelsmotiv konkretisierte und individualisierte.[657] Dafür spricht auch die Ähnlichkeit des Aufbaus der Thomasperikope mit Joh 1,45–51[658], ferner der Befund, daß im JohEv häufig Einzelpersonen eine besondere Rolle spielen (Nikodemus [Joh 3,1–9], Maria und Martha [Joh 11,1ff], Philippus und Nathanael [Joh 1,43–51], die Sychariterin [Joh 4,7ff]).[659] Daher können wir mit Anton Dauer folgendes Fazit ziehen:

»An der Gestalt des Thomas hat der Evangelist das Motiv des Jüngerunglaubens, seiner Überwindung durch die Begegnung mit dem Auferstandenen und die Behandlung der problematischen Frage nach dem Wert eines solchen Glaubens aufgehängt«.[660] Dabei trägt er das Motiv des Zweifels, das er aus Joh 20, 19–23 offenbar entfernt hatte, in der vorliegenden Geschichte nach.

Joh 21: Der Auferstandene am See Tiberias

Hinführung

Das Kapitel ist deutlich nachträglich an Joh 20 angehängt worden, wie aus folgenden Gründen deutlich hervorgeht:

1. 20,30f ist ausdrücklich ein Buchschluß:

2. 21,24f führen den Lieblingsjünger als Vf. des ganzen Evangeliums ein, demgegenüber finden sich Kap. 1–20 keinerlei Hinweise auf diesen Vf.

3. Joh 21 hat z.T. eine andere Sprache als Joh 1–20. Vgl. bes. *paidia* (V.5) als Anrede an die Jünger und *adelphoi* (V. 23) als Bezeichnung der Christen.[661]

Dieser Befund bedeutet freilich noch keine Vorentscheidung bezüglich des Alters der in Joh 21 enthaltenen Traditionen. Allerdings ist im Unterschied zu Joh 20 als Vf. derjenige aufzufassen, der Joh 21 hinzukomponiert hat. (Er ist ja nicht notwendig identisch mit dem Vf. von Joh 1–20, obgleich das nicht ausgeschlossen ist.)

Im folgenden fragen wir wie im vorigen erstens nach Redaktion, zweitens nach Tradition (dieser Arbeitsschritt schließt die Behandlung des Verhältnisses der eruierten Traditionen zu anderen Auferstehungsüberlieferungen ein) und drittens nach den historischen Elementen der eruierten Traditionen.

Joh 21,1–14: Die Erscheinung Jesu am See von Tiberias

Redaktion

V. 1 entspricht V. 14 und stammt vom Vf. (»er offenbarte sich« [2x] in V. 1 nimmt »offenbart wurde« in V. 14 auf). In beiden Versen ist Joh 20 vorausgesetzt. »Zum dritten Mal« (V. 14) bezeichnet nämlich die Joh 21,2–13 erzählte Erscheinung als die dritte. Dann wäre 20,19–23 die erste und 20,26–29 die zweite Erscheinung vor den Jüngern. (Die Erscheinung vor Maria Magdalena [20,11–18] wird offensichtlich nicht mitgezählt, da es keine Erscheinung vor Jüngern [Plural] war.)

V. 2 beginnt mit einer Aufzählung der beteiligten Personen: »Simon Petros« bezieht sich auf 20,2 zurück, »Thomas, der Zwilling genannt wird« auf 20,24. Zu Nathanael vgl. Joh 1,45–49. Die zusätzliche Erwähnung der Söhne des Zebedäus dürfte auf Tradition zurückgehen, da sie sonst im JohEv nicht genannt werden. Demgegenüber sind die zwei nicht näher bezeichneten anderen Jünger wegen des Rückbezugs von »seiner Jünger« auf V. 1 redaktionell. Insgesamt ergibt sich also eine Siebenzahl mit symbolischem Wert. Sie steht für die künftige Kirche (vgl. auch die sieben Gemeinden in Apk 2–3).[662]

V. 3 ist die gedrängte Erzählung eines mißglückten Fischfangs. Petrus beschließt, auf Fischfang zu gehen, die in V. 2 genannten Jünger wollen mitkommen, das Vorhaben wird ausgeführt und der Mißerfolg konstatiert. (Eine nahe Parallele findet sich Lk 5,5: »Wir haben die ganze Nacht hindurch gearbeitet und nichts gefangen«.) Dabei fällt auf, wie die sechs Jünger Petrus unter- bzw. zugeordnet werden (Petrus faßt den Entschluß und die Jünger folgen).

V. 4: Die Zeitangabe »am Morgen« schließt an »in jener Nacht« (V. 3) an. Aus der Geschichte von einem mißglückten Fischfang wird die Erzählung von einer Erscheinung Jesu. Die Jünger erkennen ebenso wie vorher Maria Magdalena (Joh 20,14) Jesus nicht (vgl. Lk 24,16). Zwischen Petrus und den Jüngern wird nicht mehr differenziert.

V. 5: Die vertrauliche Anrede »Kinder« (*paidia*) erscheint nur noch 1Joh 2,14.18. Die Frage Jesu nach einer Zuspeise läßt eine negative Antwort erwarten. Das griechische Wort für Zuspeise (= *prosphagion*) ist oft gleichbedeutend mit »Fisch«. Der Vf. denkt schon an das später erzählte Mahl, für das neben Brot auch Fisch gebraucht wird, und sorgt dafür, daß die dafür benötigten Fische im folgenden (V. 6) erst einmal gefangen werden (vgl. Lk 24,41 f). Doch liegt nach V. 9 Fisch schon auf dem Feuer (er mußte also gar nicht extra gefangen werden). »Diese Unstimmigkeit erklärt sich am leichtesten bei der Annahme, daß der Redaktor die Fischfanggeschichte und einen Erscheinungsbericht (zu dem das Mahl gehört) verbinden will.«[663]

V. 6 enthält den Befehl Jesu an die Jünger, das Netz zur rechten Seite auszuwerfen. Sie befolgen ihn und »konnten das Netz wegen der Menge der Fische nicht mehr ziehen« (vgl. die genaue Entsprechung in Lk 5,4–6). Der in V. 3 Ende konstatierte Mißerfolg wird aufgrund eines Wortes Jesu und dessen Befolgung ein überreicher Erfolg (ebenso Lk 5).

V. 7 ist eine redaktionell eingelegte Zwischenepisode, die vom Lieblingsjünger und von Petrus handelt. Ebenso wie Joh 20,8 wird hervorgehoben, daß der Lieblingsjünger Jesus vor Petrus erkennt. Er übertrifft ihn also ein weiteres Mal (so auch später 21,20–23). Als Petrus von ihm erfährt, daß es der Herr ist, wirft er sich nach Ablegen des Obergewandes sofort ins Meer, um zu Jesus zu schwimmen. Diese Tat drückt seine große Liebe zu ihm aus (V. 15).

V. 8 erzählt von den übrigen Jüngern (sie ziehen die große Beute der Fischer ans Land) und erläutert, warum Petrus ins Wasser springen (und zu Jesus schwimmen) konnte; er war nämlich nur 200 Ellen vom Strand entfernt.

V. 9 führt Fischfang und (Herren-) Mahl zusammen.

V. 10 sagt, daß auch Fische aus dem reichen Fang zum Mahl dazugehören sollen, obwohl bereits Fische da waren (V. 9). So werden Fischfang- und Erscheinungstradition eng miteinander verwoben.

V. 11: Petrus erhält wiederum eine zentrale Rolle in der Erzählung. Er ist es, der allein das Netz und 153 Fische ans Land zieht. Die betonte Auskunft über die Anzahl der Fische und daß das Netz nicht zerriß, hebt einerseits den wunderbaren Charakter des Geschehens hervor (vgl. Joh 6,13), andererseits verlangt sie eine weitergehende Deutung. Vielleicht ist für den Redaktor das Netz Symbol für die Kirche, wobei die große Zahl der Fische ihre Universalität ausdrückt. Petrus scheint dabei – wie in Mt 16 – ein weiteres Mal der Garant dieser Kirche zu sein.

V. 12: Der erste Versteil mit der Aufforderung Jesu zum Frühmahl steht in Spannung zum zweiten Versteil. Was hat die Aussage, daß keiner Jesus zu fragen wagte, wer er sei, mit der Aufforderung Jesu zu tun, Mahl zu halten, zumal im Nachsatz gesagt wird, sie wußten, daß es der Herr war? Hier liegt eine merkwürdige Spannung zwischen dem Fragen-Wollen der Jünger und ihrem angeblichen Wissen vor. Sie wurde durch den Redaktor erzeugt, der ja schon in V. 7 die Identität Jesu festgestellt hatte (nur Petrus hatte davon gehört).

V. 13: Die Einleitung des Satzes mit »es kommt Jesus« entspricht dem Versanfang von 20,18 (»es kommt Maria Magdalena«). Die Geste der Austeilung des Brotes und des Fisches erinnert an Joh 6,11. Jedenfalls wird an den Gesten Jesu erläutert, daß der Auferstandene anwesend ist (vgl. Lk 24,30). Die Jünger brauchen jetzt nicht mehr die Frage zu stellen, zu der sie nach V. 12 den Mut nicht hatten.

V. 14: s. o. zu V. 1.

Traditionen

a) V. 2–4a gehört zu der Tradition eines Fischfangs, die, wie Lk 5 zeigt, im Zusammenhang einer Berufungserzählung des Petrus stand. Freilich ist zu betonen: In Joh 21 ist es die Tradition eines zunächst mißglückten Fischfangs.

b) V.4b. 12–13 ist die Tradition einer österlichen Erscheinung.

Historisches

Zu a): Vgl. oben S. 101 f zu Lk 5/Joh 21.

Zu b): Die Tradition ist jung (verwiesen sei auf die Bemerkungen o. S. 157ff zur Emmausgeschichte). Das Abendmahl wird als Symbol der Begegnung mit dem auferstandenen Herrn verstanden.

Anhang: Zur These von Rudolf Pesch[664]:

Pesch hat eine Untersuchung zum Verhältnis von Lk 5,1–11 und Joh 21,1–14 vorgelegt und zu zeigen versucht, a) daß die Tradition einer Fischfangerzählung in Lk 5 genetisch mit der in Joh 21 zugrunde liegenden Tradition einer Fischfangerzählung zusammenhängt, und b) daß es sich hier *nicht* um eine Ostergeschichte handelt.

Kritik: a) ist im allgemeinen zutreffend und liegt den obigen Ausführungen weitgehend zugrunde (anders als Pesch halte ich freilich Joh 21,7 für redaktionell); b) ist zu bestreiten, denn die Erzählung ist doch von vornherein auf die nachösterliche Mission hin angelegt, also in erster Linie eine Berufungserzählung und erst sekundär ein Wunderbericht, für den ja auch nach der Meinung Peschs religionsgeschichtliche Parallelen nicht beigebracht werden können.[665]

Joh 21,15–19: Der Auferstandene und Simon Petrus

Redaktion

V. 15–17: Der Abschnitt V. 15–19, ein Gespräch Jesu mit Petrus, hat einen einheitlichen Aufbau. Jesus fragt Petrus, den Sohn des Johannes, dreimal, ob er ihn liebe.[666] In V. 15 und 16 wird das Verb *agapan* gebraucht, in V. 17 *philein*. Petrus antwortet darauf dreimal: Bei den ersten beiden Malen sagt er: »Ja, Herr, du weißt, daß ich dich liebe (*philo se*)«, beim dritten Mal: »Herr, du weißt alles, du siehst, daß ich dich liebe (*philo se*)«. (Vorher wurde erzählt, daß Petrus Trauer darüber empfindet, daß Jesus ihn das dritte Mal gefragt habe – anscheinend haben die ersten Antworten nichts ausgerichtet.) Der Reaktion auf Petri Antwort folgt jeweils ein Befehl Jesu an seinen Jünger: V. 15 Ende, V. 16 Ende, V. 17 Ende. Er verrät eine kunstvolle Gestaltung. Das Verb des ersten und dritten Befehls ist identisch (»weide [*boske*]) meine Lämmer / Schafe«) und ebenso das Bezugsobjekt (»Schafe«) der zweiten und der dritten Aufforderung: Es geht dabei allgemein um die kirchliche Führungsstellung des Petrus. Ist es Zufall, daß Petrus machen soll, was nach Joh 10 Jesus selbst tut? Jedenfalls geht aus dem planmäßigen Aufbau eine gezielte literarische Gestaltung des Textes durch seinen Vf. hervor.

V. 18–19 gestalten den dritten Dialog dadurch aus, daß Jesus den Kreuzestod Petri voraussagt. Hierin liegt eine besondere Auszeichnung des Jüngers (s. auch V. 19: »Gott verherrlichen«). Dann folgt abschließend die Aufforderung: »Folge mir nach!«, d.h. der dritte Befehl: »Weide meine Schafe!« (V. 17) wird ergänzt durch die Aufforderung der persönlichen Nachfolge Jesu, die (wegen V.18–19a) ein Ruf zur Nachfolge ins Martyrium ist. Damit ist offenkundig auf Joh 13,36 verwiesen und gesagt: Erst jetzt ist eine Nachfolge Jesu durch Petrus möglich, nachdem er trotz seiner Verleugnung Vergebung der Sünden empfangen hat. Mit anderen Worten: Petrus wird rehabilitiert.

Die letzte Beobachtung zeigt, wie die Redaktion den Sinn verstanden haben wollte. Die Verleugnung Jesu durch Petrus ist durch die wiederholte Beauftragung Petri »überwunden« worden. Dabei ist die Dreizahl des Dialogs vielleicht eine Nachbildung der auch im JohEv dreifach erzählten Verleugnung Jesu durch Petrus (18,17.25–27).

Aus diesem Befund wird zuweilen geschlossen, daß in der vorliegenden Perikope keine alte Tradition vorliege. Man vgl. das Votum von Lyder Brun: Joh 21,15f »kann als ursprünglich vorhandene Tradition nicht angesehen werden. Die genaue Nachbildung der Verleugnungsgeschichte verrät... spätere Reflexion.«[667]

Gegensätzlicher Auffassung ist Rudolf Bultmann. Nach ihm »weist das Stück für sich genommen eine Beziehung zur Verleugnungsgeschichte nicht auf. Die Verleugnung, die Reue des Petrus müßten doch erwähnt sein! Und so etwas wie eine Absolution wird in den Worten Jesu nicht ausgesprochen.«[668] Bultmann hält dabei die Tradition in V. 15–17 für eine Variante der Beauftragung des Petrus, wie sie in Mt 16,17–19 und Lk 22,32 erscheint. Aber ist es ausgeschlossen, daß die Redaktion einen traditionellen Konnex zwischen Beauftragung und Verleugnung verdrängt hat?

Wenn die oben S. 110f entwickelte Hypothese zum Ursprung der Verleugnungsgeschichte richtig sein sollte, so könnte der vorliegende Text ein Reflex des ursprünglich berichteten Zusammenhangs von Verleugnung und Gnadenerfahrung sein, umso mehr, als dieser ja auch in der gemeinsamen Basis von Lk 5 und Joh 21,1–13 wahrscheinlich ist. Allerdings sei zugegeben: Aus einer isolierten Betrachtung des Textes kann eine solche These nicht entwickelt werden.

Historisches

In jedem Fall entspringt auch die hinter Joh 21,15–17 liegende Tradition der Erinnerung an eine Protophanie Jesu vor Petrus aus der allerersten nachösterlichen Zeit.[669] Sie ist in der Tatsache der Erscheinung, der ihr entsprechenden Vision Petri und in seiner Beauftragung, der Gemeinde Jesu vorzustehen, sicher historisch (vgl. die Bemerkungen zu Mt 16,17–19 o. S. 103f).

Joh 21,20–23: Petrus und der Jünger, den Jesus liebte

Der Abschnitt beleuchtet ein weiteres Mal (nach 20,3ff; 21,7) das Verhältnis Petri zu dem Lieblingsjünger.

Redaktion

V. 20: Indem gesagt wird, der Lieblingsjünger folge Jesus (bereits) nach, während Petrus erst V. 19 dazu die Aufforderung empfängt, wird dem Lieblingsjünger zum wiederholten Mal eine geistliche Überlegenheit zugeschrieben. Der Vers bezieht sich bewußt auf die Abendmahlsszene (Joh 18,15) zurück.

V. 21–22: Nachdem Jesus in V. 18 den Kreuzestod des Petrus vorausgesagt hatte, fragt Petrus ihn nach dem Schicksal des Lieblingsjüngers. Der Vf. nimmt ein in seiner Gemeinde umlaufendes Wort darüber auf, daß der Lieblingsjünger bis zur Wiederkunft Jesu nicht sterben werde, und will seinen eigentlichen Sinn erklären. Dazu benutzt er ein Gespräch Jesu mit Petrus. Jesus erklärt Petrus, daß es ihn nichts anzugehen habe, falls der Lieblingsjünger am Leben bleibe, bis er wiederkomme. Petrus solle vielmehr ihm nachfolgen (= Bekräftigung des Nachfolgerufs in V. 19 sowie des Vorrangs des Lieblingsjüngers vor Petrus).

V. 23 korrigiert die Erwartung der joh Gemeinde hinsichtlich Überlebens des Lieblingsjüngers, indem er diese Annahme für ein Mißverständnis erklärt. Jesus habe das nämlich nicht vorausgesagt, sondern es nur als Möglichkeit hingestellt.

Die Tatsache, daß eine falsche Erwartung bezüglich des Überlebens des Lieblingsjüngers korrigiert werden mußte, sollte allen Zweifel an der historischen Existenz dieses Jüngers beseitigen.

Ich fasse zusammen: Das Gespräch V. 20–23 zwischen Petrus und Jesus will zwei Punkte klarstellen[670]: a) Die dem Petrus zugesprochene Autorität ist auf den Lieblingsjünger übergegangen (Petrus muß den Märtyrertod sterben, während der Lieblingsjünger bleibt). b) Der Lieblingsjünger bleibt trotz seines Todes Garant der joh Gemeinde, denn er gilt V. 24 als der Autor des JohEv. Fazit: Der vorliegende Abschnitt geht ganz auf den Vf. zurück. Die Frage nach den benutzten Traditionen und nach Historischem kann daher entfallen.

Rückblick

Im letzten Kapitel haben wir unter Ausgang von der kerygmatischen Tradition (1Kor 15) sämtliche frühchristlichen Auferstehungstexte analysiert. Als Abschluß dieser Untersuchung sollen, gewissermaßen zur Vertiefung, einige übergreifende Gesichtspunkte in Erinnerung gerufen (a) und danach Kriterien für die noch ungelöste Kontroverse über den Ort der Ersterscheinung gewonnen werden (b).

a) Das eindeutige Ergebnis des analytischen Teiles lautet: Erscheinungs- und Grabestradition haben ursprünglich nichts miteinander gemeinsam. Die älteste Erscheinung erfolgte nicht am Grab, und die Grabestradition ist bereits eine Antwort auf jüdische Nachfragen nach dem entschwundenen Leichnam, die Hand in Hand geht mit der christlichen Vergewisserung der leiblichen Auferstehung Jesu. In der Folgezeit werden Grabes- und Erscheinungstradition immer näher zusammengerückt, so daß die Art der ursprünglichen Erscheinung fast unkenntlich wird. Durch Paulus können wir aber eine Vorstellung vom ursprünglichen Geschehen zurückgewinnen.

b) Wo ist die ursprüngliche Erscheinung erfolgt, wenn sie nicht am Grabe Jesu in Jerusalem stattfand? Alles zusammengenommen, sprechen die meisten Argumente für Galiläa. Zwar ist eine *direkte* Flucht der Jünger dorthin aus mancherlei Gründen unwahrscheinlich (s. o. S. 111), doch hat noch niemand plausibel erklären können, wie es denn in umgekehrter Abfolge zu galiläischen Erscheinungen *nach* den jerusalemischen ohne eine dortige Anwesenheit von Jüngern überhaupt hätte kommen können. Dabei mögen Erinnerungen an das historische Zusammensein mit Jesus in Galiläa im Rückblick die Formung der Erscheinungsgeschichten geprägt haben.

5. Geschichte und Wesen des ältesten christlichen Auferstehungsglaubens

Der römische Präfekt Pontius Pilatus ließ Jesus von Nazareth nach dem Zeugnis aller ntl. Evangelien an einem Freitag – wohl um 30 n. Chr. – am Kreuz hinrichten. Seine männliche Jüngerschar, die von Galiläa mit nach Jerusalem zum Passahfest gezogen war, verließ ihn vor bzw. bei der Festnahme fluchtartig, nach anfänglichem Zögern auch Simon Petrus, einer der Zwölf, der unter den Jüngern Jesu eine Vorrangstellung innehatte. Anhängerinnen Jesu, die ebenfalls mit ihm von Galiläa nach Jerusalem zum Passahfest gereist waren, hielten dagegen länger bei ihrem Meister aus.

Die Motive für die Hinrichtung Jesu durch den Römer Pilatus sind klar. Er sah in ihm einen politischen Aufrührer, den es politisch unschädlich zu machen galt. Offensichtlich ist Jesus von Teilen der ihm feindlich gesonnenen Jerusalemer Priesterschaft in Reaktion auf sein eschatologisch-messianisches Auftreten, das vielleicht den Anspruch seiner eigenen Identität mit dem kommenden Richter-Menschensohn einschloß, als politischer Aufwiegler verleumdet worden. Inwiefern auch ein Jünger (Judas) daran beteiligt war – wohl aus anderen Motiven – braucht hier nicht weiter behandelt zu werden.

Prozeß, Hinrichtung und Tod Jesu fielen auf einen und denselben Tag. Auf ihn folgte der Sabbat, der in jenem Jahr mit dem ersten Tag des Passahfestes zusammenfiel.[671] Daraus ergab sich für Juden das Problem, wie mit dem Leichnam Jesu zu verfahren war, denn es war nach jüdischer Sitte unstatthaft, einen verstorbenen Gekreuzigten über Nacht (Dtn 21,23) und dann auch noch an einem Sabbat, der überdies mit dem ersten Tag des Passahfestes zusammenfiel, am Kreuz hängen zu lassen. Jedenfalls erhielten Juden von Pilatus die Erlaubnis, den Leichnam Jesu vom Kreuz abzunehmen. Entweder beauftragte man jüdischerseits Joseph von Arimatäa mit der »Bestattung« Jesu, oder uns unbekannte Juden haben den Leichnam an einem nicht mehr identifizierbaren Ort »beerdigt«. Damit hatte sich die Angelegenheit für die betreffenden jüdischen Oberen und Pilatus, nach dessen Meinung Jesus von Nazareth nur einer von vielen jüdischen Messiasprätendenten war, erledigt.

Anhängerinnen Jesu hielten sich in seinen letzten Stunden in allernächster Nähe zu ihm auf, auch wenn sie sein Schicksal nicht wenden konnten. Zu ihnen gehörte mit Sicherheit Maria aus dem galiläischen Fischerort Magdala (Jesus hatte sie von einer schweren Krankheit geheilt [Lk 8,2]).

Wie Jesus selbst seine letzten Stunden erlebt hat, weiß niemand. Die ihm zugeschriebenen Worte während des Prozesses und am Kreuz sind sicher spätere Bildungen. Auch ist z. B. nicht zu sagen, daß er wirklich innerlich zusammengebrochen ist, wie oft suggeriert wurde[672], aber auch nicht das Gegenteil.

Endete der Karfreitag also stumm wie in einer dunklen Höhle und war damit scheinbar der von Jesus angefachte Brand eiskalt erstickt worden, so bricht nicht lange nach dem Tod ihres Meisters am Kreuzesgalgen und der Rückkehr der Jünger nach Galiläa unverhofft ein neuer Frühling an. Wann genau sich das abgespielt hat, wissen wir nicht. Daß es am dritten Tage, also am Sonntag nach dem Sabbat war, kann vor allem deswegen ausgeschlossen werden, weil der Durchbruch in Galiläa geschah und die Jünger nicht innerhalb von ein bis zwei Tagen – zudem noch während des Sabbats – nach Galiläa gekommen sein können. Aber nicht lange nach dem Todesfreitag sah Kephas in einer Vision, die auditive Züge einschloß, Jesus lebendig, und dieses Geschehen führte zu einer Kettenreaktion ohnegleichen. Hatte Kephas Jesus gesehen und gehört, so war damit der Inhalt der Vision (und der Audition) den anderen vorgegeben. Die Kunde verbreitete sich blitzartig, daß Gott Jesus nicht im Tod gelassen, ja, ihn zu sich erhöht hatte, und daß er demnächst als Menschensohn auf den Wolken des Himmels wiederkommen werde.[673] Damit war eine neue Lage geschaffen, und die Jesusbewegung setzte zu einem schwungvollen Neuanfang an. Jetzt konnten die Frauen und Männer um Jesus noch einmal nach Jerusalem gehen und dort anknüpfen, wo ihr Meister das Werk unvollendet gelassen hatte, und das Volk sowie seine Oberen zur Umkehr rufen. (Vielleicht verstand man die Gegenwart als allerletzte Bußfrist, die Gott gegeben hatte.) Die Erstvision vor Kephas wirkte förmlich »ansteckend«[674], ihr folgten unmittelbar weitere. Der von Jesus zu seinen Lebzeiten ins Leben gerufene Zwölferkreis wurde von Kephas mitgerissen und sah ebenfalls Jesus. Und wohl an dem Wochenfest, das auf das Todespassah folgte, ereignete sich jene Erscheinung vor den mehr als 500. Auch Frauen waren jetzt unter denen, die Jesus sahen.

Ja, auf gegnerische Einwände von jüdischer Seite und Fragen nach dem Verbleib des Leichnams Jesu hin wußte man alsbald zu berichten, daß die Frauen das Grab leer gefunden haben, und später, daß Jesus den Frauen am Grab sogar erschienen sei.

Die Dynamik des Anfangs läßt sich nicht explosiv genug vorstellen. Es blieb daher auch nicht aus, daß die leiblichen Brüder Jesu (vgl. 1Kor 9,5) in den Strudel mit hineingerissen wurden, nach Jerusalem gingen und Jakobus sogar eine Einzelvision empfing – jener Jakobus, der zu Lebzeiten Jesu von seinem Bruder noch nicht viel gehalten hatte (Mk 3,21; Joh 7,5).

Für die genannten Vorgänge ist kaum mehr als ein halbes Jahr anzusetzen. Vieles lief dabei nebeneinander her. Dabei sind neben der Erfahrung des Auferstandenen in der Gegenwart folgende Elemente der Entwicklung historisch klar faßbar: a) Im Brotbrechen der versammelten Gemeinde vergegenwärtigte sich alsbald die Gemeinschaft mit dem so elend hingerichteten und nun umso machtvoller erstarkten Messias Jesus; b) die Erinnerung an Jesu Wirken und sein Wort war unmittelbar lebendig; c) »das in den Gemütern gegenwärtige, eschatologisch-messianische Schriftwort, hier vor allem die messianischen Lieder des Psalters, die man seit jeher auswendig konnte«, sang man jetzt »als Psalmen der gegenwärtigen Erfüllung zu Ehren des erhöhten Messias-Menschensohn.«[675]

Ein neues Stadium erreichte die Bewegung, als sich ihr in Jerusalem griechischsprachige Juden anschlossen. Das mag bereits an jenem auf das Todespassah folgenden Wochenfest gewesen sein, als sie aus aller Herren Länder in Jerusalem anwesend waren und von Jesus hörten. Jedenfalls verbreiteten sie die Jesusbotschaft in die Gegenden außerhalb Jerusalems und lenkten die Aufmerksamkeit des Pharisäers Saulus auf sich. Dieser schritt zur Tat, die sich als äußerst folgenreich erweisen sollte, unterdrückte die neue Predigt, bis er ebenfalls von Jesus überwunden wurde und ihn sah und hörte. Mit diesem Ereignis ist ein äußerer Punkt des ältesten Osterglaubens erreicht, obgleich Jesus in der Folgezeit immer wieder »erschien«. Die Berufung des Paulus ist von vielen Jerusalemern nicht anerkannt worden, doch konnte er, mitverursacht durch seinen missionarischen Erfolg, später einige vorübergehend günstiger stimmen. Drei Jahre nach seinem Sehen (und Hören) Jesu sucht er Kephas in Jerusalem auf und lernt von ihm weitere Einzelheiten der Predigt und des Wirkens Jesu kennen.[676]

Es wird so sein, daß der eine oder andere Punkt des gebotenen historischen Abrisses des ältesten christlichen Auferstehungsglaubens zu korrigieren sein wird. Das ist nicht nur in dem relativ schmalen Quellenmaterial, sondern auch in der Natur des Geschehens selbst begründet. »In diesen bewegten, für uns dunklen, aber für die Jünger so herrlich leuchtenden Monaten des Anfangs waren viefältige Bewegungen und Entdeckungen neben- und miteinander, ja z. T. verwirrend ›durcheinander‹ möglich. Die Begegnungen mit dem Auferstandenen bilden zusammen mit der Ausformung frühester Erhöhungschristologie einen verschlungenen Knoten, bei dem wir die einzelnen Fäden nicht mehr fein säuberlich entwirren und chronologisch ordnen können, zumal die von eschatologischem Enthusiasmus geprägte Vorstellungswelt der ersten Jünger durchaus nicht den Regeln unserer analytischen Methode entsprach.«[677] Doch ein Loch oder dergleichen, wie oft gesagt wird[678], gibt es hier nicht, sondern ein religiöser Enthusiasmus[679] bricht sich eine Bahn, der eine eigene Dynamik in sich selbst trägt. Die älteste Geschichte der frühen Christenheit läuft fast folgerichtig (s. dazu sofort) ab, und es wäre jedenfalls voreilig zu sagen, wie oft ausgeführt wird, daß die Auferweckung des Christus, wie die Urchristenheit sie verkündigt hat, ein absolutes Novum sei.[680] Solch ein Votum systematisiert voreilig und sucht offenbar nach einem metaphysischen Anker, statt zunächst historisch die einzelnen Fakten zu eruieren und sie, von ihrer Erfahrungsebene betrachtet, in eine historische Folge umzusetzen.[681]

An diesem Punkt stellt sich die Frage nach dem Wesen des ältesten christlichen Auferstehungsglaubens: Der zentrale Punkt ist wohl, daß von dem gekreuzigten Jesus von Nazareth ausgesagt wurde, Gott habe ihn zu sich entrückt bzw. erhöht, mit anderen Worten, Gott hat sich auf die Seite Jesu gestellt, was nach dessen Kreuzestod nicht zu erwarten gewesen wäre. Daran heftet sich die Schlußfolgerung: Gott redet in dem gekreuzigten Jesus zu den Menschen.

Indem diese Erfahrung von Petrus im Durchbruch des Schuldgefühls gemacht wurde, stand *erstens* fest, daß die Erfahrung mit dem gekreuzigten Jesus unmittelbar mit der Vergebung der Sünden verknüpft ist. Anders gesagt: Ein wesentlicher Punkt des ältesten christlichen Osterglaubens ist die Erfahrung der Vergebung der Sünden. *Zweitens*: Der älteste christliche Osterglaube ist die Erfahrung der Überwindung des Todes, d. h. die Erfahrung des Lebens, das in der Gemeinde fortan als Geist wirkt. Dieses Leben wurde in einer Vision als gegenwärtig geschaut, das eigentliche ewige Leben wurde hier und heute erfahren, das zukünftige als gegenwärtig. Insofern ist *drittens* der älteste christliche Osterglaube auch ein Ewigkeitsglaube und als solcher ein Endglaube.[682] Da ist Zeit und Ewigkeit eins geworden, aber so, daß das Herz in die Ewigkeit schaut (Emanuel Hirsch). Das ewige Leben ist somit zum Leben der Menschen geworden. Diese drei Wesensmerkmale treffen – wie oben S. 98f zeigt – auch auf Paulus zu und wurden von Martin Luther im Kleinen Katechismus bündig zusammengefaßt: »Wo Vergebung der Sünden ist, da ist auch Leben und Seligkeit«.[683]

Die genannten drei Kernpunkte des ältesten christlichen Osterglaubens sind in verschiedene theologische Vorstellungsraster eingezeichnet worden: Einmal so, daß die Auferweckung Jesu verstanden wurde als Beginn der allgemeinen Totenauferstehung (vgl. 1Kor 15,20: Jesus als Erstling der Entschlafenen), dann so, daß Gott Jesus zu sich erhöht hat (Phil 2,9), oder auch in der Kombination beider Aussagen (1Thess 1,10). Aber auf diese verschiedenen theologischen Vorstellungen kommt es nicht an. Auch ohne sie ist der Gehalt der ersten Erfahrung klar geworden.

Ein weiterer Punkt bedarf der Klärung: Bekanntlich ist über die Begegnung mit dem Auferstandenen eine Fülle verschiedener Erzählungen im Umlauf gewesen, die oben analysiert wurden. Wie verhalten diese sich zur ursprünglichen Ostererfahrung? In der Analyse ist klargeworden, daß alle von der eigentlichen Ostersituation ein Stück weit entfernt sind und – historisch gesehen – keine Primärberichte mehr enthalten. Doch bringen manche erzählerisch auf den Punkt, was in der ursprünglichen Ostererfahrung enthalten war: die Vergebung der Sünden (Joh 20,19–23; Lk 5/Joh 21), die Erfahrung des Lebens (Joh 20,11–18), die Erfahrung der Ewigkeit (Lk 24,13–31). Andere stellen Jesus fleischlich dar und haben sich darin von der Ostersituation noch mehr entfernt, auch wenn sofort hinzuzufügen ist, daß die österlichen Erfahrungen im Geiste etwa des Pharisäers Paulus notwendig weltanschaulich vorgegebene, stoffliche Züge in sich schließen: Der Himmelsleib Jesu (und der Christen) ist ein pneumatischer, materiell vorgestellter, wenn auch verwandelter Körper. Doch ändert das nichts daran, daß die ursprüngliche Erfahrung visionärer Art im Geiste, in der Verzückung (1Kor 15,6; vgl. Apk 1,10) geschah und daß die genannten Erzählungen in den Evangelien wenig mit dem paulinischen Vorstellungsmaterial zu tun haben. (Nach Paulus hat »der Auferstandene« nicht gegessen, er war nicht 40 Tage mit seinen Jüngern zusammen; Jesus ist im Augenblicke seines Todes unmittelbar zu Gott eingegangen [vgl. Lk 16,22; 23,43], er wurde unmittelbar vom Kreuze zu Gott erhöht.)[684]

Nun könnte man den so gezeichneten Hauptpunkten urchristlichen Auferstehungsglaubens den Vorwurf machen, sie seien ein Ausdruck von Wünschen, also eine Projektion. Dieses Argument einer reduktionistischen Hermeneutik, die das Sinnzentrum des Glaubens sozusagen hinter dem Rücken seiner Träger und Trägerinnen lokalisiert, hat ohne Zweifel eine gewisse Berechtigung und muß ernsthaft geprüft werden. Jedenfalls ist dieses Argument ehrlicher als die Behauptung einer restaurativen Hermeneutik, hinter dem Auferstehungsglauben stehe das Zeugnis göttlicher Offenbarung, das keine Rückfragen zulasse.[685] Das geschieht selbst in dem so wahrhaftigen Buch von Hans Graß, der von objektiver Auferstehungsvision spricht und diese im Unterschied zu subjektiven Visionen mit Offenbarung in Verbindung bringt[686] (vgl. ähnlich die These eines »Telegramms vom Himmel« von Theodor Keim).[687] Denn in diesen und anderen Fällen wird von vornherein gewußt, was erst zu beweisen oder wahrscheinlich zu machen wäre, und die Rückfrage unterbleibt an der entscheidenden Stelle.

Der Einwand der reduktionistischen Hermeneutik hängt eng mit dem von ihr zugrundegelegten Symbolbegriff zusammen. So sind beispielsweise lt. Sigmund Freud Symbole Verschleierungen von unbewußten, verdrängten Wünschen.[688] Es ist aber doch die Frage, ob Symbole nicht mehr enthalten, umso mehr, als die der reduktionistischen Hermeneutik zugrunde liegende positivistische Philosophie von geistigen, künstlerischen und religiösen Gehalten einfach absieht und in der Weise heute von keinem aufmerksamen Zeitgenossen mehr vertreten wird. Paul Tillich versteht daher im Rahmen der idealistischen Philosophie Schellings Symbol auf eine andere Weise.[689] Zunächst unterscheidet er Symbole von Zeichen und Metaphern, aber auch von Traumsymbolen, »die in Wirklichkeit Symptome sind« (S. 3), und nennt sie zur Klarstellung »repräsentative Symbole«, die fünf Merkmale aufweisen:

»Das erste und fundamentale Merkmal aller repräsentativen Symbole ist ihre Eigenschaft, über sich hinauszuweisen... Das zweite Merkmal aller repräsentativen Symbole besteht darin, daß das Symbol an der Wirklichkeit dessen teilhat, auf das es hinweist... Dieser Gedanke leitet über zu dem dritten Merkmal aller repräsentativen Symbole: sie können nicht willkürlich erfunden werden (S. 4). Das vierte Merkmal repräsentativer Symbole ist ihre Macht, Dimensionen der Wirklichkeit zu erschließen, die gewöhnlich durch die Vorherrschaft anderer Dimensionen verdeckt sind... Man könnte auch noch ein fünftes Merkmal repräsentativer Symbole hinzufügen: ihre aufbauende, ordnende, und ihre zersetzende, zerstörerische Macht...« (S. 5).

Nun ist – wohlgemerkt – damit noch nichts über die Wahrheit des evtl. symbolisch zu verstehenden Auferstehungsglaubens der ersten Christen ausgesagt. (Tillich sieht die Auferstehung als Symbol an, das »den Sieg des Neuen Seins in Jesus als dem Christus über die existentielle Entfremdung, der er sich unterworfen hat«[690], zeigt.) Wohl aber ist der Ansturm einer reduktionistischen Hermeneutik durch den Aufweis eines anderen möglichen (und plausiblen) Symbolverständnisses vorläufig in die Schranken verwiesen. Jetzt kommen wir endlich zum Kern der Frage.

6. Der Auferstehungsglaube der ältesten Gemeinde und wir – oder: Können wir noch Christen sein?

Wir können die Auferstehung Jesu nicht mehr im wörtlichen Sinne verstehen, also nicht blutig, wie der Philosoph Kurt Hübner[691] neuerdings vorgeschlagen hat (nur das Kreuz *müssen* wir blutig verstehen), denn, *konkret gesprochen, war das Grab gar nicht leer, sondern voll,* wenn es überhaupt ein Einzelgrab gegeben hat, *und der Leichnam Jesu ist jedenfalls nicht entwichen, sondern verwest.* Selbst heute oder heute wieder versuchen nicht wenige diesem unumgänglichen Schluß zu entgehen, indem sie entweder einen historischen Rand der Auferstehung behaupten[692], über alles historisch sonst Wahrscheinliche bewußt hinausgehen[693] oder die Auferstehung Jesu in den Rahmen einer universalhistorischen Konzeption einzeichnen und damit – in einem eschatologischen Sinne – als historische Tatsache auffassen (Pannenberg). Bei allen diesen Ansätzen handelt es sich m.E. eigentlich um apologetische Ausweichmanöver gegenüber der Historie. Die historische Rückfrage wird dabei entweder zu einer gegenüber der Theologie randständigen Frage herabgestuft, oder aber Theologie behauptet sich in einem Überbietungspathos als die bessere Geschichtswissenschaft, oder es wird der Begriff des Historischen ganz in den des Eschatologischen verwandelt und damit ins Spekulative aufgehoben. Doch gerade dieses immense apologetische Bemühen zeigt, daß es sich bei der historischen Frage um eine der entscheidenden Fragen handelt, auf die unsere Zeit *Antworten* erwartet.

An den zuletzt genannten Aussagen ist richtig, daß der christliche Glaube, im herkömmlichen Sinne verstanden[694], so oder ähnlich reden muß bzw. mußte. Doch haben die genannten wörtlichen Aussagen von der Auferstehung Jesu mit der Umwälzung des naturwissenschaftlichen Weltbildes ihren wörtlichen Sinn verloren.

»Das leibhafte Hervorgehen des Auferweckten aus dem Grabe, die leibhafte Himmelfahrt zu einem bestimmten Orte, welcher Thron Gottes heißt, und die leibhafte Wiederkunft zum Gericht bilden eine einzige, in sich zwingende Folge, an welcher kein Glied abgeändert werden darf, ohne daß alles in Stücke bricht... Wo ist er denn geblieben, wenn er wirklich durch eine göttliche Wiederbelebung in einem verklärten gesunden menschlichen Leibe, der sich nur durch einige wunderbar hinzukommende Fähigkeiten von dem alten vor der Kreuzigung vorhandenen Leibe unterscheidet, aus dem Grabe hervorgegangen ist? Er soll nach einem Zeitraum von vierzig Tagen nicht mehr gesehen worden sein, und der Tod soll doch keine Macht mehr an ihm gehabt haben. Man sieht, die Himmelfahrt als leibhafter Vorgang wird zwangsläufig, damit denn auch der örtlich begrenzte Thron Gottes und die leibhafte Wiederkunft... Nun sind leibhafte Auffahrt zu einem Himmel, in welchem Gottes Thron steht, und leibhafte Wiederkunft von diesem Himmel her in Begleitung von Engelscharen für uns heute rein dadurch widerlegt, daß es für unser Wissen vom Kosmos einen solchen Himmel nicht gibt. Man muß diese Vorstellungen somit rein als Bilder für Unsagbares fassen, wenn man in ihnen überhaupt etwas Ernstes finden will.«[695]

Die kritische Betrachtung der ältesten Ostergeschichten erbrachte sodann ein ganz anderes Ergebnis, als jene letztlich supranaturalistisch orientierte These voraussetzt. Wenn daher die traditionellen Vorstellungen von der Auferstehung Jesu als erledigt zu betrachten und durch eine andere Sicht zu ersetzen sind, stellt sich sofort unerbittlich die Frage: Sind wir überhaupt noch Christen? David Friedrich Strauß meinte, am Ende seines Lebens diese Frage nachdrücklich verneinen zu müssen, weil sich ihm die Bestandteile des Christusmythos aufgelöst hatten und von Jesus nicht viel mehr als sein Schwärmertum ausgesagt werden könne.[696] Darüber ist an dieser Stelle nicht weiter zu reden, abgesehen von der Bemerkung, daß die internationale kritische neutestamentliche Forschung deutlich einen historischen Minimalkonsens hinsichtlich des historischen Jesus erreicht hat.[697]

Nun wurde oben bereits verschiedentlich darauf hingewiesen, daß Petrus durch den Osterglauben im Grunde zu einem besseren Verständnis des Jesus, den er kannte, geführt worden ist. Die Erfahrung von der uneingeschränkten Gnade Gottes, die Petrus im persönlichen Umgang mit Jesus gemacht hatte, wurde zu Ostern unwiderruflich gemacht.[698] Weiter hatte Ostern eine Fortsetzung der Mahlpraxis Jesu zur Folge. Mit anderen Worten, Ostern führte zu einer Erfahrung mit Jesus, welche die alte verstärkte. Schließlich ergab die historische Rekonstruktion die Erkenntnis, daß die oben gemachten Strukturmerkmale der Ostererfahrung der Sündenvergebung, der Erfahrung des Lebens, der Erfahrung von Ewigkeit in

Wort und Geschichte Jesu enthalten sind. So wird man sagen müssen: Vor Ostern war bereits all das vorhanden, was nach Ostern endgültig erkannt wurde.[699] Dazwischen lag freilich die blutige Tatsache des Kreuzes. Durch das Kreuz hindurch hat – vom Glauben geurteilt – sich Jesus den Jüngern als der Lebendige erwiesen. Dabei ist klar, daß niemand historisch beweisen kann, daß Jesus das Kreuz bewußt auf sich genommen hat, es kann aber auch nicht widerlegt werden. Der Glaube erkennt im Kreuz Jesu aber die Hinnahme des Todes als Lebensakt.[700] Er erkennt das tiefste heimlichste »Ja« Gottes dort, wo das Herz zunächst nichts als das »Nein« vernimmt. Er schaut eine schlechthin verborgene Ewigkeit, eine schlechthin verborgene Gnade und eine immer gewährende Freiheit dort, wo der neutrale Beobachter nur den Tod Jesu am Kreuz sieht. Freilich betrachtet er die Geschichte nicht mehr so, wie man die Natur betrachtet, sondern in ständigem Gespräch mit und Betroffen-Sein von ihr. Die notwendige historische Distanz ist gewahrt, aber gleichzeitig die persönliche Haltung des Hörens und Schauens eingenommen.

Das heißt dann aber auch, inhaltlich wird eigentlich nichts vom überlieferten Glauben genommen, wo ich nur kritisch genug – von ganzem Herzen, von ganzer Seele – frage und historische Forschung nicht gleich als Bedrohung meines Glaubens ansehe. Der Satz von David Friedrich Strauß, daß erst der Wahnglaube an die Auferstehung der Verkündigung Jesu zu dem ungeahnten Erfolg verholfen habe (s. o. S. 20f)[701], ist daher in dieser Allgemeinheit zu dürftig, denn, noch einmal gesagt, Wort und Geschichte Jesu bargen alle Wesensmerkmale des ältesten Auferstehungsglaubens bereits in sich, so daß die frühen Zeugen, durch das Kreuz geläutert, z. T. mit anderer Sprache das Gleiche sagten wie Jesus.[702] Auf die Frage: »Können wir noch Christen sein?« ist daher getrost mit Ja zu antworten. Die weitere Frage, ob das *extra nos* gewährleistet sei, ist deswegen nachdrücklich zu bekräftigen, weil Jesus nicht eine Erfindung oder eine Projektion ist. »Wir sind deshalb Christen, weil wir in dem Menschen Jesus auf eine Tatsache gestoßen sind, die unvergleichbar gehaltvoller ist als die Gefühle, die in uns selbst aufkommen, und die uns deshalb Gottes so gewiss machen kann, dass unsere Ueberzeugung, mit Gott im Verkehr zu stehen, vor unserem Verstande und vor unserem Gewissen standhalten kann.«[703] Der Mensch Jesus ist die *objektive* Macht, die den immerwährenden Grund der Erlebnisse eines Christen darstellt (vgl. S. 38). Durch ihn werden wir »erst in eine wahrhaftige Gemeinschaft mit Gott aufgenommen« (S. 50). Jesus ergreift, beugt, erhebt und beseligt, liebt mich durch alle Schichten der Tradition hindurch. Er ist der Grund zum Glauben. (Von diesem Glaubensgrund sind der Satz, er sei auferstanden, was immer er meint, und z. B. Aussagen über die Zukunft der Christen als Gedanken des Glaubens, für die es wohl keine Erkenntnistheorie gibt, zu unterscheiden [S. 296–298].)[704] Freilich ist auch zu sagen, daß historische Beweise allein nicht ausreichen. »Jesus ist... eine durch historische Vermittlung hindurch uns begegnende Person, die wie alle lebendigen Personen in ihrem sich vernehmbar Machen nicht an die Zeit gebunden ist,... alle Gewißheit im *persönlichen Verhältnis* geht an relativ zweifelhaftem, allein durch Interpretation sich erschließenden Material auf.«[705]

Hier am historischen Jesus, wie er mir durch die Texte vorgegeben ist und durch historische Rekonstruktion als Person begegnet, fällt also die Entscheidung des Glaubens, nicht am auferstandenen Christus, wie ich ihn mir erwünscht habe[706] oder wie er z. B. als Symbol des Selbst archetypisch allen Menschen zugänglich ist.[707] Allerdings *glaube* ich, daß dieser Jesus durch den Tod nicht der Vernichtung anheimgegeben wurde[708], und die Gedanken seines Seins bei Gott, seiner Erhöhung, seiner Auferstehung und seines Lebens ergeben sich aus unserer Gemeinschaft mit Gott wie von selbst – aber in beständiger Bezogenheit auf Jesu Menschsein –, ohne daß freilich Aussagen über die Art seines gegenwärtigen Seins möglich sind. Er ist uns als der Erhöhte verborgen, nur Gott ist offenbar. Wir müssen uns an den geschichtlichen Jesus halten, dürfen aber glauben, daß er auch als der nun Lebende bei uns ist.[709]

Ist, zusammenfassend gesagt, der Mensch Jesus als Grund des Glaubens die Spur Gottes in unserem Leben und entstehen Glaubensgedanken aus der damit eröffneten Gemeinschaft mit Gott, so ist am Schluß die Frage erlaubt: Wie hältst du es mit dem wohl wichtigsten Gedanken des Glaubens, der Hoffnung auf Auferstehung, konkret gesprochen: Wie hältst du es mit deiner eigenen Zukunft, nach deinem eigenen Tode?

Bekanntlich ist seit geraumer Zeit eine breite Diskussion darüber im Gange, ob nicht Einblicke in das Leben nach dem Tode durch Parapsychologie, Okkultismus oder andere Experimente möglich sind.[710] Ob diese Ansätze einer allgemeinen Erfahrung zugänglich sind und, philosophisch gesehen, überhaupt irgend etwas zu einer evtl. Kenntnis des Überirdischen beitragen[711], bleibt abzuwarten. Zunächst ist es jedenfalls noch so, daß generell bezüglich der Vorstellung eines Jenseits, das noch Martin Luther so breit ausmalen konnte[712], nur ein Gerippe von Restvorstellungen übrig geblieben ist, soweit uns überhaupt noch etwas überkommen ist. Gemeinhin kann man den Eindruck gewinnen, die moderne evangelische Theologie lasse überhaupt keine Hoffnung auf »Auferstehung« für den einzelnen zu.[713]

Doch ist dazu zweierlei zu bemerken:

Erstens: Dieser Punkt sei in engem Anschluß an Emanuel Hirsch formuliert, dessen Werk mich bei der Abfassung der vorliegenden Arbeit am meisten gefördert, ja, mir überhaupt erst den Mut gegeben hat, das behandelte Thema von Anfang an noch einmal aufzurollen. Er schreibt[714]: »Unser Denken bleibt in seinen genaueren Bildern und Vorstellungen immer auf Data der Welterfahrung angewiesen, welche Schlüsse auf das Transzendierende nun einmal nicht zulassen... Es muß... selbstkritisch darauf geachtet werden, daß wir das ewige Leben, welches dem im Erlösungsglauben Stehenden mit dem Tode sich auftut, lediglich dichterisch und gleichnishaft in Bilder und Worte fassen können« (S. 219). »Da alles Wissen die innere Beziehung auf seine Grenze in sich trägt, würde es sich selbst vernichten, wenn es nicht bereit wäre, überwissensmäßiges Erahnen eines Jenseits der gewußten Welt zu ehren. Die Deutung des Todesgeheimnisses durch den Glauben an ein ewiges Leben ist ein solches Erahnen« (S. 221). »Wo immer christlicher Erlösungsglaube sich gebiert, wird er durch die Person des Glaubenden hindurch auch eine Macht wider die Dämonie der Diesseitsverknechtung, die heute so viele – und darunter auch Theologen – wehrlos zu machen droht gegen den praktischen Atheismus« (S. 222).

Zweitens: Die im Glauben erfahrene Einheit mit Gott hat Bestand über den Tod hinaus – so die Einsicht des Glaubens, der in der Rede davon lobpreisende Züge annimmt. Sie vollendet sich in Gott noch in der Nacht des Todes – »über solchen Glauben *hinaus* ist nichts zu denken... darüber hinaus nach nachfolgenden Ereignissen im Jenseits zu fragen macht keinen Sinn.«[715] Derart verstanden erscheint der christliche Glaube im Vergleich zu früheren Zeiten fast auf ein Minimum reduziert, doch ist er dadurch elementar geworden. Es ist kein Schade, daß fortan – frei nach Carlyle – der Christenmensch von Wenigem lebt, was er *wirklich* glaubt, nicht von Vielem, was zu glauben er sich abmüht. Das ist eine große Befreiung, die die Keime des Neuen bereits in sich trägt.

Anhang

Anmerkungen

1 Man vgl. nur Hans Conzelmann: Grundriß der Theologie des Neuen Testamentes, 1967, S. 189 und passim. Man beachte aber Conzelmanns weitere Explikation an anderer Stelle in einem Gespräch: »Völlig sinnlos ist die Frage, ob die Auferstehung eine geschichtliche Tatsache, ob sie ein Vorgang in Raum und Zeit sei. Sachlich bedeutsam ist nur das eine, daß der Gekreuzigte nicht vernichtet ist, daß er da ist, und zwar so, wie es am Schluß des Matthäus-Evangeliums ausgelegt ist: ›Ich bin bei euch alle Tage bis an der Welt Ende‹... Wichtig ist, daß er der Herr ist, daß also die Welt unter der Bestimmung des Kreuzes steht. Denn der Auferstandene ist der Gekreuzigte. Nur als solcher ist er für uns zu sehen. Es gilt Markus 16,6: ›Er ist auferstanden, er ist nicht hier‹, und es gilt Johannes 20,29: ›Selig sind, die nicht sehen, und doch glauben.‹ Das ist das Wunder, und daran haben alle anderen Wunder ihre Regel. Ist das klar, dann kann man in der Tat sagen: Er ist auferstanden, und zwar unabhängig von meinem Glauben. Eben der Glaube, den ich mir ja nicht selber geschenkt habe, sagt mir, daß der Auferstandene vor mir am Werk ist, damit aber auch, daß man den Auferstandenen nicht anders zeigen oder sehen kann, als im Zeugnis von ihm« (in: Werner Harenberg: Jesus und die Kirchen. Bibelkritik und Bekenntnis, 1966, S. 189f). Gegenfrage: Wieso ist dann aber Jesus unabhängig von meinem Glauben auferstanden? Vgl. die berechtigte Frage von Gerhard Bergmann: Alarm um die Bibel, [4]1965, S. 45f. So gedacht, lebt Jesus dann überhaupt an sich? Er wäre doch ebenso tot wie Goethe.

2 Rudolf Bultmann: Theologie des Neuen Testaments, [5]1965, S. 47.

3 Willi Marxsen: Die Auferstehung Jesu von Nazareth, 1968, S. 129.

4 Ausnahmen bestätigen die Regel. So sind die Arbeiten des Bultmann-Schülers Hans Conzelmann zu Lk von einer theologischen Sympathie zu diesem getragen, wie Luise Schottroff zeigen konnte (dies.: Befreiungserfahrungen. Studien zur Sozialgeschichte des Neuen Testaments, ThB 82, 1990, S. 344–348).

5 Um noch einmal Bultmann zu zitieren: Auf die Frage des »Spiegel«, ob Jesus auferstanden sei wie Goethe, antwortet Bultmann: »Daß Jesus auferstanden ist wie Goethe, kann man sagen, wenn man Jesu Person und Werk als ein geistesgeschichtliches Phänomen betrachtet. Denn in der Geistesgeschichte bleiben die Personen und Werke großer Männer wirksam, und das gilt auch für Jesus. Wenn man aber Jesus als eschatologisches Phänomen versteht, und das heißt – nach Röm 10,4... als das Ende der Weltgeschichte, so wie deren Verlauf für die objektivierenden Betrachtungen vorliegt, so besteht seine Gegenwart nicht in seiner geistesgeschichtlichen Wirkung, sondern sie ereignet sich nur jeweils in der christlichen Verkündigung und im Glauben... An die Auferstehung Jesu zu glauben heißt dann... sich von der Verkündigung treffen zu lassen und ihr glaubend zu antworten« (in: Harenberg [wie Anm. 1], S. 209f).

6 Hingewiesen sei auf meine eigenen expliziten Versuche einer kritischen Verarbeitung der Theologie Bultmanns und seiner Schüler: Das frühe Christentum

nach den Traditionen der Apostelgeschichte. Ein Kommentar, 1987; Die Religionsgeschichtliche Schule und ihre Konsequenzen für die Neutestamentliche Wissenschaft, in: Hans Martin Müller (Hrsg.): Kulturprotestantismus. Beiträge zu einer Gestalt des modernen Christentums, 1992, S. 311–338.

7 Otto Weber: Die Treue Gottes und die Kontinuität der menschlichen Existenz (1952), in: ders.: Die Treue Gottes und die Kontinuität der menschlichen Existenz. Gesammelte Aufsätze I, 1967, S. 99–112, hier S. 109f: »Für unser Verhältnis zur Geschichte läge es nahe, einen Begriff der alten Christologie in gleichsam verlängerter Deutung anzuwenden und zu sagen: es kann für uns, im Blick auf jene Mitte, nur ein ›anhypostatisches‹ Verhältnis zur Geschichte geben. Wie nach jener christologischen Überlegung der menschlichen ›Natur‹ keine eigene Hypostasis, keine Wesentlichkeit-an-sich zukommt, so, werden wir sagen dürfen, kommt keiner Geschichte Wesentlichkeit-an-sich zu.« Doch entweder gilt: Jesus war ganz Mensch; oder man sollte ehrlicherweise zugeben, daß die Frage nach der Geschichte nur eine Alibifunktion hat und eigentlich gar nicht zählt.

8 Emanuel Hirsch: Verkündigung und Zwiesprache, in: Joachim Ringleben (Hrsg.): Christentumsgeschichte und Wahrheitsbewußtsein. Studien zur Theologie Emanuel Hirschs, TBT 50, 1992, S. 247–254, hier S. 247.

9 Wolfhart Pannenberg: Grundzüge der Christologie, ^{4}1972, S. 95.

10 Pannenberg, Grundzüge, S. 96.

11 Wolfhart Pannenberg: Systematische Theologie, Bd. 2, 1991, S. 404 Anm. 15.

12 Man vgl. Gunther Wenz: Ostern als Urdatum des Christentums. Zu Wolfhart Pannenbergs Theologie der Auferweckung Jesu, in: Ingo Broer/Jürgen Werbick (Hrsg.): »Der Herr ist wahrhaft auferstanden« (Lk 24,34). Biblische und systematische Beiträge zur Entstehung des Osterglaubens, SBS 134, 1988, S. 133–157. Bei diesem interessanten Beitrag vermißt man allerdings jegliche Kritik an Pannenberg. Vgl. demgegenüber Kendrick Grobel: Offenbarung und Auferstehung, in: James M. Robinson/John B. Cobb (Hrsg.): Theologie als Geschichte, in: Neuland der Theologie, Band 3, 1967, S. 197–224 sowie einzelne Anfragen bei William Lane Craig: Pannenbergs Beweis für die Auferstehung Jesu, in: KuD 34. 1988, S. 78–104. Es ist jedoch bedrückend zu sehen, daß in Nordamerika Pannenbergs Arbeiten zu Ostern nahezu ausschließlich von fundamentalistischen Theologen rezipiert werden, wie auch das Beispiel Craigs zeigt.

13 Wolfhart Pannenberg: Grundzüge der Christologie, ^{5}1976, S. 417 (aus dem Nachwort zur überarbeiteten 5. Auflage).

14 Man vgl. als negative Reaktion etwa Karl Martin Fischer: Das Ostergeschehen, ^{2}1980, S. 16–20.

15 Hans Kessler: Sucht den Lebenden nicht bei den Toten. Die Auferstehung Jesu Christi in biblischer, fundamentaltheologischer und systematischer Sicht, ^{2}1987 (Nachweise aus dieser Arbeit im folgenden im Text).

16 Zur Kritik an Kessler sei hingewiesen auf die Besprechung von Hansjürgen Verweyen, in: ZKTh 108. 1986, S. 70–74.

17 Karl Barth: Kirchliche Dogmatik Bd. III, Zweiter Teil, ^{2}1959, S. 535. Dieser Satz wird positiv aufgenommen von Gerhard Friedrich: Die Auferweckung Jesu, eine Tat Gottes oder ein Interpretament der Jünger (1971), in: ders.: Auf das Wort kommt es an. Gesammelte Aufsätze, 1978, S. 319–353, hier S. 352.

18 Rudolf Bultmann: Das Problem der Hermeneutik (1950), in: ders.: Glaube und Verstehen II, 4 1965, S. 211–235, hier S. 234.

19 Hans-Georg Geyer: Die Auferstehung Jesu Christi. Ein Überblick über die Diskussionen in der gegenwärtigen Theologie, in: Fritz Viering (Hrsg.): Die Bedeutung der Auferstehungsbotschaft für den Glauben an Jesus, [2]1966, S. 91–117, hier S. 104.
20 Vgl. dazu meine Arbeit: Texte und Träume, BensH 71, 1992, S. 15–17 und passim.
21 Eugen Drewermann: Das Markusevangelium, Bd. II, [3]1990, S. 699f; vgl. S. 700 Anm. 6.
22 Vgl. das denkwürdige Wort, das Theodosius Harnack seinem Sohn Adolf Harnack im Brief vom 29.01.1886 zurief: »Mit der Auferstehungstatsache steht und fällt... das Christentum.« (Vgl. Agnes von Zahn-Harnack: Adolf von Harnack, 1936, S. 143; die Fortsetzung lautet: »mit ihr steht mir auch die Trinität bombenfest« [ebd.].) Jenes Wort findet sich als Motto zu dem Aufsatz von Gerhard Kittel: Die Auferstehung Jesu, in: DTh 4. 1937, S. 133–168.
23 Maurice Goguel: La foi à la résurrection de Jésus dans le Christianisme primitif. Étude d'histoire et de psychologie religieuses, 1933, S. 6. Zum Problem allgemein vgl. Eduard Spranger: Der Sinn der Voraussetzungslosigkeit in den Geisteswissenschaften, SAB, phil.-hist. Klasse, 1929, S. 2–30.
24 Man vgl. dazu Hugh Anderson: Jesus and Christian Origins. A Commentary on Modern Viewpoints, 1964, S. 185–240; John E. Alsup: The Post-Resurrection Appearance Stories of the Gospel-Tradition, CThM A.5, 1975, S. 19–55; Kessler (wie Anm. 15), S. 161–207; Hans Hübner: Kreuz und Auferstehung im Neuen Testament, in: ThR 54. 1989, S. 262–306; und zusätzlich zu den bei Hübner genannten Werken Pheme Perkins: Resurrection: New Testament Witness and Contemporary Reflection, 1984; Peter Carnley: The Structure of Resurrection Belief, 1987. Vgl. ferner William J. Lunny: The Sociology of the Resurrection, 1989, S. 17–39 und Otto Hermann Pesch: »Wenn aber Christus nicht auferweckt worden ist, dann ist euer Glaube nutzlos...«, in: Börsenblatt für den Deutschen Buchhandel 159. 1992, S. 34–42, der bei aller Fairneß in der Darstellung unterschiedlicher Positionen und trotz einer beachtlichen Synthese (S. 41f) den konkreten historischen Problemen wie folgt durch Formeln beizukommen versucht: »Ein historisches Ereignis ragt in die transhistorische Wirklichkeit Gottes hinein, die transzendente Wirklichkeit Gottes greift über in das historische Geschehen« (S. 41). Vgl. ferner Paul de Surgy/Pierre Grelot/Maurice Carrez/Augustin George/Jean Delorme/Xavier Léon-Dufour: La résurrection du Christ et l'exégèse moderne, LeDiv 50, 1969.
25 Fischer (wie Anm. 14), S. 16.
26 Van A. Harvey: The Historian and the Believer. The Morality of Historical Knowledge and Christian Belief, 1969, S. XVI.
27 Gerhard Marcel Martin: Werdet Vorübergehende. Das Thomas-Evangelium zwischen Alter Kirche und New Age, 1988, S. 12.
28 Vgl. R. Richard Niebuhr: Auferstehung Jesu und geschichtliches Denken, 1957, S. 23: »Solange die Theologen die historischen Ursprünge der Kirche und ihre Verkündigung ernst nehmen wollen, bildet das Verständnis der Auferstehungserzählungen den ersten Schritt als Bemühung um das Neue Testament.« Lt. Niebuhr kann die »Geschichte der neueren evangelischen Theologie... als eine Reihe von Versuchen angesehen werden, den Gegensatz zwischen den festen Regeln der historischen Kritik und der unaufgebbaren Auferstehungsüberlieferung zu lösen« (S. 9). Sein mitreißend geschriebenes Buch läßt sich aber zu wenig auf die exegetischen und geschichtlichen Fragen ein. »Die Auferste-

hung Jesu« – so Niebuhr – »bietet keine Möglichkeit zur Generalisierung und zur Projizierung allgemeiner Gesetze. Sie bietet nur sich selbst als eine Analogie zu dem, was kommen soll, und wir haben keine Regeln, mit deren Hilfe wir bestimmen können, was in dieser Analogie zu verneinen und was zu bejahen ist… Selbstverständlich ist die Auferstehung trotz ihrer Ähnlichkeit mit allen historischen Ereignissen jedem anderen Ereignis unähnlich« (S. 149f). Zur Kritik vgl. C. F. Evans: Resurrection in the New Testament, Studies in Biblical Theology II 12, 1970, S. 176f, der u. a. darauf verweist, »that we have no criteria for judging an event which is strictly without parallel« (S. 177).

29 Eugen Drewermann: Tiefenpsychologie und Exegese, Bd. II, [2]1991, S. 311f.

30 Vgl. auch Gerhard Ebeling: Theologie und Verkündigung, HUTh 1,1962, S. 120: »Schwerlich ist psychologische Interpretation aus der historischen Arbeit überhaupt zu verbannen« (S. 120). Ein Eingehen auf die ganz andersartige und mich bisweilen ratlos machende psychologische Interpretation von Klaus Berger (Historische Psychologie des Neuen Testaments, SBS 146/147, 1991) würde hier zu weit führen. Vgl. meine Kurzanfrage in: Texte und Träume (wie Anm. 20), S. 45 Anm. 62.

31 Goguel (wie Anm. 23), S. 7. Er weist ebd. interessanterweise auf ähnliche Überlegungen von Eduard Meyer (Ursprung und Geschichte der Mormonen, 1912, S. 10–13) hin – ein Beleg dafür, daß gründliche historische Arbeit schon immer auch um die psychologische Innenseite der von ihr untersuchten Geschichte und der in ihr handelnden Personen bemüht war.

32 Vgl. zur ersten Orientierung den Abschnitt »Allgemeine Psychologie« bei Walter Rebell: Psychologisches Grundwissen für Theologen, 1988, S. 34–49, und: Die Psychologie des 20. Jahrhunderts III, 1977, S. 716ff (C. T. Frey-Wehrlin).

33 Der Name »Tiefenpsychologie« sei »als allgemeiner Oberbegriff für die Wissenschaft der Erforschung des unbewußten Anteils der Seele und seiner Wirkung auf das gesamte Leben des Menschen« verstanden (Peter-Michael Pflüger, in: ders. [Hrsg.]: Tiefenpsychologische Ansätze zur Theologie, Psychologisch gesehen 22, 1975, S. 10 Anm. 3).

34 Man vgl. hingegen, mit welchem historisch-kritischen (!) Pathos Fischer (wie Anm. 14) eine psychologische Diagnose der Bekehrung des Paulus ablehnt. Er schreibt u. a.: »Es kommt hier auf die unbedingte Ehrlichkeit an… Über den Paulus vor seiner Bekehrung wissen wir zu wenig« (S. 75). Wir werden später sehen, ob das zuletzt genannte Urteil Fischers zutrifft, und äußern schon hier die Vermutung, daß Fischer in Wirklichkeit kein Interesse an der psychologischen Frage hat, obwohl er dem Erbe jeglicher Aufklärung, der Ehrlichkeit bzw. der Wahrhaftigkeit als »Sittlichkeit des Denkens«, verpflichtet sein will (man vgl. auch die von ihm ausgesprochene »Verpflichtung zur Wahrhaftigkeit« im Rahmen von Überlegungen zur Osterpredigt [S. 105]).

35 Oskar Pfister: Die Aufgabe der Wissenschaft vom christlichen Glauben in der Gegenwart, 1923, S. 13. Man vgl. auch den wichtigen Aufsatz von Kurt Niederwimmer: Tiefenpsychologie und Exegese, in: Richard Riess (Hrsg.): Perspektiven der Pastoralpsychologie, 1974, S. 63–78.

36 Vgl. auch William Wrede: Das Messiasgeheimnis in den Evangelien. Zugleich ein Beitrag zum Verständnis des Markusevangeliums, 1901, S. 3f zu den Grenzen, aber auch zur *Notwendigkeit* psychologischen Fragens.

37 Albert Schweitzer: Die Mystik des Apostels Paulus, 1930, S. IXf.

38 Karl Jaspers: Der philosophische Glaube, 1948, S. 61.

39 Emanuel Hirsch: Christliche Rechenschaft. Erster Band, 1989 (=1978), S. 9.
40 Hingewiesen sei auf die Schlußsätze aus dem Alterswerk des Altphilologen Wilhelm Nestle (Die Krisis des Christentums. Ihre Ursachen, ihr Werden und ihre Bedeutung, 1947 [=1969]), dem man auch heute noch eine weite Verbreitung wünscht: »Das aber wissen wir, daß das geschichtliche ›Christentum‹ in eine schwere Krisis eingetreten ist, aus der wir nur herauskommen können, wenn die Christen wieder *ehrliche* Menschen werden, alle Heuchelei und alles Ueberlebte in der Religion abtun und allein der Wahrheit die Ehre geben. Dann erst wird sich an ihnen das Wort des johanneischen Christus erfüllen: ›Die Wahrheit wird euch frei machen‹« (S. 558).
41 Hans Graß: Ostergeschehen und Osterberichte, [4]1970, S. 13. Hervorhebung vom Vf. Belege aus diesem Buch werden im folgenden im Text in Klammern gegeben. Vgl. zum folgenden auch Evans (wie Anm. 28), S. 170–183 (»Appendix: The Resurrection: Theology and History«).
42 Kritisch zu Graß äußert sich Alsup (wie Anm. 24). Er beklagt, daß bei Graß die Frage der Historizität die Betrachtung der Auferstehungsgeschichten derartig geprägt habe, daß diese nicht in ihrem eigenen Recht behandelt worden seien. Ebenfalls stelle sich in diesem Zusammenhang die Frage, was man denn unter einer historischen Untersuchung zu verstehen habe (zur Berechtigung einer solchen Anfrage s. u. S. 21 ff). Der »Pferdefuß« bei Alsup wird spätestens in der folgenden beschwichtigenden (?, Vf.) Bemerkung klar: »Man soll jedoch nicht mißverständlicherweise annehmen, daß wir die Auferstehung Jesu selbst *bezweifeln*. Vielmehr haben wir eine Unterscheidung zwischen jener Frageweise und unserer bezogen...« (Alsup, S. 54, Übersetzung vom Vf.). Die beiden letzten Sätze des Buches (S. 274) scheinen dann sogar die Historizität der Auferstehung Jesu anzunehmen (vgl. auch das Vorwort, S. 7). Zur Kritik vgl. Stanley B. Marrow, in: CBQ 40. 1978, S. 112.
43 Ulrich Wilckens (Der Ursprung der Überlieferung der Erscheinungen des Auferstandenen. Zur traditionsgeschichtlichen Analyse von 1. Kor 15,1–11 [1963], in: Paul Hoffmann [Hrsg.]: Zur neutestamentlichen Überlieferung von der Auferstehung Jesu, WdF 522, 1988, S. 139–193) bejaht die historische Stoßrichtung der Arbeit von v. Campenhausen (wie Anm. 57) und Graß, macht aber auf folgendes aufmerksam: »Nun kann man aber grundsätzlich geschichtliche Ereignisse nicht aus ihrem Geschehenszusammenhang isoliert als sie selbst in den Blick bekommen. Der Geschehenszusammenhang der Ostereignisse aber ist einerseits die Geschichte Jesu und die Anfangsgeschichte des Urchristentums; andererseits die religiöse Vorstellungsgeschichte, die für die Osterzeugnisse den Horizont ihrer Sprache bildet« (S. 140). Die hier vorgenommene Differenzierung ist immer zu beachten (s. dazu auch unten), ändert aber nichts an der notwendigen Nachfrage nach den Fakten.
44 Vgl. dazu nur die Proben in dem Band Gary A. Phillips (Hrsg.): Poststructural Criticism and the Bible: Text/History/Discourse, Semeia 51, 1990. Phillips hält die historische Rekonstruktion mit dem Ziel der Objektivität für »a modern survivalist gesture that must be recognized as such« (S. 36) und gibt damit eine nicht nur in Nordamerika weit verbreitete Stimmung wieder.
45 David Friedrich Strauß: Der alte und der neue Glaube. Ein Bekenntniß, [4]1873, S. 73. Der Satz vor dem obigen Zitat lautet: »Historisch genommen, d. h. die ungeheuren Wirkungen dieses Glaubens mit seiner völligen Grundlosigkeit zusammengehalten, läßt sich die Geschichte von der Auferstehung Jesu nur als ein welthistorischer Humbug bezeichnen« (S. 72 f).

46 Samuel Eck: Ueber die Bedeutung der Auferstehung Jesu für die Urgemeinde und für uns, HCW 32, 1898, S. 21. Vgl. ders.: David Friedrich Strauss, 1899 (»Martin Rade gewidmet«); vgl. ferner Erich Gräßer, in: ZKG 102. 1991: Ostern und nicht Leiden und Sterben sei die *Urtatsache*, »ohne die es gar kein NT gäbe« (S. 416). Dies sagt der Vf. gegen Albert Schweitzers Theologie, »die hier wirklich an ihre Grenze« gekommen sei (ebd.).

47 Eck, Bedeutung, S. 27.

48 Man vgl. dazu auch Harenberg (wie Anm. 1), S. 125–166.

49 In einem Leserbrief (Göttinger Tageblatt vom 30. 6. 1992), der auch als Pressemitteilung an die Öffentlichkeit gelangte, erklären z. B. 13 Göttinger Theologieprofessoren: »Die christliche Kirche ist durch den Missionsauftrag *des auferstandenen* Christus: ›Ihr werdet meine Zeugen sein in Jerusalem und in ganz Judäa und Samaria und bis an das Ende der Erde‹ (Apg 1,8) zum Zeugnis gegenüber allen Menschen und Völkern aufgerufen...«(Hervorhebung vom Vf.). Als ob Apg 1,8 nicht Dispositionsschema der Apg wäre und nicht ganz auf Lk zurückginge.

50 Kessler (wie Anm. 15), S. 19.

51 Jürgen Moltmann: Theologie der Hoffnung, BEvTh 38, ^{8}1969, S. 150.

52 Hans Küng: Christ sein, 1974, S. 371. Vgl. auch Heinrich Ott: »Ich werde nach dem Tode nicht nichts sein...« , in: F. Buri / J. M. Lochman / H. Ott: Dogmatik im Dialog, Bd. 1, 1973, S. 273, sowie die Kritik an Moltmann und Küng durch Karl Heinz Ohlig: Fundamentalchristologie. Im Spannungsfeld von Christentum und Kultur, 1986, S. 81 f.

53 Die folgenden Sätze dürfen getrost wohl auch auf weite Teile der heutigen (neuorthodoxen) protestantischen Theologie im deutschsprachigen Raum bezogen werden.

54 Ingo Broer: »Seid stets bereit, jedem Rede und Antwort zu stehen, der nach der Hoffnung fragt, die euch erfüllt« (1Petr 3,15). Das leere Grab und die Erscheinungen Jesu im Lichte der historischen Kritik, in: ders. / Jürgen Werbick (Hrsg.): »Der Herr ist wahrhaft auferstanden« (Lk 24,34). Biblische und systematische Beiträge zur Entstehung des Osterglaubens, SBS 134, 1988, S. 29–61, hier S. 48.

55 Kessler (wie Anm. 15), S. 275. Vgl. auch Marxsen, Auferstehung (wie Anm. 3): Es sei »mit der Sache selbst gegeben, daß ein Sehen Jesu nur von solchen erzählt wird, die glaubten. Ebenso konnten nur die, die glaubten, die Auferstehung Jesu bekennen, nur die, die um *sein* Kommen *heute* wußten, weil sie es erfahren hatten« (S. 131). Man vgl. auch Moltmann (wie Anm. 51): »Eine exklusiv historisch gestellte Frage nach der Auferstehung verfremdet... die Texte der Osterberichte. Diese aber verfremden... dem Historiker seinen Kontext von Welterfahrung, in welchem er die Texte zu lesen sich bemüht. Alles wirkliche Verstehen beginnt mit solchen Verfremdungen« (S. 165).

56 Man vgl. dazu Theodor Haering: Das »Wie« der »Auferstehung« Jesu, in: Theologische Festschrift für G. Nathanael Bonwetsch zu seinem siebzigsten Geburtstag, 1918, S. 120–126; Haering bezieht sich auf seinen Aufsatz: Gehört die Auferstehung zum Glaubensgrund?, in ZThK 7. 1897, S. 331–351, und auf Max Reischle: Der Streit über die Begründung des Glaubens auf den »geschichtlichen« Jesus Christus, in: ZThK 7. 1897, S. 171–264, sowie Theodor Haering / Max Reischle: Glaubensgrund und Auferstehung, in: ZThK 8. 1898, S. 129–133, und Max Reischle: Zur Frage der leiblichen Auferstehung Christi, in: ChW 14. 1900, Sp. 3–10.

57 Hans v. Campenhausen: Der Ablauf der Osterereignisse und das leere Grab, SAH, phil.-hist. Klasse, 1952, [4]1977, S. 54 (= in: ders.: Tradition und Leben. Kräfte der Kirchengeschichte, 1960, S. 48–113, hier S. 111 f).

58 David Hume: Eine Untersuchung über den menschlichen Verstand, PhB 35, [11]1984, S. 135 f.

59 Man vgl. den Beitrag von Friedrich Wilhelm Graf: Rettung der Persönlichkeit. Protestantische Theologie als Kulturwissenschaft des Christentums, in: Rüdiger von Bruch / ders. / Gangolf Hübinger (Hrsg.): Kultur und Kulturwissenschaften um 1900. Krise der Moderne und Glaube an die Wissenschaft, 1989, S. 103–131, hier S. 117 f zur Historisierung der Theologie und ihrer Deutung als historischer Kulturwissenschaft.

60 Vgl. dazu Ebeling, Theologie (wie Anm. 30), S. 1–9.

61 Vgl. Emanuel Hirsch: Osterglaube. Die Auferstehungsgeschichten und der christliche Glaube (hrsg. v. Hans Martin Müller), 1988, S. 23–26.

62 Man vgl. z. B. Paul Hoffmann, in: ders.: Überlieferung (wie Anm. 43), S. 2: »Die alten Fragen nach der Historizität des leeren Grabes oder der Qualität der Ostererscheinungen werden in zahllosen Veröffentlichungen mit den längst bekannten Argumenten traktiert, ohne zu einem Erkenntnisfortschritt zu führen. Ich habe daher auf deren Dokumentation verzichtet. Das gilt auch für die primär apologetisch-systematische Frage nach der Faktizität der Auferstehung. Gegenstand historischer Untersuchung kann nur der urchristliche Glaube an die Auferstehung Jesu sein, nicht diese selbst«. Warum betont der Vf. letzteres so sehr, etwa aus apologetischen Gründen? Und was erfaßt man historisch vom Osterglauben, wenn man seinem geschichtlichen Ausgangspunkt nicht nachgeht?

63 Marxsen, Auferstehung (wie Anm. 3), S. 130.

64 Bernhard Bron: Das Wunder. Das theologische Wunderverständis im Horizont des neuzeitlichen Natur- und Geschichtsbegriffes, GTA 2, 1976. Belege aus diesem Buch werden im folgenden im Text gegeben. Vgl. auch Kittel (wie Anm. 22), S. 164: »daß aus einer historisch-kritischen Analyse der Quellen kaum ein ernsthafter Grund gegen die neutestamentliche Deutung des Wunders zu erheben ist... was nun dasteht, ist der Anspruch des Wunders... des durch Gottes Tat in Raum und Zeit... geschehenen Geschehens. Diesem Wunder gegenüber gibt es allein die Entscheidung des Glaubens oder des Nicht-Glaubens.« Diese Thesen entsprechen genau den Behauptungen des Kittel-Schülers Gerhard Friedrich (wie Anm. 17), der Kittels Aufsatz seltsamerweise jedoch nicht nennt.

65 Vgl. dagegen Friedrich Schleiermacher, nach dem Schöpfung vollständig als creatio continua beschrieben ist: Soweit nur unser Bewußtsein reiche, »finden wir nichts, dessen Entstehen nicht unter den Begriff der Erhaltung zu bringen wäre...« (Der christliche Glaube, Bd. I, [3]1960, § 38,1 [= S. 19]). Siehe auch die Darstellung von Martin Ohst: Jesu Wunder als Thema der Dogmatik Schleiermachers, in: Günter Meckenstock (in Verbindung mit Joachim Ringleben) (Hrsg.): Schleiermacher und die wissenschaftliche Kultur des Christentums, TBT 51, 1991, S. 229–245.

66 Hoffmann, in: ders.: Überlieferung (wie Anm. 43), S. 13

67 Bei Origenes (Gegen Celsus II 59 f): ein halbrasendes Weib habe Jesus nach seinem Tod gesehen (59); das könne darauf zurückgeführt werden, »daß einer vielleicht die Anlage zu solchen Träumen in sich trug, oder, ein Opfer irregeleiteter Phantasie, sich nach Belieben ein solches Trugbild schuf..., wie dies schon Tausenden begegnet ist« (60).

68 Nach Porphyrius verehren die Christen einen Toten. Er fragt, warum sei der

»Auferstandene« nicht dem Pilatus oder Herodes, dem jüdischen Hohenpriester oder am besten dem römischen Senat und Volk erschienen? (Vgl. Adolf Harnack: Kritik des Neuen Testaments von einem griechischen Philosophen des 3. Jahrhunderts, TU 37.4, 1911, S. 25; Wilhelm Nestle: Die Haupteinwände des antiken Denkens gegen das Christentum [1941], in: ders.: Griechische Studien, 1968 [=1948], S. 597–660, hier S. 614.)

69 Ich formuliere so vorsichtig, weil das in der Zukunft vielleicht anders sein könnte, im Sinne der Überlegungen von Wolfgang Kraus: Ende der Metaphysik oder Rückkehr zur Metaphysik?, in: Willi Oelmüller (Hrsg.): Metaphysik heute?, Kolloquien zur Gegenwartsphilosophie 10, UTB 1471, 1987, S. 91–96, hier S. 95f: »Die Metaphysik hat... eine wichtige Aufgabe vor sich, nämlich die Klarstellung der Grenzen der Rationalität... Mir scheint es, daß die Wiedererwekung einer bescheidenen Metaphysik nottut. Dorthin führt die konsequent gedachte Ratio. Viele Ansätze sind bekannt, einen solchen Ansatz finde ich durchaus beim späten Karl Popper und seiner ›Scheinwerfer-Theorie‹. Wir finden nur, was unser Scheinwerfer aus dem Dunkel holt. Wer hat uns den Scheinwerfer gegeben? Wer veranlaßt uns, ihn aufzudrehen, dahin und dorthin zu richten? Wer macht uns glauben, daß es sinnvoll sei, die Wahrheit zu suchen? Ohne diesen Kredit des Credo hätten wir keinen Scheinwerfer und würden wir auch keine Intention haben, ihn unermüdlich ins Dunkel zu richten. Wir sind nach einem weiteren Spiralgang vielleicht gar nicht so fern von ›Crede ut intellegas‹ des Augustin. Aber wir haben sehr scharfe und sensible Instrumente gewonnen, die verhindern, daß wir der Illusion irgendwelcher Systeme des Wissens anheimfallen.« Das gilt m. E. auch für theologische Systeme des Wissens (=Scholastik) und des Nicht-Wissen-Wollens (=Kerygma-Theologie).

70 Man vgl. Emanuel Hirsch: Geschichte der neuern evangelischen Theologie V, [3]1964, S. 505 zu den supranaturalen Kritikern an Strauß; vgl. ferner S. 490: Die »Theologie der absoluten Voraussetzung« manövriere sich selbst in eine Sackgasse, wenn sie sich redlichem Forschersinn und schlichter, nicht christlich vorgeprägter Menschlichkeit verschließe. (Vgl. S. 507: »Religiöses rühr-mich-nichtan«.)

71 Vgl. J. D. M. Derrett: The Anastasis: The Resurrection of Jesus as an Historical Event, 1982. Zu diesem merkwürdigen Buch, das die Scheintodhypothese wiederbelebt (nach seinem wirklichen Tod sei Jesus von seinen Jüngern verbrannt worden), vgl. Hans Hübner: Kreuz und Auferstehung im Neuen Testament, in: ThR 54. 1989, S. 262–306, hier S. 290f.

72 Ferdinand Christian Baur in einem Schreiben vom 20.12.1835, abgedruckt bei Ulrich Köpf: Ferdinand Christian Baur als Begründer einer konsequent historischen Theologie, in: ZThK 89. 1992, S. 440–461, hier S. 458.

73 v. Campenhausen (wie Anm. 57), S. 7.

74 David Friedrich Strauß: Das Leben Jesu für das deutsche Volk. Erster Theil, [9–11]1895, S. 365.

75 Hirsch, Osterglaube (wie Anm. 61), S. 24.

76 Vgl. demgegenüber Rudolf Bultmanns Vorwort zur ersten Auflage von »Die Geschichte der synoptischen Tradition«, FRLANT 29, 1921 und den brieflichen Austausch zwischen Wilhelm Heitmüller und R. Bultmann über die Absicht Bultmanns, sein Werk dem Andenken David Friedrich Strauß' zu widmen. Heitmüller schreibt in einem Brief vom 30.4.1920 an Rudolf Bultmann: »Die Widmung (sc. Ihrer synoptischen Tradition) an David Friedrich Strauß ist sachlich nur zu begrüßen; ich protestiere in meinen Vorlesungen gegen die skurrile,

aber allgemeine Behauptung, Strauß sei überwunden.« Freilich rät Heitmüller seinem Schüler Bultmann von der Widmung ab, da sie als provozierend verstanden worden wäre. Bultmann hat diesen Rat befolgt. Die zweite Auflage des genannten Werks (1931) ist dann bekanntlich »dem Andenken Wilhelm Heitmüllers« dediziert.

77 Man vgl. zum Wesen historischer Methode Lüdemann, Christentum (wie Anm. 6), S. 26f und Harvey (wie Anm. 26), Kap. I–IV; diesem Werk bin ich seit langer Zeit mehr verpflichtet, als durch die Anzahl der expliziten Verweise deutlich wird.

78 Hirsch, Geschichte V (wie Anm. 70), S. 518.

79 Man vgl. dazu oben S. 13f und etwa auch Jacques Perret: Ressuscité? Approche historique, 1984, S. 16: »Envisager une approche historique de la résurrection de Jésus n'est certes pas tenter de la ramener totalement au niveau de ce monde: comme tout ce qui le concerne et dès sa vie publique, sa résurrection a une dimension transcendante.« In diesen Sätzen ist fast schon vorprogrammiert, daß der Vf. die neutestamentlichen Berichte im wesentlichen für zuverlässig und die Auffindung des leeren Grabes als historisch (S. 36) ansehen wird. Ich habe das Buch dieses verdienten Altphilologen (und überzeugten Katholiken [vgl. S. 13f]) daher nicht weiter herangezogen.

80 Vgl. Walter Köhler: Ernst Troeltsch, 1941, S. 405. Man vgl. auch die Klage von Wilhelm Herrmann über die evangelische systematische Theologie seiner Zeit. Er schreibt: »Diese Disziplin hat auch im Protestantismus in der Regel nicht im Dienste der Religion gestanden, sondern im Dienste der Verweltlichung der Religion. Sie webt den weiten Mantel, der allen das Unterkriechen ermöglicht, die die Schrecknisse der Religion entweder nicht kennen oder sie vermeiden wollen, aber von der Religion in menschlichem Sinne leben möchten. Der Schein von Wissenschaftlichkeit, mit dem sie sich zu schmücken wusste, ist im Schwinden, seitdem auch in der Theologie eine Wissenschaft auf dem Plan ist, die die anderwärts erarbeiteten Gesetze der Wahrheitsforschung mit Ernst befolgt. Auch die Versuche, ihr diesen Schein durch eine möglichst erhabene Terminologie zu retten, werden daran nicht viel ändern. Aber die Gesinnung, die in ihrem Verfahren waltet, ist in der Kirche zu einer Riesenblüte gediehen« (Der Verkehr des Christen mit Gott im Anschluss an Luther dargestellt, 41903, S. 196).

81 Vgl. Hans Graß: Theologie und Kritik. Gesammelte Aufsätze und Vorträge, 1969, S. 12f: »Nietzsche ist von grandioser Verachtung erfüllt gegen die Fachhistorie und ihre eunuchische Objektivität, die mit den gewöhnlichen Mitteln der rationalen und kausalen Reflexion die Nomenklatur der Ereignisse abklappert, um alles zu erklären und damit aufzulösen. Echte Historie hat dem Leben zu dienen. Sie muß in intuitiver künstlerischer Schau die großen geschichtlichen Gestalten und Geschehnisse so erfassen, daß sie in der Gegenwart wirksam werden... Nur die monumentale Historie hat die Kraft zur Gestaltung wegweisender Symbole. Kierkegaard teilt mit Nietzsche die Verachtung der historischen Forschung... Denn hier will man objektiv etwas wissen, leidenschaftslos etwas feststellen und entzieht sich gerade dadurch den eigentlichen der Existenz aufgegebenen Fragen... Historische und existenzielle Einstellung schließen einander aus...«. Allerdings ist zu beachten, daß Nietzsche sich nicht überhaupt gegen historische Überlegungen wendet, sondern primär gegen eine rationalistische Fassung, die Geschichte nicht lebendig darzustellen vermag. Und womöglich ist Kierkegaards absolute Alternative der Entscheidung zwischen Geschichte *oder* Existenz zu bestreiten.

82 »Ist aber Christus nicht auferstanden, so ist unsere Predigt vergeblich, so ist auch euer Glaube vergeblich« (1Kor 15,14). Wir kommen unten S. 59–60 auf diese Sache und ihren Kontext zurück.
83 Klaus Wengst (Ostern – Ein wirkliches Gleichnis, eine wahre Geschichte. Zum neutestamentlichen Zeugnis von der Auferstehung Jesu, KTB 97, 1991) verweist warnend auf das Beispiel von Hermann Samuel Reimarus (s. u. Anm. 499) und schreibt: »Auf diesem Feld gibt es kein Entrinnen, sondern nur heillose Verstrickung in unauflösliche Widersprüche. Wie es da (sc. in den Evangelien) erzählt wird, kann es historisch nicht gewesen sein. Reimarus hat daraus geschlossen, die Jünger hätten den Leichnam gestohlen und versteckt, die Botschaft von seiner Auferweckung erfunden und sich dabei nicht genau genug verabredet, was sie sagen sollten« (S. 94). Wengst selbst meint, für eine historische Rückfrage bleibe hier fast alles im Dunkeln. Sie werde überdies den Texten nicht gerecht. Ändert das etwas an der Notwendigkeit zur Rückfrage hinter die Texte? Gegen die beiden Einwände ist S. 22–26 das Nötige gesagt.
84 Man vgl. dazu das gewaltige Buch von Helmut Groos: Christlicher Glaube und intellektuelles Gewissen. Christentumskritik am Ende des zweiten Jahrtausends, 1987, der trotz vornehmer Ablehnung des christlichen Glaubens dennoch darauf besteht, daß ohne die traditionelle Lehre der Auferstehung Jesu kein christlicher Glaube möglich sei. Ähnlich der Philosoph Kurt Hübner (s. u. Anm. 691).
85 v. Campenhausen (wie Anm. 57), S. 52. Er spielt offensichtlich auf die jüdische These an, die Jünger hätten den Leichnam Jesu gestohlen (Mt 28,15). Zu diesem Text s. u. S. 141.86 Vgl. dazu Wilhelm Knevels: Der Kreuzestod Jesu und die Botschaft von der Auferstehung, ARH-Taschenbuch 48, 1980, S. 25: »Keinesfalls ist das ›leere Grab‹ ein Beweis für die Auferstehung Jesu.« Eine durch das leere Grab bewiesene leibliche Auferstehung könne nicht die Grundlage des christlichen Glaubens sein (S. 23 f).
87 Man vgl. dazu die vorzügliche Arbeit von Adela Yarbro Collins: The Beginning of the Gospel. Probings of Mark in Context, 1992, S. 126; die Vf.n verweist in diesem Zusammenhang zusätzlich auf Dan 12,2 f, wo diejenigen, die erwachen, nicht mit ihrem physischen Leib vereinigt werden.
88 Goguel (wie Anm. 23), S. 9.
89 Hans Lietzmann: Geschichte der Alten Kirche I, 1932, S. 53.
90 Ebd.
91 Man vgl. dazu allgemein den großartigen Aufsatz von Thomas Nipperdey: Neugier, Skepsis und Erbe. Vom Nutzen und Nachteil der Geschichte für das Leben, in: ders.: Nachdenken über deutsche Geschichte. Essays, ^{2}1986, S. 7–20.
92 Vgl. Theodor Mommsen zur angemessenen Haltung des Historikers: sie sei »die rücksichtslos ehrliche, keinem Zweifel ausbiegende, keine Lücke der Überlieferung oder des eigenen Wissens übertünchende, immer sich selbst und andern Rechenschaft legende Wahrheitsforschung« (bei Gerd Lüdemann: Emanuel Hirsch als Erforscher des frühen Christentums, in: Joachim Ringleben [Hrsg.]: Christentumsgeschichte und Wahrheitsbewußtsein. Studien zur Theologie Emanuel Hirschs, TBT 50, 1991, S. 15–36, hier S. 16).
93 Ohlig (wie Anm. 52), S. 77.
94 Man vgl. auch Graß, Ostergeschehen (wie Anm. 41): Das Ostererlebnis »war nur der allerdings entscheidende Anlaß für die kerygmatische Osterdogmatik ... das Osterzeugnis (sc. war) von Anfang an kein Erlebnisbericht, sondern ein Bekenntnis zum Heilshandeln Gottes in Christus« (S. 261).

Ernst Benz (Die Vision. Erfahrungsformen und Bilderwelt, 1969) bemerkte dazu: »Jede echte religiöse Erfahrung drängt von sich aus dazu, sich intellektuell zu verdeutlichen« (S. 89). Insofern befindet sich die Theologisierung in Einklang mit dem Wesen religiöser Erfahrung selbst. Gleichzeitig besteht allerdings die Gefahr, daß in der Dogmatisierung, ob gewollt oder ungewollt, ein Stück lebendiger Religion zu Grabe getragen wird. »Bei dieser Verknüpfung von religiöser Erfahrung und ihrer Theorie findet aber auch eine höchst bedeutsame Rückwirkung des aus der Erfahrung abgeleiteten Schemas auf die religiöse Erfahrung selber statt« (S. 90). Benz hält in seiner bisher viel zu wenig beachteten Arbeit die Reduktion des Christentums auf die Theologie, die Einschränkung der Geschichte des Christentums auf die Geschichte der Theologie für eine Verkürzung; »am Anfang des Glaubens steht die religiöse Erfahrung in ihrer ganzen Vielgestalt« (S. 639). Das älteste christliche Glaubensbekenntnis (1Kor 15,3–10) fuße auf einer Serie von Visionsberichten (S. 640). Wir kommen u. S. darauf zurück.

95 Man vgl. zusätzlich Rudolf Bultmann: Die Geschichte der synoptischen Tradition, FRLANT 29, ^{7}1967, S. 311–316 als kritische Zusammenfassung und Weiterführung von Martin Albertz: Zur Formengeschichte der Auferstehungsberichte (1922), in: Hoffmann, Überlieferung (wie Anm. 43), S. 259–270 und Lyder Brun: Die Auferstehung Christi in der urchristlichen Ueberlieferung, 1925. Die nach Bultmann entstandenen wichtigen Arbeiten zur Formgeschichte der Auferstehungstexte werden zu den jeweiligen Perikopen berücksichtigt.

96 Joachim Jeremias: Neutestamentliche Theologie. Erster Teil: Die Verkündigung Jesu, 1971, S. 285f. Belege aus diesem Buch werden im folgenden im Text in Klammern gesetzt. Es ist erstaunlich und erklärungsbedürftig, daß Jeremias die Auferstehung Jesu in dem Teil seiner Theologie des Neuen Testaments behandelt, welcher der Verkündigung Jesu gewidmet ist. Nikolaus Walter (»Historischer Jesus« und Osterglaube, in: ThLZ 101. 1976, Sp. 321–338) spricht in seinem in anderer Hinsicht vorzüglichen Aufsatz von einer »Relativierung des Osterglaubens… bei J. Jeremias« (Sp. 323). Doch steht dem das letzte Kapitel von Jeremias' Ntl. Theologie entgegen.

97 Jeremias nennt keine ntl. Texte und verweist allgemein auf die gnostischen Dialoge des Auferstandenen mit seinen Jüngern. Er denkt sich S. 286f die Entwicklung so, daß ursprünglich das Wort des »Auferstandenen« sich beschränkt habe auf einen Namensruf wie »Saul« (Apg 9,4), »Maria« (Joh 20,16), »Simon Johannis« (Joh 21,15. 16. 17) oder auf den Friedensgruß (Lk 24,34; Joh 20,19. 26) verbunden mit einer kurzen Frage (»Was verfolgst Du mich?« [Apg 9,4]; »Warum weinst Du?« [Joh 20,15]; »Wen suchst Du?« [Joh 20,15]; »Liebst Du mich?« [Joh 21,15. 16.17]) und einer knappen Weisung (Apg 9,6; Joh 20,17; Joh 21,15.16.17).

98 Brun (wie Anm. 95), S. 8.

99 François Bovon: »Le Privilège Pascal de Marie-Madeleine«, in: NTS 30.1984, S. 50–62, hier S. 51: »Comme le christianisme primitif ne fut pas monolithique, chacque groupe trouva sa raison d'être et sa dignité du peuple de Dieu dans une apparition de Jésus ressuscité à son premier leader«; die historische Frage nach dem traditionsgeschichtlichen Verhältnis der Erscheinungen zueinander behandelt Bovon leider nicht.

100 Jedenfalls wäre es mehr als mißverständlich zu sagen: »Die Auferstehungsüberlieferung zeigt die gleiche Konkretheit und Historizität wie die Kreuzigungsperikope« (Niebuhr [wie Anm. 28], S. 62).

101 Goguel (wie Anm. 23), S. 14.
102 Im dortigen Zusammenhang bezieht sich Paulus auf die erfolgreiche Mission in Thessalonich und gibt in V. 9–10 traditionelle Glaubensformeln wieder (erkennbar an dem unpaulinischen Vokabular). Die Thessalonicher haben »sich bekehrt zu Gott von den Götzen, zu dienen dem lebendigen und wahren Gott und... (sc. warten) auf seinen Sohn vom Himmel, *welchen er auferweckt hat von den Toten, Jesus,* der uns von dem zukünftigen Zorn erlöst« (1Thess 1,9–10).
103 Jürgen Becker: Das Gottesbild Jesu und die älteste Auslegung von Ostern (1975), in: Hoffmann, Überlieferung (wie Anm. 43), S. 203–227, hier S. 219–224. Zitate aus diesem Aufsatz werden im folgenden im Text gegeben.
104 Günter Klein: Aspekte ewigen Lebens im Neuen Testament, in: ZThK 82. 1985, S. 48–70, hier S. 57.
105 Vgl. Philipp Vielhauer: Geschichte der urchristlichen Literatur, 1975, S. 15.
106 Paul-Gerhard Klumbies (»Ostern« als Gottesbekenntnis und der Wandel zur Christusverkündigung, in: ZNW 83. 1992, S. 157–165) meint sogar: »Der Gruppe, die Gott als den bekennt, der Jesus auferweckte, bestätigt der Tod Jesu nicht ihre bisherige Auffassung von Gott. Sie verkündigt nicht Jesu Gott weiter und begründet nicht eine Kontinuität zum Gottesbild Jesu« (S. 164).
107 Friedrich, Auferweckung (wie Anm. 17) hält es freilich unter Hinweis auf 2Makk 1,24–29 für möglich, daß die 2. Benediktion in der ursprünglichen Fassung des Achtzehngebets nicht vorhanden war (S. 334).
108 Text nach Jakob J. Petuchowski: Das Achtzehngebet, in: Hans Hermann Henrix (Hrsg.): Jüdische Liturgie. Geschichte-Struktur-Wesen, QD 86, 1979, S. 77–88, hier S. 77. Vgl. Friedrich Wilhelm Horn: Das Angeld des Geistes. Studien zur paulinischen Pneumatologie, FRLANT 154, 1992, S. 91–95.
109 Man vgl. dazu Martin Dibelius: Die Formgeschichte des Evangeliums, [6]1971, S. 17–21.
110 Nach Joachim Jeremias: Die Sprache des Lukasevangeliums, KEK Sonderband, 1980, S. 319 handelt es sich um einen »alten vorpaulinischen Osterjubelruf«.
111 Das Subjekt von *anastas* (V. 9) ist aus der vorangehenden Perikope abzuleiten und erscheint explizit erst V. 19. Doch erweisen die häufige Verwendung von Partizipien (V. 9.10.11.13.15.20), der regelmäßige *kai – de* – Wechsel und der mehrfache Gebrauch von *ekeinos* (V. 10.20) bzw. *kakeinos* (V. 11.13) die Perikope als eine formal und inhaltlich geschlossene Einheit.
112 Joachim Gnilka: Das Evangelium nach Markus II, EKK II/2, 1979, S. 353.
113 Vgl. Eduard Schweizer: Das Evangelium nach Markus, NTD 1, 1967, S. 217.
114 Auf die Möglichkeit, daß das Traditionsstück von der gegenwärtigen Gestalt der genannten ntl. Texte unabhängig ist und in die vorlukanische Überlieferung hineinreicht, sei freilich anmerkungsweise hingewiesen.
115 Das Gifttrinken, ohne Schaden zu nehmen, findet sich nicht in der Apg. Man vgl. dazu eine von Papias von Hierapolis über Justus Barsabbas (Apg 1,23) erzählte Geschichte im Referat Eusebs, KG III 39,9: »Ein weiteres Wunder berichtet er (sc. Papias) über Justus mit dem Beinamen Barsabbas. Derselbe habe nämlich, obwohl er tödliches Gift getrunken habe, infolge der Gnade des Herrn keine üblen Folgen verspürt.«
116 Vgl. Rudolf Pesch: Das Markusevangelium II, HThK II.2, 41991, S. 550.
117 Arnold Meyer: Die Auferstehung Christi. Die Berichte über Auferstehung, Himmelfahrt und Pfingsten, ihre Entstehung, ihr geschichtlicher Hintergrund und ihre religiöse Bedeutung, Lebensfragen, 1905, S. 63f.

118 Charles Harold Dodd: Die Erscheinungen des auferstandenen Christus (1957), in: Hoffmann, Überlieferung (wie Anm. 43), S. 297–330, hier S. 299–305. Nachweise aus diesem Aufsatz werden im folgenden Text in Klammern gesetzt.
119 Dodd rechnet damit, daß diese Gruppe »eine freiere und individuellere Behandlung der noch ›ungeformten‹ Tradition« darstelle (S. 314).
120 Man vgl. Helmut Koester: Überlieferung und Geschichte der frühchristlichen Evangelienliteratur, ANRW II 25.2, 1984, S. 1463–1542, hier S. 1508, und Luise Schottroff: Maria Magdalena und die Frauen am Grabe Jesu (1982), in: dies.: Befreiungserfahrungen. Studien zur Sozialgeschichte des Neuen Testaments, ThB 82, 1990, S. 134–159, hier S. 149f.
121 Brun (wie Anm. 95), S. 31.
122 Vgl. den Kommentar von Hirsch, Osterglaube (wie Anm. 61), S. 51f.
123 Man vgl. noch, wie Fischer (wie Anm. 14) zu den rückdatierten Ostergeschichten Stellung nimmt. Er schreibt über sie: »Es handelt sich dabei um Texte, denen man noch abspüren kann, daß sie sich in den Rahmen einer Darstellung des Wirkens Jesu nur schwer einfügen und noch etwas von dem Schleier ahnen lassen, der über der älteren Anschauung von den Ostergeschichten ist« (S. 37 – ein zu subjektives Kriterium?).
124 Nikolaus Walter: Eine vormatthäische Schilderung der Auferstehung Jesu, in: NTS 19. 1972/73, S. 415–429.
125 Benjamin Arlen Johnson: Empty Tomb Tradition in the Gospel of Peter, ThD Harvard University, 1965.
126 »Es trat ein gewisser Mann auf, mit Namen Jesus, ungefähr dreißig Jahre alt, der erwählte *uns*…« (Bruchstück 4; Epiphanius, haer. 30,13,2; deutsche Übersetzung nach Wilhelm Schneemelcher [Hrsg.]: Neutestamentliche Apokryphen in deutscher Übersetzung I, [5]1987, S. 141 [Ph. Vielhauer/G.Strecker]). Man vgl. das u. S. 116 zitierte Fragment aus dem Kerygma Petri.
127 Vgl. dazu Schneemelcher, a.a.O., S. 189–191 (W. Schneemelcher); Pheme Perkins: The Gnostic Dialogue. The Early Church and the Crisis of Gnosticism, 1980.
128 David Friedrich Strauß: Das Leben Jesu II, 1836, S. 656. Dies brachte Strauß dann auch später gegen Schleiermachers »zweitem Leben Jesu« zu Geltung, d.h. gegen dessen Scheintodhypothese. Denn lt. 1Kor 15 ist Paulus kein wiederbelebter Mensch, sondern ein himmlisches Wesen erschienen. Vgl. David Friedrich Strauß: Der Christus des Glaubens und der Jesus der Geschichte. Eine Kritik des Schleiermacher'schen Lebens Jesu, 1865, S. 198f.
129 Anders freilich Craig, Beweis (wie Anm. 12): »Nicht das *Wie* der Erscheinungen, sondern das *Wer* des Erscheinenden ist von Interesse« (S. 99). Doch spricht Craig von historischen Dingen dogmatisch, weicht der konkreten Nachfrage aus und postuliert schießlich noch die wörtlich zu nehmende Leiblichkeit des *soma pneumatikon* bei Paulus, die nicht im Gegensatz zur Leiblichkeit des Auferstandenen in den Evangelien stehe (S. 95–102).
130 Eine andere Frage ist es, ob 1Kor 15,5 die Zusammenfassung einer ursprünglich ausgeführten Erzählung über die Ersterscheinung vor Petrus ist oder ob nur die Einzelinformation zugrunde lag. Wilckens, Ursprung (wie Anm. 43), S. 171f, ist an diesem Punkte zurückhaltend.
131 Dies nicht nur aus apriorischen Überlegungen, sondern aus Beobachtungen zum Text – zu Pierre Benoit: Die Himmelfahrt, in RB 56. 1949, S. 161–203 = ders.: Exegese und Theologie. Gesammelte Aufsätze, KBANT, Düsseldorf 1965, S. 182–218.

132 Vgl. die Verteidigung der Ursprünglichkeit der galiläischen Tradition durch Fischer (wie Anm. 14), S. 45–55 und die anderslautende These von Bernd Steinseifer: Der Ort der Erscheinungen des Auferstandenen. Zur Frage alter galiläischer Ostertraditionen, in: ZNW 62. 1971, S. 232–265; zur Kritik an Steinseifer vgl. Thorwald Lorenzen: Ist der Auferstandene in Galiläa erschienen?, in: ZNW 64. 1973, S. 209–221.
133 Campenhausen (wie Anm. 57), S. 37. 48f.
134 Barn 21,2–9 gehört zum sekundären brieflichen Rahmen.
135 Rudolf Bultmann: Karl Barth, »Die Auferstehung der Toten« (1926) = in: ders.: Glauben und Verstehen I, 1933, S. 38–64, hier S. 54. Anders freilich Gerhard Sellin: Der Streit um die Auferstehung der Toten. Eine religionsgeschichtliche und exegetische Untersuchung von 1 Korinther 15, FRLANT 138, 1986, S. 254: Es gehe »in 1Kor 15,1–11 gerade nicht um eine *historische* Absicherung, sondern um die soteriologische Funktion des Kerygmas«. Diese Alternative ist schief. Sachgemäßer – weil historischer – urteilt Hans-Heinrich Schade: Apokalyptische Christologie bei Paulus. Studien zum Zusammenhang von Christologie und Eschatologie in den Paulusbriefen, GTA 18, 1981, S. 199f.
136 Wolfgang Schrage: 1. Korinther 15, 1–11, in: Lorenzo De Lorenzi (Hrsg.): Résurrection du Christ et des Chrétiens (1 Co 15), 1985, S. 21–45, hier S. 38.
137 Wie Paulus die Erscheinungen des Auferstandenen für seine eigenen Argumentationszwecke benutzt, hat Philip E. Devenish: The So-Called Resurrection of Jesus and Explicit Christian Faith: Wittgenstein's Philosophy and Marxsen's Exegesis as Linguistic Therapy, in: JAAR 51. 1983, S. 171–190 (hier S. 177) dargelegt.

Zur Frage, ob Paulus diese Erscheinungen zur Zeit der Gründung der korinthischen Gemeinde bekannt waren und warum er sie ggf. nicht bei der Gründungspredigt den Korinthern übermittelt hat, s. ausführlich u. S. 48–52.
138 Die hochgelehrte Arbeit von Margaret M. Mitchell: Paul and the Rhetoric of Reconciliation, HUTh 28, 1991, S. 243–250 bestreitet das freilich energisch. Die Verfasserin schreibt, der einzige mögliche Vorwurf gegen Paulus, der 1Kor 9 zugrundeliegen könnte, sei der paulinische Unterhaltsverzicht, und solch ein Vorwurf sei historisch unplausibel (S. 246). Doch sind Vorwurf (»accusation«) und Hinweis etwas ganz anderes. Die Gegner des Paulus haben unter Hinweis auf seinen Unterhaltsverzicht seinen Apostelstatus angezweifelt, da das Unterhaltsrecht Merkmal eines Apostels ist. Zu beachten ist ja, daß in der religiösen Auseinandersetzung (und nicht nur hier) jegliches Argument recht ist, um den Widersacher zu treffen. Die Verfasserin hat leider nicht die Querverbindungen von 1Kor 9 zu der restlichen korinthischen Korrespondenz gewürdigt. Ich bleibe daher bei meiner Rekonstruktion: Paulus, der Heidenapostel II: Antipaulinismus im frühen Christentum, FRLANT 130, 1983, S. 105–115. Eine rhetorische Analyse, gleich welcher Art, täte gut daran, *historische* Beobachtungen mit zu berücksichtigen.
139 »Wenn« (*ei*) hat hier wie in 1 Thess 4,14 fast eine kausale Bedeutung.
140 Sellin (wie Anm. 135) sieht in ihnen ohne rechte Begründung »die theologischen Wortführer der Gesamtgemeinde« (S. 15), auf S. 37 kann er sie daher schon als »die Korinther« auffassen und schließlich dient ihm diese behauptete Identität zum Kriterium der Quellentscheidung: »Im selben 1 Kor, in dem Paulus sich ausführlich mit der Tatsache beschäftigt, daß die (sic!) Korinther die Rede von einer Auferstehung Toter kategorisch ablehnen, argumentiert er an

einer anderen Stelle in dieser Hinsicht völlig unbefangen mit eben dem Satz von der Auferweckung der toten Christen, nämlich in 6,14. Wie kann Paulus aber etwas als Begründung anführen, was doch – wie er laut 1 Kor 15 wissen müßte – von seinen Gesprächspartnern nicht akzeptiert wird? Die Antwort kann nur lauten: 1 Kor 6,14 und Kap. 15 können nicht im selben Brief gestanden haben« (S. 49).

141 Gerhard Barth (Zur Frage nach der in 1Korinther 15 bekämpften Auferstehungsleugnung, in: ZNW 83. 1992, S. 187–201) unterscheidet in der bisherigen Forschung vier Rekonstruktionen der korinthischen Auferstehungsleugnung: 1. Mit dem Tod ist alles aus. (Doch dagegen spreche die stellvertretende Taufe für die Toten [1Kor 15,29].) 2. Nur diejenigen haben etwas zu hoffen, die bei der Wiederkunft Jesu am Leben sind. (Aber auch hiergegen sei 1Kor 15,29 ins Feld zu führen und die Polemik von 1Kor 15,19. 30–32 sei unverständlich.) 3. Die griechische Auffassung von der Unsterblichkeit der Seele ist unvereinbar mit der »jüdischen« Lehre von der Auferstehung des Leibes. (Doch bleibe in diesem Falle die Polemik von 1Kor 15,18. 30–32 unklar.) 4. Die Korinther waren Geistenthusiasten, die schon jetzt am himmlischen Vollendungsleben teilhaben. »Ihre Lehre schloß... die Zukunft gar nicht aus, sondern holte sie nur massiv in die Gegenwart hinein« (S. 192).

Barth vertritt die vierte Position und meint, der Apostel habe in 1 Kor 15,30–32 (und 15,19) »einen Topos aus der allgemeinen (sc. auch außerchristlichen) Debatte um Recht und Begründung des Glaubens an ein ewiges Leben... aufgenommen und... den konkreten Anlaß des korinthischen Enthusiasmus mit seiner Spiritualisierung der Eschatologie benutzt..., um darüber hinaus den Auferstehungsglauben *überhaupt* zu begründen und einzuschärfen« (S. 195).

142 Vgl. Wilckens, Ursprung (wie Anm. 43), S. 145f: »Aber es ist bei diesen Heidenchristen, wie der 1. Kor. durchweg zeigt, ein Gesamtverständnis der Überlieferung im Schwange, dessen Vorstellungsrahmen nicht – wie bei Paulus selbst – die urchristliche Eschatologie der frühjüdischen Tradition, sondern offenbar hellenistische Epiphanievorstellung ist. Von daher ist alles religiöse Erleben und Denken so sehr auf das je gegenwärtige Widerfahrnis des Geistes als der epiphanen Vergegenwärtigung des erhöhten Kyrios orientiert, daß in diesem Gesamtaspekt die Inhalte der eschatologisch orientierten Tradition einbeschlossen sind. ›Auferstehung der Toten‹ – eine so unhellenistische, so wesenhaft nur im Zusammenhang frühjüdischer Tradition verständliche Vorstellung – fiel hier sozusagen aus dem Rahmen, mußte als eine ganz neue Lehre aufgefaßt werden, die nur mehr als Hinzufügung zum Evangelium erforderlich sei und als solche von einer Gruppe innerhalb der Gemeinde verworfen worden ist; während doch im Denken des Paulus die Auferstehung Jesu und die künftige Auferstehung der Christen im selben Ereigniszusammenhang der Endgeschehnisse wesenhaft zusammengehören, wie seine ganze folgende polemische Erörterung 1. Kor. 15,12ff. zeigt.« Allerdings dürften die Korinther die »Auferstehung« Jesu auch anders als Paulus verstanden haben, wenn man sie gefragt hätte.

143 Karl Heinrich Rengstorf: Die Auferstehung Jesu. Form, Art und Sinn der urchristlichen Osterbotschaft, ^{5}1967, S. 84.

144 Aus diesem Grunde ist auch vor einer zu genauen Rekonstruktion der Position von einigen Korinthern (1Kor 15,12) zu warnen, die uns ebenfalls nur in ihrer Interpretation durch Paulus zugänglich ist.

145 Man vgl. 1Thess 4,16f und meine Bemerkungen in: Paulus, der Heidenapo-

stel I: Studien zur Chronologie, FRLANT 123, 1980, S. 247–254. Barth, Frage (wie Anm. 141) betont freilich, daß »es zur Zeit des Paulus im Judentum weite Kreise gab, in denen sich der Auferstehungsglaube... nicht durchgesetzt hatte« (S. 199), und verweist auf Mk 12,18–27 als Beispiel der Auseinandersetzung der frühen Christengemeinde mit der jüdischen Umwelt an diesem Punkt (S. 197). Vgl. noch Wilckens, Ursprung (wie Anm. 43), S. 165: »Die Vorstellung der Auferwekung von den Toten schloß im frühjüdisch-pharisäischen Judentum – freilich zumeist ganz unreflektiert und unbetont – die Leiblichkeit der Gestorbenen mit ein. Auch Paulus hat sie so verstanden: als Auferweckung aus dem Grabe. Das ergibt sich besonders – abgesehen von 1. Kor.15,12ff., welcher Abschnitt nur unter dieser Voraussetzung verständlich ist – aus Stellen wie 1. Kor.6,14 und Röm.8,11 und 8,29, aus denen hervorgeht, daß Paulus die künftige Auferstehung der gestorbenen Christen als gleichartig der ereigneten Auferstehung Christi dachte. Die Erwähnung des Begräbnisses Jesu in der missionarischen Erstüberlieferung (1. Kor.15,4a) diente also der Explikation des *ek nekron* in der folgenden Auferweckungsaussage.«

146 Er wurde erneut begründet von Wilhelm Pratscher: Der Herrenbruder Jakobus und die Jakobustradition, FRLANT 139, 1987, S. 29–32 in Referat und Auseinandersetzung mit anderslautenden Thesen.

147 Formel vom Tode: Röm 5,8; 14,15; 1Kor 8,11; Gal 2,21; 1Thess 5,10. Formel von der Auferweckung: Röm 4,24; 10,9; 1Thess 1,10. Vgl. Vielhauer, Geschichte (wie Anm. 105), S. 15–18.

148 Damit ist eine sehr weit zurückreichende Einheit der Formel nicht in Zweifel gezogen (s. u. S. 51).

149 Vgl. m.R. Evans (wie Anm. 28), S. 75 (Lit.).

150 Zur Frage, welche Schriftstelle(n) möglicherweise zugrundelag(en), s. u. S.

151 Die Perfektform fällt gegenüber den anderen im Aorist stehenden drei Verben auf. Vielleicht wird dadurch absichtlich die Gegenwartsbedeutung der Auferweckung betont (vgl. ähnlich das oftmalige Perfekt »gekreuzigt« [*estauromenos*] bei Paulus).

152 Vgl. z. B. Dibelius, Formgeschichte (wie Anm. 109), S. 17 Anm. 2.

153 Joachim Jeremias: Die Abendmahlsworte Jesu, ^{4}1967, S. 95–98.

154 Eduard Lohse: Märtyrer und Gottesknecht, FRLANT 64, ^{2}1963, S. 113.

155 Jeremias, Abendmahlsworte, S. 97. Vgl. auch die ausgewogene Darstellung der Kontroverse durch Karl Lehmann: Auferweckt am dritten Tage nach der Schrift, QD 38, 1968, S. 87–115.

156 Es ist nicht auszuschließen, daß »dann« (*eita*) im Hinblick auf die weiteren Erscheinungen, die er anfügen wollte, von Paulus statt eines ursprünglichen »und« (*kai*) eingefügt wurde. (vgl. Alfred Seeberg: Der Katechismus der Urchristenheit, 1903, S. 57). Doch selbst dann bleibt eine Einzelerscheinung vor Kephas wahrscheinlich.

157 Dagegen Pratscher (wie Anm. 146), der V. 5 nur als »nicht-formelhaftes Traditionselement« auffaßt. Über diese Subtilität (»nicht-formelhaftes Traditionselement« statt »selbständiges Traditionselement«) will ich nicht streiten, an der Sache ändert sich gar nichts. Mit Bezug auf das Ganze seines Buches sei kritisch auf die Tendenz Pratschers hingewiesen, die Frühzeit der Geschichte der Jerusalemer Urgemeinde zu harmonisieren. So versteht er *dokountes* in Gal 2 nicht ironisch (S. 67), die Agitation in Gal 2,4 sei zwar antipaulinisch, das Eingreifen der Sendlinge des Jakobus in Gal 2,11ff jedoch nicht (S. 83f). Jakobus habe nicht die Führungsstellung innegehabt (S. 68f).

158 Vgl. auch die in der vorigen Anmerkung angeschnittene Frage, ob V. 5 ein nicht-formelhaftes oder ein selbständiges Traditionselement ist.
159 Vgl. zu diesem Begriff die Überlegungen von Lehmann (wie Anm. 155), S. 60–67.
160 Rudolf Pesch: Zur Entstehung des Glaubens an die Auferstehung Jesu. Ein Vorschlag zur Diskussion, in: ThQ 153. 1973, S. 201–228, hier S. 214f. (Es sei betont, daß ich mich mit der Stoßrichtung dieses Aufsatzes einig weiß, der wissenschaftlichen Theologie eine Beantwortung der Frage nach der Entstehung des Osterglaubens dringend anzuraten.) Pesch hat seine These inzwischen zurückgenommen, in: Zur Entstehung des Glaubens an die Auferstehung Jesu. Ein neuer Versuch (1983), in: Hoffmann, Überlieferung (wie Anm. 43), S. 228–255, hier S. 243.
161 Man vgl. zu den weiteren Fragen Lüdemann, Paulus II (wie Anm. 138), S. 76–83.
162 Sie waren z. T. bereits auf der Stufe der Tradition kombiniert worden (s. o. S. 48 zu 1Kor 15,3–5), was aber nichts an der Notwendigkeit ändert, die einzelnen Elemente auf ihre ursprüngliche Bedeutung hin zu untersuchen.
163 Vgl. dazu die Erwägungen von Burton L. Mack: A Myth of Innocence. Mark and Christian Origins, 1988, S. 106f, der im Anschluß an Sam K. Williams (Jesus' Death as Saving Event. The Background and Origin of a Concept, HDR 2, 1975) den antiochenischen Ursprung der Formel betont. Die ältere Forschung (vgl. Lohse, Märtyrer [wie Anm. 154], S. 114f) hob dagegen Jes 53 als Schriftbeweis hervor und verband ihn mit der Urgemeinde. Doch gilt auch für diese Frage die Bemerkung o. S. 49.
164 Falls der Aussage in a) Jes 53 zugrundeliegt, könnte man das auch für b) erwägen (vgl. Jes 53,9: »Und man gab ihm sein Grab bei Gottlosen«). Sollte dann etwa die vormarkinische Begräbnistradition hiermit verbunden werden können, nach der ein Nicht-Jünger, Joseph von Arimatäa, Jesus begraben hat?
165 Nach Sellin (wie Anm. 135) braucht die Formel 1Kor 15,3–5 freilich nicht viel älter als die Gründung der korinthischen Gemeinde zu sein (S. 251). Doch gibt die Parallele 1Kor 11,23 zu denken, und im Falle der Erstmission in Korinth um 41 n. Chr. (vgl. Lüdemann, Paulus I [wie Anm. 145] wäre die Existenz der Formel für die dreißiger Jahre gesichert.
166 Man vgl. Martin Hengel: Christologie und Chronologie, in: Heinrich Baltensweiler/Bo Reicke (Hrsg.): Neues Testament und Geschichte (FS Oscar Cullmann), 1972, S. 43–67, und meine auf ganz anderen Voraussetzungen basierende Chronologie (wie Anm. 145), die bzgl. des Datums der Christophanie vor Paulus zu ähnlichen Ergebnissen wie Hengel kommt.
167 Vgl. von Campenhausen (wie Anm. 57), S. 10: »Es ist auch bei größter Skepsis, die ein ›rein historisches‹ Interesse der Beteiligten mit Recht außer Betracht läßt, nahezu undenkbar, daß die grundlegenden Geschehnisse, die die maßgebenden Persönlichkeiten selbst erfahren hatten und auf die sie sich in ihrer Predigt bezogen, dennoch zwischen ihnen niemals zur Sprache gekommen sein sollten. Paulus war also über das, was er weitergibt, zugleich auch unmittelbar aus erster Hand orientiert. Dazu kommt, daß Paulus, der kein Wirrkopf war, auf die Zuverlässigkeit dieser Nachrichten erklärtermaßen Gewicht legt, daß er sie nicht bloß im Vorübergehen oder im Blick auf ganz andere Fragen nebenbei erwähnt, sondern daß er sie mit feierlicher Betonung als völlig gesichert und unbezweifelbar herausstellt und nachdrücklichst unterstreicht. Es handelt sich schließlich auch nicht etwa um irgendwelche komplizierten Dinge, keine theologischen

Deutungen und ausgeführten Texte, bei denen sich immer noch kleine Verschiebungen und Nuancierungen unwillkürlich ergeben könnten, sondern um ganz einfache, wichtige, bestimmte und bekannte Fakten.«

168 Vgl. Wilckens, Ursprung (wie Anm. 43), S. 149 Anm 14: »Die Entstehung der Tradition einer Erzählung von der Erscheinung des Auferstandenen vor über 500 Brüdern dürfte... am überzeugendsten dadurch erklärt werden, daß sie die Gründungslegende der nachösterlichen Gemeinde war. Die daran Beteiligten blieben verständlicherweise auch später namentlich bekannt.«

169 Auf das schwierige Problem des Verhältnisses von Ereignis und Ausbildung von Tradition im allgemeinen kann hier nicht eingegangen werden. Der evtl. mögliche Einwand, im Text werde Ereignis und Tradition identifiziert, trifft die obigen Darlegungen aus den genannten Gründen nicht. Man vgl. dazu Albert Eichhorn: Das Abendmahl im Neuen Testament, HCW 36, 1898, S. 7 und den Kommentar von Henning Paulsen: Traditionsgeschichtliche Methode und religionsgeschichtliche Schule, in: ZThK 75. 1978, S. 20–55, hier S. 30f. Eichhorns Kritik richtete sich gegen die einseitig verfahrende Literarkritik, die meinte, mit der Rekonstruktion der ältesten Schicht einer Quelle auch schon den wirklichen historischen Hergang gefunden zu haben. Entsprechend meinte man in der Leben-Jesu-Forschung, mit dem ältesten Evangelium, Mk, auch schon den Aufriß des wirklichen Lebens Jesu ermittelt zu haben. Daß dem nicht so war, zeigte der Eichhorn-Schüler William Wrede, Messiasgeheimnis (wie Anm. 36).

170 Erwähnenswert ist, daß Vertreter des Rationalismus und selbst Friedrich Schleiermacher die Scheintodhypothese vertraten (s. auch oben Anm. 71 und Hirsch, Geschichte V [wie Anm. 70], S. 37f), die in neuerer Zeit wieder von Franz Alt (Jesus – der erste neue Mann, 1989, S. 56) aufgewärmt worden ist. Man vergesse die schauerlich-populäre Debatte um das Turiner Grabtuch nicht, in dessen Verlauf die Verfechter seines hohen Alters ebenfalls die Scheintodhypothese vertraten.

171 Bultmann, Geschichte (wie Anm. 95), S. 296.

172 Vgl. Heinz-Wolfgang Kuhn: Die Kreuzesstrafe während der frühen Kaiserzeit. Ihre Wirklichkeit und Wertung in der Umwelt des Christentums, ANRW II 25.1, 1982, S. 648–793, hier S. 751f (»Zur Dauer des Hängens am Kreuz«). Vgl. Josephus, Vita 420f: »Auf dem Wege von dort (sc. Tekoa nach Jerusalem) sah ich wieder Gefangene, die am Kreuze hingen, und erkannte darunter drei meiner Freunde. Mit diesem Schmerz und unter Tränen begab ich mich zu Titus und erzählte es ihm. Sogleich ließ er sie abnehmen und ihnen die sorgfältigste Behandlung angedeihen. Trotzdem starben zwei von ihnen während der Behandlung, der dritte aber ward gerettet.« Um die relative Kürze der Todesqual Jesu (von weniger als sechs Stunden; vgl. Mk 15,25.33) zu erklären, wird in der Forschung oft ein »traumatischer Schock« oder »hoher Blutverlust« (bei der Geißelung) angenommen.

173 Vgl. Johannes Schreiber: Die Bestattung Jesu. Redaktionsgeschichtliche Beobachtungen zu Mk 15,42–47 par, in: ZNW 72. 1981, S. 141–177, hier S. 141–143.

174 Vgl. Raymond E. Brown: The Burial of Jesus (Mark 15: 42–47), in: CBQ 50. 1988, S. 233–245, hier S. 239.

175 Gegen Schreiber, Bestattung, S. 143, nach dem die Erwartung des Reiches Gottes »erklärt, warum er die Ermordung Jesu mitbetrieben hat«. Zur Kritik vgl. auch Brown, Burial, S. 239 Anm. 22.

176 Man vgl. den Wechsel im Begriff: V. 45 spricht davon, daß Pilatus den

Leichnam (*ptoma*) Jesu dem Joseph geben läßt. In V. 43 hatte Joseph noch um den Leib (*soma*) Jesu gebeten.

177 Vgl. Robert Mahoney: Two Disciples at the Tomb. The Background and Message of John 20.1–10, TW 6, 1974, S. 115.

178 Vgl. David Daube: The New Testament and Rabbinic Judaism, 1973 (=1956), S. 312. Die nachfolgenden Ausführungen zum unehrenhaften Begräbnis Jesu werden in engem Anschluß an Daube (S. 301–324) gemacht.

179 »Man verrichte alle Erfordernisse der Leiche, man salbe und wasche sie…«

180 »Die Beifügung des Nikodemus zum Joseph empfahl sich vielmehr, weil auch er ein Ratsherr war und vor allem, weil er ein verborgener Jünger war wie dieser. Die sehr allgemein gehaltene Bemerkung des Markus, daß Joseph ein auf das Reich Gottes Wartender war, bekommt durch die johanneische Einführung des Nikodemus in Verbindung mit dem, was Jo 3 von ihm erzählt, konkrete Gestalt. Matthäus mit seiner knappen, uneingeschränkten Bemerkung, daß Joseph auch ein Jünger Jesu geworden war, sagt eigentlich schon mehr als Johannes, nach dem das Verhältnis der beiden Ratsherren zu Jesus in einem eigenartigen Zwielicht bleibt. Diese Zurückhaltung des letzten Evangelisten weist darauf hin, daß die ältere Tradition von einer Zugehörigkeit des Joseph und Nikodemus zur christlichen Gemeinde nichts wußte« (Graß, Ostergeschehen [wie Anm. 41], S. 177f Anm. 4). Anders Josef Blinzler: Die Grablegung Jesu in historischer Sicht, in: Ed. Dhanis (Hrsg.): Resurrexit, 1974, S. 56–102, hier S. 77: »Kann man schon dem synoptischen Bericht entnehmen, daß Joseph die Grablegung nicht allein vorgenommen hat, dann spricht eigentlich nichts Entscheidendes gegen die Anwesenheit und Mitwirkung einer zweiten Standesperson.« Es fragt sich aber doch, was *dafür* spricht. Der ganz legendäre Charakter des joh Berichtes zeigt sich auch an Joh 19,39b. Vgl. dazu die Erzählung vom Begräbnis Adams in VitAd 48: »Und nochmals sprach der Herr zu Michael und Uriel, den Engeln: Bringt mir drei Byssuslinnen (= kostbares, zartes Seidengewebe, Vf.) her und breitet diese über Adam aus und andere (!) Linnen über Abel, seinen Sohn…«. Wie Adam hier entsprechend seiner religiösen Bedeutung mit einem enorm großen Aufwand begraben wird, so tendiert auch die ntl. Tradition zur ehrenvollen Zeichnung des Begräbnisses Jesu.

181 PetrEv 2,3 bezeichnet Joseph als »Freund des Herrn«. Darin scheint mir ein jüngeres Traditionsstadium sichtbar zu werden, was nicht ausschließt, daß andere Stücke des PetrEv älter sein mögen. Die große Entfernung von der ältesten Tradition zeigt sich umso deutlicher, wenn ebd. Joseph ebenfalls »Freund des Pilatus« heißt, worin eine Entlastung des Pilatus eingeschlossen ist (vgl. ebenso 1,1; 11,46), die in den jungen Pilatusakten breit ausgemalt wird (vgl. Wilhelm Schneemelcher [Hrsg.]: Neutestamentliche Apokryphen I, ^{6}1990, S. 395–424 [Felix Scheidweiler]).

182 Vgl. PetrEv 6,24: Joseph »nahm den Herrn, wusch ihn, hüllte ihn in ein Linnengewand und brachte ihn in sein eigenes Grab, genannt Josephs Garten.«

183 Origenes (Gegen Celsus II 69) legt sich das so zurecht: »Denn wie seine Geburt reiner war als jede andere Geburt, da er nicht durch die Vereinigung der Geschlechter, sondern von einer Jungfrau geboren worden war, so sollte auch sein Begräbnis mit Reinheit geziert sein. Diese war aber sinnbildlich dadurch ausgedrückt, daß sein Leid in ein neues Grab gelegt wurde…«

184 Anders z. B. Stanley E. Porter: Art. Joseph of Arimathea, in: The Anchor Bible Dictionary III, 1992, S. 971f, der die überlieferungsgeschichtliche Tendenz nicht beachtet und die Texte harmonisiert.

185 Vgl. zu diesem Text neben den Kommentaren noch die Analysen von Mahoney (wie Anm. 177), S. 122–124 und von Ingo Broer: Die Urgemeinde und das Grab Jesu. Eine Analyse der Grablegungsgeschichte im Neuen Testament. StANT 31, 1972, S. 205–229. Broer hält (ebenso wie Mahoney) Joh 19,31 nicht für einen alten Traditionssplitter, sondern der Vers sei »die notwendige Einleitung zu der aus relativ junger Tradition stammenden Crurifragiumsgeschichte« (S. 229). Doch schließt die Auffassung von V. 31 als redaktioneller Einleitung zum folgenden (die Crurifragiumserzählung ist offenbar wirklich jüngeren Datums) gar nicht aus, daß eine ältere Tradition zugrunde liegt. Vgl. noch Jean-Pierre Lémonon: Pilate et le Gouvernement de la Judée, 1981, S. 196–198, dem die obige Darstellung folgt.

186 »Indem Jesus das Passahlamm sein sollte, dem kein Bein gebrochen worden, indem er der Gottgleiche sein sollte, in welchen gestochen worden, indem er in Blut und Wasser die aus seinem Tod quellende Gabe des Geistes zeigen sollte, schuf der Evangelist mit Hilfe seiner ungenauen Kenntniß römischer Exekutionsmittel die Erzählung, welche uns unter den Händen zergeht« (Theodor Keim: Geschichte Jesu von Nazara. Bd. III: Das jerusalemische Todesostern, 1872, S. 512.)

187 »Man kommt... um die Unvereinbarkeit der beiden Berichte nicht herum, sie können nicht ursprünglich bei einander gestanden haben... Es besteht die Möglichkeit, daß der Schluß des ersten abgeschnitten ist, um den zweiten anhängen zu können; denn einen zwei mal begraben zu lassen bringt auch der weitherzigste Redaktor nicht fertig« (Julius Wellhausen: Das Evangelium Johannis, 1908, S. 90)

188 Vgl. Broer, Urgemeinde (wie Anm. 185), S. 250–263 (Apg 13,27–29 sei ganz von Lk geschaffen [S. 263]).

189 Anders William Lane Craig: Assessing the New Testament Evidence for the Historicity of the Resurrection of Jesus, 1989, S. 195, der aber die Texte gar nicht analysiert und – total fixiert auf die These des leeren Grabes – die Existenz dieser Tradition bestreitet.

190 »It is quite credible that Acts 13:29 is as precise a historical report of the burial of Jesus as can be reconstructed. The Joseph story may be an apologetic legend; at least it seems to grow into one, as is evident from a comparison of the four canonical Gospels« (Collins [wie Anm. 87], S. 128).

191 Graß, Ostergeschehen (wie Anm. 41), S. 180, stellt folgende Entwicklung der Tradition fest: »Hat die Beiseiteschaffung des Leichnams Jesu wirklich durch seine Feinde stattgefunden, dann wäre die Tradition so gewachsen. Jesus wurde nach Art der Hingerichteten in ein gemeinsames Grab gelegt. Das ertrug man alsbald nicht mehr, wußte aber, daß keiner der Seinen ihm den letzten Liebesdienst getan hatte und erweisen konnte. Ein Fremder hat es getan und seinen Leichnam vor der letzten Schande bewahrt. Es konnte nun freilich kein unbedeutender Fremder sein, sondern einer, der einen Schritt bei der Gerichtsbehörde wagen konnte, es mußte ein Ratsherr sein. Der Name wurde wie so mancher andere Name in der evangelischen Tradition hinzuerfunden und allmählich – diese letzte Phase spiegelt sich in den Evangelien selbst noch wieder – wurde aus dem frommen Fremden ein heimlicher... oder gar ein offener... Jünger Jesu, einer, der den Rat und die Tat des Synhedriums nicht billigte..., einer, der nicht nur Jesu, sondern auch des Pilatus Freund war (PetrEv 3). Völlig unerfindbar ist also die Erzählung von Joseph von Arimathia nicht.«

192 Vgl. Blinzler, Grablegung (wie Anm. 180), S. 85–87: »Die Behandlung

Hingerichteter in römischer Rechtspraxis«. Als Illustration sei auf die bei Petronius, Satyrikon 111f erhaltene Geschichte von der Witwe von Ephesus verwiesen: Eine keusche Frau, die gerade ihren Mann verloren hatte, verharrt in dessen Gruft mehrere Tage in tiefer Trauer, während in der Nähe ein Soldat drei Kreuze bewacht, damit die Angehörigen nicht die daran Hängenden abnähmen und beerdigten. Es kommt durch Vermittlung der Magd der Witwe zu Intimitäten zwischen dem Soldaten und der »keuschen« Witwe, Verwandte eines Gekreuzigten nehmen wegen der Abwesenheit des Soldaten ihren Angehörigen vom Kreuz und erweisen ihm die letzte Ehre eines Begräbnisses. Um den Soldaten zu schützen, befiehlt die Witwe, den Leichnam ihres Mannes aus dem Sarg zu heben und an das leere Kreuz zu schlagen (vgl. Bernhard Kytzler [Hrsg.]: Im Reich des Eros. Sämtliche Liebes-und Abenteuerromane der Antike II, 1983, Petron, Satyrikon, Dritter Teil, S. 123–126).

193 Man vgl. Philo, Flacc 83: »Ich habe von solchen gehört, die gekreuzigt wurden, die man aber, weil... Feiertage bevorstanden, vom Kreuz abnahm und den Verwandten gab, damit sie ein Begräbnis in Würde und dem Brauch entsprechend erhielten. Denn auch die Toten sollten einen Vorteil vom Geburtstag des Alleinherrschers haben, und zugleich sollte die Heiligkeit des Festes gewahrt werden.«

194 Vgl. Samuel Krauss: Talmudische Archäologie II, 1911, S. 73 mit S. 487. Er verweist auf MSanhedrin VI 7 als Beleg für Gräber für Hingerichtete. Der Text, der wirklich in MSanhedrin VI 5 steht, lautet: »Das Gericht hatte zwei Begräbnisplätze eingerichtet: einen für die durchs Schwert Hingerichteten und die Erdrosselten und einen für die Gesteinigten und Verbrannten.« Vom *römischen* Gericht ist keine Rede.

195 Vgl. dazu freilich Brown, Burial (wie Anm. 174), S. 243 Anm. 31. Brown beruft sich auf jüngste Ausgrabungen, nach denen das traditionelle Grab Jesu von einem Steinbruch umgeben war und Golgatha ein vermutlich durch Erdbeben entstandener felsenfreier Erdhügel. In eine der Höhlen dieses Steinbruchs, die als Begräbnisstätte für Hingerichtete dienten, habe Joseph von Arimatäa – folge man dem mk Bericht – den Leichnam Jesu gelegt.

196 Vgl. zu den Einzelheiten Kuhn (wie Anm. 172), S. 711–717. Im Ossuar des Gekreuzigten, der zwischen 24–28 Jahre war, befanden sich noch die Knochen eines drei- bis vierjährigen Kindes, das denselben Namen wie er trug.

197 So Peter Stuhlmacher: »Kritischer müßten mir die Historisch-Kritischen sein!«, in: ThQ 153. 1973, S. 244–251, hier S. 245 f.

198 Vgl. dazu allgemein Eric Meyers: Jewish Ossuaries: Reburial and Rebirth, BibOr 24, 1971, und zum heutigen Kenntnisstand antiker jüdischer Bestattungsbräuche Rachel Hachlili: Art.: Ancient Jewish Burials, in: The Anchor Bible Dictionary I, 1992, S. 789–794 (Lit.).

199 Daß Angehörige und Freunde von Hingerichteten das taten, wird in dem kleinen Talmudtraktat Semachot vorausgesetzt; vgl. Sem II 10: »Man versage denen nichts, welche von der Regierung zum Tode verurteilt worden. Wann beginnt die rituelle Trauer um sie? Von der Zeit an, wo man aufhört, die Regierung um die Herausgabe der Leiche zu bitten, obschon man noch die Hoffnung hat, sie heimlich zu entwenden« (Übersetzung nach Moritz Klotz: Der talmudische Tractat Ebel rabbathi oder S'machoth, 1890, S. 35).

200 Daß Jesus durch Jüngerinnen – also ein Mann durch Frauen! – bestattet wurde, halte ich selbst als historische Möglichkeit im damaligen Judentum für ausgeschlossen, von der fehlenden quellenmäßigen Bezeugung ganz zu schweigen.

201 Vgl. MSanhedrin VI 6: »Nachdem das Fleisch verwest ist, liest man die Gebeine zusammen und begräbt sie an ihrem Orte. Die Verwandten kommen und bieten den Richtern und den Zeugen den Friedensgruß, um gleichsam zu sagen: ›Wir hegen im Herzen keinen Groll gegen euch, denn ihr habt nach dem wahren Rechte gerichtet!‹ Sie hielten keine Trauer; doch verhielten sie sich wie Leidtragende, denn das Leidtragen geschieht nur im Herzen.«
202 Die Anweisung lautet: Wenn ein Angehöriger in einer Stadt gekreuzigt worden sei, solle man diese Stadt verlassen, bis das Fleisch verwest ist.
203 Martin Hengel: Ist der Osterglaube noch zu retten? in: ThQ 153. 1973, S. 252–269, hier S. 263.
204 Vgl. Lüdemannn, Texte (wie Anm. 20), S. 255f im Anschluß an Bultmann, Geschichte (wie Anm. 95), S. 290.
205 John Dominic Crossan: The Historical Jesus. The Life of a Mediterranean Jewish Peasant, 1991, S. 294. Crossan hält auch »Joseph von Arimatäa« nicht für geschichtlich (S. 393), was aber wohl zu weit geht. Seiner an anderer Stelle (The Cross that Spoke. The Origins of the Passion Narrative, 1988) auf der Grundlage des PetrEv begründeten Rekonstruktion eines »Cross Gospel« ist m. E. mit Vorbehalt zu begegnen. (Ich komme an anderer Stelle darauf zurück.)
206 Joachim Jeremias: Heiligengräber in Jesu Umwelt (Mt. 23,29; Lk 11,47). Eine Untersuchung zur Volksreligion der Zeit Jesu, 1958.
207 Vgl. Jeremias, Heiligengräber, S. 145: »Diese Welt der heiligen Gräber war ein realer Bestandteil der Umwelt, in der die Urgemeinde lebte. Es ist undenkbar, daß sie, in dieser Welt lebend, das Grab Jesu der Vergessenheit anheim gegeben haben sollte. Es ist um so weniger denkbar, als für sie Der, der in diesem Grabe gelegen hatte, mehr war als einer jener Gerechten, Märtyrer und Propheten...« Vgl. auch Wolfgang Nauck: Die Bedeutung des leeren Grabes für den Glauben an den Auferstandenen, in: ZNW 47. 1956, S. 243–267, hier S. 261f (Verehrung des Grabes Jesu).
208 Ich danke Byron McCane (Duke University) für seinen wissenschaftlichen Rat zur Frage des Begräbnisses Jesu.
209 Paul Althaus: Die Wahrheit des kirchlichen Osterglaubens. Einspruch gegen Emanuel Hirsch, BFChTh 42.2, ^{2}1941, S. 35. Vgl. ähnlich Kittel (wie Anm. 22), S. 154 und in der Gegenwart Craig, Evidence (wie Anm. 189), S. 85ff, der alle seine Vorgänger an Fleiß noch übertrifft und schließlich erklärt: »Paul did believe in the empty tomb« (S. 360). Man vgl. demgegenüber die differenzierende Stellungnahme von Lorenz Oberlinner: Die Verkündigung der Auferweckung Jesu im geöffneten und leeren Grab. Zu einem vernachlässigten Aspekt in der Diskussion um das Grab Jesu, in: ZNW 73. 1982, S. 159–182, hier S. 163–168 (Lit.).
210 Heinrich Julius Holtzmann: Das leere Grab und die gegenwärtigen Verhandlungen über die Auferstehung Jesu, in: ThR 9.1906, S. 79–86.119–132, hier S. 128f. Die Polemik hiergegen von Friedrich Loofs (Die Auferstehungsberichte und ihr Wert, HCW 33, 1908, S. 15 Anm.*) überzeugt nicht.
211 Marxsen, Auferstehung (wie Anm. 3), S. 73f.
212 Johannes Weiß: Der erste Korintherbrief, KEK 5, 9. Aufl. 1910 (=1970), S. 349.
213 Vgl. auch R. E. Brown: The Virginal Conception and Bodily Resurrection of Jesus, 1973, S. 83f: Einen Hinweis auf das leere Grab in 1Kor 15,4a hineinzulesen, gehe über das Wahrscheinliche hinaus.
214 Anders Collins (wie Anm. 87), die die paulinische Vorstellung mit Jub 23,31

(dazu oben S. 30) zusammenbringt. Sie schreibt: »Paul's understanding of the resurrection of Jesus does not involve the revival of his corpse« (S. 124). Das dürfte zu modern gedacht sein.

215 Vgl. Lüdemann, Paulus I (wie Anm. 145), S. 260 mit Anm. 141.

216 Es ist ein methodischer Kurzschluß, wenn Gerhard Koch (Die Auferstehung Jesu Christi, BHTh 27, 1959) in seinem allzu stark systematisierenden Buch erklärt: »Das Faktum des leeren Grabes hat für das Kerygma darin seine Bedeutung, daß aus ihm die kerygmatische Aussage vom dritten Tage gewonnen worden ist« (S. 33).

217 Vgl. Harvey K. McArthur: »Am dritten Tag«. 1Kor 15,4b und die rabbinische Interpretation von Hosea 6,2 (1971/72), in: Hoffmann, Überlieferung (wie Anm. 43), S. 194–202.

218 Man könnte jedoch genausogut aus ihrer Nicht-Erwähnung im Neuen Testament umgekehrt annehmen, »that its use had been early, and had left its mark on the tradition at a level deeper than explicit quotation« (Evans [wie Anm. 28], S. 49).

219 Vgl. McArthur, a. a. O., S. 201 f.

220 Vgl. Fischer (wie Anm. 14), S. 72; Lehmann (wie Anm. 155), S. 221–230.

221 Vgl. zum folgenden Anton Vögtle, in: ders. / Rudolf Pesch: Wie kam es zum Osterglauben?, 1975, S. 38 f.

222 Vgl. m. R. Evans (wie Anm. 28), S. 64.

223 Vgl. Vögtle (wie Anm. 221), S. 39.

224 Vgl. Paul Hoffmann: Art. Auferstehung Jesu Christi II.1, in: TRE 4, 1979, S. 478–513, hier S. 492 f.

225 Vgl. dazu Ingo Broer: »Der Herr ist dem Simon erschienen« (Lk 24,34). Zur Entstehung des Osterglaubens, in: SNTU 13. 1988, S. 81–100, hier S. 90 f; ders.: »Der Herr ist wahrhaft auferstanden« (Lk 24,34). Auferstehung Jesu und historisch-kritische Methode. Erwägungen zur Entstehung des Osterglaubens, in: Lorenz Oberlinner (Hrsg.): Auferstehung Jesu – Auferstehung der Christen. Deutungen des Osterglaubens, QD 105, 1986, S. 39–62, hier S. 57 f.

226 Rudolf Pesch, in: Vögtle/Pesch (wie Anm. 221), S. 154. Ebd. hebt Pesch auch folgendes m.R. hervor: »Zumindest Petrus und die Zwölfe waren schon vom irdischen Jesus berufen und gesandt (Mk 1,16–20; 3,13–19; 6,7–13). Man könnte bei ihnen also höchstens von einer Wieder-Berufung sprechen; dies wäre aber ein anderes Phänomen als die Erstberufung des Christenverfolgers Paulus.«

227 Marxsen, Auferstehung (wie Anm. 3). Belege aus dieser Arbeit werden im folgenden im Text gegeben.

228 Das Folgende befindet sich immer in einem impliziten Dialog mit dem m. E. zu skeptischen Urteil von Evans (wie Anm. 28), nach dem »Paul nowhere in his letters elaborates on what he means by ›seeing the Lord‹ (it is not clear that Gal. 1.16 refers to this at all; the meaning may be ›to reveal his Son through me to the Gentiles‹), and the argument of 1Cor.15 is not sufficiently precise, nor the two parts of it sufficiently closely linked, to be able to deduce from the exposition of the spiritual body of Christians how Paul thought of the risen body of Christ or of the nature of his appearance. Thus the Pauline evidence hardly provides a fixed point from which the rest of the resurrection tradition may be assessed« (S. 56; vgl. S. 66).

229 Vgl. Gerhard Delling: Die Bedeutung der Auferstehung Jesu für den Glauben an Jesus Christus. Ein exegetischer Beitrag, in: Willi Marxsen / Ulrich Wilk-

kens/ Gerhard Delling/ Hans-Georg Geyer: Die Bedeutung der Auferstehungsbotschaft für den Glauben an Jesus Christus, 1966, S. 65–90 hier S. 73f.
230 Hans-Willi Winden: Wie kam und wie kommt es zum Osterglauben? DiTh 12, 1982. Nachweise aus diesem Buch werden im folgenden im Text gegeben.
231 Daran ändert nichts, daß Paulus auch an anderen Stellen (Röm 2,5; 8,18.19; 16,25; 1Kor 1,7; 3,13; Gal 3,23), die nicht das »Damaskusgeschehen« betreffen, von Offenbarung/offenbaren spricht. Anders Beverly Roberts Gaventa: From Darkness to Light. Aspects of Conversion in the New Testament, 1986, S. 23: »Paul's use of *apocalypsis*... and the related verb *apocalyptein*... elsewhere makes it even less certain that he has reference here to a vision or a miraculous encounter.«
232 Kessler (wie Anm. 15), S. 232. Kessler meint, es gebe überhaupt keine nachvollziehbare Vorstellung über das Wie der Ostererfahrungen (S. 230). Diese Bemerkung ist nur ein Beispiel für das Bündnis eines historischen Skeptizismus mit einer apologetischen Theologie.
233 Hoffmann, Auferstehung (wie Anm. 224), S. 494.
234 Marxsen, Auferstehung (wie Anm. 3), S. 108.
235 Vgl. F. Stanley Jones: »Freiheit« in den Briefen des Apostels Paulus, GTA 34, 1987, S. 25f.
236 Vgl. Num 23,3 (von Bileam): »Ich will hingehen, vielleicht begegnet mir Jahwe; das Wort, das er mich schauen läßt, will ich dir kundtun« (Übersetzung vom Vf.).
237 Zu Wilhelm Michaelis: Die Erscheinungen des Auferstandenen, 1944, S. 100–103. Vgl. auch Seyoon Kim: The Origin of Paul's Gospel, WUNT II/4, 21984, S. 55 Anm. 1.
238 Vgl. Günter Klein: Antipaulinismus in Philippi: Eine Problemskizze, in: Dietrich Alex Koch/ Gerhard Sellin/ Andreas Lindemann (Hrsg.): Jesu Rede von Gott und ihre Nachgeschichte im frühen Christentum (FS Willi Marxsen), 1989, S. 297–313.
239 Vgl. z. B. Dieter Lührmann: Das Offenbarungsverständnis bei Paulus und in paulinischen Gemeinden, WMANT 16, 1965, S. 74.
240 »Aber es ist doch auch nicht ausgeschlossen, daß Paulus allgemein die göttliche Wirksamkeit bei der Neuschöpfung der Christen meint« (Werner Georg Kümmel: Römer 7 und das Bild des Menschen im Neuen Testament. Zwei Studien, ThB 53, 1974, S. 147, der freilich auch die Deutung auf die Bekehrung für wahrscheinlicher hält).
241 Vgl. Peter Stuhlmacher: »Das Ende des Gesetzes«. Über Ursprung und Ansatz der paulinischen Theologie, in: ZThK 67. 1970, S. 14–39, hier S. 27 Anm. 29 (Lit.). Hingewiesen sei weiter auf Paul Volz: Die Eschatologie der jüdischen Gemeinde im neutestamentlichen Zeitalter, 1934 (=1966), S. 364f: »Heil und Seligkeit unter dem Bild des Lichtes«.
242 Man vgl. Dieter Wyss: Psychologie und Religion. Untersuchungen zur Ursprünglichkeit religiösen Erlebens, 1991, S. 93 (im Anschluß an Eugen Biser).
243 Man vgl. dazu Friedrich Pfister: Art. Ekstase, in: RAC IV, 1959, Sp. 944–987; Wolfgang Speyer: Frühes Christentum im antiken Strahlungsfeld, WUNT 50, 1989, Reg. s.v. Ekstase – unter glücklicher Verwertung antiker und neuzeitlicher (Nietzsche!) Parallelen.
244 Man vgl. die Definition von Vision durch Johannes Lindblom: Gesichte und Offenbarungen. Vorstellungen von göttlichen Weisungen und übernatürlichen Erscheinungen im ältesten Christentum, 1968, S. 32: »Unter ›Visionen‹ ver-

steht man im allgemeinen visuelle Erscheinungen von Gestalten, Dingen oder Vorgängen, bzw. Wahrnehmungen von Stimmen und Lauten, die keine sinnlich-objektive Wirklichkeit haben, sondern nach der Auffassung der schauenden und hörenden Personen einer anderen, unsichtbaren Welt entstammen.«
245 Hans Kessler: Sucht den Lebenden nicht bei den Toten. Die Auferstehung Jesu Christi in biblischer, fundamentaltheologischer und systematischer Sicht, ^{2}1987. Belege aus diesem Buch werden im folgenden im Text in Klammern gesetzt.
246 Ähnliches wäre auch zu dem geschlossenen römisch-katholischen Entwurf von Franz Mußner (Die Auferstehung Jesu, Biblische Handbibliothek Bd. VII, 1969) zu sagen, der das »Osterereignis« als ein »eschatologisches Ereignis« versteht, »in dem Gott an uns gehandelt und sich angemeldet hat... Darum ist dieses Ereignis auch nicht an ein bestimmtes Weltbild gebunden, sondern transzendiert jedes Weltbild menschlicher Vergangenheit, Gegenwart und Zukunft« (S. 138). Was soll da eine historische Arbeit noch leisten, wenn derartig massiv dogmatisiert wird?
247 Eine kleine Sammlung aus heutiger Zeit: Josh McDowell: Die Tatsache der Auferstehung. Bestätigen die historischen Fakten die Auferstehung Jesu Christi?, ^{3}1987; Murray J. Harris: Raised Immortal. Resurrection and Immortality in the New Testament, 1983; ders.: From Grave to Glory. Resurrection in the New Testament. Including a Response to Norman L. Geisler, 1990; Norman L. Geisler: The Battle for the Resurrection, 1992. Man vgl. ferner die »Review Articles« von Francis J. Beckwith, Gary R. Habermas, Scot McKnight, in: JETS 33.1990, S. 369–382; Gary R. Habermas: Resurrection Claims in Non-Christian Religions, in: Religious Studies 25. 1989, S. 167–177; Gary R . Habermas / Antony G.N.Flew: Did Jesus Rise From the Dead? The Resurrection Debate, 1989.

Noch einmal: Wer ein rätselhaftes bzw. übernatürliches oder wunderhaft begründetes »Etwas« hinter den »Osterereignissen« annimmt, sollte ehrlicherweise auch offen eine fundamentalistische Position zu »Ostern« einnehmen.
248 »Einige die Individualität des Apostels betreffende Züge«, in: Paulus, der Apostel Jesu Christi, 1845, S. 651–670.
249 Ferdinand Christian Baur: Das Christentum und die christliche Kirche der drei ersten Jahrhunderte, 21860, S. 45 (= F. C. Baur: Ausgewählte Werke in Einzelausgaben, hrsg. von Klaus Scholder, Dritter Band [mit einer Einführun von Ulrich Wickert], 1966).
250 Diese Äußerung wurde nicht am Grabe Baurs gemacht, wie C. Holsten (Das Evangelium des Paulus II, 1898, S. XV) meinte, sondern in der Aula der Universität am 7.2.1861 (M. A. Landerer: Zur Dogmatik. Zwei akademische Reden, beigegebene Gedächtnisrede auf F. C. Baur, Tübingen 1879, S. 76f). – Vgl. Werner Georg Kümmel: Das Neue Testament. Geschichte der Erforschung seiner Probleme, OA III.3, ^{2}1970, S. 541 Anm. 191.
251 Zu ihm vgl. Paul Mehlhorn: Art. Holsten, Karl Christian Johann, in: PRE^{8} VIII (1900), S. 281–286. Geboren 1825, war er bis 1867 Gymnasiallehrer in Rostock und als ntl. Ordinarius seit 1869 in Bern und von 1876 an (als Nachfolger Heinrich Julius Holtzmanns) in Heidelberg tätig.
252 Carl Holsten: Zum Evangelium des Paulus und des Petrus, 1868, S. 3. – Das Buch ist F. C. Baur gewidmet »dem gestorbenen, aber nicht toten, dem protestantischen gelehrten mit dem unbeirrten gewissen der wahrhaftigkeit, mit dem unermüdeten streben nach wahrheit«. Die Seitenangaben aus dieser Schrift werden im folgenden im Text in Klammern gegeben.

253 Carl Holsten: Das Evangelium des Paulus I, 1880, S. IX.
254 Vgl. das Votum von Ingo Broer, Herr (wie Anm. 225), S. 54 Anm. 28: »Es geht... darum, die Genese des Auferstehungsglaubens unter den heute gültigen Denkvoraussetzungen zu betrachten. Wenn Jesus Christus die Offenbarung Gottes für alle Zeiten ist, dann muß auch unter den heute geltenden Denkvoraussetzungen ein Zugang zu ihnen und zu ihr möglich sein... Rationale Erklärung will also der Aneignung des Glaubens dienen.«
255 Der erste, der sie vertreten hat, war vermutlich Chr. Hermann Weiße: Die evangelische Geschichte kritisch und philosophisch bearbeitet II, 1838, S. 305–438 (vgl. Hirsch, Geschichte V [wie Anm. 70], S. 510. 550f; Hoffmann, in: Hoffmann, Überlieferung [wie Anm. 43], S. 31ff). Sie erscheint bei Keim (Anm. 186) in der Faustformel des »Telegramms vom Himmel« und in der Gegenwart selbst noch bei Graß, Ostergeschehen (Anm. 41), S. 233–249. Hingewiesen sei auf Johannes Müller (Über die phantastischen Gesichtserscheinungen. Eingeleitet und herausgegeben von Dr. Martin Müller, Klassiker der Medizin, 1927 [=1826], bei dem sich bereits vor Erscheinen des Buches von Weiße eine Kritik der »objektiven Vision« findet. Er schreibt: »Die Physiologie betrachtet alle Erscheinungen in der Form der Vision, die nur dem Visionär allein sichtbar sind, als subjektive Äußerungen des innern Sinnes. Denn die objektive Vision oder die Vision, welche einen objektiven Grund hat, fällt mit dem gewöhnlichen Sehen zusammen, und eine Erscheinung dieser Art muß jedem, nicht bloß dem Visionär sichtbar sein. Wenn daher eine objektive Vision etwas Wunderbares hat, so liegt das nicht in der Vision selbst, sondern in dem, was die Vision erregen kann, dadurch, daß es das Sehorgan affiziert. Dieses in dem Objekt liegende Wunderbare geht die Physiologie gar nichts an. Aber die subjektive Vision, die nur dem Visionär Objektivität hat, unsichtbar jedem andern, gehört nur vor die Tribüne der Physiologie« (S. 61).
256 Rolf Schäfer: Jesus und der Gottesglaube, ^{2}1972, S. 92.
257 Vgl. Johannes Rathje: Die Welt des freien Protestantismus, 1952, S. 129f.
258 Man vgl. nur William Wrede: Paulus, RGV I. 5–6, 1904, S. 9 Anm. 10: »Einige Theologen haben von ›objektiven Visionen‹ gesprochen, aber das ist kein wissenschaftlicher Begriff«; Johannes Weiß: Das Urchristentum, 1917, S. 18–22.
259 Man vgl. auch die Ausführungen des praktischen Theologen Otto Baumgarten: Die Osterthatsache und die Osterpredigt, in: Zeitschrift für Praktische Theologie 23. 1901, S. 123–127, hier S. 124: Die historische Kritik »tastet an... die Objektivität der ganzen Christophanien, deren Unvorstellbarkeit, deren Durchbrechung alles raumzeitlichen Geschichtslebens dem zum Anstoß gereicht, der Konsequenz, Festhalten der Kategorien geschichtlichen Urteilens als ›Sittlichkeit des Denkens‹ mit Fr. A. Lange hochhält.« Das Hauptwerk von Friedrich Albert Lange ist: Geschichte des Materialismus und Kritik seiner Bedeutung in der Gegenwart, 1866 (^{10}1921).
260 Im folgenden ist im engen Anschluß an meine Arbeit: Das frühe Christentum nach den Traditionen der Apostelgeschichte, 1987, S. 112–115, unter Straffung und Präzisierung formuliert.
261 Vgl. Dtn 4,12: »Und der Herr redete mit euch mitten aus dem Feuer. Seine Worte hörtet ihr, aber ihr saht keine Gestalt, nur eine Stimme war da.«
262 Die Unhistorizität der betreffenden Ereignisse ist damit noch nicht ausgesagt.
263 Graß verweist auf die Geschichte von Heliodor (2Makk 3), der sich auf Befehldes syrischen Königs Seleukos den Tempelschatz Jerusalems ausliefern

lassen soll, dann aber von Gott »dem Herrscher über die Geister und jede Macht« (2Makk 3,24) mit Gewalt daran gehindert wird.
264 Graß, Ostergeschehen (wie Anm. 41), S. 219f.
265 Das betont m.R. James M. Robinson: Jesus – from Easter to Valentinus (or to the Apostles' Creed), in: JBL 101. 1982, S. 5–37, hier S. 7.
266 Lindblom (wie Anm. 244), S. 48. Übertriebene Skepsis bei Jürgen Becker: Paulus. Der Apostel der Völker, 1989: »Die Apostelgeschichte hilft nicht, die Berufung des Apostels historisch zu verstehen... Ihr (sc. der Legende) historischer Wahrheitskern besteht in der Ortstradition Damaskus, in der Angabe der Verfolgung als solcher und in dem Faktum der paulinischen Wende« (S. 64f). Vgl. S. 80: »Es fällt auf, daß der Apostel im Unterschied zur Apg nirgends eine Audition auch nur andeutet. Er beschreibt sein visionäres Widerfahrnis... So stellt sich die Frage, ob Paulus nicht allein aus der Erscheinung des Herrn alles andere erschließen konnte, so daß es in diesem Fall gar keiner Worte bedurfte.«
267 Apg 9,15a: *bastazein to onoma enopion*... heißt nicht »den Namen vor (jemandem) hintragen« (= Missionsgedanke), sondern, »vor (jemandem) den Namen tragen«, womit das Leidensthema angeschnitten ist. Insofern Paulus den Namen vor Heiden und Juden tragen wird (Apg 9,15b), ist allerdings auf den Missionsgedanken vorgegriffen, der im Verlauf der Apg ausgeführt werden wird.
268 Zum Obigen vgl. Lindblom (wie Anm. 244), S. 49f.
269 Paul Tillich: Systematische Theologie I, [2]1956, S. 73–80
270 Friedrich Schleiermacher: Der christliche Glaube I, [7]1960, §§3–5 (S. 14–41).
271 Vgl. auch Schalom Ben-Chorin: Paulus. Der Völkerapostel in jüdischer Sicht, [3]1983: »Ich neige daher dazu, das Damaskus-Erlebnis des Paulus so stehen zu lassen, wie es in der Apostelgeschichte steht. Freilich ist es klar, daß es sich hier um eine legendäre Ausschmückung handelt, wobei es überaus fraglich sein muß, ob die Umgebung Pauli mehr gesehen und gehört hat als einen zu Boden stürzenden lallenden Mann, der sich dann, nach diesem Schock, geblendet erhob, in der Helle des Mittags von Dunkelheit umgeben. Was vor Damaskus vor sich gegangen ist, bleibt letztlich das Geheimnis der Seele des Paulus. Offenbarungen solcher Art sind ein dialogisches Geschehen, das die Welt ausschließt« (S. 33).
272 Die grundsätzlich theologische Kritik an einem solchen Verständnis von Vision durch Winden (wie Anm. 230), S. 118f (»Traut man... Gott nach Jesu Tod einen qualitativ neuen Offenbarungsakt zu, gewinnen die Ostererscheinungen... sofort eine Sonderstellung« [S. 119]), kann hier auf sich beruhen (zur Kritik s. o. S. 68–70). Hingewiesen sei stattdessen auf die Diffenzierungen von Peter Simon: Zur Phänomenologie der religiösen Imaginationen. Eine medizinisch-psychologische Studie, med. Diss., Göttingen 1979.
273 Vgl. dazu das großartige Buch von Gustav Hölscher: Die Propheten. Untersuchungen zur Religionsgeschichte Israels, 1914; ferner: Friedrich Horst: Die Visionsschilderungen der alttestamentlichen Propheten (1960), in: Peter H. A. Neumann (Hrsg.): Das Prophetenverständnis in der deutschsprachigen Forschung seit Heinrich Ewald, WdF 307, 1979, S. 438–454. Man vgl. besonders folgende Texte: Hiob 4,12–16; Jes 6; Dan 10,4–21; Ez 1,1–3,15; Am 7,1–9,10 (dazu Walter Beyerlin: Bleilot, Brecheisen oder was sonst? Revision einer Amos-Vision, OBO 81, 1988. Er bemerkt m.R.: »Bedauerlich ist, daß die Besonderheiten alttestamentlicher Visionsberichte noch viel zu wenig bekannt sind« [S. 31]).
274 Vgl. nur 1Hen 14; 4Esr 3,1–9,25 (mit den Erläuterungen von Hermann

Gunkel, in: Emil Kautzsch [Hrsg.]: Die Apokryphen und Pseudepigraphen des Alten Testaments II, ^{2}1962 [=1900], S. 341 f).

275 Vgl. Friedrich Pfister: Art. Epiphanie, in: PRE.S IV, 1924, Sp. 277–323; E. Pax: Art. Epiphanie, in: RAC V, 1962, Sp. 832–909; Klaus Berger: Visionsberichte. Formgeschichtliche Bemerkungen über pagane hellenistische Texte und ihre frühchristlichen Analogien, in: ders./François Vouga/Michael Wolter/ Dieter Zeller: Studien und Texte zur Formgeschichte, TANZ 7, 1992, S. 177–255 (zahlreiche Beispieltexte in deutscher Übersetzung – bei Unterscheidung von Visionen und Epiphanieberichten).

276 Robinson, Jesus (wie Anm. 265), S. 10, verweist auf Apk 1,13–16 als einzige detaillierte Auferstehungserscheinung des Neuen Testaments sowie auf Apg 7,55 f. Der Lichtcharakter der Erscheinungen habe sich in der späteren Gnosis erhalten, während die »Orthodoxie« in Abweichung von der Primärerfahrung die Fleischlichkeit des Auferstandenen betonte. »Orthodoxy defended the bodiliness by replacing luminousness with fleshliness, heresy exploited the luminousness by replacing bodiliness with spiritualness« (S. 17) Vgl. auch Elaine H. Pagels: Visions, Appearances, and Apostolic Authority: Gnostic and Orthodox Traditions, in: Barbara Aland (Hrsg.): Gnosis (FS Hans Jonas), 1978, S. 415–430.

277 Vgl. Ernst Benz: Paulus als Visionär. Eine vergleichende Untersuchung der Visionsberichte des Paulus in der Apostelgeschichte und in den paulinischen Briefen, AAWLM.G 1952, Nr. 2, S. 112 (36): »Die Verkündigung des Apostels war stärker von visionärem Erleben durchpulst, als die meisten seiner heutigen Exegeten wahrhaben wollen. Aber den Gemeinden, die er gründete und denen er predigte, war diese Tatsache bekannt, und ihnen gegenüber konnte er sich darauf berufen. Seine heutigen Leser und Hörer aber müssen lernen, die visionären Töne seiner Botschaft wieder in ihrer ganzen Klangfülle herauszuhören und seine Theologie als die Erfahrungs-Theologie eines Visionärs zu verstehen.« Vgl. noch Benz, Vision (wie Anm. 94), S. 279: »Das Sendungsbewußtsein des Apostels Paulus ruht auf der Erfahrung seiner persönlichen Berufung zum Apostel durch den auferstandenen Herrn in der Lichtvision vor Damaskus… An der Göttlichkeit der Führung, die sich in seinen zahlreichen Gesichten und Schauungen von Damaskus an bekunden, kommt ihm nicht der geringste Zweifel.«

278 Eduard Meyer: Ursprung und Anfänge des Christentums III: Die Apostelgeschichte und die Anfänge des Christentums, 1923, S. 238. Nach Friedrich Wilhelm Horn: Das Angeld des Geistes. Studien zur paulinischen Pneumatologie, FRLANT 154, 1992 zeige jedoch bereits die Jahresangabe »vor 14 Jahren« daß »es außerordentlich unwahrscheinlich (sc. sei), daß Pl hier ein Erlebnis ›aus einem umfassenderen Erlebniszusammenhang‹ herausgreift« (S. 255). Zur Kritik s. u. S. 92 f.

279 Wilhelm Michaelis: Die Erscheinungen des Auferstandenen, 1944, S. 98.

280 Lührmann (wie Anm. 239), S. 58 Anm. 2.

281 Man vgl. auch John G. Gager (Some Notes on Paul's Conversion, in: NTS 27. 1981, S. 697–704, hier S. 697) und Alan F. Segal (Paul the Convert. The Apostolate and Apostasy of Saul the Pharisee, 1990, S. 69 und passim), die in erfrischender Weise wieder an den Erfahrungscharakter der paulinischen Theologie erinnern und sie m.R. im »Damaskusgeschehen« verankern.

282 Gerhard Lohfink: Der Ablauf der Osterereignisse und die Anfänge der Urgemeinde, in: ThQ 160. 1980, S. 162–176, hier S. 167. Man vgl. auch den ausdrücklichen Hinweis auf die Bedeutung der Arbeiten von Ernst Benz für die Paulusexegese von Rudolf Pesch, in: Vögtle/Pesch (wie Anm. 221), S. 146.

283 Benz, Paulus (wie Anm. 277), S. 81 (5).
284 »Damit ist kaum der Mangel an rhetorischer Schulung gemeint, sondern, wie der Kontext nahelegt, der Mangel an wirkungsmächtiger, geistgewirkter Rede« (Vielhauer, Geschichte [wie Anm. 105], S. 147).
285 Oft wird hier mit «Erscheinungen» übersetzt, aber das läßt unnötigerweise die Frage offen, ob es sich hier um ein «Sehen» gehandelt hat, was mit Sicherheit der Fall ist, da das Verb *horan* (= sehen) zugrunde liegt. Im folgenden wird daher unterschiedslos von Schauung bzw. Vision gesprochen.
286 Man vgl. z. B. Josef Zmijewski: Der Stil der paulinischen »Narrenrede«. Analyse der Sprachgestaltung in 2Kor 11,1–12,10 als Beitrag zur Methodik von Stiluntersuchungen neutestamentlicher Texte, BBB 52, 1978: Bei den Schauungen und Offenbarungen der Gegner handele es sich um pneumatische Ekstasen, um unmittelbares Sehen des Herrn, verbunden mit eschatologischen Wortoffenbarungen. Demgegenüber stelle das Erlebnis des Paulus »einen von Christus... *verursachten*, aus der *personalen Gemeinschaft* mit ihm erwachsenden Vorgang dar, der... nicht mit der eschatologischen Schau des Kyrios verwechselt werden darf« (S. 345). Historisch geurteilt, ist das am Text nicht ausweisbar, denn es handelt sich bei Paulus und seinen »Gegnern« um die Vision ein und desselben Herrn. Auch ist unerfindlich, wieso Paulus zwei *verschiedene* Visionen desselben Herrn haben kann – eine in personaler Gemeinschaft mit ihm und eine andere am Ende der Zeiten.
287 Vgl. Hans Windisch: Der zweite Korintherbrief, 1970 (=1924), S. 368.
288 Vgl. Adolf Schlatter: Paulus, der Bote Jesu. Eine Deutung seiner Briefe an die Korinther, 1934, S. 658. 662f. Hiergegen wendet sich W. G. Kümmel bei Hans Lietzmann: An die Korinther I/II, HNT 9, 1949, S. 212: »Es ist aber im Gegenteil bezeichnend, daß von einem Objekt des Schauens bei dieser Entrükkung nicht die Rede ist; der Inhalt dessen, was Paulus erlebte, ist eben nicht nur *arrheton*, sondern auch für sein Apostelamt unwesentlich.« (Das ist eben die Frage.)
289 Vgl. z. B. Victor Paul Furnish: II Corinthians, AncB 32A, 1984, S. 524 (»granted by the Lord«).
290 Z.B. ist das Wort 1Thess 4,16, das das Herabsteigen des Herrn vom Himmel schildert, Paulus vom Herrn gegeben worden (1Thess 4,15: »Wort des Herrn«).
291 Vgl. zur 3. Person die schlechterdings überzeugenden Ausführungen von Lindblom (wie Anm. 244), S. 45f. Aus dem Alten Testament verweist er auf Jes 21,6: »Geh, stelle den Späher auf, was er sieht, soll er berichten« (vgl. dazu auch Bernhard Duhm: Das Buch Jesaia, [4]1922, S. 152f). »Diese Objektivierung des Ichs bezieht sich wohl z. T. auf ein Gefühl der Demut und Unwürdigkeit. Das ist aber nicht die ganze Erklärung. In dem ekstatischen Erlebnis selbst liegt eine Tendenz zur Verdoppelung des Ichs...« (Lindblom, S. 46). Daß es sich tatsächlich um eine Vision Jesajas handelt, wird aber erst in dem folgenden Vers deutlich. Undeutlich bleibt aber: Sieht Jesaja nur den rufenden Späher (bzw. *hört* er ihn nur), oder *ist* er selbst der Späher, hat er also den Troß V. 9 gesehen? Ähnlich unklar ist ja wohl auch Paulus 2Kor 12,2.
292 Vgl. auch 1Hen 70,2f und dazu die Bemerkungen von Segal, Paul (wie Anm. 281): 1Hen 37–71 fehlen in Qumran; was immer das Ursprungsdatum von 1Hen 70–71 sei, so geht doch 1Hen 14 der Himmelsreise des Paulus voraus, und dürfte seine Vorstellungen über Himmelsreisen beeinflußt haben (S. 47f).
293 Vgl. auch Windisch, 2Kor, S. 370. Anders Lührmann (wie Anm. 239), S. 58: »Daß Paulus hier von sich in der 3. Person redet, ist nicht ›Bescheidenheitsstil‹,

sondern deutet an, daß für ihn die Ekstase kein Offenbarungserlebnis und daher auch nicht Grundlage der Verkündigung ist« . Aber V. 5a spricht doch eindeutig dagegen. Lt. Lührmann (ebd.) hat erst in der späteren Interpretation von 2Kor 12 durch die Paulusapokalypse entgegen der Intention des Apostels die Entrückung bzw. Himmelsreise Offenbarungsqualität (ebenso wie bei den Gegnern des Paulus in 2Kor). Zu dieser Paulusapokalypse vgl. Wilhelm Schneemelcher (Hrsg.); Neutestamentliche Apokryphen II, ^{5}1989, S. 644–675 (H. Duensing/ A. de Santos Otero); zur koptischen Paulusapokalypse von Nag Hammadi, die von der altbekannten gleichen Namens zu unterscheiden ist, vgl. Schneemelcher, a. a. O., S. 628–633 (Wolf-Peter Funk) und die gründliche Analyse von Hans-Josef Klauck: Die Himmelfahrt des Paulus (2 Kor 12,2–4) in der koptischen Paulusapokalypse aus Nag Hammadi (NHC V/2), SNTU A/10, 1985, S. 151–190.

294 Schon hier sei die Vermutung geäußert, daß die Angabe »14 Jahre« im engen Zusammenhang mit dem Kontext steht. Paulus hatte zuvor (2Kor 11,32f) von seiner Flucht aus Damaskus berichtet. Das 2Kor 12 geschilderte Ereignis geschah nur einige Jahre nach dieser Flucht.

295 So die meisten; vgl. zuletzt Furnish, 2Kor, S. 542 (Lit.).

296 »Es scheint mir gesichert, dass Paulus mit II Kor 12,2.4 zwei verschiedene Stationen seiner Auffahrt zu Gott bezeichnet. Andernfalls würde Paulus sich unerträglich breit ausgedrückt haben« (Wilhelm Bousset: Die Himmelsreise der Seele [1901], Libelli 71, o. J., S. 12 Anm. 3).

297 James D. Tabor: »Things Unutterable«. Paul's Ascent to Paradise in its Greco-Roman, Judaic, and Early Christian Context, 1986, S. 115, denkt an eine »two-stage journey«. Zuerst wurde er in den dritten Himmel versetzt, und dann in das Paradies. Als Analogie wird auf Lukian, Icaromenippus 22 verwiesen. Das Paradies bezeichnet nach Tabor (S. 118f) den Thron Gottes im höchsten (siebten) Himmel. Er zeichnet den Gedankengang wie folgt: Zunächst betone Paulus, daß er ebenfalls wie seine Gegner solche Offenbarungen himmlischer Geheimnisse gehabt habe (der Begriff »dritter Himmel« sei Vokabel der Gegner). Im zweiten Abschnitt seines Berichtes distanziere er sich selbst von dieser Art, indem er seine Entrückung in das Paradies schildere. (S. 120). *Kritik:* Doch warum sind beide Berichte so parallel erzählt?

298 Zum dritten Himmel: Hen(sl) A 8: »und sie führten mich umher in den dritten Himmel und stellten mich in die Mitte des Paradieses«; Apk Mos 37,5: Der Befehl Gottes an den Erzengel Michael lautet: »Erheb' ihn (sc. Adam) bis zum dritten Himmel in das Paradies und laß' ihn dort bis zu dem großen, fürchterlichen Tage, den ich der Welt noch geben werde.«

299 Vgl. Bousset, Himmelsreise (wie Anm. 296); Tabor (wie Anm. 297). Er unterscheidet S. 69–97 folgende Typen von »Heavenly Ascents«: 1 Ascent as an Invasion of Heaven (vgl. z. B. Jes 14,12–20; Lucian, Icaromenippus); 2. Ascent to Receive Revelation (z. B. 1Hen 14,18–25; Test Levi 2,7–3,3; 4,1–5,3; Leben Adams und Evas 25,1–3); 3. Ascent to Heavenly Immortality (vgl. Dan 12,3; Apg 1,9–11; Scipios Traum bei Cicero; Orphische Goldplättchen; Aristophanes, Friede [831]); 4. Ascent as a Foretaste of the Heavenly World (vgl. 1Hen 39; 70f; AscJes 7; Apuleius; Poimandres, Mithras-Liturgie). Man vgl. ferner Alan F. Segal: Heavenly Ascent in Hellenistic Judaism, Early Christianity and their Environment, ANRW II 23.2, 1980, S. 1333–1394.

300 Hans Dieter Betz (Der Apostel Paulus und die sokratische Tradition, BHTh 45, 1972) meint demgegenüber: »Paulus parodiert Typisches und identifiziert sich damit nur ironisch. Ob damit auf wirkliche Ereignisse im Leben des Paulus

und wenn ja, auf welche, angespielt wird, läßt sich hiermit weder beweisen noch bestreiten« (S. 89). Ich glaube nicht, daß der Aufweis einer rhetorischen Form (»Narrenrede«, s. u. S. 90) und von Ironie in 2Kor 10–13 den *Wirklichkeits*charakter von 2Kor 12,1–10 völlig wegerklären kann.
301 Vgl. die Gegenüberstellung von Himmelsreise und Entrückung bei Gerhard Lohfink: Die Himmelfahrt Jesu, StANT 26, 1971, S. 37–41.
302 Zur Kritik vgl. Peter Schäfer: New Testament and Hekhalot Literature: The Journey into Heaven in Paul and Merkavah Mysticism, in: JJSt 35. 1984, S. 19–35. Doch schießt diese Kritik an Scholem über ihr Ziel hinaus. Sie äußert sich zu Paulus nur sehr dürftig und erklärt Geschichte förmlich weg, weil die eigentliche historische Frage nach dem, was geschehen ist, nie oder selten gestellt wird.
303 Gershom Scholem: Die jüdische Mystik in ihren Hauptströmungen, stw 330, ^{3}1988. Nachweise aus dieser Arbeit werden oben im Text gegeben.
304 Vgl. ebenso bereits Bousset, Himmelsreise (wie Anm. 296), S. 14–17 mit wichtigen Konsequenzen für den vorchristlichen Paulus: »Was man geneigt ist, als persönlichstes Eigentum des Paulus anzusehen, die Erfahrungen, von dener er II Kor 12 berichtet, ist der äusseren Form der ekstatischen Erlebnisse nach durchaus Eigentum der Schule… und von Paulus aus seiner rabbinischen Vergangenheit in sein neues Leben hinübergenommen« (S. 16f).
305 Tabor (wie Anm. 297), S. 118 bezieht »Paradies« freilich nicht auf die zukünftige Zeit der Seligkeit.
306 Lindblom (wie Anm. 244), S. 45.
307 Benz, Vision (wie Anm. 94), S. 220.
308 Vgl. unten S. 120f.
309 Bousset, Himmelsreise (wie Anm. 296) verknüpft 2Kor 12 mit 1Kor 2,6–16: »Die ›Weisheit‹, deren Paulus sich hier rühmt,… ist ihm durch jene ekstatische Erhebung ins Paradies zuteil geworden« (S. 13).
310 Windisch, 2Kor, S. 377.
311 Hans Bietenhard (Die himmlische Welt im Urchristentum und Spätjudentum, WUNT 2, 1951, S. 167) verweist zum Verständnis von 2Kor 12,4 auf Hen(sl) A 17,1, wo es heißt: »inmitten des Himmels sah ich bewaffnete Scharen, die dem Herrn mit Pauken und Zimbeln fortwährend Lob sangen. Ich ergötzte mich daran«. Schäfer (wie Anm. 302) meint, Paulus habe den Lobpreisungen der Engel zugehört. Seines Erachtens hätte Paulus in 2Kor 12,4 aber kaum von »Worten« gesprochen, wenn er »Gesang« gemeint hätte. Daher hält er die von Bietenhart für die Interpretation von 2Kor 12,4 herangezogene Parallele für abwegig und betont, Paulus habe nicht gesagt, daß er irgendetwas »sah« (S. 23). Vgl. demgegenüber oben im Text, ferner Benz, Vision (wie Anm. 94), S. 418–440 (»Die himmlische Musik«).
312 Benz, Vision (wie Anm. 94), S. 415.
313 Daraus ist nicht zu folgern, daß 2Kor 12,1–10 keine historische Grundlage habe, wie es Betz, Apostel (wie Anm. 300) offenbar für möglich hält. Ders.: Eine Christus-Aretalogie bei Paulus (2Kor 12,7–10), in: ZThK 66. 1969, S. 288–305, hatte demgegenüber noch richtig von einem »Erlebnis einer ekstatischen Entrükkung« in 2Kor 12,1–4 gesprochen (S. 289).
314 Zur Konstruktion mit »*hyper ho*« vgl. 1Kor 4,6.
315 Vgl. Lietzmann, I/II Kor, S. 155: »Seine Autorität soll nicht auf unkontrollierbarer Geheimniskrämerei beruhen, sondern auf dem, was die Korinther sehen und hören können – und das ist die Schwachheit. Das Recht, sich der

Offenbarungen zu rühmen, weil sie ja doch wahr sind, behält er sich ausdrücklich vor!«

316 Die Streichung von *dio* würde die Sache zu sehr erleichtern; vgl. Lietzmann, a.a.O., S. 155: »Die Lösung ist zu billig, um richtig zu sein.«

317 Die zuerst von den Kirchenvätern und verschiedentlich in neuerer Zeit vertretene Deutung des Satansengels auf Gegner des Paulus (vgl. 2Kor 11,13–15) kann auf sich beruhen; vgl. dazu die gelehrte Abhandlung von Ulrich Heckel: Der Dorn im Fleisch. Die Krankheit des Paulus in 2Kor 12,7 und Gal 4,13f., in: ZNW 84. 1993, S. 65–92, hier S. 76–78 (Lit.) Allerdings wird man zögern, Hekkel darin zu folgen, daß der Krankheitsbeginn bzw. der Anfang des Leidens exakt mit jenem 2Kor 12 beschriebenen Geschehen zusammengefallen sei (S. 75 und S. 71 Anm. 38 unter Verweis auf den ingressiven Aorist *edothe* [V.7]). Paulus formuliert doch auch allgemeintypisch (vgl. nur den Hinweis auf das dreimalige Gebet zum Herrn).

318 Vgl. Benz, Vision (wie Anm. 94), S. 15–34 (»Vision und Krankheit«). Benz will freilich auch zeigen, daß in vielen Fällen die Vision nicht zur Krankheit, sondern zur Heilung führt (anders bei der »Seherin von Prevorst«, Frau Hauffe, in der Beschreibung J. Kerners).

319 Vgl. auch die ironische Frage 2Kor 11,7: »Oder habe ich gesündigt, als ich mich *erniedrigt* habe, damit ihr *erhöht* würdet? Denn ich habe euch das Evangelium Gottes ohne Entgelt verkündigt.«

320 Betz, Christus-Aretalogie (wie Anm. 313), hier bes. S. 300. Es sei hervorgehoben, daß ich die formgeschichtliche Untersuchung von Betz an dieser Stelle nicht im Gegensatz zu meiner eigenen historischen Rekonstruktion sehe.

321 Vgl. dazu die von Betz, Christus-Aretalogie, S. 295f gegebenen Analogien, z.B. Lukian, Alexander 28: »Spare die Mühe, ein Mittel für diese Krankheit zu suchen, denn dein Schicksal ist nah, du kannst ihm unmöglich entrinnen.«

322 Graß, Ostergeschehen (wie Anm. 41), S. 190.

323 Rudolf Bultmann: Der zweite Brief an die Korinther, KEK Sonderband, 1976, S. 227.

324 Vgl. dazu als erste Übersicht Vielhauer, Geschichte (wie Anm. 105), S. 485–494.

325 Man vgl. bereits die Vermutung bei Windisch, 2Kor, S. 386: »Ganz ausgeschlossen ist es indes nicht, daß er tatsächlich diese seine Gesichte und Offenbarungen mit immer neuen Ausbrüchen seiner Krankheit bezahlen mußte.« Paulus legt sich beides so zurecht, daß die Krankeit die Vision noch verstärkte und so Ausdruck der alles überbietenden Macht Christi wurde.

326 Hirsch, Osterglaube (wie Anm. 61), S. 190.

327 Es führt an der Sache vorbei, wenn Schlatter (wie Anm. 288) einwirft: »Ein Psychologe mag sagen, es sei unmöglich, die von Paulus festgehaltene Unterscheidung zwischen der Schau des Auferstandenen und dem visionären Verkehr mit Christus in einer deutlichen Form zu erfassen. Daß aber Paulus diese Unterscheidung gemacht und weder die Vorgänge während der Osterzeit noch sein eigenes Erlebnis eine Vision genannt hat, ist eine völlig gesicherte Behauptung« (S. 400).

328 Windisch, 2Kor, S. 380.

329 Windisch, ebd.

330 Heckel (wie Anm. 317), S. 87–92.

331 Vgl. dazu Heckel, S. 86 (Lit.). Diese Hypothese ließe sich auch ungezwungen mit Gal 4,13 und Gal 6,11 in Verbindung bringen. Doch möchte ich darauf keinen Wert legen. Nach Guido Kluxen (Sehstörungen des Apostels Paulus, in:

Deutsches Ärzteblatt 90, Heft 28/29, 19. Juli 1993, B 1457–1459) litt Paulus »vermutlich nur an einem Erschöpfungszustand durch Hitze und Sonne nach langer Reise« (B 1458).
332 Vgl. Martin Hengel: Der vorchristliche Paulus, in: ders./Ulrich Heckel (Hrsg.): Paulus und das antike Judentum, WUNT 58, 1991, S. 177–291. Dieser Aufsatz wird für lange Zeit Grundlage der Beschäftigung mit dem vorchristlichen Paulus bleiben. Man vgl. zusätzlich Hans Hübner: Paulusforschung seit 1945. Ein kritischer Literaturbericht, ANRW II 25.4, 1987, S. 2649–2840, hier S. 2658–2667.
333 In Phlm 9 nennt sich Paulus einen »älteren Mann« (*presbytes*), was nach dem Verständnis des Hippokrates einen bis 56jährigen bezeichnet. (Jedenfalls bezieht sich *presbytes* immer auf die letzte Lebensstufe.) Der Philemonbrief wurde etwa 55 geschrieben, die Bekehrung fand ca. 32 statt.
334 Verwiesen sei allgemein auf Ulrich Luz, in: Rudolf Smend/ders.; Gesetz, 1981, S. 64–69 (S. 64–67: Die Liebe als Antwort auf das Gottesreich; S. 67–69: Die Liebe des Gottesreiches und das Alte Testament).
335 Die andere Möglichkeit, daß »uns« in Gal 1,23 sich auf Christen Jerusalems beziehe, scheitert doch wohl an Gal 1,22. Im übrigen ist das für die hier verhandelte Frage ohne Bedeutung.
336 Werner Georg Kümmel: Römer 7 und die Bekehrung des Paulus, 1929 = ders.: Römer 7 und das Bild des Menschen im Neuen Testament. Zwei Studien, ThB 53, 1974, S. 1–160.
337 S. o. Anm. 332. Nachweise aus dieser Arbeit im folgenden im Text.
338 Man vgl. sein letztes gewaltiges Buch: Die johanneische Frage. Ein Lösungsversuch mit einem Beitrag zur Apokalypse von Jörg Frey, WUNT 67, 1993, mit einem bezeichnenden Vorwort (S. 1–7).
339 Auch Hengel macht eine psychologische Aussage, wenn er erklärt, niemand, der (früher einmal) von Depressionen heimgesucht worden sei, könne sich (später) als eindeutig bekennender Charakter beschreiben (oder erinnern oder empfinden). Welche psychologische Theorie steht hinter dieser Aussage? Welches Verständnis von Psychologie (und Theologie und Geschichte) steht hinter der *Genugtuung* darüber, daß sich über einen historischen Sachverhalt – vermeintlich – keine psychologische Aussage machen lasse? Hengel beschwört in seinen letzten Publikationen die Arbeiten der »großen« Väter und Großväter moderner Exegese – und das ist gut so –, nimmt aber nicht zur Kenntnis, daß jene Zeit des Historismus auch die Geburt der Psychoanalyse erlebte, deren Ignorierung sich heutige Theologie und Kirche einfach nicht mehr leisten kann.
340 Gerd Theißen: Psychologische Aspekte paulinischer Theologie, FRLANT 131, 1983, S. 11–49. Nachweise aus diesem Buch werden im folgenden im Text gegeben.
341 Vgl. dazu ferner: Dieter Wyss: Die tiefenpsychologischen Schulen von den Anfängen bis zur Gegenwart. Entwicklung, Probleme, Krisen, ^{6}1991; ders.: Psychologie (wie Anm. 242), S. 149–158; Eckart Wiesenhütter: Die Begegnung zwischen Philosophie und Tiefenpsychologie, 1979.
342 Daneben unterscheidet er noch den lerntheoretischen Ansatz, der Religion als sozial gelerntes Erleben und Verhalten beschreibt (S. 14–20), und den kognitiven Ansatz, der Religion als Tendenz zum Aufbau einer gedeuteten Welt versteht (S. 38–49).
343 Carl Gustav Jung: Psychologie und Religion, in: ders.: Gesammelte Werke, Bd. XI, 1963, S. 1–117, hier S. 54.

344 Eine uneingeschränkte Übernahme der Theorie Jungs findet sich bei Rolf Kaufmann: Die Krise des Tüchtigen. Paulus und wir im Verständnis der Tiefenpsychologie, 1983; eine Kritik an Jung bei Margaret E. Thrall: Resurrection Traditions and Christian Apologetic, in: The Thomist 1979, S. 197–216 (mit m. E. zu schneller Zuflucht »to some transcendent reality« [S. 216]).
345 Freilich geht nicht jeder Fanatismus auf Abwehr zurück. Vgl. Kümmel, Röm 7 (wie Anm. 336), S. 157: »Aus einem autoritativen Glauben kann ohne jedes Bedenken das Bewußtsein entspringen, daß eine abgelehnte religiöse Meinung der Ehre Gottes, der Kirche usw. Abbruch tue oder die gottgewollte Reinheit einer religiösen Gemeinschaft zerstöre und darum ausgerottet werden müsse.« Doch wird damit, wie Theißen, Aspekte (wie Anm. 340), S. 240 Anm. 92 m. R. ausführt, nur eine *andere* psychologische (!) Deutung der Verfolgertätigkeit des Paulus gegeben.
346 Den Ausschlag gibt m. E. Röm 7, zu dessen Verständnis auf Theißen, Aspekte, S. 181–223, hingewiesen sei. Vgl. ferner meinen Beitrag: Psychologische Exegese, in: Friedrich Wilhelm Horn (Hrgs.): Bilanz und Perspektiven des Neuen Testaments, BZNW, 1994.
347 C. G. Jung: Die psychologischen Grundlagen des Geisterglaubens (1928), in: ders.: Synchronizität, Akausalität und Okkultismus, dtv 15065, 1990, S. 109–126. Nachweise aus diesem Werk im folgenden im Text.
348 »Röm 7 ist das Ergebnis einer langen rückblickenden Bewußtmachung eines ehemals unbewußten Konflikts« (Theißen, Aspekte, S. 244).
349 Oskar Pfister: Die Entwicklung des Apostels Paulus, in: Imago 6. 1920, S. 243–290. Nachweise aus dieser Arbeit im folgenden im Text.
350 »Halluzination« ist heute negativ besetzt im Sinne von Illusion. Ich fasse Halluzination wie Simon (wie Anm. 272) auch als Vision. »Visionen sind optische Erscheinen von Personen, Dingen oder Szenen, die keine objektive Wirklichkeit haben... Visionen, bzw. Auditionen erreichen ihren Empfänger... nicht über die anatomisch definierten Sinnesorgane, sondern sind Produkte der Phantasie und Vorstellungskraft« (S. 16f). Vgl. Anm. 244 die Definition von Lindblom.
351 Vgl. dazu Theißen, Aspekte, S. 223 mit Anm. 68.
352 Vgl. Lüdemann, Paulus II (wie Anm. 138), S. 78 Anm. 55.
353 Adolf v. Harnack: Die Verklärungsgeschichte Jesu, der Bericht des Paulus (1Kor 15,3ff) und die beiden Christusvisionen des Petrus (1922), in: Hoffmann, Überlieferung (wie Anm. 43), S. 89–117. Belege aus diesem Aufsatz werden im folgenden in Klammern gegeben.
354 Eine andere Erklärungsmöglichkeit für diesen Befund ist evtl. eine rein literarische Vermittlung durch 1Kor 15 oder durch andere ntl. Zeugen, was aber unwahrscheinlich ist (s. unten S. 166f).
355 Man vgl. Rudolf Bultmann: Die Geschichte der synoptischen Tradition. Ergänzungsheft, bearbeitet von Gerd Theißen und Philipp Vielhauer, ^{4}1971, S. 83 (Literaturreferat).
356 Brun (wie Anm. 95), S. 52; vgl. Graß, Ostergeschehen (wie Anm. 41), S. 82f.
357 Anders François Bovon: Das Evangelium nach Lukas (Lk 1,1–9,50), EKK III/1, 1989. Sein Votum: »Mk 1,16–20 und Lk 5,1–11 stehen der Überlieferung näher als Johannes. Das Wort über den ›Fischfang‹ der Menschen ist in einer Offenbarungsszene und nicht in einer Ostererscheinung verankert. Die johanneische Redaktion mußte das Ganze auf die Zeit nach Ostern verschieben, weil Joh 21 nur als Nachtrag und nicht als Interpretation am Anfang des Evange-

liums eingeordnet werden konnte« (S. 234) Vgl. auch Bultmann, Geschichte (wie Anm. 94), S. 246: »Für wahrscheinlich halte ich, daß die Geschichte vom wunderbaren Fischzug Lk 5,1–11 in Jesu Wort von den ›Menschenfischern‹ ihre Wurzeln hat..., wie dieses Wort ja auch zur Bildung der Berufungsgeschichte Mk 1,16–20 geführt haben dürfte.«

358 Günter Klein: Die Berufung des Petrus (1967), in: ders.: Rekonstruktion und Interpretation, BEvTh 50, 1969, S. 11–48, hier S. 28. Die Fortsetzung des Zitates lautet: »Denn wenn für einen, dann fällt für Petrus seine Sendung mit seinem Osterwiderfahrnis zusammen« (ebd.).

359 Hirsch, Osterglaube (wie Anm. 61), S. 50. Dagegen wendet sich in aller Entschiedenheit, aber ohne Begründung Bultmann (Das Evangelium des Johannes, KEK 2, [10]1968, S. 546 Anm. 3) unter Hinweis auf Dibelius, Formgeschichte (wie Anm. 109), S. 110.

360 Hirsch, Osterglaube, S. 50.

361 Graß, Ostergeschen (wie Anm. 41), S. 80f. Auch R. E. Brown (The Gospel according to John XIII–XXI, AncB 29A, 1970) hält es für möglich, Lk 5, 8–10 als eine Szene der Reue, der Vergebung und der Rehabilitation zu verstehen (S. 1111).

362 Vgl. dazu allgemein Wolfgang Dietrich: Das Petrusbild der lukanischen Schriften, BWANT 94, 1972, S. 49f. Joachim Jeremias (Die Sprache des Lukasevangeliums, KEK Sonderband, 1980) zeigt, daß in V. 8 *idon de* und *aner* redaktionell sind, in V. 9 *thambos, pantas, tous syn auto, hon synelabon* und in V. 10 *de kai, pros* (+ Akk.), *ese zogron* (S. 134–136).

363 Zu *kyrios* als Traditionselement vgl. Jeremias, Sprache, S. 135f.

364 Bultmann, Geschichte (wie Anm. 95). Belege aus diesem Werk werden im folgenden im Text gegeben.

365 Vgl. Georg Strecker: Der Weg der Gerechtigkeit. Untersuchung zur Theologie des Matthäus, FRLANT 82, [3]1971, S. 206.

366 Ulrich Luz: Das Evangelium nach Matthäus (Mt 8–17), EKK I/2, 1990. Belege aus diesem Buch werden im folgenden im Text gegeben.

367 Vgl. dazu Lüdemann, Paulus II (wie Anm. 138), S. 67–102.

368 Gegen Marxsen, Auferstehung (wie Anm. 3), S. 99: »Auf die Frage, was auf dem Wege historischer Rückfrage feststellbar ist, können *wir* nur antworten: der gemeindebildende Glaube des Simon und die *Behauptung* der Urgemeinde, daß dieser Glaube seine Wurzeln in einem Sehen Jesu hatte.«

369 Andererseits gilt mit William Wrede, daß wir oft »nur durch Schlußfolgerungen und Hypothesen der Wahrheit näherkommen können. In der Tat, die wissenschaftliche Vermutung, die Hypothese, spielt auf diesem Gebiete keine geringe Rolle. Ueberall, wo das der Fall ist, liegt auch die Möglichkeit des Irrtums vor. Das macht man ja nun der freien theologischen Forschung so gern zum Vorwurf: sie arbeite so viel mit Hypothesen, und so viele Hypothesen erwiesen sich als unhaltbar. Aber nur Unkundige können sich dadurch schrecken lassen. Die Hypothese ist ein durchaus notwendiges Mittel, um auf dunklem Gebiete allmählich zu besserer Erkenntnis fortzuschreiten. Tadel verdient nur der, der leichtfertige Hypothesen baut und der nicht zwischen Hypothese und gesichertem Ergebnis zu unterscheiden versteht. Im übrigen gilt es manchmal sogar: man muß den Mut haben zu irren. Denn der Irrtum kann fruchtbar sein, er kann Wahrheitsmomente enthalten und Pfadfinderdienste leisten. Daß er nicht schadet, dafür sorgt die Wissenschaft selbst, denn unaufhörlich korrigiert sie sich selbst» (William Wrede: Die Entstehung der

Schriften des Neuen Testaments, Lebensfragen 18, 1907, S. 5). Adolf Harnack bemerkte in einem Brief an Gustav Krüger vom 3. Februar 1905: «Als ob die Wissenschaft anders fortgeschritten wäre als dadurch, daß man Hypothesen aufgestellt hat. Neune mögen taub sein, die zehnte ist richtig. Bäume, deren Blüten alle fruchtbar sind, gibt es nicht» (Agnes von Zahn-Harnack: Adolf von Harnack, 1936, S. 365f).

370 Die verschachtelte Perikope ist jeweils in Klammern gesetzt.

371 Daß für die Ursprünglichkeit der Dreigliederung die ausgewogene Erzählstruktur spreche, wie Gnilka, Mk II, S. 290, meint, ist freilich auch nicht zwingend. Man vgl. andererseits auch das Votum von Dietfried Gewalt: Die Verleugnung des Petrus, in: LingB 44.1979, S. 113–144, hier S. 136: Die These, Mk 14,54.66–72 sei literarkritisch zu zergliedern und womöglich auf einen einmaligen Verleugnungsakt zu reduzieren, lasse sich nicht aufrecht erhalten, da die Struktur des Textes einem solchen Versuch Widerstand leiste.

372 *oute oida oute epistamai* ist Hendiadyoin.

373 Die dritte Verleugnung wird so erzählt, daß sie transparent wird für die Situation des Lesers, der wie Petrus vor der Entscheidung zwischen Bekenntnis und Verleugnung steht (vgl. Mk 13,9–13). Das gilt unabhängig von der mangels eines Objekts zu »verfluchen« kaum entscheidbaren Frage, ob Petrus hier sich selbst oder aber Jesus verflucht. Vielleicht reflektiert der Vers eine Situation, in der die Christen straffrei ausgehen, sofern sie Jesus verfluchen (Justin, I Apol 31,6).

374 Eta Linnemann: Studien zur Passionsgeschichte, FRLANT 102, 1970. Belege aus diesem Werk werden im folgenden im Text in Klammern gesetzt.

375 Vgl. vorweg das Votum von Julius Schniewind: »In Wahrheit sagt das Lk-Wort... nichts anderes als Mk 14,30... Es ist völlig undenkbar, daß die Gemeinde eine Legende von ihrem anerkannten Führer, die ihn so tief erniedrigt, ausspinnt, wenn nicht tatsächlich derartiges geschah. Und was uns vom Charakter des Petrus Mk 8,29.32f und Gal 2,11ff erzählt wird, entspricht unserem Bericht« (Das Evangelium nach Markus, Siebenstern-Taschenbuch 107, 1968, S. 198).

376 Bultmann, Geschichte (wie Anm. 95), S. 287f. Belege aus diesem Werk werden im folgenden im Text gegeben.

377 Jack Finegan: Die Überlieferung der Leidens- und Auferstehungsgeschichte Jesu, BZNW 15, 1934, S. 15 Anm. 1.

378 Linnemann (wie Anm. 374) stellt allerdings den traditionellen Bezug von Lk 22,31f zur Passion Jesu in Frage. Nach ihr »handelt es sich... um ein urchristliches Prophetenwort..., das im Namen des erhöhten Herrn gesprochen ist und die Gemeinde darauf vorbereiten soll, eine besondere Anfechtung zu bestehen« (S. 76); vgl. Apk 2,10 und 1Petr 5,6.8.

379 Günter Klein: Die Verleugnung des Petrus (1961), in: ders.: Rekonstruktion und Interpretation, BEvTh 50, 1969, S. 49–90 (Nachtrag: S. 90–98), hier S. 74.

380 Ulrich Wilckens: Auferstehung, Themen der Theologie 4, 1970, S. 148. Freilich meint Wilckens historisch, was wir für die Tradition veranschlagen. Vgl. auch das obige Votum J. Schniewinds (Anm. 375).

381 Klein, Verleugnung (wie Anm. 379), S. 74–90.

382 M. E. überzieht Klein die richtigen Einsichten zur allgemeinen frühchristlichen Tendenz der Verdrängung des Petrus als des ersten Auferstehungszeugen (s. o. S. 100f).

383 Dibelius, Formgeschichte (wie Anm. 109), S. 217. Linnemann (wie Anm. 374), S. 82 wendet hiergegen ein, daß dann 1Kor 15,5 hätte lauten müssen: »Und daß er gesehen worden ist von Kephas, der ihn verleugnete«. Das überzeugt nicht, weil 1Kor 15,5 Teil eines aus verschiedenen Elementen zusammengestellten Credos ist und so keine Personaltradition (mit Verleugnungsaussage) mehr darstellt.

384 Mack (wie Anm. 163), macht sich die Frage der Verleugnung Petri zu leicht. Er schreibt: »Some story had to be told to bring the discipleship theme to a conclusion« (S. 305). »There ist nothing in the story that reflects historical reminiscence« (S. 306). Maurice Goguel (Did Peter Deny His Lord? A Conjecture, in: HThR 25. 1932, S. 1–27) bestreitet die Geschichtlichkeit der Verleugnung, nimmt aber an, daß der historische Jesus eine solche Verleugnung prophezeit habe (S. 27). Doch damit wird das Pferd am Schwanz aufgezäumt.

385 Die Historizität der »Jüngerflucht« ist sicher, auch wenn Mk 14,50 in Einklang mit Sach 13,7 (Mk 14,27) steht, und der Mk-Bericht das pantes-Motiv betont (14,27.31.50; vgl. V. 53). Aus historischen Überlegungen folgt, daß die Jünger Jesu sich von ihm abgewandt haben müssen – sonst wären sie selbst gekreuzigt worden. Anders z. B. Ernst Fuchs: Glaube und Erfahrung. Zum christologischen Problem im Neuen Testament, 1965, S. 18: »Die ›Jüngerflucht‹ ist doch genau wie der ›Verräter‹ einfach ein literarisches Motiv... Was hätten sie denn machen sollen, als die Polizei kam? Zwei Schwerter sind schon zuviel!« Fuchs macht sich die historischen Fragen zu einfach, so sehr seine hermeneutischen Bemühungen Anerkennung verdienen.

386 Vgl. Erich Dinkler: Petrusbekenntnis und Satanswort. Zum Problem der Messianität Jesu (1964), in: ders.: Signum Crucis. Aufsätze zum Neuen Testament und zur christlichen Archäologie, 1967, S. 283–312, hier S. 288f. Die Kritik von Hans Conzelmann (Historie und Theologie in den synoptischen Passionsberichten [1967], in: ders.: Theologie als Schriftauslegung, BEvTh 65, 1974, S. 74–90, hier S. 79 Anm. 13) ist nur ein Orakel.

387 Zur Begrifflichkeit »originale – abhängige Offenbarung« vgl. Paul Tillich: Auf der Grenze, Siebenstern-Taschenbuch 32, 1965, S. 67; vgl. ders.: Systematische Theologie, Bd. 1, ^{8}1987, S. 151–154.

388 Tillich, Grenze, S. 67f schreibt etwas ungenau: »Während Petrus dem Menschen Jesus, den er den Christus nannte, in originaler Offenbarungsekstase begegnete, trafen die folgenden Generationen auf den Jesus, der schon von Petrus und den Aposteln als der Christus aufgenommen worden war. So ereignet sich im Laufe der Kirchengeschichte immer neue Offenbarung, aber als abhängige Offenbarung.« Das Verhältnis der Offenbarungen im Jüngerkreis zueinander läßt Tillich leider offen.

389 Vgl. m. R. Hans Dieter Betz: Der Galaterbrief, 1988, S. 214. Ebenso wie die meisten Arbeiten äußert sich das vorzügliche Buch von Andreas Wechsler (Geschichtsbild und Apostelstreit. Eine forschungsgeschichtliche und exegetische Studie über den antiochenischen Zwischenfall [Gal 2,11–14], BZNW 62, 1991, besonders S. 296–395) dazu leider nicht.

390 Vgl. Norbert Brox: Der erste Petrusbrief, EKK XVI, 1979, S. 47–51 (»Der Paulinismus des 1Petr«).

391 So z. B. Vielhauer, Geschichte (wie Anm. 105), S. 584.

392 Man vgl. das Wort: »Rede zu mir, damit ich dich sehe!«, sowie die weiterführenden Erörterungen von David Chidester: Word and Light. Seeing, Hearing, and Religious Discourse, 1992.

393 Yorick Spiegel: Der Prozeß des Trauerns. Analyse und Beratung, KT 60, [7]1989. Belege aus dieser Arbeit werden im folgenden im Text gegeben.
394 Aniela Jaffé: Geisterscheinungen und Vorzeichen. Eine psychologische Deutung. Mit einem Vorwort von C. G. Jung, 1958, S. 67f.
395 Wir folgen wieder Spiegel und geben die Seitenzahlen seines Buches in Klammern im Text. Spiegel ist methodisch der Psychoanalyse S. Freuds verpflichtet.
396 Vgl. Samuel Vollenweider: Ostern – der denkwürdige Ausgang einer Krisenerfahrung, in: ThZ 49. 1993, S. 34–53, hier S. 41.
397 Vgl. Igor Caruso: Die Trennung der Liebenden. Eine Phänomenologie des Todes, Geist und Psyche, 1974, S. 113.
398 Colin Murray Parkes/Robert S. Weiss: Recovery from Bereavement, 1983.
399 Vgl. zum folgenden Carol Leet Kerr: Dreams and Visions of those who Grieve. A Psychological and Theological Approach, D. Min, Newton Centre MA, 1987.
400 Vorausgesetzt sei, daß die Leidensweissagungen Jesu (Mk 8,31; 9,31; 10,32–34) nicht historisch sind und/oder von den Jüngern nicht ernstgenommen wurden.
401 Clemens v. Alexandrien, Strom. VI 6,48 bei W. Schneemelcher (Hrsg.): Neutestamentliche Apokryphen II: Apostolisches, Apokalypsen und Verwandtes, [5]1989, S. 40 (W. Schneemelcher).
402 Vgl. dazu Vielhauer, Geschichte (wie Anm. 105), S. 680–692.
403 In der älteren Forschung hatte das Ch. Hermann Weiße (wie Anm. 255), S. 416–420, behauptet, in neuerer Zeit ist es von Jeremias, Theologie (wie Anm. 96), S. 292, erwogen worden. Vgl. auch den Überblick bei S.MacLean Gilmour: Die Christophanie vor mehr als fünfhundert Brüdern (1961), in: Hoffmann, Überlieferung (wie Anm. 43), S. 133–138; ders.: Easter and Pentecost, in: JBL 81. 1962, S. 62–66; ders.: The Evidence for Easter, in: Andover Newton Quarterly N.S. 5, Nr. 4, March 1965, S. 7–23; ders.: The Theology and Psychology of the Easter Faith, a. a. O., S. 24–40. Zur Kritik vgl. C. Freeman Sleeper: Pentecost and Resurrection, in: JBL 84. 1965, S. 389–399: Die These sei wegen »insufficient evidence« nicht wahrscheinlich zu machen (S. 399).
404 Das jüdische Pfingsten, das am 50. Tag vom Passah aus stattfand, ist das atl. Wochenfest (Ex 34,22) und hat wie im Alten Testament im 1. Jahrhundert n. Chr. den Charakter als Erntefest gewahrt. Vgl. Eduard Lohse: Art. *pentekoste*, in: ThWNT VI, 1959, S. 44–53.
405 Horn (wie Anm. 108) hält diese Aussage des Paulus für rhetorisch motiviert, also für unhistorisch (S. 255f), was aber ausgeschlossen ist. Mit der gleichen »Logik« könnte man beispielsweise auch einen Satz wie 1Kor 15,10 (Paulus hat mehr als alle anderen Apostel missionarisch gearbeitet) als rhetorisch abtun – ohne geschichtlichen Untergrund, was sich aber angesichts des gewaltigen Missionswerkes des Paulus von selbst verbietet.
406 In dem Bild des »Auslöschens« kommt etwas von dem geradezu archaischen Wirken des Geistes als Feuer zum Ausdruck (vgl. Apg 2,3: Zungen wie von Feuer). Ich setze dabei voraus, daß der Schluß von einer Metapher auf die historische Realität möglich ist. Vgl. auch 1Thess 1,5 mit Röm 15,19.
407 Ganz anders Horn (wie Anm. 108), S. 129: »Wir haben keinen Grund anzunehmen, daß Glossolalie überhaupt zu den Erscheinungen des Geistes in Thessalonich gehörte.« Seine Ausführungen wollen die These eines pneumatischen Enthusiasmus in den hellenistischen Gemeinden bestreiten – unter Hinweis auf

die frühpaulinische (!) Theologie (S. 157 und passim). Ohne daß hier die Einzeldiskussion geführt werden kann, sei *erstens* die Frage von Anm. 422 nach einer evtl. zugrunde liegenden nominalistischen Exegese bereits hier gestellt und *zweitens* auf den von Horn nicht behandelten Komplex des Tuns des Paulus verwiesen (vgl. auch 1Kor 5,3–5 [die pneumatische Fernwirkung des Geistes des Paulus]), zu dem auch eine Berücksichtigung der mit Paulus verbundenen Wunder-Tradition der Apg gehört hätte. Dann wäre wohl die gänzlich unpneumatische Zeichnung des »frühen« Paulus nicht so leicht möglich gewesen.

408 Vgl. zu den Einzelheiten Gerhard Dautzenberg: Art. Glossolalie, in: RAC XI, 1981, Sp. 225–246.

409 Der Ausdruck »Ekstase« erscheint hier wie überhaupt in 1Kor 14 nicht, das Phänomen liegt aber zugrunde. Vgl. demgegenüber 2Kor 5,13.

410 Ebenso wie in 1Kor 14,14 steht der in Ekstase begriffene Prophet (bzw. Glossolale) unter dem Eindruck, daß er der Macht des ihn ergreifenden Geistes ausgeliefert ist.

411 Zur Übersetzung von *diakrinein* mit »auslegen« (statt »unterscheiden«) vgl. Gerhard Dautzenberg: Art. *diakrino* in: EWNT I, 1980, Sp. 732–738, hier Sp. 737.

412 Terminologisch steht hier im Vergleich zu 1Kor 14 *dialektos* statt *glosse* (48,3; 49,2; 50,1; 52,7 und *semeiosis* statt *hermeneia* (51,3f). Objekt des Redens sind die *megaleia* und nicht die *mysteria* (51,3). Wir finden ein der Glossolalie vergleichbares ekstatisches (48,2; 49,1; 50,1) Reden oder Singen (48,3; 49,3; 51,4) in verschiedenen Engelssprachen. Vgl. Gerhard Dautzenberg: Art. *glossa*, in: EWNT I, 1980, Sp. 604–614, hier Sp. 611; Horn (wie Anm. 108), S. 212f.

413 Vgl. Pieter W. van der Horst: Essays on the Jewish World of Early Christianity, NTOA 14, 1990, S. 104–110; Berndt Schaller: Das Testament Hiobs, JSHRZ III.3, 1979, S. 303–387, hier S. 305f; ders.: Zur Komposition und Konzeption des Testaments Hiobs, in: Studies on the Testament of Job, MSSNTS 66, 1989, S. 46–92 (grundlegend).

414 Man vgl. Lohse, *pentekoste* (wie Anm. 404), S. 51: Es »läßt sich mit hoher Wahrscheinlichkeit sagen, daß Lukas eine Tradition vom ersten Auftreten einer geistgewirkten Massenekstase in Jerusalem verwertet haben wird.«

415 »Daß jenes Ereignis sich tatsächlich anläßlich des ersten Pfingstfestes nach Jesu Tod, als viele Festpilger in Jerusalem versammelt waren, zugetragen hat, ist durchaus möglich« (Lohse, ebd.).

416 Lohse, *pentekoste* (wie Anm. 404), S. 51f Anm. 51 ist in dieser Frage zurückhaltend. Doch falls die auch von ihm favorisierte Datierung der Massenekstase auf das erste Pfingstfest nach Jesu Tod zutreffen sollte – gewinnt da nicht die Identifizierung der Erscheinung vor den »mehr als 500« mit der Tradition hinter Apg 2 an Plausibilität?

417 Dafür spricht auch die Zahl 500. Denn lt. Apg 2,41 betrifft das dortige Ereignis ca. 3000 Menschen, nach Apg 1,15 waren in der nachösterlichen Zeit bei der Nachwahl des Matthias zum Kreis der Zwölf ungefähr 120 Brüder versammelt. Obwohl die Steigerung von 120 auf 3000 sicherlich der Tendenz des Lk entspringt, die Großartigkeit des Missionserfolges zu illustrieren, mag dahinter doch gleichzeitig Wissen um eine geringere, aber nicht kleine Schar von Christen in der Frühzeit stehen, die er vervielfacht hat. Paulus scheint über das Leben der »mehr als 500« Kenntnisse zu besitzen, wie der Nachsatz in Kor 15,6 belegt.

418 Hingewiesen sei auf die 50 Söhne der Propheten, die bei Elias Entrückung

dabeiwaren (2Kön 2,7), auf die 100, die der Gottesmann Elisa gespeist hat (2Kön 4,43), und auf die 400, die dem Ahab geweissagt haben (1Kön 22,6).

419 Man vgl. den vokabelstatistischen Befund und Henry J. Cadbury: Lexical Notes on Luke-Acts III. Luke's Interest in Lodging, in: JBL 45. 1926, S. 305–322, dem merkwürdigerweise Apg 2,2 entgangen ist.

420 Allerdings mag die Ortsangabe »Haus« auch auf Lk zurückgehen, der dieses Wort bevorzugt gebraucht. Dann entfiele sogar die im Text genannte Schwierigkeit.

421 Hans Conzelmann: Die Apostelgeschichte, HNT 7, ^{2}1972, S. 32. Ähnlich hält Graß, Ostergeschehen (wie Anm. 41) es für unmöglich, »die enthusiastischen Züge dieser Geschichte (sc. von Apg 2) ohne weiteres in die von Paulus erwähnte Christophanie (sc. 1Kor 15,6) zu übertragen« (S. 101).

422 Es zeigt sich an dieser Stelle eine unhistorische *nominalistische* Exegese, die die Geschichte ausblendet. Jene »Exegese« sieht offensichtlich nur das als wirklich an, was unmittelbar im Text steht, statt zu erkennen, daß Texte lediglich ein *Ausschnitt* aus der Geschichte sind. Mit dem Gesagten wird natürlich nicht bestritten, daß *begründet* werden muß, warum das Phänomen Geist in frühchristlichen Auferstehungstexten von Anfang an enthalten ist.

423 Vgl. Weiße (wie Anm. 255), S. 419: »Der Apostel Paulus kennt in Bezug auf seine eigene Person nach der Erscheinung des Herrn, die ihm geworden war, offenbar kein zweites Ereignis, welches ihn mit den Gaben des heiligen Geistes ausgerüstet hätte, sondern der letztere ist ihm sogleich mit jener ersten gegeben«.

424 Vgl. Ingo Hermann: Kyrios und Pneuma. Studien zur Christologie der paulinischen Hauptbriefe, StANT 2, 1961. Die gelehrte Arbeit von Horn (wie Anm. 108) nimmt von dieser These den frühen Paulus (incl. 1Thess) aus. Im 1Thess sei der Geist gegenwärtige Gabe Gottes, der Kyrios sei demgegenüber ausschließlich Parusie-Christus (S. 159). Aber in dem Ereignis hinter 2Kor 12, das an den Anfang der 40er Jahre führt, ist der Erhöhte, zu dem Paulus betet (V. 8), doch gegenwärtig wirksam.

425 Benz, Paulus (wie Anm. 277), S. 120. Hingewiesen sei auf Hermann Gunkel: Die Wirkungen des heiligen Geistes nach den populären Anschauungen der apostolischen Zeit und der Lehre des Apostels Paulus, 1888; Heinrich Weinel: Die Wirkungen des Geistes und der Geister im nachapostolischen Zeitalter bis auf Irenäus, 1899. Beide Bücher sind trotz der gedankenreichen Arbeit von Horn (wie Anm. 108) nicht überholt. Man vergleiche meine Würdigung: Das Wissenschaftsverständnis der Religionsgeschichtlichen Schule im Rahmen des Kulturprotestantismus, in: Hans Martin Müller (Hrsg.): Kulturprotestantismus. Beiträge zu einer Gestalt des modernen Christentums, 1992, S. 78–101, hier S. 88–94.

426 Vgl. Horn (wie Anm. 108), S. 338.

427 Nach Horn, S. 339, lag freilich dem Apostel das in 1Kor 15 vorgetragene Konzept zur Zeit des 1Thess und schon gar nicht zur Zeit des Damaskusereignisses vor. Der ebd. gegebene Hinweise auf die »realistische Beschreibung der Parusie des Kyrios und der Entrückung der Auferweckten mit den Lebenden in 1. Thess 4,13–18« ist aber kein taugliches Argument, da der Verwandlungsgedanke in 1Thess 4 zwar nicht thematisiert, aber doch auch nicht ausgeschlossen wird (vgl. dazu meine Bemerkung in: Paulus I [wie Anm. 145], S. 260 Anm. 141).

428 Ernst von Dobschütz: Ostern und Pfingsten. Eine Studie zu 1Korinther 15, 1903. Belege aus dieser Arbeit werden im Text in Klammern gegeben.

429 Man vgl. auch Rudolf Otto: Das Auferstehungs-Erlebnis als pneumatische Erfahrung, in: ders.: Sünde und Urschuld, 1932, S. 79–90.

430 Jacob Kremer: Pfingstbericht und Pfingstgeschehen, SBS 63/64, 1973, S. 236.

431 Die anderen Argumente Kremers gegen die obige Identifizierung (Einzigartigkeit der Ostererscheinung gegenüber späteren Visionen und Geisterfahrungen [a. a. O., S. 235]) wurden bereits oben im Text berücksichtigt.

432 Gustav Le Bon: Psychologie der Massen. Mit einer Einführung von Peter R. Hofstätter, Kröners Taschenausgabe 99, [15]1982 (=1911). Nachweise aus diesem Werk werden im folgenden im Text gebracht. Es sei betont, daß Le Bon diese Ausführungen macht, um jegliche Religion im traditionellen Sinne zu diskreditieren. Einige Beispiele aus seinem Buch: »Die große Triebkraft der Völkerentwicklung war niemals die Wahrheit, sondern der Irrtum« (S. 78). »Die großen Überzeugten, die die Massenseele erhoben haben, wie Peter von Amiens, Luther, Savonarola... begeisterten erst, nachdem sie selbst durch einen Glauben begeistert waren. Dann freilich konnten sie in den Seelen jene furchtbare Macht erzeugen, die Glaube heißt und den Menschen zum völligen Sklaven seines Traumes macht. Glauben erwecken, sei es religiöser, politischer oder sozialer Glaube, Glaube an eine Person oder an eine Idee, das ist die besondere Rolle des großen Führers... Nicht die Gelehrten und Philosophen, vor allem nicht die Skeptiker, haben die großen Religionen geschaffen, die die Welt und die riesigen Reiche, die sich von der einen Erdhälfte bis zur anderen erstreckten, beherrscht haben« (S. 84). »Der entsetzliche Widersinn des Mythos von einem Gott, der sich für den Ungehorsam eines seiner Geschöpfe durch furchtbare Marter an seinem Sohn rächt, ist viele Jahrhunderte nicht bemerkt worden...« (S. 104) »Die einzigen wahren Tyrannen der Menschheit sind immer die Schatten der Toten gewesen oder die Einbildungen, die sie sich selbst geschaffen hat« (S. 105).

Doch warum soll trotz dieser antireligiösen Frontstellung der Vf. nicht an entscheidenden sachlichen Stellen Richtiges gesehen haben? Ich verfahre im folgenden nach dem Motto des Paulus aus 1Thess 5,21.

433 Ernest Renan (Die Apostel, 1866) schildert das wie folgt: »Das Eigenthümliche des Seelenzustandes, in welchem die Ekstase und die Erscheinungen entstehen, ist, daß sie ansteckend sind. Die Geschichte aller großen religiösen Krisen beweist, daß diese Arten von Visionen sich mittheilen; in einer Gesellschaft, in welcher sich Menschen desselben Glaubens finden, genügt es, daß ein Glied dieser Verbindung behauptet, etwas Uebernatürliches zu sehen oder zu hören, damit die andern auch sehen und hören... In Fällen dieser Art sind es die erhitzten Köpfe, welche das Gesetz geben und den Grad der gemeinschaftlichen Atmosphäre bestimmen. Die Begeisterung der einen theilt sich allen mit; keiner will weder zurückbleiben noch zugeben, daß er weniger begünstigt sei als die andern...« (S. 70f).

434 Paul Wilhelm Schmiedel: Die Briefe an die Thessalonicher und an die Korinther, HCNT 2, 1893, S. 188f; ders.: Art. Resurrection- and Ascension-Narratives, in: Encyclopaedia Biblica IV, 1903, Sp. 4039–4087, hier Sp. 4083.

435 Man vgl. Hermann Reuter: Geschichte Alexanders des Dritten und der Kirche seiner Zeit III, 1864, S. 105–127. 722–724. Eine neue Untersuchung wäre dringend zu wünschen.

436 Vgl. Karl v. Hase: Heilige und Propheten, 2. Abteilung. Neue Propheten, [3]1893, S. 107–192, hier S. 171f.

437 Renan (wie Anm. 433) schildert den Vorgang aus christentumskritischer Perspektive wie folgt: »Diese ersten Tage waren also wie ein Abschnitt eines heftigen Fiebers, wo die Gläubigen, einer den anderen betäubend und einer dem

anderen seine Träumereien aufbürdend, sich gemeinschaftlich einer den anderen fortrissen und an übertriebensten Ideen hingaben. Visionen vermehrten sich unaufhaltsam. Die Abendvereinigungen waren der gewöhnliche Augenblick, wo sie zum Vorschein kamen. Nachdem die Türen verschlossen und alle von ihren fixen Ideen befangen waren, gab der erste, welcher das sankte Wort ›shalom‹... zu hören glaubte, das Zeichen. Alle horchten und hörten bald dasselbe... Nach Verlauf einiger Tage bildete und verbreitete sich ein genauer Zyklus von Erzählungen, die untereinander in ihren Einzelheiten abwichen, aber durch denselben Geist der Liebe und des unbedingten Glaubens eingeflößt waren. Es ist der größte Irrtum, zu glauben, daß die Legende längerer Zeit bedarf, um sich zu bilden. Die Legende entsteht zuweilen in einem Tage« (S. 77f).

438 Die Frage, ob alle der »mehr als 500« vor der Erscheinung zur Gemeinde gehörten, ist kaum zu beantworten. Wahrscheinlich wurden auch Außenstehende in den Strudel mit hineingerissen, der aus dem Kreis der Jesusjünger um Petrus heraus immer größere Wellen schlug.

439 Mußmaßliches Entstehungsdatum dieses Evangeliums ist die erste Hälfte des 2. Jahrhunderts. »Der Titel charakterisiert das Buch als das Evangelium griechisch sprechender judenchristlicher Kreise – und zwar im Gegensatz zu dem Evangelium anderer – in der Nähe existierender – heidenchristlicher Gruppen; denn eine Unterscheidung von den Evangelien ›nach Matthäus‹ oder ›nach Johannes‹ kann mit einer solchen Betitelung (nach den Benutzern) nicht beabsichtigt sein« (Vielhauer, Geschichte [wie Anm. 105], S. 661.)

440 »Hieronymus hat seinen Abriss der Litteraturgeschichte nicht aus Liebe zur Sache, sondern in der Absicht verfasst, auf diese Art die Überhebungen der gebildeten Heiden niederzuschlagen. Mit der Beschreibung von über hundert Schriftstellern schien der Beweis erbracht, die Christen seien in geistiger Hinsicht die Dunkelmänner nicht, als die man sie verschrie. Damit erklärt sich auch die auffallende Anpassung an die Darstellungsweise des Tranquillus Suetonius, zu dessen Gelehrten-, Redner- und Dichterbiographieen, betitelt De viris inlustribus, der hieronymische Traktat geradezu das christliche Gegenstück zu bilden beansprucht. Wie wenig ein thatsächliches Interesse an den Werken dieser Schriftsteller bei der Entstehung des Schriftchens wirksam war, bestätigt von anderer Seite die Wahrnehmung, dass Hieronymus kaum ein einziges Buch zu dem Zweck durchgelesen hat, um im Katalog darüber zu berichten. Von achtzehn mitgeteilten Litteraturproben ist ihm eigen nur ein Ausschnitt aus dem Hebräerevangelium, mit dem er schon anderswoher bekannt war. Zudem hat er vorhandene Kenntnisse gar nicht immer angebracht« (Carl Albrecht Bernoulli: Hieronymus und Gennadius: De viris inlustribus, 1895 [=1968], S. XIf).

441 Übersetzung nach Wilhelm Schneemelcher (Hrsg.): Neutestamentliche Apokryphen I: Evangelien, 51987, S. 147 (Ph. Vielhauer/G.Strecker).

442 Freilich ist die Legende von der Grabeswache vorausgesetzt. (Der Herr gab das Leintuch, mit dem sein eigener Körper eingewickelt worden war, dem Knecht des Hohenpriesters.) Hierin ist ebenso wie in den ntl. Evangelien ein antidoketisches Motiv zu sehen.

443 Pratscher (wie Anm. 146), S. 47.

444 Vielhauer, Geschichte (wie Anm. 105), S. 659.

445 Vielleicht ist im Thomasevangelium eine Reaktion auf Kephasanhänger enthalten. Logion 12 lautet: »Die Jünger sagten zu Jesus: Wir wissen, daß du uns verlassen wirst; wer ist es, der groß über uns werden wird? Jesus sagte zu ihnen:

Da, wo ihr hingegangen sein werdet, werdet ihr auf Jakobus, den Gerechten, zugehen, für den Himmel und Erde gemacht worden sind.«

446 Ethelbert Stauffer: Zum Kalifat des Jacobus, in: ZRGG 4. 1952, S. 193–214; Lüdemann, Paulus II (wie Anm. 138), S. 98 Anm. 119 (Lit.).

447 Vgl. dazu die große Arbeit von Mary Ann Tolbert: Sowing the Gospel. Mark's World in Literary-Historical Perspective, 1989, S. 290.

448 Ludger Schenke: Auferstehungsverkündigung und leeres Grab, SBS 33, 1968, S. 20–30; anders z. B. Pesch, Mk II, S. 507f.

449 Für vier Frauen spricht sich freilich Pesch, Mk II, S. 505–507 aus – doch ohne textkritisch zureichende Begründung, denn der vom Vaticanus gesetzte Artikel *he* vor »Joses« ist sicher sekundär. Zum Problem vgl. auch Gerd Theissen: Lokalkolorit und Zeitgeschichte, NTOA 8, 1989, S. 188–190.

450 In Joh 12,3–8 ist aus dieser anonymen Frau Maria geworden (ein sicheres Zeichen für eine jüngere Tradition). Entsprechend äußert konkret Judas in Joh 12,4f den Einwand der Verschwendung, den Mk 14,4 unbestimmt »einige« äußerten.

451 Vgl. Norman Perrin: The Resurrection according to Matthew, Mark and Luke 1977, S. 29.

452 Nach Pesch, Mk II, S. 520 hat die Angabe über den Sonnenaufgang eine symbolische Bedeutung. Vgl. auch Ps 143,8; Klag 3,22f.

453 Die Deutung des »Jünglings« auf die Gemeinschaft derer, die im auferweckten Christus wiedergeboren sind (John Dominic Crossan: Empty Tomb and Absent Lord [Mark 16: 1–8], in: Werner H. Kelber: The Passion in Mark. Studies on Mark 14–16, 1976, S. 135–152, hier S. 147f), kann ich nur für eine Kuriosität ansehen. Crossan hält Mk 16,1–8 in toto für eine mk Bildung – auf der Grundlage der Form von Mk 6,45–51 (S. 150). Aber Mk 16,7 hat doch, wie auch Crossan selbst sieht, keine Parallele in Mk 6,45–51.

454 Vgl. Edward Lynn Bode: The First Easter Morning. The Gospel Accounts of the Women's Visit to the Tomb of Jesus, AnB 45, 1970, S. 27.

455 Indem ferner Jesus »der Nazarener« (vgl. 1,24; 10,47; 14,67) genannt wird, ist eine Kontinuität mit dem irdischen Jesus sichergestellt.

456 Andreas Lindemann: Die Osterbotschaft des Markus. Zur theologischen Interpretation von Mark 16,1–8, in: NTS 26. 1980, S. 298–317, hier S. 305.

457 Günter Kegel: Auferstehung Jesu – Auferstehung der Toten. Eine traditionsgeschichtliche Untersuchung zum Neuen Testament, 1970, S. 21.

458 Vgl. Wolfgang Schenk: Evangelium – Evangelien – Evangeliologie. Ein »hermeneutisches« Manifest, TEH 216, 1983, S. 115f Anm. 138.

459 Die Wendung »den Jüngern und Petrus« erinnert an 1Kor 15,5 und darf als Ausläufer jener Urtradition einer Erscheinung vor Kephas und den Zwölfen angesehen werden.

460 In Mk 14,28 ist von einem Sehen Jesu ausdrücklich zwar keine Rede, doch wird es vorausgesetzt, weil 16,8 (vorausgehen und sehen) sich ja betont als Entsprechung zu 14,28 (vorausgehen) versteht.

461 Henning Paulsen: Mk XVI 1–8 (1980), in: Hoffmann, Überlieferung (wie Anm. 43), S. 377–415, hier S. 415.

462 Monika Fander (Die Stellung der Frau im Markusevangelium. Unter besonderer Berücksichtigung kultur- und religionsgeschichtlicher Hintergründe, MThA 8, ^{2}1990) arbeitet gut das Wegmotiv in V. 7 heraus: »16,7 ist also die Forderung an die Jünger, Jesus nachzufolgen. Das Wegmotiv der Traditionsvorlage verbindet sich hier mit mk Terminologie « (S. 173). »Wenn sie Jesus in Galiläa sehen sollen, so klingt hier zwar Erscheinungsterminologie mit, aber das

Sehen kann auch im Sinne der mk Terminologie als das richtige Verständnis interpretiert werden« (S. 174).
463 Vgl. Willi Marxsen: Der Evangelist Markus, FRLANT 67, ^{2}1959, S. 142: Mk fordere mit diesem Vers die Christen auf, Jerusalem zu verlassen und nach Galiläa zu ziehen, um hier die Parusie zu erleben. Zur Kritik vgl. Lüdemann, Paulus II (wie Anm. 138), S. 275.
464 Evans (wie Anm. 28), S. 81. Vgl. Perrin (wie Anm. 451), S. 26.
465 Vgl. Perrin (wie Anm. 451), S. 30: »Im MkEv ist das Scheitern der Jüngerschaft total. Die Jünger verlassen Jesus als Gruppe und fliehen von dem Ort der Festnahme; Petrus verleugnet ihn mit Schwüren, als er verhört wird; die Frauen, die die Rolle der Jünger in dieser letzten dreistufigen Erzählung übernehmen, versäumen, die Botschaft auszurichten, die ihnen anvertraut wurde« (Übersetzung vom Vf.).
466 Schottroff, Maria (wie Anm. 120), S. 153.
467 Brun (wie Anm. 95), S. 11.
468 Vgl. dazu aus textkritischer Sicht Kurt Aland: Der Schluß des Markusevangeliums (1974), in: ders.: Neutestamentliche Entwürfe, ThB 63, 1979, S. 246–283.
469 Lindemann, Osterbotschaft (wie Anm. 456), S. 314. »Indem es heißt, daß die Frauen ›niemandem etwas sagen‹, empfängt der Leser die Osterbotschaft gleichsam direkt aus dem Munde des *neaniskos*, d.h. Markus macht auf diese Weise deutlich, daß alle Menschen auf dasselbe Wort hin zum Glauben gerufen werden und nicht auf eine abgeleitete Tradition angewiesen sind« (S. 315).
470 Im PetrEv 12,50–13,57 findet sich eine an Mk 16,1–8 erinnernde Erzählung von den Frauen am Grabe, die einen Mk 16,7 entsprechenden Befehl und das Schweigen der Frauen (V. 8b) nicht enthält. Das ist verschiedentlich so verstanden worden, daß das PetrEv an dieser Stelle unabhängig vom Mk-Bericht sei. (Vgl. z. B. Benjamin Arlen Johnson: Empty Tomb Tradition in the Gospel of Peter, ThD Harvard University 1965, S. 120 u. ö.) Doch dürfte das PetrEv den Mk-Text verändert haben. Vgl. Frans Neirynck: Evangelica II, BETL XCIX, 1991, S. 715–772, (»The Apocryphal Gospels and the Gospel of Mark«), hier S. 735–740.
471 Vgl. Susanne Heine: Eine Person von Rang und Namen. Historische Konturen der Magdalenerin, in: Gerhard Sellin / Dietrich-Alex Koch / Andreas Lindemann (Hrsg.): Jesu Rede von Gott und ihre Nachgeschichte im frühen Christentum (FS Willi Marxsen), 1989, S. 179–194, hier S. 185.
472 Das Sternchen * weist darauf hin, daß hier die vormarkinische Tradition gemeint ist, die diesen Versen zugrunde liegt.
473 Man vgl. nur Dieter Lührmann: Das Markusevangelium, HNT 2, 1987, S. 10.
474 Vgl. Frans Neirynck: Evangelica, BETL LX, 1982, S. 365–400 (»John and the Synoptics«).
475 Paulsen (wie Anm. 461), S. 396f.
476 Bultmann, Geschichte (wie Anm. 95). Nachweise aus dieser Arbeit im folgenden im Text.
477 Wilhelm Bousset: Kyrios Christos, Geschichte des Christusglaubens von den Anfängen des Christentums bis Irenaeus, FRLANT 21, 1913, S. 79. Martin Hengel (Maria Magdalena und die Frauen als Zeugen, in: Otto Betz / ders. / Peter Schmidt: Abraham unser Vater [FS Otto Michel], AGJU 5, 1963, S. 243–256) meint demgegenüber, »daß in einer solch späten Bildung eher die Jünger zu Ent-

deckern des Grabes gemacht worden wären als die suspekten und zeugnisunfähigen Frauen« (S. 254 Anm. 1). Vgl. dazu weiter u. S. 134f.

478 Paulsen (wie Anm. 461), S. 398.

479 Collins (wie Anm. 87), S. 127.

480 Man vgl. auch den Überblick bei Fander (wie Anm. 462), S. 154–170.

481 Ludger Schenke: Auferstehungsverkündigung und leeres Grab. Eine traditionsgeschichtliche Untersuchung von Mk 16,1–8, SBS 33, 1968, S. 88 (bei Schenke gesperrt gedruckt).

482 Hans Dieter Betz: Zum Problem der Auferstehung Jesu, in: ders.: Hellenismus und Urchristentum. Gesammelte Aufsätze I, 1991, S. 230–261, hier S. 246f.

483 Martin Albertz: Zur Formengeschichte der Auferstehungsberichte (1922), in: Hoffmann (wie Anm. 43), S. 259–270, hier S. 265.

484 Elisabeth Schüssler Fiorenza: Zu ihrem Gedächtnis... Eine feministisch-theologische Rekonstruktion der christlichen Ursprünge, 1988, S. 187.

485 Er wurde nicht lange vor 480 v. Chr. in Halikarnassos geboren und starb ca. 425. Eine Auswahl aus der neueren Forschung findet sich bei W. Marg (Hrsg.): Herodot, WdF 26, 1962. Neuerdings hat Detlev Fehling (Die Quellenangaben bei Herodot. Studien zur Erzählkunst Herodots, Untersuchungen zur antiken Literatur und Geschichte 9, 1971) den historischen Wert Herodots stark einschränken wollen. Zur Kritik vgl. Justus Cobet, in: Gnomon 46. 1974, S. 737–746, der zusammenfassend bemerkt: »Lange schon wurde Herodot nicht mehr so naiv am Maßstab moderner ›Geschichtswissenschaft‹ gemessen...« (S. 745).

486 Übersetzung nach Josef Feix (Hrsg.): Herodot Historien I, 1963, S. 513f.

487 Erwin Rohde (Psyche. Seelencult und Unsterblichkeitsglaube der Griechen II, ^{2}1898 [=1961]) nimmt dagegen eine Ungenauigkeit Herodots an und zieht den Bericht des Maximus Tyrus (2. Jahrhundert n. Chr.) vor, nach dem Aristeas in Ekstase war. »Wenn seine Seele... seinen Leib verliess, so erschien sie, als sein anderes Ich, sichtbar an fernen Orten« (S. 92). Eric Robertson Dodds (Die Griechen und das Irrationale, ^{2}1991) hat den Aristeas dann folgerichtig als eine Art Schamanen verstehen können (S. 77). Vgl. den Überblick zur Aristeas-Forschung bei J. D. P. Bolton: Aristeas of Proconnesus, 1962, bes. S. 119–175, der sich S. 142ff gegen die Priorität der von Rohde u. a. gegenüber Herodot vorgezogenen Version des Maximus Tyrus wendet.

488 Übersetzung nach J. Feix, a. a. O., S. 573.

489 Gregorius Nazianzenus, Oratio IV 59 (abgedruckt bei Bolton, a.a.O., S. 213).

490 Elias Bickermann: Das leere Grab (1924), in: Hoffmann, Überlieferung (wie Anm. 43), S. 271–284. Nachweise aus dieser Arbeit werden im folgenden im Text in Klammern gesetzt.

491 Vgl. dazu Evans (wie Anm. 28), S. 132–143 (Lit.); Eduard Schweizer: Erniedrigung und Erhöhung bei Jesus und seinen Nachfolgern, AThANT 28, 1962; Georg Bertram: Art. Erhöhung, in: RAC VI, Sp. 22–43, hier Sp. 37ff.

492 Vgl. Georg Strecker: Art. Entrückung, in: RAC V, Sp. 461–476, der freilich auf gelegentliche Ausnahmen hinweist (vgl. Sp. 462).

493 In der Grabesgeschichte sei »der usprüngliche Erhöhungsgedanke schon modifiziert« (Bultmann, Geschichte, S. 315). Sie könne die unmittelbare Erhöhung gar nicht voraussetzen, wie das Motiv des weggewälzten Steines zeige (a. a. O., S. 315 Anm 2).

494 Eine *moderne* Variante einer solchen Folgerung finden wir in dem so sympathischen, aber nicht weiterführenden Buch von Hugh Montefiore: The Womb

and the Tomb. The Mystery of Birth and Resurrection of Jesus, 1992, S. 184: »The miracle of the opening of the empty tomb… must not be confused with the miracle of Jesus being raised to life in such a way that the tomb was found to be empty. The two are connected but separate.« Man vgl. Koch (wie Anm. 216): »Die Frage, auf welche Weise das Grab leer geworden ist, erweist sich… als eine falsch gestellte… Die einzig legitime Frage… ist die, wozu das Grab leer geworden ist« (S. 171).

495 Ernst Lohmeyer: Das Evangelium des Matthäus, KEK Sonderband, [4]1967, S. 411.

496 Dial 108,2: »Nachdem ihr von seiner Auferstehung von den Toten erfahren habt, habt ihr euch nicht nur nicht bekehrt, sondern habt… erlesene Männer ausgewählt und sie in alle Welt ausgeschickt, welche verkündeten: eine gottlose und schlimme Sekte ist durch einen gewissen Galiläer Jesus, einen Verführer, ins Leben gerufen worden; wir haben ihn gekreuzigt, aber seine Jünger haben ihn aus dem Grab, in das er nach der Abnahme vom Kreuz gelegt worden war, bei Nacht gestohlen und machen den Leuten weis, er sei von den Toten auferstanden und in den Himmel aufgefahren.« Vgl. Euseb, KG IV 18,7.

497 So zuletzt vertreten von Craig, Evidence (wie Anm. 189): Die jüdische Polemik habe nie bestritten, daß das Grab leer war, sondern versuche, es wegzuerklären (S. 222).

498 So Paul Hoffmann: Das Zeichen für Israel. Zu einem vernachlässigten Aspekt der matthäischen Ostergeschichte, in: ders., Überlieferung (wie Anm. 43), S. 416–452, hier S. 418 Anm. 11.

499 Hermann Samuel Reimarus: Apologie oder Schutzschrift für die vernünftigen Verehrer Gottes II (hrsg. von Gerhard Alexander), 1972, S. 202. Reimarus bietet S. 188–206 eine überaus scharfsinnige Analyse der Grabwächtergeschichte und führt sie auf Mt zurück (S. 197). Eine Würdigung der gesamten Apologie des Reimarus, dem es freilich an religiösem Sinn ermangelte, steht noch aus. Es ist eine weit verbreitete Unsitte, das bedeutende Werk immer noch nach den von G. E. Lessing herausgegebenen »Fragmenten eines Ungenannten« zu zitieren.

500 Julius Wellhausen: Das Evangelium Matthaei. Zweite Ausgabe, 1914, S. 142.

501 Hirsch, Osterglaube (wie Anm. 61), S. 57.

502 Vielhauer, Geschichte (wie Anm. 105), S. 642.

503 Vgl. die Beschreibung des Sohnes Gottes im Buche des Elkesai (Anfang des 2. Jahrhunderts): »Ein gewisser Alkibiades, der in Apamea in Syrien ansässig war, begab sich nach Rom und brachte dabei ein Buch mit. Von dem behauptete er, es habe Elchesai, ein gerechter Mann, aus Seres im Partherlande bekommen und es an einen gewissen Sobiai weitergegeben. Besorgt habe es ein Engel; dessen Länge betrug 24 Schoinen = 96 Meilen, seine Breite 4 Schoinen, die Entfernung von Schulter zu Schulter 6 Schoinen, seine Fußspuren 1½ Schoinen = 14 Meilen in der Länge, 1½ Schoinen in der Breite und einen halben Schoinos in der Höhe. Bei diesem Engel habe sich auch eine weibliche Gestalt befunden, deren Maße Alkibiades übereinstimmend mit dem Vorgenannten angibt; die männliche Gestalt sei der Sohn Gottes, die weibliche werde als Heiliger Geist bezeichnet« (Wilhelm Schneemelcher [Hrsg.]: Neutestamentliche Apokryphen II, [5]1989, S. 621 [Johannes Irmscher]).

504 Wilhelm Schneemelcher (Hrsg): Neutestamentliche Apokryphen I, [5]1987, S. 187 (Christian Maurer).

505 Vgl. Joachim Jeremias: Abba. Studien zur neutestamentlichen Theologie

und Zeitgeschichte, 1966, S. 323–331; Helmut Köster: Synoptische Überlieferung bei den Apostolischen Vätern, TU 65, 1957, S. 28–31.

506 Vgl. Jürgen Denker: Die theologiegeschichtliche Stellung des Petrusevangeliums. Ein Beitrag zur Frühgeschichte des Doketismus, 1975, S. 93–96: »Da 1Petr 3,19f von ungehorsamen Geistern, seien es nun gefallene Engel oder die Menschen der Flutgeneration, die Rede ist, ist diese Stelle nicht der Anknüpfungspunkt für das Petrusevangelium. Es fehlen 1Petr 3,18ff die wichtigen Begriffe ›Entschlafene‹ und ›herabsteigen‹, vielleicht eben darum, weil mit dem Gefängnis der Ort der gefallenen Engel im Himmel, vgl. slav Hen 7, gemeint ist, so daß 1Petr 3,18ff gar nicht von einem Deszensus und von einer Predigt an Entschlafene spräche« (S. 94).

507 Vgl. Helmut Koester: Ancient Christian Gospels. Their History and Development, 1990, S. 233 Anm. 2. Köster selbst betrachtet die so rekonstruierte Vorlage (plus den anschließenden Vers PetrEv 11,45: »Als die Leute um den Hauptmann dies sahen, eilten sie in der Nacht zu Pilatus und verließen das Grab, das sie bewachten, und erzählten alles, was sie gesehen hatten, voller Unruhe und sprachen: Wahrhaftig, er war Gottes Sohn«) als alte Epiphaniegeschichte, aus der auch Mk 15,39 stamme (S. 234). Er hält diesen Vers im mk Kontext für »quite unmotivated. There was no spectacular event that the centurion could have witnessed« (S. 234). Mit Verlaub: Als *mk* Deutung ist der Vers doch gut verständlich (vgl. Mk 1,11; 9,7). Drei Fragmente dieser Epiphaniegeschichte seien ferner bei Mt enthalten: 27,62–66; 28,2–4 und 28,11–15 (S. 234–237). Es ist hier nicht der Raum, Kösters wichtige Überlegungen weiterzuverfolgen: Bis auf weiteres scheint mir freilich die Sache so zu liegen, daß das PetrEv die vier kanonischen Evangelien, besonders das MtEv, voraussetzt, aber noch nicht den Kanon der vier Evangelien. Daneben benutzt es mündliche Tradition, die z. T. älter als die Evangelien ist, – s. o. zu Mt 28,2–4 und Raymond E. Brown: The *Gospel of Peter* and Canonical Gospel Priority, in: NTS 33. 1987, S. 321–343.

508 Graß, Ostergeschehen (wie Anm. 41), S. 26. Er weist ebd. Anm. 1 darauf hin, daß noch Luther (WA 26, 328) die Anschauung vertrat, Jesus sei aus verschlossenem Grabe durch den Stein hindurch auferstanden.

509 Die Schrift »in der uns vorliegenden Form ist ein christliches Werk, das frühestens in der zweiten Hälfte des 2. Jahrhunderts zusammengestellt wurde. Es wollte in der Art einer alten Apokalypse gegenwärtige Gravamina, die Zuchtlosigkeit und die Spaltungen in der Kirche bekämpfen. Man wird sich allerdings der Erkenntnis nicht verschließen dürfen, daß das Werk bereits vorhandene Traditionen aufnimmt und seiner Absicht dienstbar macht« (Wilhelm Schneemelcher [Hrsg.]: Neutestamentliche Apokryphen II, [1]1989, S. 548 [C. Detlef G. Müller]).

510 A. a. O., S. 551f.

511 Hans-Werner Bartsch: Der Ursprung des Osterglaubens, in: ThZ 31. 1975, S. 16–31; ders.: Inhalt und Funktion des urchristlichen Osterglaubens, ANRW II 25.1, 1982, S. 794–843.

512 Hans Werner Bartsch: Das Auferstehungszeugnis. Sein historisches und sein theologisches Problem, ThF 41, 1965, S. 12.

513 Vgl. Nikolaus Walter: Eine vormatthäische Schilderung der Auferstehung Jesu, in: NTS 19. 1973, S. 415–429, hier S. 418.

514 Vgl. dazu noch den materialreichen Aufsatz von Jan Helderman: Die Engel bei der Auferstehung und das lebendige Kreuz Mk 16,3 in *k* einem Vergleich unterzogen, in: The Four Gospels 1992 (FS Frans Neirynck), BETL C, 1992, S. 2321–2342.

515 Philipp Seidensticker (Zeitgenössische Texte zur Osterbotschaft der Evangelien, SBS 27,[2]1968) übersetzt: »Als er (Jesus) im Lichtglanz des lebendigen Gottes auf(er)stand...« (S. 64); Helderman (wie Anm. 514), S. 2326: »...und sie brachen hervor in der Herrlichkeit des lebendigen Jesus...«
516 Übersetzung nach Walter, Schilderung (wie Anm. 513), S. 422.
517 Übersetzung nach Seidensticker (wie Anm. 515), S. 65.
518 Hirsch, Osterglaube (wie Anm. 61), S. 57.
519 Mt verwendet das Verb »anbeten« (*proskynein*) 8,2; 9,18; 14,33; 15,25; 20,20 im Unterschied zur Mk-Vorlage und drückt damit aus, daß bereits der irdische Jesus die Vollmacht des Auferstandenen besitzt. (Die Anbetung zum Spotte [Mk 15,19] übernimmt er konsequenterweise nicht.)
520 Für Redaktion plädiert z. B. Frans Neirynck: Evangelica, BETL LX, 1982, S. 273–296 (»Les femmes au tombeau. Etude de la Rédaction matthéenne [Matt. XXVIII. 1–10]«), hier S. 281–289. Zugunsten einer mit Joh 20,14–18 zusammengehörigen Tradition spricht sich u. a. Gnilka, Mk II, S. 493 aus.
521 Zur Frage des Verhältnisses von Mt 28,10 zu Joh 20,17 vgl. u. S. 173.
522 Elaine Mary Wainwright: Towards a Feminist Critical Reading of the Gospel According to Matthew, BZNW 60, 1991, S. 312.
523 Graß, Ostergeschehen (wie Anm. 41), S. 27.
524 Es ist allgemein einleuchtend, daß gegenüber der Nachfrage von Außenstehenden und aufgrund eigener Reflexion Grabeserzählung *und* Erscheinungsberichte immer näher aneinander gerückt werden mußten.
525 Eine Benutzung von Joh durch Mt ist hier auszuschließen; mit Graß, Ostergeschehen (wie Anm. 41), S. 27; vgl. im übrigen die Bemerkungen weiter unten. Siehe auch Walter, Schilderung (wie Anm. 513), S. 416: »Hatte sich diese Erzählung (sc. Mt 28,9f) wohl ursprünglich aus dem Bedürfnis heraus entwikkelt, die nach der älteren Passionsüberlieferung (und noch nach Markus und Matthäus) einzigen Getreuen unter dem Kreuz, die Frauen, auch ihren Anteil am Ostergeschehen erleben zu lassen, ohne daß dieser Anteil mit der Überlieferung von den eigentlichen Osterwiderfahrnissen (1. Korinther 15,5–7) in Konflikt geraten sollte, so machte sich nun die Tendenz geltend, auch den Frauen eine wirkliche Osterbegegnung zuteil werden zu lassen – eine Tendenz, die sich in Johannes 20, wenn auch auf eine Frau eingeschränkt (Johannes 20,1 und 11–18), breiter entfaltet hat.«
526 Nach Graß, Ostergeschehen, S. 28 erweist sich der späte, legendäre Charakter der Szene Mt 28, 9–10 auch durch seinen Realismus. Dagegen wendet Heine (wie Anm. 471) ein: »Aber dieser Schluß ist nicht zwingend, denn die Art der Vorstellungsweise hängt eher vom theologischen Kontext und Reflexionsniveau ab als von der Chronologie« (S. 186). Dem ist zuzustimmen. Doch steigt damit der historische Wert von Mt 28,9f nicht, wie manchmal offenbar angenommen wird.
527 Evans (wie Anm. 28) hält gegen Dodd die Perikope für eine mt Bildung (S. 59). Doch gibt die Struktur zu denken.
528 Mt 28,9–10 stört also schwerlich den Fluß der Erzählung (so freilich Reginald Fuller: The Formation of the Resurrection Narratives, 1972, S. 78, der das als Kriterium für den vormatthäischen Charakter von V. 9 ansieht).
529 Zur mt Redaktion in diesem Abschnitt vgl. neben den Kommentaren Strekker, Weg (wie Anm. 365), S. 208f; Joachim Lange: Das Erscheinen des Auferstandenen im Evangelium nach Mattäus. Eine traditions- und redaktionsgeschichtliche Untersuchung zu Mt 28,16–20, fzb, 1973.

530 Vielhauer, Geschichte (wie Anm. 105), S. 685.
531 Wilhelm Schneemelcher (Hrsg.): Neutestamentliche Apokryphen I, [5]1987, S. 210f (C. Detlef G. Müller). Vgl. zur Struktur von EpAp 9–12 die vorzügliche Arbeit von Julian Hills: Tradition and Composition in the Epistula Apostolorum, HDR 24, 1989, S. 67–95. Nach Hills sind EpAp 3–5 und 9–11 »prefaces to the revelatory dialogues in 13–51« (S. 66). Hills sieht in EpAp 9–12 lediglich ntl. Schriften und vielleicht das PetrEv reflektiert.
532 Das klingt wie ein arger Mangel, soll es aber nicht sein, sondern ist als historische Beschreibung gemeint.
533 Vgl. Lange, Erscheinen (wie Anm. 529), S. 270f. Anders z. B. Strecker, Weg (wie Anm. 365), S. 116ff.
534 Die Szene Mt 28,16–20 »deckt... – und das ist gewiß Absicht der kirchlich gesonnenen Männer, die hinter diesem Evangelium stehen – das ganz lebendige Raunen der Erinnerung der ersten christlichen Jahrzehnte erst recht vollständig zu« (Hirsch, Osterglaube [wie Anm. 69], S. 46f).
535 Vgl. Günter Bornkamm/Gerhard Barth/Heinz Joachim Held: Überlieferung und Auslegung im Matthäusevangelium, WMANT 1, 1960, S. 123–128.290.
536 Hans Dieter Betz: Zum Problem der Auferstehung Jesu im Lichte der griechischen magischen Papyri, in: ders.: Hellenismus und Urchristentum. Gesammelte Aufsätze I, 1990, S. 230–261, hier S. 250f.
537 »Man erwartete eher: verkündigt das Evangelium! Doch kommt gerade so die spezifische Art des mt Textes zum Vorschein. Der Auftrag ist... auf den Bau der Kirche, die Schaffung von Gemeinden hin ausgerichtet. Die Konfrontation mit dem Wort des Evangeliums allein reicht nicht aus« (Joachim Gnilka: Das Matthäusevangelium, II. Teil, HThK I.2, 1988, S. 509).
538 Vgl. Benjamin Hubbard: The Matthean Redaction of a Primitive Apostolic Commissioning: An Exegesis of Matthew 28:16–20, SBLDS 19, 1974, S. 144.
539 Doch ist die Zusammenordnung von Gott, Jesus und Geist bei Paulus schon vorbereitet: 2Kor 1,21f; 2Kor 13,13; 1Kor 12,4–6.
540 Nach Vielhauer, Geschichte (wie Anm. 105), S. 727 sind die Worte in Did 7,1 aber zu streichen. Anders Kurt Niederwimmer: Die Didache, KAV 1, 1989, S. 159 mit Anm. 2.
541 Vgl. den Überblick bei Lange (wie Anm. 529), S. 171f.
542 Vgl. Bornkamm/Barth/Held (wie Anm. 535), S. 289–310.
543 Mt spricht ausdrücklich nur von den elf Jüngern (Mt 28,16), ebenso wie einige Codices zu 1Kor 15,5. Das ist eine Rationalisierung, welche die Judasgestalt von den Zwölfen abgezogen hat. Ursprünglich berichtet die Tradition von einer Erscheinung vor den Zwölfen.
544 Paul Schubert: Struktur und Bedeutung von Lk 24 (1954), in: Hoffmann, Überlieferung (wie Anm. 43), S. 331–359, hier S. 346.
545 Eduard Lohse: Die Auferstehung Jesu Christi im Zeugnis des Lukasevangeliums, BSt 31, 1961, S. 15.
546 Graß, Ostergeschehen (wie Anm. 41), S. 35.
547 Lk glättet damit stilistisch, da im Mk-Bericht bereits unmittelbar vorher (Mk 15,47) Frauen genannt wurden, die z. T. mit denen Mk 16,1 identisch sind. Indem er Lk 23,55 (und Lk 23,49) nur allgemein von Frauen spricht und sie Lk 24,10 mit Namen nennt, vermeidet er den harten Übergang, der sich Mk 16,1 findet.
548 Bickermann (wie Anm. 490) wies mit Recht darauf hin, daß eine Wendung

wie »man fand ihn nicht« ständig in Entrückungsgeschichten erscheint (S. 280). Vgl. oben S. 137.

549 Wörtlich »den Leib des Herrn Jesus«. Einige Zeugen lesen nur »den Leib«. Doch ist diese äußerlich schwach bezeugte Lesart wohl durch Angleichung an Lk 23,55 und Lk 24,23 entstanden. Zu »der Herr Jesus« vgl. Apg 1,21; 4,33; 8,16.

550 Zu den Engelsszenen Lk 24,4–9 und Apg 1,10–12, die einander in Terminologie und Reihenfolge entsprechen, vgl. Lohfink, Himmelfahrt (wie Anm. 301), S. 196ff. Er belegt schlüssig, daß Apg 1,10–12 nicht auf ältere Tradition zurückgeht. »Die Engelsszene ist vielmehr eine Komposition des Lukas, dem dabei seine eigene Fassung der Grabesgeschichte als Muster diente« (S. 197f).

551 Der letzte Satz ist in wichtigen Handschriften nicht enthalten. Zur Frage der Ursprünglichkeit dieser Lesart s. u. zu V. 12.

552 Vgl. »in die Hände *sündiger* Menschen« (V. 7).

553 Entsprechend ist Mk 14,28f durch Lk *nicht* aufgenommen worden.

554 Damit wird schwerlich die Rolle der Frauen als Verkündigerinnen des Osterkerygmas heruntergespielt, wie Elisabeth Schüssler Fiorenza meint (Word, Spirit and Power: Women in Early Christian Communities, in: R. Ruether/E. McLaughlin [Hrsg.]: Women of Spirit. Female Leadership in the Jewish and Christian Traditions, 1979, S. 29–70, hier S. 52). Im Unterschied zum Mk-Bericht werden die Frauen doch positiv gezeichnet, und die Apostel (V. 10f) (keinesfalls die Frauen) glauben nicht.

555 Man vgl. dazu Anton Dauer: Lk 24,12 – ein Produkt lukanischer Redaktion?, in: The Four Gospels (FS Frans Neirynck), BETL C, 1992, S. 1697–1716, hier S. 1698–1703.

556 Vgl. dazu Frans Neirynck: Evangelica, BETL LX 1982, S. 313–328 (»Lc. XXIV 12. Les Témoins du texte occidental«).

557 Vgl. Joachim Jeremias: Die Sprache des Lukasevangeliums, KEK Sonderband, 1980, S. 312 zu Lk 24,12.

558 Jeremias, a.a.O., S. 130f.

559 Vgl. z.B. Robert Mahoney: Two Disciples at the Tomb. The Background and Message of John 20.1–10, TW 6, 1974, S. 63.

560 So Neirynck, Evangelica (wie Anm. 520), S. 331.

561 So mit guten Gründen Dauer, Lk (wie Anm. 555), S. 1703–1713.

562 Anders Christian Dietzfelbinger: Johanneischer Osterglaube, ThSt 138, 1992: »Wir gehen davon aus, daß es sich in Lk 24,12 um ältere Tradition handelt, die bei Markus keine Aufnahme gefunden, die sich aber in Joh 20,3.10 erhalten hat« (S. 10). Doch kann der Vf. nicht erklären, warum Mk diese ältere Überlieferung übergangen hat. Die von Dietzfelbinger rekonstruierte »Ur-Grabgeschichte« kann daher auf sich beruhen.

563 Pierre Benoit: Maria Magdalena und die Jünger am Grabe nach Joh 20,1–18 (1960), in: Hoffmann, Überlieferung (wie Anm. 43), S. 360–376, hat sich dafür ausgesprochen, daß Lk 24,12 auf einer Anleihe bei Joh 20,3–10 beruhe, und zwar auf dem Stande der joh Tradition vor der Endredaktion (S. 363). Doch ist m. E. der umgekehrte Weg ebensogut denkbar (vgl. S. 370). Sicher ist nur, daß wegen der auffallenden sprachlichen Übereinstimmung eine genetische Beziehung zwischen beiden Texten besteht. Man wird hinzufügen müssen, daß Maria Magdalena und die Frauen mit dieser Tradition nichts zu tun haben. Gegen Benoit, der beides zusammenschiebt und dann sogar behauptet: »Von diesem ursprünglichen, Lk-Joh zugrundeliegenden Bericht her gesehen macht die Erzählung von

Mk 16,1–8 par. den Eindruck einer gewissen theologischen Weiterentwicklung« (S. 371).
564 Brun (wie Anm. 95), S. 53. Vgl. auch das Votum von Dodd (wie Anm. 118), S. 303f: Die Emmausgeschichte ist »eine sorgfältig komponierte Darstellung, die im Rahmen einer Erzählung von starkem dramatischem Interesse das meiste von dem enthält, was (vom Standpunkt dieses Evangelisten aus) über die Auferstehung Christi gesagt werden muß. Es ist jedoch bemerkenswert, daß diese Geschichte, wie andere auch, damit beginnt, daß die Jünger ihren Herrn vermissen...«.
565 Joachim Wanke: »...wie sie ihn beim Brotbrechen erkannten«. Zur Auslegung der Emmauserzählung Lk 24,13–35, in: BZ 18. 1974, S. 180–192, hier S. 189.
566 Vgl. Hans Conzelmann: Die Mitte der Zeit. Studien zur Theologie des Lukas, BHTh 17, [5]1964, S. 141–144.
567 Wanke (wie Anm. 565), S. 190.
568 Lohfink, Himmelfahrt (wie Anm. 301), S. 239.
569 Vgl. das große Thema des Gebets im lk Doppelwerk (Wilhelm Ott: Gebet und Heil. Die Bedeutung der Gebetsparänese in der lukanischen Theologie, StANT XII, 1965; als erste Information Horst Balz, in: EWNT III, Sp. 407f).
570 »Was in ihrem Munde formal als Einladung gemeint ist, gerät ihnen unversehens – so muß der Leser urteilen – zu einem Gebet an den Kyrios Jesus: ›Bleibe bei uns, denn es geht auf den Abend zu, und der Tag hat sich schon geneigt.‹ Diese feine Ironie ist theologisch durchaus sachgemäß; ihr entspricht das Verhalten des auferstandenen Jesus. Der Wanderer erfüllt den Jüngern die Bitte und geht mit ihnen in das Haus, ›um bei ihnen zu bleiben‹, wie es nicht ohne Hintergründigkeit heißt« (Hans Dieter Betz: Ursprung und Wesen christlichen Glaubens nach der Emmauslegende [Lk 24,13–32], in: ZThK 66.1969, S. 7–21, hier S. 12 = ders.: Synoptische Studien. Gesammelte Aufsätze II, 1992, S. 35–49, hier S. 40).
571 Man kann darin ein Motiv aus dem antiken Roman sehen. »Ein solches unerklärliches In-Schwingung-Geraten der Seele oder des Herzens bei der Begegnung mit einem lange fern gewesenen, aber noch nicht wiedererkannten, geliebten Menschen beschreiben fast alle Romane« (Roland Kany: Der lukanische Bericht von Tod und Auferstehung aus der Sicht eines hellenistischen Romanlesers, in: NT 28. 1986, S. 75–90, hier S. 89.) Der Vf. verweist ebd. als nahe Parallele auf Heliodor IX 1,14–19 und IX 24,56–60. Kany zeigt für das übrige LkEv den Abstand zu antiken Romanen auf. Besonders das Fehlen des Sensationellen bei den Auferstehungsgeschichten spreche gegen eine Nähe. »Lk erzählt die Ereignisse von Karfreitag bis nach Ostern nicht als Abenteuer, er gibt sich nicht allwissend wie die Romanautoren und zeigt sich durchaus nicht bemüht um das psychologisch Interessante« (S. 89f).
572 Wieso ist er an dieser Stelle so karg und erzählt keine Geschichte der Ersterscheinung? Versuch einer Antwort: Die Ersterscheinung fand in Galiläa statt und dafür hatte Lk wegen seiner Jerusalemer Perspektive keinen Platz. Außerdem hat er mutmaßlich mit Lk 5,1–11 bereits die Ersterscheinung vor Petrus in das Leben Jesu versetzt (s. o. S. 101f).
573 Elisabeth Schüssler Fiorenza: Zu ihrem Gedächtnis... Eine feministisch-theologische Rekonstruktion der christlichen Ursprünge, 1988. Belege aus diesem Buch werden im folgenden im Text in Klammern gesetzt.
574 Im englischen Original lautet der Text etwas anders: »The Lukan stress on

Peter as the primary Easter witness must be situated within the early Christian discussion of whether Peter or Mary Magdalene is the first resurrection witness« (dies.: In Memory of Her. A Feminist Theological Reconstruction of Christian Origins, 1983, S. 51).

575 Zu diesen drei Texten s. unten S. 178.

576 Der Text lautet im englischen Original: »The early Christian confession that ›Jesus the Nazarene who was executed on the cross was raised‹ is, according to the pre-Marcan resurrection story of Mark 16:1–6, 8a, revealed in a vision first to the Galilean women disciples of Jesus« (In Memory of Her, S. 139).

577 Hermann Gunkel: Zum religionsgeschichtlichen Verständnis des Neuen Testaments, FRLANT 1, 1903, S. 71. Vgl. ders.: Genesis, ^{4}1917, S. 193f. Gunkel bemerkt im Zusammenhang der Auslegung von Gen 18,1–15: »Der Zug, daß die Gottheit den Menschen erscheint, unbekannt, in schlichter, menschlicher Gestalt und sich erst nachträglich offenbart, findet sich auch Jdc 6.13 Tob 5 und sonst. Speziell das Motiv, daß die Gottheit unbekannt um gastliche Aufnahme bittet und ihren herrlichen Lohn mitbringt, ist auch sonst häufig: im AT Gen 19; bei den Griechen muß es eine Reihe derartiger Sagen gegeben haben: ›Denn auch selige Götter, in wandernder Fremdlinge Bildung, Jede Gestalt annehmend, durchgehn oft Länder und Städte, Daß sie der Sterblichen Frevel sowohl als Frömmigkeit schauen‹ (Odyssee XVII 485ff.). Man denke an Philemon und Baucis (Ovid met. 8,616ff.) und an die Fabel des Phädrus (appendix 3), wonach Mercur bei zwei Frauen zu Gaste ist; ferner an Demeters Aufnahme im Hause des Keleos zu Eleusis (hymn. Hom. V 96ff.), die Einkehr des Juppiter bei Lycaon (Ovid met. I 211ff.)... Auch bei den Germanen wandern die Götter durch die Welt und kehren abends ein...« (ebd.).

578 Betz, Ursprung (wie Anm. 570), S. 9 Anm. 8 meint: »Man wird unterscheiden müssen zwischen einer Gottheit, die in Form eines menschlichen Wesens erscheint... und der Erscheinung eines Menschen nach seinem Tode.« (Doch läuft in diesem Falle beides nicht auf das Gleiche hinaus?)

579 Zur Traditionsanalyse vgl. noch den Aufsatz von Betz, Ursprung: Er hält die Emmausgeschichte für eine Kultlegende, nicht mit missionarischen Absichten, sondern aus innerchristlicher Reflexion. Auf der ersten Stufe sieht er eine kunstvolle Kombination von einer Beschreibung der Erscheinung Jesu und einem Dialog zwischen den beiden Jüngern und Jesus. Davon unterscheidet er den Passus V. 21b-24 als sekundäre (vorlukanische!) Erweiterung. Im Sinne der Legende setzt der auferstandene Jesus das Herrenmahl als christliches Kultmahl ein und weiht die Jünger in den Ritus ein. Für die Emmauslegende »gilt die Gegenwärtigkeit des gekreuzigten Jesus als Ermöglichungsgrund des christlichen Glaubens. Demgemäß ist christlicher Glaube grundsätzlich als Glaube an den auferstandenen Jesus von Nazareth zu verstehen« (S. 14). »Die Vorstellung von der Auferstehung Jesu habe ihren Sinn zunächst darin, daß die Gegenwärtigkeit Jesu entschränkt wird; die Beschränkungen, die die historische Existenz Jesu mit sich brachte, sind aufgehoben« (S. 15). Das Verhältnis des Christen zu Jesus von Nazareth ist nach Meinung der Legende grundsätzlich verschieden von dem Verhältnis eines damaligen Jüngers zum irdischen Jesus. Die Gegenwärtigkeit des auferstandenen Jesus wird »begrenzt auf das ›Wortgeschehen‹... Jesus ist gegenwärtig, wo nach ihm gefragt, wo über ihn nachgedacht, wo über ihn und seine Bedeutung diskutiert wird« (S. 15). Jesus von Nazareth ist gegenwärtig in der Auslegung der Schrift. »Das zwischenmenschliche Geschehen eines gemeinsamen Mahles wird derartig herausgehoben, daß es grundsätzlich als der Ort ge-

dacht ist, an dem sich der Auferstandene als der Handelnde manifestiert« (S. 16).
580 Klopas ist nur jüdische Aussprache von Kleopas, vgl. Theodor Zahn: Forschungen zur Geschichte des neutestamentlichen Kanons und der altkirchlichen Literatur VI, 1890, S. 343f Anm. 3.
581 IV 22,4 ist Hegesipp-Zitat, III 11 dagegen Paraphrase Eusebs; vgl. meine Analyse: Paulus II (wie Anm. 138), S. 218f.
582 Man vgl. Zahn, a.a.O., S. 350–352, der Klopas und Symeon für die beiden Wanderer hält (anders Brun [wie Anm. 95], S. 43). So bereits ein Glossator am Rand des Kodex S (=949 n. Chr.) zu Lk 24,18 (Bruce M. Metzger: A Textual Commentary on the Greek New Testament, 1975, S. 185).
583 Lohse, Auferstehung (wie Anm. 545), S. 24f. Man vgl. ferner EWNT I, 1980, Sp. 1082f (Joachim Wanke).
584 Übersetzung nach Aristoteles: Poetik. Übersetzung, Einleitung und Anmerkungen von Olaf Gigon, Reclam Universal-Bibliothek 2337, 1969, S. 36.
585 Lohfink, Himmelfahrt (wie Anm. 301), S. 148.
586 Konkret: kein Totendämon. Lk befindet sich auch in der Frontstellung gegen magisch-dämonische Folgerungen, s. dazu weiter unten S. 166.
587 Betz, Auferstehung (wie Anm. 482), S. 249f.
588 Zum Text und seinem Verhältnis zu Lk 24,36–43 (49) s. unten S. 180f.
589 Helmut Köster: Synoptische Überlieferung bei den Apostolischen Vätern, TU 65, 1957. Belege aus diesem Buch werden im folgenden im Text in Klammern gegeben.
590 Conzelmann, Mitte (wie Anm. 566), S. 86, hatte u.a. wegen der Ortsangabe »Bethanien« noch angenommen, Lk 24,50–53 gehöre nicht dem ursprünglichen LkEv an.
591 Michaelis (wie Anm. 237), S. 91.
592 Vgl. Lohfink, Himmelfahrt (wie Anm. 301), S. 24.
593 Lohfink, Himmelfahrt, S. 151.
594 »Die johanneischen Ostergeschichten sind... ein Mosaik von Perikopen, wie es sonst bei Johannes nicht vorkommt. Gleichwohl sind die Unstimmigkeiten nicht störend. In Kap. 20 macht sich reiche Abwechslung und eine gewisse Steigerung geltend« (Hans Windisch: Der Johanneische Erzählungsstil, in: *Eucharisterion*, Festschrift für Hermann Gunkel, 2. Teil, FRLANT 36, 1923, S. 174–213, hier S. 206). Es folgen die Sätze: »Wenn einmal die Botschaft an Magdalena den Schluß des Evangeliums gebildet hat, so ist das Thomas-Bekenntnis ein viel wirksameres Ende, führt es doch zurück zu den hochstrebenden Eingangssätzen des Prologs. Dagegen fällt der Ausgang der zuletzt Kap. 21 angeschobenen Erscheinung mit seiner tifteligen exegetischen Glosse sehr ab« (ebd.).
595 Graß, Ostergeschehen (wie Anm. 41), S. 54.
596 Windisch, Erzählungsstil (wie Anm. 594), S. 206.
597 Thorwald Lorenzen: Der Lieblingsjünger im Johannesevangelium. Eine redaktionsgeschichtliche Studie, SBS 55, 1971, S. 25f.
598 Zuweilen wird bezweifelt, daß Joh 18,15f den Lieblingsjünger meine (vgl. z.B. Vielhauer, Geschichte, S. 454f: der Lieblingsjünger werde sonst als der andere Jünger [mit bestimmtem Artikel] und nur nach vorheriger Erwähnung so bezeichnet). Doch vgl. Frans Neirynck: Evangelica, BETL LX, 1982, S. 335–364 (»The other Disciple in John 18,15–16«) and Kevin Quast: Peter and the Beloved Disciple. Figures for an Community in Crisis, JSNT.S 32, S. 71–89. Man vgl. auch den Vorschlag von Ernst Haenchen (Das Johannesevangelium. Ein Kommentar, 1980): »Vielleicht fehlt hier die Charakterisierung des ›anderen Jüngers‹

als des ›Lieblingsjüngers‹, weil sich diese Bezeichnung schlecht mit der Stellung eines Bekannten des Hohenpriesters vertrug« (S. 521). Ebenso Hengel, Frage (wie Anm. 338), S. 216.
599 Graß, Ostergeschehen, S. 56 verfällt merkwürdigerweise auf die Meinung, sowohl der Lieblingsjünger als auch Petrus hätten geglaubt, obgleich dies von Petrus ja gar nicht gesagt wird. Ebenso freilich Rudolf Bultmann: Das Evangelium des Johannes, KEK 2, [10]1968, S. 530, der andernfalls eine ausdrückliche Aussage darüber erwartet hätte, »daß Petrus keinen Glauben faßte.« Aber zumindest bleibt die Frage des Glaubens Petri hier doch offen (vgl. Quast, Peter, S. 120).
600 Vgl. Haenchen, Joh, S. 569: »Die Unkenntnis der Schriftstelle macht beides verständlich: daß der eine Jünger zum Glauben kam und der andere nicht.«
601 Vgl. Rudolf Schnackenburg (Das Johannesevangelium III. Teil, HThK IV.3, [5]1986): »Für den Horizont der Erzählung, der an dieser genauen Inspektion des Grabes durch Petrus gelegen ist, bestätigt sich damit eine apologetische Tendenz. Das ›leere‹ Grab, das kein unmittelbarer Beweis für die Auferstehung sein kann, sondern dem Verdacht unterliegt, daß der Leichnam auf irgendeine Weise entfernt wurde, wird durch die aufgefundenen Tücher, in die Jesu Leichnam gehüllt war, nun doch zu einem vollwertigen Zeugnis« (S. 367f).
602 Bultmann, Joh, S. 528.
603 Vgl. PetrEv 12,52: Maria Magdalena und ihre Freundinnen sprechen am Grab Jesu: »Wenn wir auch an jenem Tage, da er gekreuzigt wurde, nicht weinen und klagen konnten, so wollen wir solches wenigstens jetzt an seinem Grabe tun«; 14,59: »Wir aber, die zwölf Jünger des Herrn, weinten und trauerten, und ein jeder, voller Trauer über das Geschehene, ging nach Hause.«
604 Bultmann, Joh sieht darin eine Konkurrenz und schreibt: »Es ist... die Engelepisode in der Maria-Geschichte das Ursprüngliche; diese entspricht dem Typus von Mk 15,5–7« (S. 529).
605 So v. Campenhausen (wie Anm. 57), S. 32ff.
606 Hingewiesen sei auf ein Sprichwort der alten Ägypter: «Wessen Name ausgesprochen wird, der lebt» (Manfred Lurker: Wörterbuch der Symbolik, [4]1988, S. 500).
607 Bultmann, Joh, S. 532.
608 Vgl. Eduard Lohse: Art.: *rhabbi, rhabbouni*, in: ThWNT VI, 1959, S. 962–966, hier S. 965.
609 Lindblom (wie Anm. 244), S. 98.
610 Lindblom, S. 99.
611 Bultmann, Joh, S. 533.
612 »Die Erscheinung des Auferstandenen vor Maria Magdalena ist von der Entdeckung des leeren Grabes traditionsgeschichtlich völlig zu trennen« (Hengel, Maria [wie Anm. 477], S. 255).
613 Andere rechnen damit, daß der Gang zu dem leeren Grabe bereits auf der Stufe der Tradition mit einer Erscheinung vor Maria Magdalena verknüpft war. So konstruiert Haenchen, Joh, folgende Tradition: »Maria Magdalena geht allein zum Grab und findet es leer. Jesus, den sie für den Gärtner hält, fragt die Weinende, wen sie sucht. Sie bittet ihn, ihr den Leichnam zu überlassen, wenn er ihn fortgebracht habe. Aber statt des Toten darf sie jetzt den Lebenden sehen. Jesus spricht zu ihr nur ein einziges, aramäisches Wort: ihren Namen ›Mariam‹. Sie antwortet ebenfalls mit einem einzigen aramäischen Wort: ›Rabbuni‹. Dann erhält sie den Auftrag, den Jüngern zu sagen, daß Jesus jetzt zu seinem und ihrem

Vater und Gott geht« (S. 579f). Für die Traditionsgeschichte ändert sich damit wenig.

614 Dodd, Erscheinungen (wie Anm. 118), S. 311.

615 C. H. Dodd: Historical Tradition in the Fourth Gospel, 1965, S. 147.

616 Zu den Brüdern (und Verwandten) Jesu als Desposynoi vgl. auch Lüdemann, Paulus II (wie Anm. 138), S. 167–179.

617 Luise Schottroff: Frauen in der Nachfolge Jesu in neutestamentlicher Zeit (1980), in: dies.: Befreiungserfahrungen. Studien zur Sozialgeschichte des Neuen Testaments, ThB 82, 1990, S. 96–133, hier S. 117.

618 Heine (wie Anm. 471), S. 185.

619 Schottroff, Frauen, S. 119. Schottroff meint S. 117, ein Streit über »die zeitliche Priorität der Beauftragung der Frauen durch eine Engelepiphanie gegenüber der Erscheinung Jesu vor Petrus« lohne eigentlich nicht. »Ob die Berufungsepiphanie der Frauen eine Engelserscheinung war oder eine Erscheinung Jesu, dürfte für das Bewußtsein der Betroffenen nebensächlich gewesen sein« (ebd.). Doch ist diese beschwichtigende (historisierende) Bemerkung keine Antwort auf das traditionsgeschichtliche Problem.

620 In der späteren Überlieferung (seit Gregor dem Großen) wird Maria Magdalena mit Maria von Bethanien (Lk 10,38–42; Joh 11,2f; 12,3 usw.) und der Sünderin in Lk 7,36–50 identifiziert, wobei ihre Besessenheit mit ihrem ehemaligen Lasterleben in Verbindung gebracht wird. Ich halte das für eine attraktive Gleichsetzung, die aber leider nur eine Möglichkeit ist und daher im folgenden nicht weiter berücksichtigt wird.

621 Graß, Ostergeschehen (wie Anm. 41), S. 111.

622 Vgl. Hengel, Maria (wie Anm. 477), S. 246 mit Anm. 5 (Lit.).

623 Wilhelm Schneemelcher (Hrsg.): Neutestamentliche Apokryphen I, ^{5}1987, S. 161 (Hans-Martin Schenke).

624 Kurt Rudolph: Die Gnosis, UTB 1577, ^{3}1990, S. 254.

625 Schneemelcher, a. a. O., S. 272f (W.-P. Funk).

626 Zur ersten Information vgl. Vielhauer, Geschichte (wie Anm. 105), S. 434f: »die Mißverständnisse sind mehr als eine schriftstellerische Technik; sie sind Ausdruck des johanneischen Offenbarungsverständnisses: der natürliche Mensch muß Jesus mißverstehen; ihn verstehen kann nur der, der den Geist empfangen hat, vom Geist belehrt ist (2,22; 7 ,39; 14,26)« (S. 435).

627 Wilhelm Pratscher: Der Herrenbruder Jakobus und die Jakobustradition, FRLANT 139, 1987, S. 169.

628 Schneemelcher, a. a. O., S. 159 (H.-M. Schenke). Hingewiesen sei auf Hans-Josef Klauck: Die dreifache Maria. Zur Rezeption von Joh 19,25 in EvPhil 32, in: The Four Gospels (FS Frans Neirynck), BETL C, 1992, S. 2343–2358 (Lit.). Der Vf. zeigt umsichtig u. a., »daß EvPhil 32 in die gnostische Rezeptionsgeschichte von Joh 19,25 gehört« (S. 2358) und »daß nämlich Schwester, Mutter und Gefährtin auf einer tieferen Verstehensebene ein und dieselbe Person bezeichnen« (S. 2357). Die leicht divergierenden Übersetzungsmöglichkeiten von EvPhil 32 können hier auf sich beruhen.

629 Justin, I Apol 26,3: »Eine Helena, die mit ihm (sc. Simon) zu jener Zeit (ca. 40 n. Chr., Vf.) umherzog, die sich vorher im Bordell aufgehalten hatte, soll die von ihm entstandene erste Ennoia gewesen sein.« Vgl. dazu meinen Aufsatz: The Acts of the Apostles and the Beginnings of Simonian Gnosis, in: NTS 33. 1987, S. 420–426 (Lit.).

630 Schneemelcher, a. a. O., S. 291 (ders.).

631 Text und Übersetzung: Die gnostischen Schriften des koptischen Papyrus Berolinensis 8502, herausgegeben, übersetzt und bearbeitet von Walter C. Till, zweite, erweiterte Auflage bearbeitet von Hans-Martin Schenke, TU 60, 1972, S. 62–79. Das kleine Werk (18 Seiten), von dem nur knapp die Hälfte erhalten ist, besteht aus zwei Teilen, die ein Redaktor zusammengearbeitet hat. Der erste ist ein Dialog Jesu mit seinen Jüngern, der nach dem Weggang Jesu mit der verzweifelten Frage der Jünger endet: »Wie sollen wir zu den Heiden gehen und das Evangelium vom Reiche des Sohnes des Menschen predigen? Wenn nicht einmal dieser verschont wurde, wie sollten wir da verschont werden?« (9,7–12). Der erste Teil schließt mit dem (geglückten) Trost der Maria Magdalena für die Jünger und der zweite Teil wird eingeleitet durch die Mitteilung einer Vision der Maria Magdalena an sie (10,10–17,7 [11–14 sind nicht erhalten]). Andreas glaubt der Maria nicht (17,11–15) und Petrus ruft aus: »Sprach er denn mit einem Weibe heimlich vor uns und nicht offen? Sollen wir umkehren und alle auf sie hören? Hat er sie uns gegenüber bevorzugt?« (17,18–22). Doch die Antwort der Maria Magdalena und die Entgegnung Lewis an die Adresse des Petrus sichern die Autorität der Maria Magdalena ab: »Petrus, du bist von jeher aufbrausend. Nun sehe ich, wie du dich gegen die Frau ereiferst wie die Widersacher. Wenn der Erlöser sie aber würdig gemacht hat, wer bist du denn, daß du sie verwirfst? Sicherlich kennt der Erlöser sie ganz genau. Deshalb hat er sie mehr als uns geliebt...« (18,7–14). Da die Schlußsätze des Werkes auf griechisch erhalten sind (Rylands Papyrus Nr. 463 [Anfang des 3. Jahrhunderts]), steht fest, daß die Originalfassung griechisch war. Aus dem Alter des Papyrus folgt eine Abfassung wohl im 2. Jahrhundert, als in der christlichen Gnosis die Bedeutung der Maria Magdalena als besonderer Offenbarungsträgerin erkannt wurde. Doch ist zu betonen: Ntl. Schriften lieferten die Bausteine auch für das Evangelium der Maria plus gnostisch-hermetische Lehren, die in der Vision der Maria Magdalena über den Aufstieg der Seele (10,10–17,7) enthalten sind. Vgl. weiter R. McL. Wilson: The New Testament in the Gnostic Gospel of Mary, in: NTS 3. 1956/57, S. 236–243 und zur ersten Information Schneemelcher, a. a. O., S. 313–315 (Beate Blatz).

632 »Simon Petrus sagte zu ihnen: Mariham soll aus unserer Mitte fortgehen, denn die Frauen sind des Lebens nicht würdig. Jesus sagte: Seht, ich werde sie ziehen, um sie männlich zu machen, damit auch sie ein lebendiger Geist wird, vergleichbar mit euch Männern. Denn jede Frau, die sich männlich macht, wird in das Himmelreich gelangen.«(Schneemelcher, a. a. O., S. 113 [B. Blatz].)

633 Übersetzung: Koptisch-gnostische Schriften I, herausgegeben von Carl Schmidt, vierte, um das Vorwort erweiterte Auflage herausgegeben von Hans-Martin Schenke, 1981, S. 1–254. Das umfangreiche gnostische Werk Pistis Sophia besteht aus vier Teilen und geht auf zwei Vorlagen zurück, deren griechische Originale aus dem dritten Jahrhundert stammen. In ihnen stellen die Jünger und vor allem Maria Magdalena (sowie Maria, die Mutter Jesu, Martha und Salome) dem auferstandenen Jesus Fragen und erhalten ausführliche Belehrung. Maria Magdalena hat hier eine herausragende Bedeutung und bestreitet fast allein den Dialog mit Jesus, der aber ausschließlich auf der Grundlage des Neuen Testaments plus gnostisch-valentinianischen Lehren geführt wird. Daneben fallen kritische Stellungnahmen des Petrus gegenüber Maria Magdalena auf: »Mein Herr, wir werden diese Frau nicht ertragen können, da sie uns die Gelegenheit nimmt und sie niemand von uns hat reden lassen, sondern vielmals redet« (Kap. 36); (Maria Magdalena:) »Ich fürchte mich vor Petrus, weil er mir droht und unser Geschlecht haßt« (Kap. 72). Aber Maria Magdalena bleibt lt. Jesus diejenige,

»deren Herz mehr als alle deine Brüder auf das Himmelsreich gerichtet ist« (Kap. 17). Eine eingehende Analyse der Pistis Sophia und die Rekonstruktion des Christentums hinter diesem interessanten Dokument steht noch aus. Vgl. zur ersten Information Schneemelcher, a. a. O., S. 290–297 (Beate Blatz).

634 Heine (wie Anm. 471), S. 188.

635 Heine, S. 194. Die Fortsetzung des zitierten Satzes lautet: »Daß das gerade die Gnosis bezeugt, die den Anfängen des Kerygmas ohne Zweifel nicht treu geblieben ist, hat eine tragische Seite« (ebd.). Dieser Satz ist schief, wenn er nicht sofort durch den weiteren ergänzt wird, daß auch die Großkirche den Anfängen des Kerygmas nicht treu geblieben ist (vgl. Robinson, Jesus [wie Anm. 265]).

636 »Furcht vor den Juden« ist im PetrEv ein allgemeines Motiv; vgl. 12,52: Maria Magdalena und ihre Freundinnen »fürchteten, die Juden würden sie sehen«; 12,50: Maria Magdalena hatte »aus Furcht wegen der Juden, da (diese) vor Zorn brannten... am Grabe des Herrn nicht getan, was die Frauen an den von ihnen geliebten Sterbenden zu tun pflegten.« Das Motiv erscheint in den jüngeren Partien der Auferstehungs- bzw. Grabestradition, wo zwischen »Juden« und »Christen« bereits eine klare Scheidung zugrundeliegt, die Juden nicht mehr als Volk, sondern allgemein als christenfeindliche Gemeinschaft gesehen werden, und ist ein weiteres Argument für den sekundären bzw. tertiären Charakter des joh Berichts.

637 Daher wurde gelegentlich gemeint, daß ursprünglich von einem Zweifel der Jünger berichtet wurde (vgl. z. B. Brown, Joh [wie Anm. 361], S. 1032).

638 Bultmann, Joh, S. 536.

639 Graß, Ostergeschehen (wie Anm. 41), S. 67.

640 Anton Dauer: Johannes und Lukas, fzb 50, 1984, S. 235.

641 Dauer, S. 236.

642 Gen 2,7; Ez 37,5–10.14; Sap 15,1; weiteres bei Bultmann, Joh, S. 536 Anm. 7.

643 Walter Bauer: Das Johannesevangelium, HNT 5, [3]1933, S. 232.

644 Die Tatsache, daß nur Mt von dieser Vollmacht des Petrus, Sünden zu vergeben, berichtet, und daß Joh Petrus in der vorliegenden Perikope, wo es um die Vollmacht zur Sündenvergebung geht, nicht nennt, darf natürlich nicht zur Folgerung verleiten, Joh sei antipetrinisch eingestellt (vgl. m. R. Quast, Peter [wie Anm. 598] zu anders lautenden Thesen).

645 Man vgl. noch Dauer (wie Anm. 640), der die Art und Funktion der Geistvorstellungen sowie die Vorstellungen über den Geist in den Parakletsprüchen und in V. 22 detailliert miteinander vergleicht (S. 237–241).

646 Vgl. Dauer, S. 288, der damit rechnet, daß Lk 24,36–49 im Laufe der vorjohanneischen Tradition »gekürzt, umgestaltet und mit einem neuen Stoff aufgefüllt worden war« (ebd.).

647 Vgl. zu ihm Eugen Ruckstuhl, in: EWNT II, Sp. 407–409.

648 Vgl. Wilhelm Schneemelcher (Hrsg.): Neutestamentliche Apokryphen I, [5]1987, S. 93–113 (Beate Blatz); ferner Michael Fieger: Das Thomasevangelium. Einleitung, Kommentar und Systematik, NTA NF 22, 1991; Steven J. Patterson: The Gospel of Thomas und Jesus, 1992 (jetzt grundlegend).

649 Vgl. Schneemelcher, a. a. O., S. 192–204 (H.-M. Schenke); ferner Hans-Martin Schenke: Das Thomas-Buch (Nag-Hammadi-Codex II, 7), TU 138, 1989.

650 Vgl. Wilhelm Schneemelcher (Hrsg.): Neutestamentliche Apokryphen II, S. 289–367 (Han J. W. Drijvers).

651 Bultmann, Joh, S. 538.
652 Im JohEv als Form nur noch 13,17.
653 Die Seligpreisung »selig die, die nicht sehen und doch glauben« (Joh 20,29) findet eine interessante Entsprechung im Jakobusbrief aus Nag Hammadi Codex I: Nach dem Himmelsreichgleichnis von der Ähre folgt eine Rede Jesu (an die zwölf Jünger): »Und solange ich noch bei euch bin, achtet auf mich und gehorcht mir! Wenn ich mich aber von euch entferne, erinnert euch an mich! Erinnert euch aber deswegen an mich: ich war bei euch, (und) ihr habt mich nicht erkannt. Heil denen, die mich erkannt haben! Wehe denen, die gehört und nicht geglaubt haben! Heil denen, die nicht gesehen und (doch) gegla[ubt] haben!...« (12,31–13,1; Übersetzung nach Schneemelcher, a. a. O., [Band I], S. 243 [Dankwart Kirchner]). Es ist durchaus möglich, daß in der Seligpreisung am Ende des zitierten Abschnittes eine Tradition vorliegt, die unabhängig von Joh 20,29 ist (vgl. Ron Cameron: Sayings Traditions in the Apocryphon of James, HTS 34, 1984, S. 53 f).
654 Bornkamm / Barth / Held (wie Anm. 535), S. 124.
655 Bultmann, Joh, S. 539.
656 Vgl. ebenso Finegan (wie Anm. 377), S. 95 und zuletzt Jacob Kremer: »Nimm deine Hand und lege sie in meine Seite!« Exegetische, hermeneutische und bibeltheologische Überlegungen zu Joh 20,24–29, in: The Four Gospels, 1992 (FS Frans Neirynck), BETL C, 1992, S. 2153–2181, hier S. 2170 Anm. 51. Die vom römisch-katholischen Theologen Kremer in seinem gründlichen Aufsatz ausgeblendeten Fragen der Historie (vgl. S. 2176) können an dieser Stelle auf sich beruhen. Für sie gilt die oben in Kap. I und II vorgebrachte Kritik.
657 Graß, Ostergeschehen (wie Anm. 41), S. 111, verweist als Analogie auf die Erzählung von den Schächern am Kreuz (Lk 23,39–43).
658 Nathanael bzw. Thomas stehen jeweils außerhalb eines Geschehens im Jüngerkreis (Joh 1,45 / 20,24), werden angesprochen (Joh 1,45 / 20,25), bringen einen Einwand vor (Joh 1,46 / 20,25), werden von Jesus überwunden (Joh 1,47 / 20,26 f) und äußern einen Lobpreis (Joh 1,49 / 20,28). Schließlich ergreift Jesus noch einmal das Wort und spricht einen Tadel aus (Joh 1,50 f / 20,29: Man vgl. die identische Satzeinführung: »Weil du..., glaubst du / hast du geglaubt«).
659 Vgl. Dauer, Johannes (wie Anm. 640), S. 253 f.
660 Dauer, S. 253.
661 Haenchen, Joh, S. 594 nennt folgende weitere Spracheigentümlichkeiten von Joh 21 gegenüber 1–20: 1. kausatives *apo* (V. 6); 2. partitives *apo* statt *ek* (V. 10); 3. *ischyo* statt *dynamai* (V. 6); 4. *exetazo* statt *erotao* (V. 12); 5. *hypago* mit Infinitiv (V. 2).
662 Vgl. Schnackenburg, Joh III (wie Anm. 601), S. 420.
663 Schnackenburg, Joh III, S. 422.
664 Rudolf Pesch: Der reiche Fischfang (Lk 5,1–11 / Jo 21,1–14): Wundergeschichte – Berufungserzählung – Erscheinungsbericht, 1969.
665 »Wirkliche Parallelen zur Erzählung vom reichen Fischfang scheint es nicht zu geben« (Pesch, Fischfang, S. 125).
666 »Mehr als die anderen« in der ersten Frage (V. 15) dient als Verknüpfung mit der vorigen Einheit, wo von den Jüngern die Rede ist.
667 Brun (wie Anm. 95), S. 52 f; ähnlich Graß, Ostergeschehen (wie Anm. 41), S. 82 f.
668 Bultmann, Joh, S. 551.
669 Vgl. Schnackenburg, Joh III, S. 414.

670 Vgl. zum folgenden Bultmann, Joh, S. 555.
671 Vgl. Joh 18,28; 19,14; 13,1. Nach den Synoptikern ist der Freitag bereits der erste Passahtag. Doch ist der erste Passahtag als Datum einer Hinrichtung äußerst unwahrscheinlich.
672 Man vgl. David Friedrich Strauß: Der alte und der neue Glaube. Ein Bekenntniß, [4]1873, S. 77: »wir sind ja nicht einmal sicher, ob er nicht schließlich an sich und seiner Sache irre geworden ist«, ferner Rudolf Bultmann: Das Verhältnis der urchristlichen Christusbotschaft zum historischen Jesus (1960), in ders.: Exegetica, 1967, S. 445–469, S. 453: »Die Möglichkeit, daß er zusammengebrochen ist, darf man sich nicht verschleiern.«
673 Vgl. Martin Hengel: Psalm 110 und die Erhöhung des Auferstandenen zur Rechten Gottes, in: Cilliers Breytenbach/Henning Paulsen (Hrsg.): Anfänge der Christologie (FS Ferdinand Hahn), 1991, S. 43–73, hier S. 67f: »Die ›Gesandten des Messias Jesus‹ sollten... den gekreuzigten Messias Jesus von Nazareth als den vom Tode Erweckten und zu Gott Erhöhten ansagen.«
674 Polemik hiergegen von Erich Fascher: Die Auferstehung Jesu und ihr Verhältnis zur urchristlichen Verkündigung, in: ZNW 26. 1927, S. 1–26, hier S. 5: »Daß da Petrus ›ansteckend‹ gewirkt hat, sei dem unbenommen, der es glaubt, jedenfalls handelt es sich nach der alten Tradition (sc. von 1Kor 15,3–8) um eine Reihe von Erscheinungen.« Damit entzieht sich Fascher der Aufgabe, Traditionen in Geschichte umzusetzen. Aber er hatte ja schon vorher vor der Aufgabe kapituliert zu ermitteln, was zu Ostern geschehen ist, dessen »Wirkungen zu konstatieren... dem Historiker möglich (sc. ist), auch wenn er der Ursache nicht habhaft werden kann« (S. 4).
675 Hengel, Psalm, S. 69.
676 Paulus »wußte vermutlich recht genau, wessen ›Sache‹ er bekämpfte, als er die hellenistisch-judenchristliche Gemeinde verfolgte, und er hat zweifelsohne auch Petrus nach Jesus befragt, selbst wenn er in seinen Briefen kaum eigentliche Jesus-Tradition zu Worte bringt« (Nikolaus Walter: ›Historischer Jesus‹ und Osterglaube, in: ThLZ 101. 1976, Sp. 321–338, hier Sp. 331). »Certainly Paul and Peter did not spend all the time ›talking about the weather‹« (C. H. Dodd: The Apostolic Preaching and Its Development, 1936, S. 26 [zu Gal 1,18]).
677 Hengel, Psalm (wie Anm. 673), S. 72.
678 Man vgl. z. B. C.F. D. Moule/Don Cupitt: The Resurrection: A Disagreement, in: Theology 75. 1972, S. 507–519, hier S. 509: Moule meint, er müsse im Zusammenhang der Ostereignisse »something beyond history, something transcendent« bemühen und fährt fort: »The NT calls it the resurrection of Jesus.« Doch setzt er damit eine Ereignistheorie voraus, die einem seit Kant unhaltbaren philosophischen Realismus entspricht. Vgl. dazu die Ausführungen von Don Cupitt: Christ and the Hiddenness of God, 1985, S. 138–153.
679 Cupitt meint, der Osterglaube gehe den Ostererfahrungen voraus. »The arguments that led to the Easter faith are logically prior to the Easter appearances« (Cupitt, Christ, S. 8). Doch ist das zu rationalistisch gedacht. Eine Vision ist eine Primärerfahrung und trägt die religiöse Wahrheit ganz in sich selbst.
680 Vgl. Friedrich (wie Anm. 17), S. 335f.
681 Richtig ist an dem obigen Votum Friedrichs, daß »die jüdische Zukunftshoffnung nirgendwo eine Einsetzung in messianisch-eschatologische Würden durch Auferstehung kennt« (Hengel, Psalm, S. 68). Doch war, wie Hengel richtig ausführt, der Messiasanspruch – ob explizit oder implizit – durch Jesus selbst gegeben. »Ohne einen messianischen Anspruch Jesu (sc. wird) die Entstehung

der Christologie völlig undenkbar« (ebd.). Vgl. auch Martin Hengel: Probleme des Markusevangeliums, in: Das Evangelium und die Evangelien, WUNT 28, 1983, S. 221–265, hier S. 240f.

682 Zu den Begriffen Ewigkeit und Endglaube vgl. man Hirsch, Osterglaube (wie Anm. 61), S. 74–80. 206–212.

683 Die Bekenntnisschriften der evangelisch-lutherischen Kirche, [3]1956, S. 520, 29f (vgl. dazu Gerhard Ebeling: Wort und Glaube II, 1975, S. 333f.) »Lutherisch« heißt nicht automatisch »unpaulinisch«, wie heutzutage manchenorts gemeint wird.

684 Vgl. Johannes Weiß: Das Urchristentum, 1917, S. 19f.

685 Man vgl. zum hermeneutischen Konflikt Gerd Theißen: Urchristliche Wundergeschichten. Ein Beitrag zur formgeschichtlichen Erforschung der synoptischen Evangelien, StNT 8, 1974, S. 44–51.

686 »Wo... die historische Kritik ernst genommen wird und zwar so ernst genommen wird, daß man auch mit den kritischsten Möglichkeiten rechnet, bei der Auferstehung also damit, daß kein leeres Grab und keine Erscheinungen des Auferstandenen in der ›räumlich körperlichen Welt‹ nachweisbar sind, sondern nur Visionen der Jünger; und wo andererseits nicht preisgegeben werden kann, daß Christus als der erhöhte Herr lebt, weil der Glaube und die Kirche ohne einen lebendigen erhöhten Herrn kein Daseinsrecht mehr hätten, da muß eben der Versuch gemacht werden, beides zusammenzudenken. Die objektive Visionshypothese hat diesen Versuch gemacht und zwar auf theologische Weise; denn sie ist im Unterschied zur subjektiven Visionshypothese eine theologische und keine historische Hypothese, weil sie an dem transsubjektiven Ursprung der Ostervisionen und des Osterglaubens und an der transzendenten Wirklichkeit des in diesen Visionen Geschauten und Geglaubten festhält« (Graß, Ostergeschehen [wie Anm. 41], S. 248). Die These einer »objektiven Vision« hat m.R. keinen Anklang in der neueren Forschung gefunden. Und Graß leistet in seinem vorzüglichen Buch mehr, als die objektive Visionshypothese zu begründen.

687 Theodor Keim: Geschichte Jesu von Nazara III: Das Jerusalemische Todesostern, 1872, S. 605: »Das Lebenszeichen Jesu, das Telegramm vom Himmel war nothwendig nach dieser beispiellosen und im Kindheitsalter der Menschheit überführenden irdischen Vernichtung.« (Keim gibt auf S. 578–603 eine immer noch lesenswerte Einführung in die Visionshypothese.)

688 Vgl. z. B. Sigmund Freud: Neue Folge der Vorlesungen zur Einführung in die Psychoanalyse, Gesammelte Werke, XV, 1940, S. 13. Paul Ricoeur: Die Interpretation. Ein Versuch über Freud, 1969, S. 21–32.

689 Paul Tillich: Symbol und Wirklichkeit, [2]1966. Belege aus dieser Arbeit werden im folgenden im Text gegeben.

690 Paul Tillich: Systematische Theologie II, 31958, [S]. 172.

691 Kurt Hübner: Die Wahrheit des Mythos, 1985, S. 339: Die Auferstehung Christi liegt »einzig darin..., daß sie blutige und wunderbare Wirklichkeit ist.« Ich bin mir – wie Hübner – sicher, daß die Menschen damals ›wörtlich‹ an die Auferstehung geglaubt haben. Das kann und darf man nicht durch kerygmatische Schachzüge relativieren. Aber durch nichts ist – philosophisch gesehen – Hübners unterschwelliger Schluß begründet, also müsse man auch heute an die blutige Wirklichkeit der Auferstehung glauben. Das ist der typische genetische Fehlschluß, den er allenthalben begeht. *Wenn der Leib Jesu nicht wiederbelebt wurde, hilft uns keine Wiederbelebung der Mythen darüber hinweg.* Wenn Jesus so nicht auferstand, hat das gravierende Konsequenzen für unsere Religion, ob-

wohl ich nicht glaube, daß es ihr Ende wäre. Aber aus der Tatsache, daß die urchristliche Religion früher einmal mit dem Glauben an die Wiederbelebung des Leichnams Jesu verbunden war, kann man nicht unbedingt, d.h. ohne wertende Zwischenannahmen wie z.B. die, daß der historische Urzustand einer Religion in allen seinen Elementen immer der (religiös) beste und einzig mögliche ist, folgern, daß wir auch heute, wenn wir richtige Christen sein wollen, an diese Wiederbelebung des Leichnams glauben müssen. Wir brauchen es nicht, aber wir müssen es dann ehrlich zugeben! Zu den neueren Diskussionen um die Bedeutung des Mythos für die Theologie vgl. Ulrich H.J. Körtner: Arbeit am Mythos? Zum Verhältnis von Christentum und mythischem Denken bei Rudolf Bultmann, in: NZSTh 34. 1992, S. 163–181 (Lit.).

692 Man vgl. nur Berthold Klappert, in: ders. (Hrsg): Diskussion um Kreuz und Auferstehung, [3]1968, S. 10: »Die Auferstehung Jesu Christi... ist... ein wirkliches Ereignis in der Geschichte und hat als dieses zu einer bestimmten Zeit und im Umkreis bestimmter Menschen geschehene Ereignis einen bestimmten ›historischen Rand‹«. Auf S. 18 Anm. 29 und S. 18–23 desselben Bandes gibt Klappert weitere Erläuterungen zum »historischen Rand«.

693 Man vgl. Hans v. Campenhausen: Tod und Auferstehung Jesu als »historische Fakten«, in: J. M. Hollenbach/Hugo Staudinger (Hrsg.): Moderne Exegese und historische Wissenschaft, 1972, S. 94–103, hier S. 103.

694 Vgl. C.G. Jung: Über die Auferstehung, Gesammelte Werke 18/2: Das symbolische Leben, 1981, S. 742–747, hier S. 746: »Es ist komisch, daß die Christen immer noch so heidnisch sind, daß sie die geistige Existenz lediglich als körperlich und als physisches Ereignis verstehen. Ich fürchte, unsere christlichen Kirchen können diesen schockierenden Anachronismus nicht länger aufrechterhalten...«.

695 Emanuel Hirsch: Hauptfragen christlicher Religionsphilosophie, 1963, S. 326f.

696 Strauß, Glaube (wie Anm. 672), S. 13–94.

697 So erklärt z.B. Georg Strecker, der in seiner Göttinger Antrittsvorlesung von 1969 noch jegliche Möglichkeit eines gesicherten Wissens um den historischen Jesus bestritten hatte (Die historische und theologische Problematik der Jesusfrage [1970], in: ders.: Eschaton und Historie. Aufsätze, 1979, S. 159–182), »in der Frage der authentischen Jesustradition ein Stück weitergekommen zu sein« (ders.: Die Bergpredigt. Ein Exegetischer Kommentar, 1984, S. 6).

698 Zugespitzt gesagt: Nicht Jesus oder seine Botschaft bedurften des »Osterereignisses«, sondern Petrus und die Jünger (vgl. dazu Walter, Jesus [wie Anm. 676], Sp. 330f). Das ist die *historische* Wahrheit des Messiasgeheimnisses im MkEv, wie immer man seine literarische Ausformung im Zusammenhang mit Mk selbst und/oder seiner Tradition bringen mag. Vgl. dazu klassisch Wrede, Messiasgeheimnis (wie Anm. 36), dessen Vorstellung von einem unmessianischen Leben Jesu m.E. auf den unbewußten Wunsch zurückgeht, die jüdische Seite Jesu gering zu halten. Er ist hierin Schüler Paul de Lagardes.

699 Ernst Fuchs hat daher in vielen eindrücklichen Arbeiten zeigen wollen, daß zwischen Jesus von Nazareth und »dem auferstandenen Herrn« keine Unterschiede vorlägen. Man vgl. z.B. sein Votum in: Ernst Fuchs/Walther Künneth: Die Auferstehung Jesu von den Toten. Dokumentation eines Streitgesprächs. Nach einer Tonbandaufzeichnung hrsg. von Christian Möller, 1973, S. 33: (Man müsse nicht nur, wie traditionell üblich, die Identität des Auferstandenen mit dem Gekreuzigten *behaupten:*) »Sondern ich meine, man soll von der Identität

Gebrauch machen. Und so kam ich jedenfalls zurück zum historischen Jesus. Ich kann zwischen dem auferstandenen Herrn und Jesus von Nazareth keinen Unterschied sehen... Das ist Jesus selbst!« Hingewiesen sei ferner auf die tiefschürfenden Ausführungen von Peter Carnley: The Structure of Resurrection Belief, 1987, S. 266–296 (»The Raised Christ as the Remembered Jesus«) und bes. S. 327–368 (»Easter Faith and the Self-Giving of Jesus«).

700 Insofern setzt er historisch voraus, daß Jesus von Nazareth den Tod als Leben hingenommen hat.

701 Historisch ist freilich klar, daß die »Gestalt des historischen Jesus zum mythischen Christus gesteigert werden (sc. mußte), zur Dominanz des eschatologischen Weltenherrn und Kosmokrators« (Theißen, Wundergeschichten [wie Anm. 685], S. 48), um die bekannte große Wirkung zu haben. Doch dürfte Theißen ebd. die vom historischen Jesus ausgehende Kraft unterschätzen. Ebenso würde ich Paul Althaus' gegen Emanuel Hirschs Christologie gerichteten Satz (»In Wahrheit lebt, auch wer ohne Ostern mit seinem Glauben auszukommen wähnt, heimlich doch von Ostern, nämlich von dem österlichen Bilde Jesu Christi«, in: P. Althaus: Christologisches. Fragen an Emanuel Hirsch, in: Hayo Gerdes [Hrsg.]: Wahrheit und Glaube, Festschrift für Emanuel Hirsch zu seinem 75. Geburtstag, 1963, S. 22–30, hier S. 30) gerne am historischen Jesus durchprüfen wollen. Das Ergebnis wäre mir nicht zweifelhaft.

702 Hingewiesen sei auf Ulrich Luz: Einheit und Vielfalt neutestamentlicher Theologien, in: ders./Hans Weder (Hrsg.): Die Mitte des Neuen Testaments (FS Eduard Schweizer), 1983, S. 142–161, über Verkündigung und Wirken Jesu als Ermöglichungsgrund für die Vielfalt der ntl. Christuszeugnisse, aber auch als Kriterium für ihre Begrenzung.

703 Wilhelm Herrmann: Der Verkehr des Christen mit Gott im Anschluss an Luther dargestellt, [4]1903, S. 30. Belege aus dieser Schrift werden im folgenden im Text in Klammern gesetzt. Wilhelm Herrmann habe ich bei der Abfassung der vorliegenden Arbeit erst relativ spät als jemanden schätzen gelernt, der die Frage nach dem Verhältnis von Geschichte und Glaube in seiner ganzen Radikalität durchdacht hat, und formuliere umso lieber in Anlehnung an diesen bedeutenden Marburger Theologen der Ritschlschule.

704 Vgl. dazu ferner Hans Graß: Glaubensgrund und Glaubensgedanken (1954), in: ders.: Theologie und Kritik. Gesammelte Aufsätze und Vorträge, 1969, S. 28–37.

705 Emanuel Hirsch: Christliche Rechenschaft I, 1989 (=1978), S. 32f.

706 Vgl. Herrmann (wie Anm. 703), S. 195: »Ich kann mir sogar denken, dass jemand dann einen recht lebhaften Eindruck von der Gewalt Jesu bekommt, wenn er zu sehen meint, dass die Legende seine geschichtliche Erscheinung dicht umnebelt hat, und dass dennoch die Herrlichkeit seines inneren Lebens alle diese Hüllen durchbricht. Jemand, der dies wahrzunehmen meint, hat damit auf jeden Fall einen festeren Grund des Glaubens als ein anderer, der an die Auferweckung Jesu glauben *will*, damit er eine weltüberwindende Tatsache unter den Füßen habe.«

707 Vgl. Jung, Auferstehung (wie Anm. 694), S. 744f.

708 Vgl. Herrmann (wie Anm. 703), S. 241.

709 Man vgl. zum Obigen Herrmann, ebd.

710 Vgl. Hans Küng: Ewiges Leben?, 1984; Andreas Resch (Hrsg.): Fortleben nach dem Tode, 1981; Raymond A. Moody: Leben nach dem Tode, 1977; Eckart Wiesenhütter: Blick nach drüben. Selbsterfahrungen im Sterben, 1974;

Hans Bender (Hrsg.): Parapsychologie. Entwicklung, Ergebnisse, Probleme, WdF IV, [4]1976. Hingewiesen sei auch auf die Zeitschrift »Journal of Near-Death Experiences«.

711 Die interessante Arbeit von Volney P. Gay (Understanding the Occult. Fragmentation and Repair of the Self, 1989) versucht z. B. gar nicht, die Wahrheit okkulten Glaubens zu beurteilen, sondern aufzuweisen, wann er auftritt und was er leistet (S. XIII).

712 Man vgl. den eindrücklichen Beleg aus einer Predigt zu 1Kor 15 aus dem Jahre 1532/33 (WA 36, 595–597) bei Traugott Koch: »Auferstehung der Toten«. Überlegungen zur Gewißheit des Glaubens angesichts des Todes, in: ZThK 89. 1992, S. 462–483, hier S. 463f.

713 Vgl. dazu Bernhard Lang/Colleen McDannell: Eine Kulturgeschichte des ewigen Lebens, edition suhrkamp 1586, NF 586, 1990, S. 248–478.

714 Die Nachweise aus Hirsch, Osterglaube (wie Anm. 61) werden im folgenden im Text in Klammern gesetzt.

715 Koch, Auferstehung (wie Anm. 712), S. 481.

Literaturverzeichnis

Alsup, John E.: The Post-Resurrection Appearance Stories of the Gospel-Tradition, CThM A.5, 1975

Althaus, Paul: Christologisches. Fragen an Emanuel Hirsch, in: Hayo Gerdes (Hrsg.): Wahrheit und Glaube, Festschrift für Emanuel Hirsch zu seinem 75. Geburtstag, 1963, S. 22–30

Althaus, Paul: Die Wahrheit des kirchlichen Osterglaubens. Einspruch gegen Emanuel Hirsch, BFChTh 42.2, [2]1941

Bartsch, Hans-Werner: Inhalt und Funktion des urchristlichen Osterglaubens, ANRW II 25.1, 1982, S. 794–843

Benz, Ernst: Die Vision. Erfahrungsformen und Bilderwelt, 1969

Bertram, Georg: Art. Erhöhung, in: RAC VI, Sp. 22–43

Betz, Hans Dieter: Zum Problem der Auferstehung Jesu, in: ders.: Hellenismus und Urchristentum. Gesammelte Aufsätze I, 1991, S. 230–261

Bovon, François: »Le Privilège Pascal de Marie-Madeleine«, in: NTS 30. 1984, S. 50–62

Broer, Ingo / Werbick, Jürgen (Hrsg.): »Der Herr ist wahrhaft auferstanden« (Lk 24,34). Biblische und systematische Beiträge zur Entstehung des Osterglaubens, SBS 134, 1988

Broer, Ingo: »Der Herr ist dem Simon erschienen« (Lk 24,34). Zur Entstehung des Osterglaubens, in: SNTU 13. 1988, S. 81–100

Broer, Ingo: Die Urgemeinde und das Grab Jesu. Eine Analyse der Grablegungsgeschichte im Neuen Testament. StANT 31, 1972

Brown, Raymond E.: The Virginal Conception and Bodily Resurrection of Jesus, 1973

Brun, Lyder: Die Auferstehung Christi in der urchristlichen Ueberlieferung, 1925

Bultmann, Rudolf: Karl Barth, »Die Auferstehung der Toten« (1926) = in: ders.: Glauben und Verstehen I, 1933, S. 38 64

Bultmann, Rudolf: Die Geschichte der synoptischen Tradition, FRLANT 29, [7]1967. Ergänzungsheft [4]1971 (bearbeitet von G. Theißen und Ph. Vielhauer)

Campenhausen, Hans v.: Der Ablauf der Osterereignisse und das leere Grab, SAH, phil.-hist. Klasse, 1952, [4]1977

Campenhausen, Hans v.: Tod und Auferstehung Jesu als »historische Fakten«, in: J.M. Hollenbach / Hugo Staudinger (Hrsg.): Moderne Exegese und historische Wissenschaft, 1972, S. 94–103

Collins, Adela Yarbo: The Beginning of the Gospel. Probings of Mark in Context, 1992

Craig, William Lane: Assessing the New Testament Evidence for the Historicity of the Resurrection of Jesus, 1989
Dautzenberg, Gerhard: Art. Glossolalie, in: RAC XI, 1981, Sp. 225–246
Dibelius, Martin: Die Formgeschichte des Evangeliums, [6]1971
Dobschütz, Ernst v.: Ostern und Pfingsten. Eine Studie zu 1Korinther 15, 1903
Eck, Samuel: Ueber die Bedeutung der Auferstehung Jesu für die Urgemeinde und für uns, HCW 32, 1898
Evans, C. F.: Resurrection in the New Testament, Studies in Biblical Theology II 12, 1970
Fascher, Erich: Die Auferstehung Jesu und ihr Verhältnis zur urchristlichen Verkündigung, in: ZNW 26. 1927, S. 1–26
Fischer, Karl Martin: Das Ostergeschehen, [2]1980
Goguel, Maurice: La foi à la résurrection de Jésus dans le Christianisme primitif. Étude d'histoire et de psychologie religieuses, 1933
Graß, Hans: Ostergeschehen und Osterberichte, [4]1970
Hengel, Martin: Ist der Osterglaube noch zu retten? in: ThQ 153. 1973, S. 252–269
Hengel, Martin: Psalm 110 und die Erhöhung des Auferstandenen zur Rechten Gottes, in: Cilliers Breytenbach / Henning Paulsen (Hrsg.): Anfänge der Christologie (FS Ferdinand Hahn), 1991, S. 43–73
Herrmann, Wilhelm: Der Verkehr des Christen mit Gott im Anschluss an Luther dargestellt, [4]1903
Hirsch, Emanuel: Osterglaube. Die Auferstehungsgeschichten und der christliche Glaube (hrsg. v. Hans Martin Müller), 1988
Hoffmann, Paul: Art. Auferstehung Jesu Christi II.1, in: TRE 4, 1979, S. 478–513
Hoffmann, Paul (Hrsg.): Zur neutestamentlichen Überlieferung von der Auferstehung Jesu, WdF 522, 1988
Holtzmann, Heinrich Julius: Das leere Grab und die gegenwärtigen Verhandlungen über die Auferstehung Jesu, in: ThR 9. 1906, S. 79–86.119–132
Horn, Friedrich Wilhelm: Das Angeld des Geistes. Studien zur paulinischen Pneumatologie, FRLANT 154, 1992
Hübner, Hans: Kreuz und Auferstehung im Neuen Testament, in: ThR 54. 1989, S. 262–306
Jaffé, Aniela: Geisterscheinungen und Vorzeichen. Eine psychologische Deutung. Mit einem Vorwort von C.G. Jung, 1958
Jeremias, Joachim: Neutestamentliche Theologie. Erster Teil: Die Verkündigung Jesu, 1971
Jung, Carl Gustav: Über die Auferstehung, Gesammelte Werke 18/2: Das symbolische Leben, 1981, S. 742–747
Kegel, Günter: Auferstehung Jesu – Auferstehung der Toten. Eine traditionsgeschichtliche Untersuchung zum Neuen Testament, 1970
Kessler, Hans: Sucht den Lebenden nicht bei den Toten. Die Auferstehung

Jesu Christi in biblischer, fundamentaltheologischer und systematischer Sicht, [2]1987
Kittel, Gerhard: Die Auferstehung Jesu, in: DTh 4. 1937, S. 133–168
Koch, Traugott: »Auferstehung der Toten«. Überlegungen zur Gewißheit des Glaubens angesichts des Todes, in: ZThK 89. 1992, S. 462–483
Lehmann, Karl: Auferweckt am dritten Tage nach der Schrift, QD 38, 1968
Lindblom, Johannes: Gesichte und Offenbarungen. Vorstellungen von göttlichen Weisungen und übernatürlichen Erscheinungen im ältesten Christentum, 1968
Lindemann, Andreas: Die Osterbotschaft des Markus. Zur theologischen Interpretation von Mark 16.1–8, in: NTS 26. 1980, S. 298–317
Lohfink, Gerhard: Der Ablauf der Osterereignisse und die Anfänge der Urgemeinde, in: ThQ 160. 1980, S. 162–176
Lohfink, Gerhard: Die Himmelfahrt Jesu, StANT 26, 1971
Marxsen, Willi: Die Auferstehung Jesu von Nazareth, 1968
Marxsen, Willi / Wilckens, Ulrich / Delling, Gerhard / Geyer, Hans-Georg: Die Bedeutung der Auferstehungsbotschaft für den Glauben an Jesus Christus, 1966
Meyer, Arnold: Die Auferstehung Christi. Die Berichte über Auferstehung, Himmfelfahrt und Pfingsten, ihre Entstehung, ihr geschichtlicher Hintergrund und ihre religiöse Bedeutung, Lebensfragen, 1905
Meyer, Eduard: Ursprung und Anfänge des Christentums III: Die Apostelgeschichte und die Anfänge des Christentums, 1923
Michaelis, Wilhelm: Die Erscheinungen des Auferstandenen, 1944
Moule, C. F. D. / Cupitt, Don: The Resurrection: A Disagreement, in: Theology 75. 1972, S. 507–519
Niebuhr, R. Richard: Auferstehung Jesu und geschichtliches Denken, 1957
Oberlinner, Lorenz: Die Verkündigung der Auferweckung Jesu im geöffneten und leeren Grab. Zu einem vernachlässigten Aspekt in der Diskussion um das Grab Jesu, in: ZNW 73. 1982, S. 159–182
Oberlinner, Lorenz (Hrsg.): Auferstehung Jesu – Auferstehung der Christen. Deutungen des Osterglaubens, QD 105, 1986, S. 39–62
Ohlig, Karl Heinz: Fundamentalchristologie. Im Spannungsfeld von Christentum und Kultur, 1986
Pannenberg, Wolfhart: Systematische Theologie, Bd. 2, 1991
Pannenberg, Wolfhart: Grundzüge der Christologie, [5]1976
Parkes, Colin Murray / Weiss, Robert S.: Recovery from Bereavement, 1983
Perret, Jacques: Ressuscité. Approche historique, 1984
Pesch, Rudolf: Der reiche Fischfang (Lk 5,1–11 / Jo 21,1–14): Wundergeschichte – Berufungserzählung – Erscheinungsbericht, 1969
Pesch, Rudolf: Zur Entstehung des Glaubens an die Auferstehung Jesu. Ein Vorschlag zur Diskussion, in: ThQ 153. 1973, S. 201–228
Pfister, Friedrich: Art. Ekstase, in: RAC IV, 1959, Sp. 944–987
Pratscher, Wilhelm: Der Herrenbruder Jakobus und die Jakobustradition, FRLANT 139, 1987

Rathje, Johannes: Die Welt des freien Protestantismus, 1952
Reimarus, Hermann Samuel: Apologie oder Schutzschrift für die vernünftigen Verehrer Gottes II (hrsg. von Gerhard Alexander), 1972
Rengstorf, Karl Heinrich: Die Auferstehung Jesu. Form, Art und Sinn der urchristlichen Osterbotschaft, ^{5}1967
Robinson, James M.: Jesus – from Easter to Valentinus (or to the Apostles' Creed), in: JBL 101. 1982, S. 5–37
Rudolph, Kurt: Die Gnosis, UTB 1577, ^{3}1990
Schenke, Ludger: Auferstehungsverkündigung und leeres Grab, SBS 33, 1968
Schneemelcher, Wilhelm (Hrsg.): Neutestamentliche Apokryphen I: Evangelien, ^{5}1987
Schottroff, Luise: Frauen in der Nachfolge Jesu in neutestamentlicher Zeit (1980), in: dies.: Befreiungserfahrungen. Studien zur Sozialgeschichte des Neuen Testaments, ThB 82, 1990, S. 96–133
Schüssler Fiorenza, Elisabeth: Zu ihrem Gedächtnis... Eine feministisch-theologische Rekonstruktion der christlichen Ursprünge, 1988
Sellin, Gerhard: Der Streit um die Auferstehung der Toten. Eine religionsgeschichtliche und exegetische Untersuchung von 1 Korinther 15, FRLANT 138, 1986
Spiegel, Yorick: Der Prozeß des Trauerns. Analyse und Beratung, KT 60, ^{7}1989
Strauß, David Friedrich: Das Leben Jesu II, 1836
Strauß, David Friedrich: Der alte und der neue Glaube. Ein Bekenntniß, ^{4}1873
Strauß, David Friedrich: Das Leben Jesu für das deutsche Volk. Erster Theil, $^{9-11}$1895
Strecker, Georg: Art. Entrückung, in: RAC V, Sp. 461–476
Theißen, Gerd: Psychologische Aspekte paulinischer Theologie, FRLANT 131, 1983
Vielhauer, Philipp: Geschichte der urchristlichen Literatur, 1975
Viering, Fritz (Hrsg.): Die Bedeutung der Auferstehungsbotschaft für den Glauben an Jesus, ^{2}1966
Vögtle, Anton / Pesch, Rudolf: Wie kam es zum Osterglauben?, 1975
Vollenweider, Samuel: Ostern – der denkwürdige Ausgang einer Krisenerfahrung, in: ThZ 49. 1993, S. 34–53
Walter, Nikolaus: 'Historischer Jesus' und Osterglaube, in: ThLZ 101. 1976, Sp. 321–338
Weiß, Johannes: Das Urchristentum, 1917
Weiße, Chr. Hermann: Die evangelische Geschichte kritisch und philosophisch bearbeitet II, 1838
Wengst, Klaus: Ostern – Ein wirkliches Gleichnis, eine wahre Geschichte. Zum neutestamentlichen Zeugnis von der Auferstehung Jesu, KTB 97, 1991
Wilckens, Ulrich: Auferstehung, Themen der Theologie 4, 1970

Autorenverzeichnis

Sachverzeichnis

Lieferbare Radius-Bücher (eine Auswahl)

Heinrich Albertz: **Bremer Predigten.** 100 S., br.
Heinrich Albertz (Hrsg.): **Die Zehn Gebote.** Eine zwölfbändige Reihe. 108–160 S., br.
Peter Bichsel (Hrsg.): **Festgabe für Peter Härtling.** 216 S., br.
Karl Bohrmann/Walter Helmut Fritz: **Zeichnungen.** Ein Gedicht von Walter Helmut Fritz. 136 S., br.
Jürgen Brodwolf: **Stätten und Stationen.** 176 S., Fr. Br.
Jürgen Brodwolf/Peter Härtling: **Zwanzig Transparentblätter/Fünfzehn Gedichte.** 120 S., geb.
Ingeborg Drewitz: **Junge Menschen messen ihre Erwartungen aus...** 80 S., geb.
Wolfgang Erk (Hrsg.): **Alles reift, um Gabe zu werden/Danken, Klagen, Loben.** Zwei Bände. Zus. 508 S., geb.
Wolfgang Erk (Hrsg.): **Briefe von Brodwolf.** Sechzig Malbriefe aus 30 Jahren. 152 S., geb.
Wolfgang Erk (Hrsg.): **Für Christoph Eschenbach.** Eine Festgabe. 152 S., br.
Wolfgang Erk (Hrsg.): **Für diesen Tag und für alle Tage Deines Lebens.** Ein Brevier. 128 S., geb.
Wolfgang Erk (Hrsg.): **Hoffnungstexte.** Ermutigungen für jeden Tag. 240 S., br.
Wolfgang Erk (Hrsg.): **Nimm dieses Wort.** Texte für Liebende. 104 S., geb.
Richard Exner: **Ein Sprung im Schweigen.** Gedichte. 160 S., geb.
Iring Fetscher: **Toleranz.** 98 S., br.
Iring Fetscher: **Utopien, Illusionen, Hoffnungen.** 312 S., br.
Werner Geist: **Vom Wert des Menschen.** 332 S., geb.
Traugott Giesen: **Christsein praktisch.** 100 Proben Glaubensmut. 224 S., geb.
Traugott Giesen: **Gebete der Zuversicht.** 100 S., geb.
Traugott Giesen: **glauben heilt.** 176 S., geb.
Traugott Giesen: **Gott liebt Dich und braucht Dich.** 192 S., geb.
Traugott Giesen: **Leben mit Lust und Liebe.** 180 S., geb.
Traugott Giesen: **Das Licht geht nach und nach über das Ganze auf.** Gebete. 128 S., geb.
Traugott Giesen: **Schmerzlich – schön – wunderbar.** 212 S., geb.
Traugott Giesen: **Vater unser in Ewigkeit. Amen.** 42 An-Reden. 200 S., geb.
Janet und Paul Gotkin: **Zuviel Zorn, zu viele Tränen.** 288 S., br.
Hannah Green: **Ich hab dir nie einen Rosengarten versprochen.** 240 S., geb.
Hannah Green: **Wenn es Sommer wird.** 210 S., br.
Harald Gröhler: **Tetzner.** Eine Weihnachtsnovelle. 96 S., br.
Harald Gröhler: **Das verdoppelte Diesseits.** Gedichte. 100 S., geb.
Gustav-Heinemann-Initiative: **Jugend und Gewalt in Deutschland.** Dokumentation 1993. 218 S., br.
Peter Härtling: **Brüder und Schwestern.** 80 S., br.
Peter Härtling: **Für Ottla.** 40 S., geb.
Peter Härtling (Hrsg.): **Fundevögel.** Für Kinder von neun bis neunzig. 320 S., geb.
Peter Härtling: **Das Land, das ich erdachte.** Gedichte 1990–1993. 128 S., geb.
Peter Härtling: **Noten zur Musik.** 80 S., geb.
Peter Härtling (Hrsg.): **Textspuren.** Konkretes und Kritisches zur Kanzelrede. Acht Bände. Je ca. 260 S., br.
Peter Härtling: **Und hören voneinander.** 112 S., br.
Peter Härtling: **Das wandernde Wasser.** Musik und Poesie der Romantik. 128 S., br.
Peter Härtling: **Zueignung.** 100 S., geb.
Peter Härtling/Arnulf Rainer: **Engel – gibt's die?** 28 Gedichte und 30 Übermalungen. 112 S., geb.
Titus Häussermann (Hrsg.): **Ingeborg Drewitz.** Materialien. 180 S., br.
Leo Hartmann: **»... bis über die letzte Schwelle«.** Traumreisen. 144 S., br.
Karl Herbert: **Kirche zwischen Aufbruch und Tradition.** 408 S., geb.
Klaus-Peter Hertzsch: **Der ganze Fisch war voll Gesang.** 80 S., br.
Klaus-Peter Hertzsch: **Nachdenken über den Fisch.** 160 S., br.
Klaas Huizing: **Oberreit oder: Der Gesichtsleser.** Ein physiognomischer Roman. 120 S., geb.
Hans Norbert Janowski: **Das Wichtigste in Kürze.** 80 S., br.
Walter Jens: **Am Anfang: Das Wort.** Das Johannes-Evangelium. 128 S., br.
Walter Jens: **Das A und das O.** Die Offenbarung des Johannes. 96 S., br.
Walter Jens (Hrsg.): **Assoziationen.** Gedanken zu biblischen Texten. 8 Bände. Je 210–260 S., br.
Walter Jens: **Ein Jud aus Hechingen.** Requiem für Paul Levi. 60 S., br.
Walter Jens: **Juden und Christen in Deutschland.** 128 S., br.
Walter Jens: **Roccos Erzählung.** 40 S., geb.
Walter Jens: **Und ein Gebot ging aus.** Das Lukas-Evangelium. 160 S., br.
Walter Jens: **Das weiße Taschentuch.** 32 S., geb.
Walter Jens: **Zeichen des Kreuzes.** Vier Monologe. 80 S., br.
Walter Jens: **Die Zeit ist erfüllt. Die Stunde ist da.** Das Markus-Evangelium. 96 S., br.
Maria Jepsen: **Unten bleiben.** Reden einer Bischöfin. 176 S., geb.
Aurel von Jüchen: **Jesus Christus und die Tabus der Zeit.** 144 S., br.

Otto Kaiser: **Ideologie und Glaube.** 160 S., br.
Erika Kitter: **...und dann nahm ich mir heraus zu leben.** Multiple Sklerose – Ein Über-Lebens-Bericht. 152 S., br.
Christoph Klimke: **Der Test oder: Chronik einer veruntreuten Seele.** Erzählung. 96 S., geb.
Paul Krauß: **Der ersehnte Tod.** 112 S., br.
Jo Krummacher / Hendrik Hefermehl: **Ratgeber für Kriegsdienstverweigerer.** 240 S., br.
Günter Kunert (Hrsg.): **Dichter predigen.** 168 S., br.
Monika Lamers: **Der Anachoret.** Roman. 320 S., geb.
Dieter Lattmann: **Die verwerfliche Alte.** Eine Geschichte aus unserer Zeit. 192 S., geb.
Klaus Lefringhausen: **Wirtschaftsethik im Dialog.** 216 S., br.
Hans Lenk: **MitterNachtsSonnenEnde.** 140 S., br.
Hans Lenk: **Prometheisches Philosophieren.** 160 S., br.
Hans Lenk: **Tagebuch einer Rückreise.** 128 S., br.
Winfried Leuprecht: **Der Versuch, aufrecht zu stehen.** 140 S., geb.
Martin Lotz: **Evangelische Kirche 1945–1952.** Die Deutschlandfrage. 208 S., geb.
Henning Luther: **Frech achtet die Liebe das Kleine.** 128 S., br.
Henning Luther: **Religion und Alltag.** Zu einer Praktischen Theologie des Subjekts. 336 S., br.
Kurt Marti: **geduld und revolte. die gedichte am rand.** 100 S., br.
Kurt Marti: **Die gesellige Gottheit.** 100 S., geb.
Kurt Marti: **Gottesbefragung.** 180 S., br.
Kurt Marti: **Herausgehoben.** 196 S., br.
Kurt Marti: **Lachen, Weinen, Lieben.** 128 S., br.
Kurt Marti: **O Gott!** 210 S., br.
Kurt Marti: **Paraburi.** 60 S., br.
Kurt Marti: **Die Psalmen Davids.** Annäherungen. 192 S., br.
Kurt Marti: **Die Psalmen 42–72.** Annäherungen. 160 S., br.
Kurt Marti: **Die Psalmen 73–106.** Annäherungen. 192 S., br.
Kurt Marti: **Die Psalmen 107–150.** Annäherungen. 196 S.,br.
Kurt Marti: **Die Psalmen 1–150.** Annäherungen. Vier Bände. Zus. 780 S., br.
Kurt Marti: **Red' und Antwort.** 128 S., br.
Kurt Marti: **Die Riesin.** Roman. 144 S., geb.
Kurt Marti: **Schöpfungsglaube.** 100 S., br.
Kurt Marti: **Ungrund Liebe.** 60 S., br.
Gerhard Marcel Martin: **Vogel-frei.** Drehmomente der Christus-Begegnung. 152 S., br.
A. M. Klaus Müller: **Leid – Glaube – Vernunft** 96 S., br.
A. M. Klaus Müller: **Das unbekannte Land. Konflikt-Fall Natur.** 600 S., geb.
Leonie Ossowski: **Das Zinnparadies.** 64 S., geb.
Marietta Peitz: **Die bunte Wirrnis der Dinge.** 160 S., geb.
Marietta Peitz: **Ein fremdes Herz im Schwarm.** 120 S., geb.
Marietta Peitz: **Gotteszahl und Tageseinmaleins.** 128 S., geb.
Marietta Peitz: **Ich sollte Lilien pflanzen, ehe ich gehe.** 120 S., geb.
Marietta Peitz: **Rufus.** 180 S., geb.
Marietta Peitz: **Sindhu, Tashi & Co.** Ein Hundetagebuch. 96 S., geb.
Marietta Peitz: **Trittsteine.** Alltag mit einer muslimischen Flüchtlingsfamilie aus Bosnien. 96 S., br.
DAS PLATEAU. Die Zeitschrift im Radius-Verlag. 6 x jrl., je 48 S., Klappenbr.
RADIUS-Almanach. Sechzehn Ausgaben. Jeweils 64 bis 160 Seiten, Engl. Br.
Günter Radtke: **Notizen zur greifbaren Nähe.** 120 S., geb.
Hildegard und Fritz Ruoff: **Blicke und Bilder.** 2 Bände im Schuber br.
Hans Joachim Schädlich (Hrsg.): **Dichter predigen in Schleswig-Holstein.** 96 S., br.
Ulrich Schmidhäuser: **Entfeindung.** 92 S., br.
Ulrich Schmidhäuser: **Soll »Gott« nicht mehr »Herr« genannt werden?** 148 S., br.
K. R. H. Sonderborg: **Phänotypen.** 64 S., br.
Lothar Steiger: **Die Erinnerung nach vorne.** Erzählter Glaube. Die Evangelien. 390 S., geb.
Lothar Steiger: **Von wahrer und falscher Resignation.** Predigten im Nachmärz 1990–1993. 136 S., br.
Rolf Thoma (Hrsg.): **Die Mauer wird ein Grünes Gitter.** In Erinnerung an Heinrich Albertz. 88 S., br.
Iwan S. Turgenjew: **Mumu.** Neu übersetzt u. mit einem Nachwort von Rolf-Dietrich Keil. 88 S., geb.
Heinrich Vogel: **Gesammelte Werke.** 12 Bände, geb. (Sonderprospekt)
Angelika Vonier: **Nicht geboren, ich zu sagen.** Biblische FrauenGeschichten. 140 S., geb.
Hanna Wolff: **Der eigene Weg.** 120 S., br.
Hanna Wolff: **Jesus als Psychotherapeut.** 180 S., br.
Hanna Wolff: **Jesus der Mann.** 200 S., br.
Hanna Wolff: **Neuer Wein – Alte Schläuche.** 240 S., br.
Hanna Wolff: **Der universale Jesus.** 160 S., br.

Im Radius-Verlag · Stuttgart